梅江年鉴

MEIJIANG YEARBOOK

2018

(总第16卷)

梅江年鉴编纂委员会 编

方志出版社
Publishing House of Local Records

图书在版编目（CIP）数据

梅江年鉴. 2018/梅江年鉴编纂委员会编. --北京：方志出版社，2019. 1

ISBN 978-7-5144-3482-8

Ⅰ. ①梅… Ⅱ. ①梅… Ⅲ. ①梅州—2018—年鉴 Ⅳ. ①Z526. 54

中国版本图书馆CIP数据核字（2019)第011033号

梅江年鉴（2018）

编　　者：梅江年鉴编纂委员会
责任编辑：罗　滔

出 版 人：冀祥德
出 版 者：方志出版社
地址　北京市朝阳区潘家园东里9号(国家方志馆4层)
邮编　100021
网址　http://www.fzph.org
发　　行：方志出版社图书经销中心
电话（010）67110500
经　　销：各地新华书店
印　　刷：梅州宝树彩印有限公司

开　　本：899×1194　　1/16
印　　张：19.75
字　　数：508千字
版　　次：2019年1月第1版　　2019年1月第1次印刷
印　　数：0001～1000册

ISBN 978-7-5144-3482-8　　定价：180.00元

梅江年鉴编纂委员会

梅江年鉴编辑部

编辑说明

一、《梅江年鉴（2018）》（以下简称本年鉴）以马克思列宁主义、毛泽东思想、邓小平理论、“三个代表”重要思想、科学发展观、习近平新时代中国特色社会主义思想为指导，坚持辩证唯物主义和历史唯物主义的立场、观点和方法，全面、系统、翔实记述2017年广东省梅州市梅江区政治、经济、社会发展等方面的情况，为有关单位领导决策提供参考依据，为社会各界人士了解和研究梅江提供了一部信息量大、准确度高的地情资料，并为下届编修区志积累史料。

二、本年鉴为总第16卷，全书由文字、图片两部分组成，图文结合，以文为主。主体内容采用分类编辑法，以类目、分目、条目三个层次的结构体裁，其中“目”是本年鉴主要载体，条目用黑体字加“【】”表示，有些条目内容较多，则分为若干段，段的标题用楷体字表示。全书设特载、大事记、梅江概况、中共梅州市梅江区委员会、梅州市梅江区人大常委会、梅州市梅江区人民政府、政协梅州市梅江区委员会、中共梅州市梅江区纪律检查委员会、民主党派·工商联、人民团体、法治、军事、经济管理、农业、工业、商业、交通·旅游业、财税·金融、城建·环保、教科文体、社会科学、社会生活、镇·街道、社会经济统计资料、文献辑存、附录、索引等27个类目，136个分目，673个条目。彩图专辑24版，全书508千字。

三、本年鉴大部分文稿由各单位提供，年鉴编辑部修改整理后，反馈供稿单位校对，并经单位领导审定，编纂委员会领导把关，内容真实可靠，撰稿人署名标在文后加“（）”。

四、本年鉴计量单位、标点符号的运用原则，按国家有关规定。正文相关数据由于统计口径不一，使用时以社会经济统计资料的数字为准，统计数据考虑到社会使用习惯，除个别单位如“亩”表述使用市制外，全书中亩不统一换算，1公顷=15亩。

五、本年鉴特设彩图专辑，直观反映梅江区政治、经济、社会等方面发展亮点，照片均由区委区政府办公室新闻股和相关单位提供。

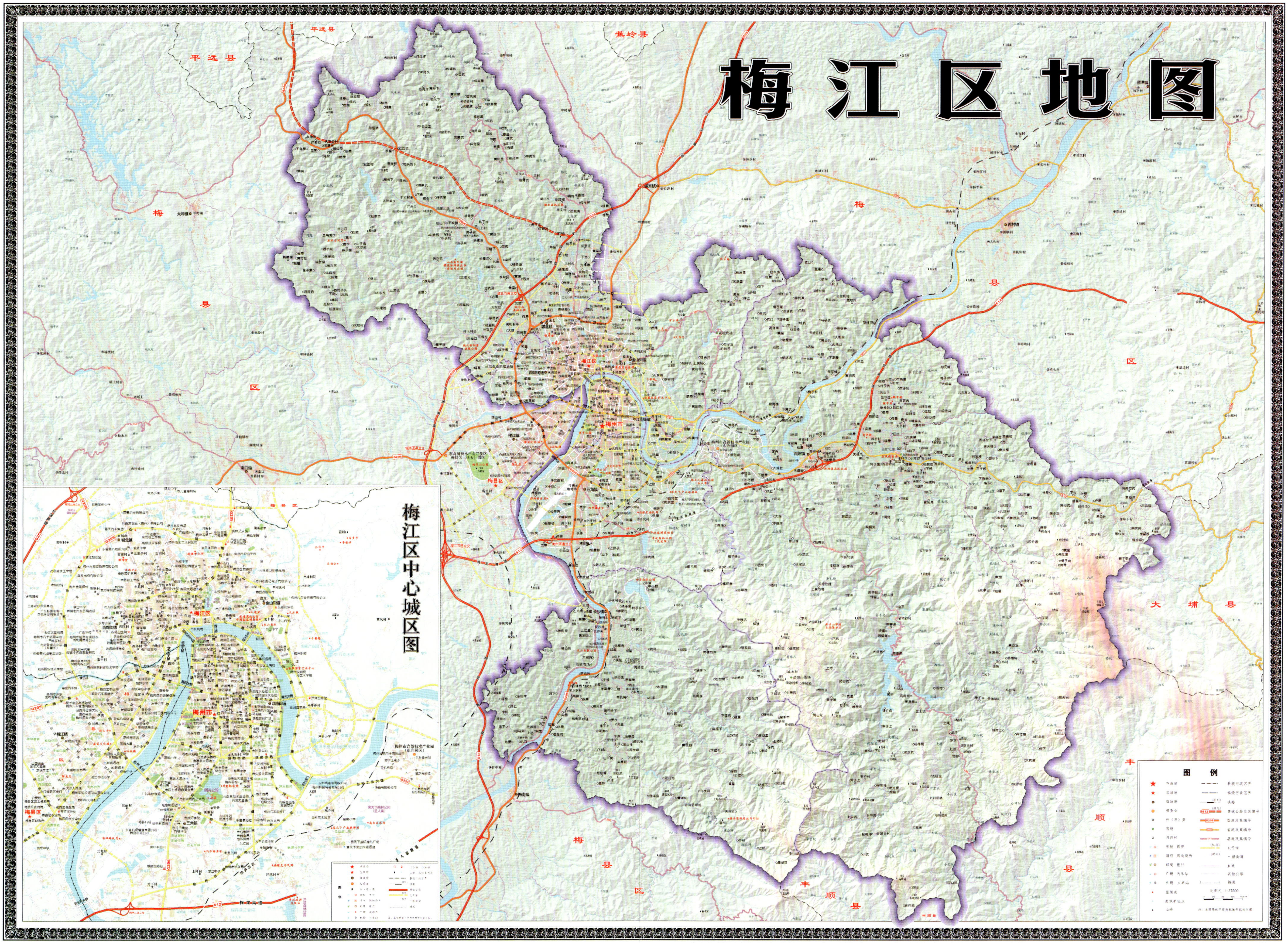

广东省地图出版社出版、发行　2014年06月第1版　2014年06月第1次　印数：1-1000　书号：ISBN 978-7-807210547-9/K·1613　审图号：粤S（2014）061号

2017年1月7日，省委副书记、代省长马兴瑞（右二）调研梅州城区基础设施项目建设

2017年11月30日，副省长黄宁生（右二）率队到梅州专题调研教育工作。市长方利旭（左二）、区委书记朱国城（中）等领导陪同调研

2017年1月11日，市委书记谭君铁（中）参加市七届人大一次会议梅江区代表团讨论，寄语梅江区围绕“首善之区”的定位，提升质量效益引领更高水平发展

2017年10月1日，全国人大常委会原委员、香港金利来集团董事局主席曾宪梓博士（前排右四）在家乡梅州举办庆祝中华人民共和国成立68周年活动。省港澳办副主任叶维园（前排右三），区委书记朱国城（前排左一）等参加活动

2017年6月30日，梅江区主要领导陪同市委书记谭君铁（右四）调研文化旅游重点项目建设

2017年9月29日，市委书记谭君铁（前排右一）率队检查节日安全和研判维稳安保、安全生产工作

2017年9月14日，团省委副书记张志华（左二）到梅江区西阳镇白宫小学看望支教老师。区委书记朱国城（左三）等领导陪同

2017年6月8日，市委常委、市纪委书记黄建固（前排右三）到梅江区调研。区委书记朱国城（右二）等区领导陪同调研

2017年1月23日，副市长温向芳（中）率队到西阳镇奇龙坑生活垃圾处理场看望慰问一线环卫工人，区主要领导陪同看望

2017年1月19日，副市长吴泽桐（右三）检查春运安全生产工作

2017年7月6日，副市长张晨（前排右二）到梅江区检查卫计工作。区委书记朱国城（中）陪同检查

2017年6月6日，区委书记朱国城（右）接受《梅州日报》全媒体记者专访，就学习贯彻习近平总书记对广东工作重要批示精神谈学习体会

2017年9月6日，区委书记朱国城（中）率队调研省定贫困村——西阳镇双黄村

2017年8月8日，区委书记朱国城（右二）率队走访乡贤上市企业裕丰食品股份有限公司实地调研

2017年2月18日，广西壮族自治区党政考察团到梅江区考察

2017年12月17日，中共梅州市梅江区委第八届四次会议在区委、区政府礼堂召开

2017年5月16日，梅江区第八届人民代表大会第二次会议在区委、区政府礼堂开幕

2017年7月20日，梅江区组织收看全国、省、市安全生产电视电话会议。区领导和区直机关干部在梅江区分会场收看收听

2017年 3月 28日，国务院召开全国医改工作电视电话会议。区领导在梅江区分会场收看收听

2017年6月13日，国务院召开全国深化简政放权放管结合优化服务改革电视电话会议。区领导及区直机关干部在梅江区分会场收看收听

2017年11月5日，梅江区开展“扮靓诗画梅江 喜迎世界客商”志愿行动。区委书记朱国城（中）等领导参加启动仪式

2017年10月12日，区委书记朱国城率队参加世界客属第29届恳亲大会

2017年9月22日，区委书记朱国城（左五）率团赴台湾考察农业文化，学习先进经验

2017年6月28日，梅江区五套班子领导与广大干群踊跃参加增殖放流活动，助力水域环境改善

现代农业——梅江区城北花卉产业基地爱丽丝庄园

现代农业——梅江区城北花卉产业基地樱花谷

现代农业——梅江区城北花卉产业兰花基地内景

现代农业——梅江区尚上升实业有限公司铁皮石斛基地

梅江区西阳镇清凉山茶叶生产基地

梅江区长沙镇小密茶叶生产基地

梅江区西阳镇清凉山茶场茶农采茶忙

梅江区规模以上主要企业——梅州国威电子有限公司生产车间（钟兴明 摄）

梅江区规模以上主要企业——梅州国威电子有限公司生产车间一角

梅江区规模以上主要企业——梅州市志浩电子科技有限公司生产车间

梅江区规模以上主要企业——梅州市威利邦电子科技有限公司生产车间

梅江区规模以上主要企业——梅州市泰华电路板有限公司生产车间一角

梅江区规模以上主要企业——广东天下行光电有限公司LED芯片封装生产车间一角

梅江区规模以上主要企业——广东天下行光电有限公司艾蓝谱LED企业生产车间一角

客天下旅游景区——婚庆广场

客天下旅游景区——客家小镇

客天下旅游景区——圣人寨

梅江区西阳镇美丽乡村建设白官河堤

梅江区西阳镇美丽乡村鲤溪村阿鲤廊

梅江区城北镇玉水古村落

2017年梅江区在西阳镇举办首届南粤青年“寻梦风眠故里，情醉诗画梅江”徒步活动

2017年8月8日，梅州市创文办、市体育局、市广播电视台主办，市体彩管理中心、梅江区体育局、市文化馆协办“体彩杯大乐透”广场舞大赛

梅州市第十八届体育节。图为梅江区代表队广场舞表演

2017年梅江区举办第三届“志浩杯”职工篮球赛

2017年4月28日，梅江区举办“中燃杯”职工乒乓球比赛

2017年，梅州市“市长杯”足球赛梅江区获得第三名

2017年，梅州市第八届运动会五项球类梅江区获得总分第一名

2017年，“梅江区清凉山茶”获评国家农产品地理标志

2017年，中梅电子商务孵化港被认定为国家级科技企业孵化器培育单位

2017年，梅江区荣获“广东省推进教育现代化先进区”荣誉称号

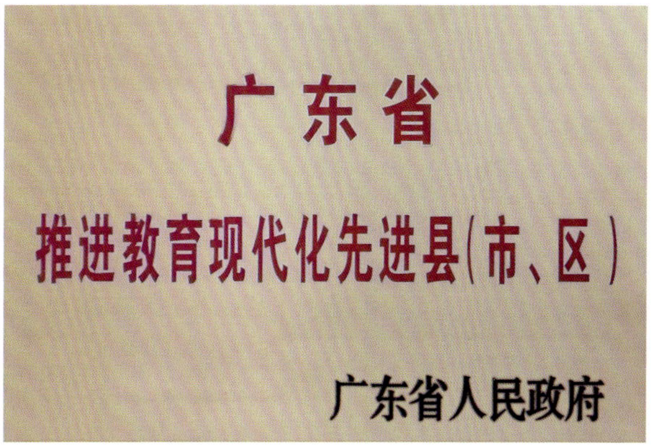

2017年，梅江区荣获“广东省促进义务教育均衡发展”先进集体荣誉称号

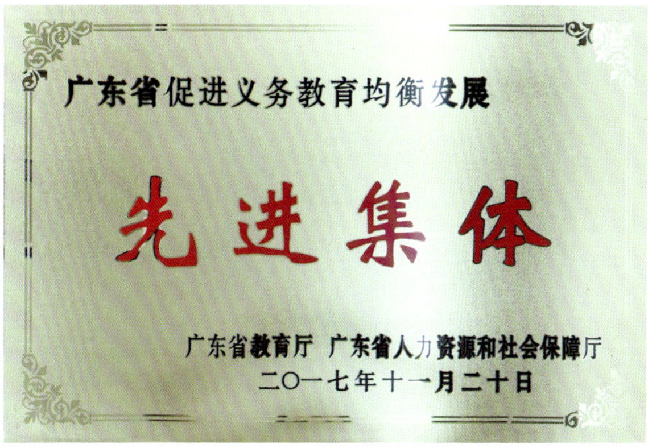

2017年，梅江区西阳镇成功创建“广东省卫生镇”

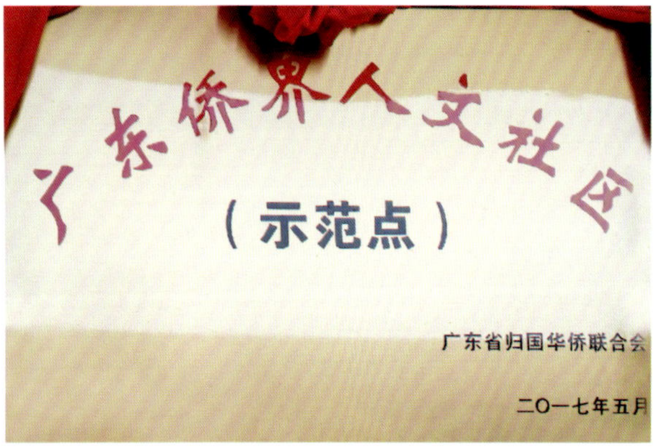

2017年，梅江区西阳镇龙岗村获评“广东侨界人文社区示范点”

2017年，梅江区西阳镇移民新村获评省级地震安全示范社区

2017年，梅江区金山街道被确认为“广东省森林小镇”

2017年9月14日，梅州市“清风飞扬”廉政专题文艺节目巡回演出走进梅江区。区领导及全区副科以上干部及部分党员400多人观看专场演出

2017年“认真学习贯彻党的十九大精神 广东岭南舞蹈精品巡礼”表演节目：少儿舞蹈《疯狂原始人》荣获全国“锦绣之花”少儿舞蹈大赛金奖

梅江区文化馆创作排演的山歌剧《墙》获得2017年梅州市“非遗艺术周”荣获编剧、导演、作曲、舞美、灯光一等奖及优秀表演奖

2017年1月28日（大年初一），梅江区文广新局在梅州福利院举办惠民慰问演出

夜游梅江

梅江区国家级非物质文化遗产项目——席狮舞表演

2017年12月，梅江区文广新局举办新年音乐会惠民演出

目　　录

特　　载

大　事　记

梅江概况

中共梅州市梅江区委员会

梅州市梅江区人大常委会

梅州市梅江区人民政府

政协梅州市梅江区委员会

中共梅州市梅江区纪律检查委员会

民主党派·工商联

人民团体

法　治

军　事

经济管理

农　业

工　业

商　业

交通·旅游业

财税·金融

城建·环保

教科文体

社会科学

社会生活

镇·街道

社会经济统计资料

文献辑存

附　　录

索　　引

特　　载

——在区委八届四次全会第一次全体会议上的讲话

(2017年12月17日)

中共梅州市梅江区委书记　朱国城

这次区委全会的主要任务是，按照省委十二届二次全会、市委七届三次全会的部署，深入学习宣传贯彻中共十九大精神，以习近平新时代中国特色社会主义思想为指引，围绕“三个定位、两个率先”和“四个坚持、三个支撑、两个走在前列”的要求，研究分析梅江区在新时代面临的形势和任务，进一步谋划梅江区未来发展，动员全区党员干部群众更加紧密团结在以习近平同志为核心的党中央周围，不忘初心，牢记使命，奋力开创梅江工作新局面，让习近平新时代中国特色社会主义思想在梅江落地生根、结出丰硕成果。

一、坚决贯彻中央和省委、市委部署，再动员、再升温，坚定不移地把学习宣传贯彻中共十九大精神引向深入

中共十九大召开之后，党中央和省委、市委高度重视中共十九大精神的学习宣传贯彻工作，分别作出决定，全面部署。区委按照中央和省、市的部署，带头学、带头讲、带头干，区委常委会通过组织开展区委理论中心组学习会、专题研讨班、瞻仰革命旧址重温入党誓词等系列活动，以上率下，在全区迅速兴起了学习宣传贯彻热潮。与此同时，开展灵活多样、各具特色的基层学习宣传活动，让中共十九大精神家喻户晓、深入人心。当前，贯彻落实中共十九大精神、奋力开创梅江工作新局面，已成为全区上下的共同意识和行动自觉。

中共十九大精神涵盖改革发展稳定、内政外交国防、治党治国治军等各领域，学习中共十九大精神不是一朝一夕的事，是全区今后一个时期的首要政治任务。我们要把党章、十九大报告作为案头书、工具书，反复学、深入学，指导实践、推动工作。

(一)进一步深刻认识中共十九大的重大现实意义和深远历史意义　中共十九大对坚持和发展中国特色社会主义作出了新的决策部署，对新时代开启新征程、续写新篇章具有重大现实意义和深远历史意义。学习贯彻中共十九大精神，要抓住思想精髓、核心要义，重点领会、准确把握。

最核心的是政治成果，选举产生了以习近平同志为核心的新一届中央领导集体　对我们这样一个大党大国来说，领导核心至关重要。党的十八大以来，党和国家事业之所以能够取得历史性成就，最根本的就是有以习近平同志为核心的党中央定向掌舵。中共十九大选举产生了以习近平同志为核心的新一届中央领导集体，顺应民意、众望所归。有以习近平同志为核心的新一届中央领导集体，党和国家就有了坚强的主心骨，有了最可信赖的领路人，这是党之大幸、国之大幸、民之大幸！

最重要的是理论成果，把习近平新时代中国特色社会主义思想确立为我们党必须长期坚持的指导思想　习近平新时代中国特色社会主义思想是马克思主义中国化的最新成果，是指引我们实现“两个一百年”奋斗目标、实现中华民族伟大复兴的光辉旗帜，为新时代党和国家事业发展提供了强大的思想武器和科学的行动指南。只要我们学深悟透，就能破解各种各样的麻烦和问题，就能战胜严峻复杂的各种风险和挑战。

最突出的是实践成果，描绘了决胜全面建成小康社会、全面建设社会主义现代化国家的宏伟蓝图　中共十九大明确了决胜全面建成小康社会的重点，作出了全面建设社会主义现代化国家分“两步走”的战略安排。在这张新蓝图上，基本实现社会主义现代化的目标提前了15年，充分表明了我国长期向好的发展态势，展现了我们党高度的历史担当和使命追求；第二个百年奋斗目标表述更加完整、内在要求进一步提升，必将极大激励全党全国各族人民，满怀豪情地投身建设富强民主文明和谐美丽的社会主义现代化强国。

最关键的是制度成果，通过了党章修正案　中共十九大审议通过的党章修正案，把中共十九大报告确立的重大理论观点和重大战略思想写入其中，特别是确认习近平总书记的核心地位，确立习近平新时代中国特色社会主义思想为党的行动指南，标志着我们党对执政党建设规律的认识达到新的高度。各级党组织和广大党员干部，要把学习党章与学习贯彻中共十九大精神、《习近平治国理政》结合起来，自觉学习党章、模范贯彻党章、严格遵守党章、坚决维护党章。

（二）进一步用中共十九大精神统一思想、凝聚力量、引领发展　学懂弄通做实中共十九大精神，必须做到内化于心、外化于行，让中共十九大确定的重大理论观点、重大方针政策、重大工作部署入脑入心，统一思想、凝聚共识，形成合力、共推发展。

一要牢牢把握新时代党的建设总要求，坚决维护以习近平同志为核心的党中央权威和集中统一领导　中共十九大报告提出了新时代党的建设总要求和八个方面的重点任务，着重强调把政治建设放在首位。对党绝对忠诚是政治建设的内在要求。我们在任何时候、任何情况下都要体现“四个意识”，自觉忠诚核心、拥戴核心、维护核心、捍卫核心，坚决维护总书记一锤定音的权威。长期以来，我们工作的一条根本经验就是扎扎实实抓好中央和省委、市委决策部署的落地落实。全区党员干部必须更加坚定自觉地信赖中央、尊崇中央、服从中央，坚决按照中央和省委、市委的部署要求开展工作，始终同中央和省委、市委保持步调一致，确保各项政令部署在梅江畅通无阻。

二要牢牢把握习近平新时代中国特色社会主义思想，不断提升理论联系实际的能力水平　要系统深入地学习领会习近平新时代中国特色社会主义思想，紧紧围绕“8个明确”基本内容和“14个坚持”基本方略，深刻理解这一思想的科学体系、精神实质、实践要求。习近平新时代中国特色社会主义思想从理论和实践结合上系统回答了“新时代坚持和发展什么样的中国特色社会主义、怎样坚持和发展中国特色社会主义”这一重大历史性课题，具有很强的创新性、前瞻性、指导性、实践性。我们要做到真学真懂真信真用，真正让习近平新时代中国特色社会主义思想在梅江得到深入实践，并结出丰硕成果。

三要牢牢把握过去五年的历史性成就、历史性变革，切实增强“四个自信”　中共十九大报告明确指出，过去5年的成就是全方位的、开创性的，5年来的变革是深层次的、根本性的。这5年，梅江区的改革发展也发生了巨大变化，经济实力持续增强，城区扩容提质成效明显，人民群众得到更多实惠，城乡面貌日益改善，社会大局和谐稳定。这一系列成就充分彰显了以习近平同志为核心的党中央的坚强领导和英明决策，充分彰显了社会主义制度的优越性。我们要进一步增强“四个自信”，高举习近平新时代中国特色社会主义思想伟大旗帜，满怀信心地为实现中华民族伟大复兴的中国梦而努力奋斗。

四要牢牢把握中国特色社会主义进入新时代、社会主要矛盾已经转化等重大政治论断，谋划好新时代梅江发展大计　中共十九大报告作出中国特色社会主义进入新时代的重大政治论断，指出新时代社会主要矛盾已经转化为人民日益增长的美好生活需要和不平衡不充分的发展之间的矛盾。梅江区建区近30年来，经济社会取得了长足进步，人民群众的衣食住行已经不是主要问题，而是希望享受更好的教育、更好的医疗服务、更好的居住环境等多方面的美好需求。我们要准确认识当前我区各项工作面临的新形势、新问题，绘制好梅江发展蓝图。

五要牢牢把握实现“两个一百年”奋斗目标的战略部署，主动承担新时代的历史使命　中共十九大关于实现“两个一百年”奋斗目标的战略部署，明确了全面建成社会主义现代化强国、实现中华民族伟大复兴中国梦的时间表、任务书、路线图。中央对广东寄予厚望，习近平总书记先后对广东提出“两个率先”和“两个走在前列”的重要指示要求。省委省政府对梅州苏区的改革发展和扶贫攻坚高度关注，大力支持。上个月，李希书记来梅参加第五届世界客商大会，认为把梅州的问题解决好了，就是把广东发展不平衡问题解决好了，省委一定会高度重视和关心支持梅州发展。市委、市政府一直以来都高度关注和支持梅江区发展，市委君铁书记多次指出：梅江区在全市加快振兴发展进程中占据重要位置，希望梅江区努力实现更高质量、更有效益的发展。我们要立足全国、全省、全市大局，认真落实中央和省、市的决策部署，为广东全面建成小康社会、加快建设社会主义现代化新征程做出应有的努力。

（三）进一步把中共十九大精神创造性地贯彻落实到梅江的各项工作中去　学习贯彻中共十九大精神，最终要靠实干，要把雷厉风行和久久为功结合起来，把中共十九大的各项部署要求落到实处。

一要把贯彻落实中共十九大精神和习近平总书记对广东工作的重要指示批示精神结合起来，系统把握、整体贯彻落实　习近平总书记对广东工作的“三个定位、两个率先”和“四个坚持、三个支撑、两个走在前列”的重要指示批示，是统揽广东工作全局的总纲。李希书记来梅调研时，要求梅州进一步深化对市情县情区情的认识，把握“变”与“不变”的辩证关系，科学走对走好发展路子。我们要把学习贯彻中共十九大精神与贯彻落实习近平总书记对广东工作的重要指示批示紧密结合起来，把贯彻落实李希书记的讲话要求与本地的改革发展紧密结合起来，把中央和省委、市委的决策部署转化为推动梅江改革发展的具体举措，开创改革发展新局面。

二要把“大学习”和“深调研”结合起来，为深入贯彻落实中共十九大精神奠定坚实基础　省委十二届二次全会强调，贯彻好中共十九大精神，要与“大学习、深调研、真落实”结合起来，对影响广东发展的重大问题，专门部署“深调研”活动。市委七届三次全会上也明确要求把“深调研”活动作为学习贯彻十九大的重要抓手。我们要聚焦落实中共十九大提出的新目标、新要求，深入开展调查研究，既要到工作局面好和先进的地方去总结经验，又要到困难较多、情况复杂、矛盾尖锐的地方去发现问题，有针对性地制定思路举措、行动计划。

三要把当前和长远结合起来，朝着中共十九大确定的目标奋勇前进　中共十九大提出了一系列鼓舞人心的新目标新任务。完成这些任务，必须把当前和长远结合起来，做好计划安排，列出任务清单，明确时间表、路线图，每年制定具体行动计划，一步一步把宏伟蓝图变

为现实。

四要把分类指导与总结推广结合起来，推动学习贯彻工作取得实效 指导督导是推动中共十九大精神贯彻落实的重要手段。要针对区、镇、村不同层级和机关、企业、学校等不同情况，开展分类指导督导。对落实不力的责成整改，坚决防止空喊口号、流于形式。要及时发现总结各级各部门的好经验好做法，在全区复制推广，营造比学赶超的浓厚氛围。

接下来，各级各部门要按照省委、市委的部署要求，扎实开展“大学习、深调研、真落实”活动，为“不忘初心、牢记使命”主题教育做好思想准备和工作准备。通过系统学习、深入调研，进一步深化认识和把握区情，明确思路，扎扎实实把中共十九大精神贯彻落实到各项工作中去。

二、以习近平新时代中国特色社会主义思想为指引，转观念、动脑筋，更加科学地认识和把握梅江区情实际

中国特色社会主义进入新时代，梅江发展面临新的形势和任务。全区上下要以习近平新时代中国特色社会主义思想为指引，进一步解放思想，理清思路，准确把握基本区情，找准立足点和发力点，走对走好生态富民强区新路。

（一）辩证看待变与不变 中国特色社会主义处于新的历史方位，我国社会主要矛盾已经发生了深刻变化，同时我国处于社会主义初级阶段的基本国情这个“最大实际”没有变。这种“变”与“不变”的辩证关系也体现在梅江经济社会发展的方方面面。我们既要看到“不变”的一面，又要看到“变”的一面，与时俱进地调整完善工作思路、工作方法、工作举措。

一是发展作为第一要务没有变，发展理念和发展方式变了 梅江虽是全市的政治、经济、文化中心，但仍属欠发达地区，发展不平衡不充分的问题较为突出，加快发展任重道远。目前全区的经济总量不大，工业发展水平较低，城乡居民收入差距较大，社会事业短板还比较明显。发展是解决一切问题的总钥匙。我们要牢牢扭住发展第一要务，坚持以经济建设为中心不动摇。但发展方式要转变过来，在保持经济增长合理区间的基础上，推动经济发展质量变革、效率变革、动力变革，实现经济更高质量、更有效益、更可持续发展。

二是改革开放作为“关键一招”没有变，改革的任务和要求变了 全面深化改革作为“四个全面”战略布局之一，中央立足全局进行顶层设计和总体规划，搭建了改革的“四梁八柱”。我们要按照省委把广东建设成为向世界展示习近平新时代中国特色社会主义思想的“窗口”和“示范区”的要求，牢牢把握人民群众对美好生活的向往，聚焦梅江经济社会发展的“牛鼻子”，切实加强党委对全面深化改革的领导，充分调动广大干部推进改革的积极性，提高改革总体效能，扩大改革受益面。

三是为人民谋幸福的根本宗旨和“初心”没有变，满足人民群众生活需要的内涵和方式变了 带领人民群众创造美好生活，不断增进人民群众福祉，始终是我们共产党人的“初心”，但满足人民群众美好生活需要的内涵和方式要与时俱进。随着生活水平的不断提高，人民群众的“美好生活需要”内容更广泛，不仅包括物质需要这些客观“硬需求”，也包括获得感、幸福感、安全感等主观愿望较强的“软需求”。我们要加大对公共产品和公共服务的投入，努力为人民群众提供更好的教育、更稳定的工作、更满意的收入、更可靠的社会保障、更高水平的医疗服务、更舒适的居住条件、更优美的生活环境、更丰富的精神文化生活。

四是苏区精神作为优良传统没有变，传承方式和奋斗目标变了 我区作为原中央苏区县，蕴含着革命传统的底色和基调。习近平同志指出，“坚定信念、求真务实、一心为民、清正廉洁、艰苦奋斗、争创一流、无私奉献”是苏区精神的主要内涵。现在虽然是和平时期，干事业不用牺牲生命，但事业成败同样事关人心向背。全区各级党组织要立足苏区精神，深入开展“铭记光辉历史，传承红色基因”专题教育，

引导党员干部不忘初心、牢记使命、艰苦奋斗，以新时代的新作为告慰革命先辈、不负人民重托。

（二）深入分析优势和短板　深化认识和把握区情，要用发展的眼光，坚持扬长补短，统筹兼顾，把我区的发展优势和发展潜力充分释放出来。

一要厚植发展优势，坚定发展信心，保持发展定力　梅江文化底蕴厚重，生态环境优美，社会和谐平安，这些都是我们得天独厚的有利条件。只要我们因地制宜，精心策划，突出特色，改善供给，就会赢得市场的青睐。我们要营造便利化、法治化、国际化营商环境，努力探索出一条不同于珠三角地区的发展路径，走出一条符合自身实际的科学发展道路。

二要补齐发展短板，拓展发展空间，释放发展潜力　在长期发展过程中，我区积累了不少深层次结构性问题。比如，产业发展雷同、集聚度低，未形成以龙头产业为主的产业群；受区位特殊性和土地、环境容量约束，产业承接平台后续发展能力受限，等等。我们要增强解决问题的紧迫感和责任感，在这些短板上加大投入、下足功夫，在改善发展条件的同时，拉动有效投资，拓展发展空间，形成新的经济增长点。

（三）统筹把握整体和局部　习近平总书记要求我们要增强大局意识，始终站在党和国家工作大局和全局上想问题、作决策、干工作。我们要始终把全局、大局作为考虑问题的出发点和立足点，以更宽视野、更大格局、在更大空间谋划和推动发展。

一要坚持全区一盘棋抓工作　各级各部门要提高政治站位，强化大局意识和协作意识，在全区一盘棋中谋划自身发展，不能自行其道不顾大局。比如，在推动产业转型升级中，要从产业规划、产业政策、资源平衡、环境保护、节能降耗等方面统筹考虑，防止低水平重复建设。又比如，在开展城乡环境综合整治、全域推进美丽城乡建设中，要立足各自的职能职责，该立项的立项、该融资的融资、该治理的治理，围绕共同目标撸起袖子加油干。

二要立足省市大局抓工作　省委十二届二次全会提出，要研究更加有效的区域协调发展机制，在更高起点上持续推动粤东西北地区加快发展。我们要深刻认识到，落实省委推进区域发展的路子，不单对自身加快发展具有现实意义，而且对全省协调发展具有重要意义。我们要继续利用好苏区振兴发展政策，打好精准脱贫攻坚战，推进新农村示范村创建工作，能争取在国家层面落实的，要一项一项抓落实，需要在省、市层面组织实施的，就要争取省、市的支持，力促梅江工作与全省、全市大局同频共振。

三要对标先进抓工作　我们要牢固树立开放包容意识，树立标杆，学习别人的点子，创新自己的路子。比如，今年以来区委区政府专门组队去湖南、贵州等地学习考察，不单看到了各地人居环境综合整治的生动实践，也让我们看到了发展理念和思路上的差距，项目谋划策划能力和团队执行力上的差距。我们要把对标先进抓工作作为一种常态，对具有优势的工作，要对标先进，取法乎上；对自己的短处，要求贤若渴，把短处补齐。

三、全力聚焦影响梅江长远发展的重大问题，深调研、真落实，以习近平新时代中国特色社会主义思想指导谋划梅江振兴发展

学习贯彻中共十九大精神，要以习近平新时代中国特色社会主义思想为指引，聚焦事关梅江长远发展的重大问题，深入开展全区“大学习、深调研、真落实”活动，找寻着力点、找准突破口、找到新路径，努力探索实现“诗画梅江、文明客都”新目标。

（一）深入研究铭记光辉历史、传承红色基因的问题，进一步加强党员干部队伍建设　中共十九大报告对建设高素质专业化干部队伍提出了新任务新目标新定位。要坚持党管干部和党管人才，深入开展“铭记光辉历史、传承红色基因”革命精神教育，深挖革命文化资源，加快建设一批党员干部红色教育培训基地，锤炼党员干部的理想信念、党性党风，进一步提振干事创业的精气神，让苏区党员干部永葆共产党人的政治本色；坚持正确选人用人导向，选优配强各级领导班子；继续抓好大规模培训干部和人才培养工程，不断提升党员干部队伍的“八种本领”，扎实推进“两学一做”学习教育常态化制度化，深入开展“不忘初心、牢记使命”主题活动，努力锻造一支“重落实、敢担当、有作为、勇奉献”的干部队伍。

（二）深入研究解决发展不平衡不充分的问题，满足人民日益增长的美好生活需要　中共十九大报告指出，我国社会主要矛盾已经转化为人民日益增长的美好生活需要和不平衡不充分的发展之间的矛盾。对我区来说，有城乡、经济社会、产业和群体等之间的不平衡不充分。我们要积极落实原中央苏区振兴发展规划，从城乡统筹的实际出发，争取中央和省布局一批重大项目，加快中心城区扩容提质，夯实发展基础，构建城乡协调发展的客家特色城镇格局。一是江南新城要做好“聚”的文章。全力以赴、全面完成各重点项目征收任务，充分利用江南新城芹洋半岛优势载体，引导人口、产业和要素资源向城区集中，加快构建城市经济繁荣、产业集聚发展、创业创新氛围浓厚的区域性中心城市。二是江北古城要做好“留”的文章。以江北古城为中心、保护整体风貌为出发点，整体规划、统筹推进江北片区的城市建设，下力气整治一批与古城风貌不协调的周边建筑，提升江北片区整体人居环境。三是美丽乡村要做好“特”的文章。积极实施乡村振兴战略，全面统筹城郊农业、美丽乡村、精准扶贫等资源，全面谋划清凉山、百岁山、明阳寨等“三山”，白宫河、黄塘河、周溪河等“三水”，以及小密水库、黄坑水库、干才水库等“三库”的开发利用，全域推进美丽乡村建设。

（三）深入研究推进供给侧结构性改革的问题，推动梅江更高质量、更有效率、更加公平、更可持续发展　中共十九大报告强调，必须以供给侧结构性改革为主线，推动经济发展质量变革、效率变革、动力变革。目前我区的经济发展不管是量还是质，都离建设现代化经济体系有较大差距。我们必须抓住发展第一要务不放松，加大有效投资，推动经济提质增效。一要研究推动东升园区提质增效。重点推进总投资12亿元的东升园区扩容（一期）项目建设，加快园区扩容（二期）土地征收及闲置厂房土地的开发利用，加快标准厂房、道路、供水、环保等配套设施建设，努力提升园区产业发展承载力。主动对接省和广州市产业共建系列政策，完善产业共建机制，进一步加大与相关产业协会（商会）、重点企业对接力度，推动相关产业向梅江、特别是工业园区转移，打造百亿元产业共建示范园区。二要研究推动工业转型升级。重点研究深化供给侧结构性改革，从供给端入手优先发展先进制造业和电子信息产业，加快培育新医药、新能源等新型工业，创造新的有效产能。鼓励、支持企业加强技术改造，促进产业升级。坚决关停浪费资源、污染严重的落后企业，盘活存量资产。三要研究推进农业供给侧结构性改革。要立足于“服务城市、富裕农民”，打造无公害蔬菜、精品花卉、优质茶叶、特色水果、中药材五大主导产业带，大力发展绿色健康农产品，形成产值超20亿元的城郊特色农业发展新格局。要大力培育发展农产品流通市场，充分发挥海吉星效应，大力推进“互联网＋农业”，推进线上线下联动，实现小山村对接大市场。

（四）深入研究探索生态农旅发展新路子的问题，进一步壮大生态富民产业　紧紧围绕省委李希书记的指示精神，按照产业兴旺、生态宜居、乡风文明、治理有效、生活富裕的总要求，发挥梅江生态良好、人文厚重、民风淳朴等优势，聚焦生态富民产业建设，以创建“广东省全域旅游示范区”为抓手，着力培育发展全域旅游、健康养生、体育休闲等产业，发挥台创园、海吉星等优势农业载体作用，继续推广农民专业合作社、专业庄园等模式，大力发展宜业宜居特色专业小镇，培育新型农业经营主体，建设一批田园综合体。当前，要积极谋划风眠艺术小镇、梅江东山健康小镇、棕榈体育休闲小镇、铁汉客天下足球小镇等特色小镇建设，加快建成周溪十里梅花长廊、黄坑田园综合体，打造富有特色的梅江生态农旅品牌。

（五）深入研究区域科技创新能力建设的问题，激发梅江经济发展新动能　中共十九大报告强调，创新是引领发展的第一动力，是建设现代化经济体系的战略支撑。我区创新发展总体还处在起步阶段，高新技术企业的研发能力非常薄弱，高层次创新人才紧缺，新兴产业发展缺乏领军企业和骨干企业。我们要坚定不移实施创新驱动发展战略，大力培育和发展高新技术企业和产业。一要研究健全以企业为主体、市场为导向、产学研深度融合的技术创新体系，支持重点企业建立研发机构，培育发展一批高新技术企业。二要加快创新平台建设，着手建设东升物联网小镇，积极引导支持建设产业技术创新平台、研发中心等，打造科技小镇、梅江智谷，为吸引乡贤回乡投资兴业和发展主导产业、引进高端产业、培育产业集群夯实基础。三要全面深化科技体制改革，推出一批科技改革举措，既支持骨干企业核心技术自主创新，也支持中小微企业、各类“创客”开展“微创新”，进一步优化科技创新环境。四要落实人才新政，发挥中梅电商孵化港、“嘉壹度”回乡青年创业基地等创客平台效应，培养和引进一批科技领域的青年拔尖人才、高层次高技能人才和科研创新团队，增强梅江经济创新力和竞争力。

（六）深入研究构建开放型经济新体制的问题，形成梅江全面开放新格局　中共十九大从统筹国内国际两个大局的高度，提出要“推动形成全面开放新格局”“发展更高层次的开放型经济”。我们要找准切入点，着力在加快构建开放型经济新体制上寻求新的突破。一方面，要发挥华侨之乡优势，利用世界客商大会、海外经贸文化联络处和客商社团等平台，积极加强与“一带一路”沿线国家和地区的经贸、文化、医疗等方面的交流合作，创新吸引利用外资方式，培育贸易新业态新模式。另一方面，要创新开放体制机制，对接自贸试验区和粤港澳大湾区建设，谋划物流仓储向供应链延伸；加强与潮汕揭、海西区和赣闽粤原中央苏区等区域的合作，推进交通互联、经济互通、文化互鉴等重大问题，形成梅江全面开放新格局。

（七）深入研究板块经济发展的问题，进一步壮大实体经济　全面落实新发展理念，把城镇群规划建设和特色产业发展规划有机统一，狠抓资源整合，在加快提升江南片区城市经济发展优势的同时，加快江北片区“三大板块经济”建设，加大凌风路、泰康路等历史文化街区保护开发力度，做大“文旅板块”；加快建设保健疗养社区，打造黄塘河流域“医康养板块”；充分放大海吉星效应，推进环市路以北开发建设，做大“商贸物流板块”，促进各镇（街）组团式、特色化、错位化发展，力求江北片区实现“一年一变样，三年大变样，五年新跨越”目标。

（八）深入研究推进生态文明建设的问题，共建绿色美丽梅江　中共十九大报告强调，要加快生态文明体制改革，建设美丽中国。我们必须牢固树立“绿水青山就是金山银山”理念，坚持节约优先、保护优先、自然恢复为主的方针，还自然以宁静、和谐、美丽。一要着力推进绿色发展。发挥梅江生态良好、人文厚重、民风淳朴等优势，以绿色为标尺引领产业转型升级，着力构建绿色发展的空间格局、产业结构、生产方式和生活方式，加快建立绿色生产和消费的政策导向。二要着力打好生态环境治理攻坚战。坚持全民共治、源头防治，持续实施水、大气、土壤、噪声、固体废物等污染防治行动，积极构建政府主导、企业主体、社会组织和公众共同参与的环境治理体系。三要着力构建生态保护体系。加快推进生态文明制度改革，顺应城镇化梯度推进趋势，依据地域位置和产业布局，立足农民生产生活需求，加快推进特色小镇、美丽乡村建设，加强城镇与乡村的生态规划和建设，让绿色成为城乡人居环境的底色，引导全区群众共建美丽家园、美丽梅江。

（九）深入研究全面深化改革的问题，进一步打造良好的政务营商环境 中共十九大对全面深化改革提出了新任务，部署了一大批力度更大、要求更高、举措更实的改革任务，开启了全面深化改革的新征程。我们必须坚决破除一切不合时宜的思想观念和体制机制弊端，突破利益固化的藩篱，扎实推动改革落地见效。一要研究落实中央和省、市改革部署，在做好全面深化改革具体项目落实的基础上，全面梳理新提出的改革任务和举措，逐项研究，明确分工和进度安排，加大力度推进落实。二要研究推进重点领域和关键环节改革，严格按照中央顶层设计，进一步加强对改革重点和突破口的研究，排出优先次序，带动各项改革整体推进，不断取得突破。要着力推进降低制度性交易成本的系列改革；进一步转变政府职能，深化简政放权，更好发挥政府作用；深化营商环境综合改革、商事制度改革和投融资体制改革，增强发展环境的吸引力和竞争力；建立完善常态化的政企沟通机制，着力构建“亲”“清”新型政商关系。三要研究创造有利于改革的环境，落实“三个区分”容错纠错机制，激发各级干部锐意改革、勇于创新的积极性，充分释放全社会的改革活力。

（十）深入研究加强宣传舆论和思想文化建设的问题，打造客家文化展示区 客家文化源远流长，爱国爱乡、崇文重教、开拓创新、艰苦奋斗是其最本质的核心内涵。正是有这种精神，让客家人在不同时代都有非凡表现。我们要认真学习、发掘传承、转化运用。一要认真弘扬客家文化。研究落实文化强区的战略措施，推进客家文化生态保护区建设，繁荣客家文艺精品创作，出台扶持政策，创新文化供给模式，推动客家文化事业和文化产业发展，增创文化之乡新优势。二要推进文化多元发展。研究弘扬具有梅江特色的华侨文化、客商文化、球乡文化等优秀传统文化，通过精神提炼、人物研究、理论探讨等方式，创新传承发展载体，不断丰富客家文化的外延和内涵。三要把践行社会主义核心价值观、传承红色文化，与弘扬客家人文精神结合起来，把道德建设、文明创建融入群众的日常生产生活中，培养彰显时代特征的梅江人精神。

（十一）深入研究加强法治梅江和平安梅江建设的问题，营造和谐稳定的社会环境 依法治国是国家治理的一场深刻革命。梅江当前处于爬坡越坎的攻坚期、决胜全面小康的冲刺期，有条件有能力、也更迫切需要推进法治建设和平安建设。要按照深化依法治国实践的要求，加强人民当家作主制度保障，支持和保证各级人大依法履职，确保以良法促进发展、保障善治。推动法治梅江系列工程的实施，建设法治政府，推动依法行政，严格规范公正文明执法。深化司法体制改革，提升司法效能和公信力。推进全民普法，使法治观念深入人心。推进“中心 + 网格化 + 信息化”建设，运用大数据技术推进社会治理创新，把客家文化特别是文明乡风、家风融入创新社会管理、化解社会矛盾的各个领域，提升社会治理整体水平。加强公安派出所等政法基层基础建设，推动社会治理重心向基层下移，加快社会治安防控体系建设，依法打击和惩治黄赌毒黑拐骗等违法犯罪活动，确保社会和谐稳定，为梅江现代化建设提供强有力的法治和安全保障。

（十二）深入研究加强党的基层组织建设的问题，巩固党的执政基础 党的基层组织是确保党的路线方针政策和决策部署贯彻落实的基础。我区基层党组织 446 个，党员 15000 多人，党的基层组织建设事关全区改革发展稳定大局，具有战略性、全局性。一要落实党委抓基层组织建设的责任。各级党委书记要把基层党建工作作为重中之重的工作、义不容辞的“天职”，着力抓统筹、抓投入、抓落实。要掌握基层党组织的现状，找到影响作用发挥的关键性问题，提出阶段性目标，分期分批有针对性地落实解决办法，力争用3至5年时间，使全区基层党组织建设上新水平。二要研究增强基层党组织的组织力问题。加强基层党组织带头人和党建人员队伍建设，强化基层党组织对各领域社会基层组织的政治领导、引领带动作用；落实基层党组织“三会一课”等制度，增强党员教育管理针对性和有效性。三要推动基层党建与基层治理紧密结合，确保基层党组织在化解社会矛盾、查处违法违纪、维护群众合法权益中发挥一线作用，特别是引领基层其他社会组织，善于围绕党委意图做好各类群众工作，在新形势下更加有力地巩固党的执政基础。

（十三）深入研究补齐民生社会事业短板的问题，让改革发展成果惠及人民群众　中共十九大报告指出，必须始终把人民利益摆在至高无上的地位，让改革发展成果更多更公平惠及人民群众。重点研究决胜全面小康补齐民生社会事业短板，优先发展教育，深化教育体制改革，巩固省推进教育现代先进区的创建成果；围绕建设卫生强区、打造健康梅江，全面深化医药卫生体制改革，加快建立基本医疗卫生制度，促进基本医疗卫生服务公平可及；坚持就业优先战略和积极就业政策，鼓励创业带动就业；加强社会保障体系建设，全面建成覆盖全民、城乡统筹、权责清晰、保障适度、可持续的多层次社会保障体系；着力解决好与群众切身利益息息相关的就读就医就业等重大问题，找准工作抓手，不断提高群众幸福感、获得感。

上述13个问题，是我区贯彻落实中共十九大精神中比较突出、迫切需要研究解决的重大问题，不可能涵盖全区工作要解决的所有问题，更不是贯彻落实中共十九大精神的全部内容，没有讲到的问题不意味着不重要，更不意味着不解决。各级各部门要认真对标中共十九大精神，把抓重点和全面推进有机结合起来，全面落实好中共十九大提出的各项决策部署。接下来，要按区委《关于深入开展重大问题调研的方案》要求，用半年左右时间，深入开展调查研究，提出具体的计划和行动方案，切实把习近平新时代中国特色社会主义思想贯彻到全区经济社会发展各方面全过程。

四、认真贯彻落实新时代党的建设总要求，为全面贯彻落实中共十九大精神提供坚强的政治保障

李希书记强调，各级党组织书记首先是管党治党的书记，必须坚持党要管党、从严治党。我们要认真贯彻落实新时代党的建设总要求，全面推进党的政治建设、思想建设、组织建设、作风建设、纪律建设，把制度建设贯穿其中，深入推进反腐败斗争，不断提高党的建设质量，把各级党组织锻造得更加坚强有力。

（一）坚持旗帜鲜明讲政治，始终保持对党忠诚　党的政治建设是党的根本性建设。要牢固树立“四个意识”，坚决维护习近平总书记的核心地位，始终在思想上政治上行动上同以习近平同志为核心的党中央保持高度一致。要按照中央和省委、市委的统一部署，深入开展“不忘初心、牢记使命”主题教育，坚持以习近平新时代中国特色社会主义思想武装头脑，加强党性锻炼、坚定理想信念，认真执行新形势下党内政治生活若干准则，完善和落实民主集中制各项制度。要坚持挺纪在前，严明党的政治纪律和政治规矩，教育党员干部牢记“五个必须”，杜绝“七个有之”。要大力弘扬忠诚老实、公道正派、实事求是、清正廉洁等价值观，形成风清气正的良好政治生态。要构建“亲”“清”新型政商关系，切实增强底线意识、红线意识，不与不法商人勾肩搭背、搞权钱交易。同时，要加强服务型政府建设，积极作为、主动服务，为企业合法经营、健康发展排忧解难。

（二）坚持正确选人用人导向，建设高素质专业化干部队伍　进入新时代，梅江要有新作为，就必须锻造一支有新气象的高素质专业化干部队伍。要坚持党管干部原则，把好干部标准落到实处，坚持正确用人导向，突出政治标准，提拔重用牢固树立“四个意识”和“四个自信”、坚决维护党中央权威、全面贯彻执行党的理论和路线方针政策、忠诚干净担当的干部。要加强领导班子建设，按照高素质、专业化要求，选优配强不同层次、不同领域的领导班子。要崇尚实干，为敢于担当负责、勇于攻坚克难的干部撑腰鼓劲，充分调动干部队伍的积极性、主动性、创造性。要教育引导干部把讲规矩与改革创新统一起来，既不能碰中央和省委、市委划定的“红线”，又要善于创造性开展工作。要把提振干部干事创业的精气神摆在突出位置，优化正向激励，强化约束，使干部始终保持锐意进取的勇气、敢为人先的锐气、蓬勃向上的朝气。要加强干部培训和实践历练，增强学习本领、政治领导本领、改革创新本领、科学发展本领、依法执政本领、群众工作本领、狠抓落实本领、驾驭风险本领。

（三）强化思想舆论引导，突出抓好意识形态工作 梅州是华侨之乡，是海峡两岸交流基地，加强思想舆论引领，是各级党委必须高度重视的工作。要牢牢掌握意识形态工作的领导权、管理权、主动权，切实加强各级各类意识形态阵地建设管理，着力构筑齐抓共管的意识形态工作格局，全面筑牢意识形态安全的“防火墙”。要围绕建设具有强大凝聚力和引领力的意识形态，坚持正确舆论导向，提高新闻舆论传播力、引导力、影响力、公信力。要落实意识形态工作责任，领导干部要敢于发声、敢于亮剑，坚决反对和抵制意识形态领域的各种错误思想观点，决不能“视而不见”，明哲保身。

（四）深化作风建设，坚决整治腐败 要认真贯彻落实中央八项规定实施细则精神，以更高标准更严要求持续整治“四风”突出问题，从一件一件小事抓起，一个节点一个节点坚守，以钉钉子精神推动中央八项规定精神落地生根、成风化俗。正风肃纪必须坚持以上率下，抓“关键少数”，从区委班子做起，从我做起。各级领导干部都要从自己做起，以身作则，率先垂范，坚决反对特权思想和特权现象，树立新风正气，抵制歪风邪气。纪律严明是我们党的优良传统和政治优势，加强纪律建设是全面从严治党的治本之策。要运用好监督执纪问责“四种形态”，强化日常监管、立足抓早抓小，发现干部苗头性倾向性问题及时提醒，触犯纪律立即处理，让“红脸出汗”“咬耳扯袖”成为常态。要保持惩治腐败高压态势，坚持无禁区、全覆盖、零容忍，坚持重遏制、强高压、长震慑，坚定不移地“打虎”“拍蝇”。要认真落实中央关于国家监察体制改革的决策部署，牢牢把握改革正确方向，集中力量抓好转隶，选优配强领导班子，按期完成机构组建，确保人心稳定、队伍稳定、工作稳定，为我区监察委员会起步运行奠定坚实基础。

同志们！新时代开启新征程，新时代呼唤新作为。让我们更加紧密团结在以习近平同志为核心的党中央周围，高举中国特色社会主义伟大旗帜，深入学习贯彻习近平新时代中国特色社会主义思想，认真落实习近平总书记对广东工作作出的“三个定位、两个率先”和“四个坚持、三个支撑、两个走在前列”等重要指示批示精神，紧紧依靠全区广大人民群众，团结凝聚社会各界力量，不忘初心、牢记使命、改革创新、奋勇争先，不断开创新时代梅江振兴发展新格局，为实现“两个一百年”奋斗目标和中华民族伟大复兴的中国梦做出应有贡献！

政府工作报告

——在梅州市梅江区第八届人民代表大会第二次会议上

2017年5月16日

梅州市梅江区区长　肖卫华

2016年工作回顾

2016年，区政府在市委、市政府和区委的坚强领导下，在区人大及其常委会和区政协的监督支持下，深入贯彻习近平总书记系列重要讲话精神和治国理政新理念新思想新战略，全面对接“一区两带六组团”规划建设，紧紧围绕“加快建设首善之区、率先实现振兴发展”的总目标，加快产业集聚发展，加快城市扩容提质，加快社会治理创新，加快增进民生福祉，全面提升政府效能，“十三五”实现良好开局，全年实现地区生产总值76亿元，一般公共预算收入7.03亿元，固定资产投资107亿元。

一是产业规模持续壮大　始终坚持发展为第一要务，大力提升经济质量和效益，经济基础持续夯实。工业企业提档升级，电子信息和高端制造业快速发展，实现工业总产值92.7亿元，工业投资6.7亿元、比增91.5%。全区规模以上工业企业增至42家，总产值71.8亿元、增加值17亿元。顺利承接东升工业园建设管理职责，借力对口帮扶，合作共建增城（梅江）产业示范园，园区总产值70.9亿元、比增4.6%。城市经济繁荣发展，完成社会消费品零售总额102亿元、比增10.8%，外贸进出口总额4.25亿美元、比增9.6%。商品房销售面积98.8万平方米、销售额59.6亿元，分别比增50.9%、61.1%。对接梅江韩江绿色健康文化旅游产业带建设，大力推进全域旅游，接待国内外游客人数、旅游总收入分别比增18.2%、18.6%。城郊农业特色突出，花卉、茶叶、蔬菜、水果、水产等种养业实现基地化、集约化发展，省、市农业龙头企业增至44家，农民专业合作社增至115家，完成农业总产值17.3亿元、比增4%。

二是城乡建设统筹推进　统筹城乡一体化发展，城市和农村面貌日新月异。扩容提质加快推进，江南新城、足球文化公园等20多个重点工程项目用地征收扎实推进，全年征收土地1500多亩、房屋239座，在全市唯一获评“全国国土资源节约集约模范县”。江南新城和芹洋半岛安置区及市政道路、紫合医院、马鞍山公园等配套设施建设稳步推进，引进客天下碧桂园、时光梅州生态镇等计划投资总额达120多亿元的项目，万达广场、海吉星物流园、义乌小商品城等重点项目成效初显。基础设施日益完善，梅平高速、客都大桥、罗乐大桥等重点工程建设扎实推进，新建农村公路35公里。水利惠民工程成效显著，中小河流治理居全省山区五市各县（区）前列，白宫河治理工程获评“省水生态与水文化结合示范点”。城乡环境优化提升，全力创建国家生态文明先行示范区、国家环保模范城市，植树造林2万多亩，森林覆盖率73.2%。大力开展重点环境问题排查与整治，城区环境空气质量优良率98.1%，水源地及主要河段水质达标率100%。扎实开展城乡人居环境综合整治，顺利通过“农村生活垃圾收运处理试点示范区”省级验收。

三是发展活力加快释放 坚持改革创新，大力实施供给侧结构性改革，不断激发各类市场主体和社会主体活力，增强发展内生动力。创新驱动稳步实施，强化科技项目申报立项、服务高新技术企业等工作，全区国家高新技术企业23家，培育入库企业16家。加大知识产权和专利保护力度，万人发明专利申请量居全市首位。政策效应持续放大，对骨干企业和中小微企业出台扶持激励办法，成立宏业资产、嘉润投资、客家融资等投融资机构，设立股份制改造奖励和技术研发补助资金，企业获得技术改造专项扶持资金5366万元。支持企业增资扩产，新增“新三板”挂牌上市企业4家。重点改革纵深推进，推进商事制度改革，市场主体增至2.9万户。“营改增”税制改革全面落实。深化投融资体制改革，积极应用PPP模式激活社会投资活力。落实国家新一轮正税清费政策，企业社保、税负等制度性交易成本进一步降低。

四是民生福祉不断提升 扩大公共服务供给，全面发展各项社会事业，让改革发展成果惠及更广大人民群众，城乡居民人均收入持续增长。科教文卫稳步发展，全力争创“广东省推进教育现代化先进区”，投入9400多万元用于学校建设，龙丰幼儿园完成改建，风眠小学、特殊教育学校开工建设。教育质量稳步提高，梅州中学、城北中学、鸿都小学被教育部评为“全国青少年校园足球特色学校”。新建农村文化俱乐部13个，开展“两学一做·振兴发展”巡回演出等各类文化活动1000多场次。体育设施日趋完善，新建和完善农村体育休闲场所33个，被省确定为“足球试点县区”。稳妥实施全面两孩政策，连续17年获评省计生工作先进单位。双拥创建工作成绩突出，连续9次获评省双拥模范区。社会治理成效显著，“一村（社区）一法律顾问”实现全覆盖，率先在全市构建城区社会治安巡逻防控新机制，“平安梅江”建设扎实推进。狠抓安全生产和食品药品安全监管，“三级监管+网格化”消防管理模式获全省推广。深入推进信访法治化建设，全区受理群众信访案件同比下降31.7%。创新社会治理模式，江南街道“中心+网格化+信息化”市级试点工作扎实开展。公共服务均衡推进，完成年度十件民生实事。城乡低保、五保、基本医疗保险补助标准进一步提高，劳动力培训8600多人，创业带动就业2500多人。深化医药卫生体制改革，强化公共卫生服务，全力创建“卫生强区”。扎实开展“三社联动”，完成2家居家养老服务中心及8家服务站建设。统筹资金3000多万元大力实施精准扶贫精准脱贫工作，顺利完成年度脱贫任务。

五是政府建设全面加强 自觉接受人大代表监督，发挥政协委员参政议政作用，办理市、区人大建议和政协提案62件，办复率100%。加强法治政府建设，完善法律顾问制度，履行行政应诉职责，行政复议案件审结率100%。扎实推进“七五”普法工作。在全市率先完成事业单位和镇（街）权责清单编制工作，依法取消非行政许可事项5项，调整为政府内部审批事项47项。“一门式一网式”政府服务模式改革全面推开。加快网上办事大厅建设，进驻行政审批事项291项，网上办结率95.8%。扎实推进基层公共服务平台建设，进驻实体大厅办事事项477项。深入开展“两学一做”学习教育，干部作风进一步转变。积极推进政务公开和廉政监管，加大对重点领域的行政监察和审计监督力度，营造风清气正的干事创业环境。

同时，国防教育、人民防空和民兵预备役建设扎实推进，外事侨务、港澳和对台工作取得新进步，民族宗教、机构编制、应急管理、打私打假、工青妇、统计、物价、残联、档案、方志等工作均取得新成绩。

各位代表，过去一年政府工作取得的成绩来之不易，凝聚着全区人民的智慧和汗水，饱含着市委、市政府的深切关怀，离不开区委的正确领导和区人大、政协的监督支持，得益于海内外乡亲和社会各界人士的鼎力帮助。在此，我谨代表区政府，向全区人民、驻区单位、驻区部队，向所有关心支持梅江区发展的海内外乡贤和社会各界人士，表示衷心的感谢并致以崇高的敬意！

在看到成绩的同时，我们也清醒地认识到发展中存在的困难和不足，主要是：经济总量仍然偏小，财政增收压力较大，收支矛盾比较突出；工业经济仍然薄弱，结构比较单一，缺乏龙头企业引领和带动；受土地、融资、人才和环境容量等因素制约，大项目引进难度大；公共服务设施建设滞后，城市的功能和承载力亟待提升，社会治理水平仍需进一步提高；队伍作风不够扎实，服务意识和执行力不够强，行政效能有待提高等等。对这些问题，我们必须高度重视，采取有效措施积极加以解决。

2017 年工作安排

2017 年是全面实施“十三五”规划的重要一年，是供给侧结构性改革的深化之年。当前，随着国家推进供给侧结构性改革成效的逐步显现，创新驱动发展战略的深入实施，经济持续增长的有利条件和积极因素正在集聚；习近平总书记对广东工作的重要批示精神，为我们推动各项事业发展指明了前进方向、提供了根本遵循；省委、省政府全力推进珠三角与粤东西北一体化发展，释放了政策利好的新信号；市委、市政府加快构建“一区两带六组团”发展新格局，我区的区位、环境、交通优势进一步凸显，为我区加快振兴发展带来更广阔的空间；随着中心城区扩容提质步伐的加快，以及江南新城、芹洋半岛、东升工业园等重要载体作用的发挥，对全区产业、项目、人口的承载力和吸附力日益增强。只要我们坚定发展信心，汇聚发展合力，梅江振兴发展的宏伟蓝图就能变成美好现实。

今年政府工作的总体要求是：深入贯彻习近平总书记系列重要讲话精神及“四个坚持、三个支撑、两个走在前列”重要批示精神，深化运用“两大政策”，扭紧“三大抓手”，全面对接“一区两带六组团”发展战略，按照区第八次党代会的部署要求，以供给侧结构性改革为主线，坚持创新驱动，加大有效投资，着力做大经济总量、推动扩容提质、增进民生福祉、提高行政效能，全力打造“一区两带六组团”核心区，为在全市率先全面建成小康社会奠定坚实基础，以优异成绩迎接中共十九大胜利召开。

今年全区经济社会发展主要预期目标是：地区生产总值增长 8% 左右，固定资产投资增长 30%，社会消费品零售总额增长 10%，进出口总额增长 5%，一般公共预算收入增长 12%，城镇登记失业率控制在 3% 以内，居民人均可支配收入增速与经济增长基本同步。

实现今年的目标任务，重点抓好五方面工作

（一）坚持提质增效、转型升级，全面提高产业发展质量

坚持优化增量与提升存量并举，加快构建产业新体系，全力推动经济转方式、调结构、上水平，做大经济总量，推动经济持续健康发展。

做大工业经济　强化“重实体、兴实业”理念，加快谋划东升工业园向西阳镇拓展延伸，突出抓好园区提质增效和扩建工作，重点推进园区二期 1500 多亩土地征收及闲置土地的开发利用，加快标准厂房、道路、供水、环保等计划总投资 60 亿元的配套设施建设。抓住省打造多个万亿元级新兴产业的契机，深化对口帮扶工作，主动对接珠三角新兴产业布局，着力引进烽火科技等高新技术企业，推动电子信息和装备制造等产业高端化发展，打造百亿元产业共建示范园区。积极推动“个转企”“小升规”，力争新增 7 家规模以上工业企业，推动 15 家以上企业进入“重点中小微企业池”。鼓励和扶持企业借力资本市场做大做强，力争主板上市及“新三板”挂牌实现新突破。

优化服务业态　推动城市经济繁荣发展，大力发展金融保险、服务外包、信息技术等生产性服务业，推进服务业与一、二产业协调发展。规范发展多层次资本市场，鼓励金融机构加大对先进制造业等领域的资金支持。大力推动“互联网+”与社会生产生活的深度融合，引导经营服务向“互联网+”转变，扩大便利消费。依托海吉星商贸物流园、义乌小商品城等平台，大力发展仓储、冷链物流、第三方物流等产业形态，优化升级专业市场。开展电商招商，吸引知名电商平台、企业和中介服务机构入驻。以足球文化公园建设为契机，完善体育综合体经营管理，重点发展健身休闲、竞赛表演、体育培训等体育服务业。加快文化旅游精品建设，完善旅游配套设施，全力创建“国家旅游休闲示范城市”，打造全域旅游品牌。

提升农业效益　坚持“服务城市、富裕农民”理念，深入推进农业供给侧结构性改革。大力推进台湾农民创业园建设，打造城北花卉、西阳茶叶等农业特色品牌，带动周边农民增收致富。着力发展绿色休闲农业，加快建设农旅融合发展的田园综合体。发挥海吉星、客天下农电商等优势农业载体作用，新增5家以上省、市农业龙头企业。继续推广农民专业合作社、专业庄园等模式，提升特色农业效益。加强普惠金融建设，完善农村基础金融设施，提高农民金融服务覆盖率。全面开展农村土地承包经营权确权登记颁证工作，分类推进农村集体资产确权和股份制改革，激活农村、农业发展活力。

（二）坚持创新驱动、扩大投资，全面激发振兴发展活力

抢抓“两大政策”机遇，充分发挥有效投资的拉动作用和改革创新的驱动作用，进一步激发市场活力、内生动力，挖掘全社会创业创新潜力。

突出投资拉动　牢牢抓住国家扩大有效投资的政策“窗口期”，充分利用国家推出的专项建设基金、政策性贷款等优惠政策，按照2017年度重点项目安排方案，突出抓好七大类123个累计总投资740多亿元项目，确保完成年度投资任务。深入实施“乡贤回归投资兴业工程”，开展链式招商、以商引商，在一季度引资总额超百亿元的基础上，力争实现招商引资新突破。创新投融资机制，依法依规推广PPP模式和“EPC+政府购买服务”等融资方式，加强与政策性银行合作，加大投融资力度，有力保障重点项目资金需求。

加快改革开放　切实把经济重心转到供给侧，适度扩大总需求，扩大有效供给和优质供给。落实国家和省“零收费”、“营改增”等政策，促进企业降本增效。深化“放管服”改革，加快政府职能转变。继续削减工商登记前置审批事项，同步取消后置审批事项。开展“减证便民”行动，推广电子营业执照和“同城通办”，探索“证照分离”改革试点。全面对接“一带一路”建设，积极参与第五届世界客商大会，加强与珠三角、汕潮揭等区域在基础设施、产业投资、商务贸易等重点领域的交流合作，以大开放推动大发展。

推动创新创业　按照省创新驱动发展“八大抓手”部署，鼓励和支持企业增资扩产、技改升级、设备更新。推进质量强区建设，培育一批著名商标、名牌产品和国家地理标志证明商标及保护产品。落实高企培育奖补、企业所得税优惠等政策，力争主营业务收入5亿元以上的工业企业两年内实现研发机构全覆盖。加快培育创业孵化基地，突出电子商务和文化创意孵化基地建设，扶持中梅电商创建市级以上孵化基地。抓好高校毕业生等重点群体就业创业，引导毕业生进入创业孵化基地进行创业培训和创业孵化，扶持毕业生兴办初创企业。

（三）坚持城乡统筹、扩容提质，全面打造生态宜居城市

牢固树立中心城区主体意识，加快城区扩容提质，完善城乡基础设施，强化环境综合治理，把城乡建设引入宜居化、可持续发展轨道。

加快城区扩容提质　推进嘉应新区起步区建设，加快完成江南新城、客都大桥连接线、黄塘医院扩建、南方紫琳职业学院、东山医院等重点项目土地房屋征收工作，全力保障重点项目用地需求。积极推进棚户区改造，尽快完成安置区建设。推进公园、学校、医院等基础设施建设，提升城市公共服务功能。加快总部经济区、商贸综合体等产业项目建设，推动产城融合发展。落实江北片区开发建设的主体责任，以文化公园周边、周溪河流域、黄塘河流域为重点，整合体育、教育、医疗等资源，规划建设足球文化公园、教育文化新区、保健疗养社区，全面提升江北老城区人居环境。

加强基础设施建设　按照海绵生态城市、综合管廊城市试点标准，大力实施一批交通、民生水利等基础设施项目。全力配合做好梅平高速、环城路改线、客都大桥、罗乐大桥等省、市重点工程建设。积极争取和用好中央、省专项扶持资金，统筹抓好百岁山道路提升工程，鲤溪至白水等总长52公里的农村公路硬底化，西阳白宫至S223线、城北岭上至樱花谷总长10公里县乡公路建设，以及道路养护和“绿色廊道”工程；抓好重点民生水利工程建设，推进周边山体和梅江河、周溪河生态修复，大力推进中小河流综合治理，完成19.5公里年度治理任务。

加大城乡综合治理　大力创建国家森林城市，严格执行《梅州市森林火源管理条例》，加强林业重点生态工程建设。深入推进国家生态文明先行示范区建设，严格划定生态红线，注重核心地段生态修复，筑牢生态安全屏障。结合城乡环境综合整治工作，整合生态、文化、旅游、土地等资源要素，谋划建设西阳片风眠大公园，加强重点镇“六个一”项目建设。推进全域村庄整治，整体提升农村道路硬化、卫生净化、植树绿化、村居美化水平，打造一批宜居宜业宜游的美丽乡村。大力实施市政道路顺畅工程，加大“治堵”、“治超”力度，探索引进社会资本共建立体智能停车场，综合治理城区道路交通秩序。

（四）坚持以人为本、共建共享，全面发展社会民生事业

坚持以人为本、民生优先，大力推动社会事业发展，更加注重保障基本民生，更加注重基本公共服务均等化，切实让广大百姓共享改革发展成果。

大力发展社会事业　依托客家文化、红色文化等资源，以争创全国文明城市为龙头，推进城乡三级联创，带动“四城”同创，助推文明客都建设。深入实施文化惠民工程，推动文化资源向农村倾斜。在通过“广东省推进教育现代化先进区”省专家组验收的基础上，继续提高教育均衡协调发展水平。进一步完善学校基础设施建设，加快推进风眠小学、芹洋学校、特殊教育学校、伯聪中学等学校新建、扩建工程，鼓励和支持民间资本开办教育机构，不断加大城区优质学位供给。以创建卫生强区为统揽，积极推进“全国基层中医药先进单位”、省级“慢性病综合防控示范区”建设，支持市第二中医医院创建三甲医院。实施“强基创优”三年行动计划，推进基本医疗和基本公共卫生服务示范镇（街）建设。实施全民健身计划，打造全民健身特色品牌。推进足球文化公园和区全民健身中心建设，不断完善公共体育设施，加快振兴足球事业。积极备战第八届市运会，力争再创佳绩。加强国防动员工作，支持军分区和人武部建设。进一步做好国家安全、人防、双拥、对台、工青妇、防灾减灾、民族、宗教、统计、方志、档案、打私打假、应急管理、侨务侨联等各项工作。

提高社会保障水平　继续推行分级诊疗制度和家庭医生签约制度，完善重大疾病防控体系和突发公共卫生事件应急机制。实施全民参保登记计划，全力抓好社保扩面征缴工作。继续推进医疗保险城乡一体化和机关事业单位养老保险参保工作，提高低保、五保标准和医疗救助水平。加强食品药品质量监管，全力保障人民群众饮食和用药安全。加强保障性住房和各类安居工程建设管理，建立健全公租房制度，解决贫困家庭住房困难问题。完善新型社会救助体系，大力支持专业社工和志愿者队伍建设。继续做好特殊困难群体关爱工作，大力发展社

会慈善事业。

推动社会治理创新　建立基层排查化解矛盾纠纷考核机制，提高预测预警预防各类风险能力。积极运用大数据技术推进社会治理创新，实现“中心+网格化+信息化”全覆盖。积极引导社会资金参与公益事业，培育发展公益组织，满足群众多元化需求。健全律师服务基层治理长效机制，建立覆盖全区的法律援助服务圈。拓宽网上信访反映渠道，坚持法定途径分类处理信访诉求，依法维护群众合法权益。健全安全生产监管责任体系，对重大隐患、安全风险实施分级挂牌督办。加强社会治安防控，完善镇（街）综治信访维稳中心功能，打造“两所三站四纳入”新型综合实战平台，建设更高水平的“平安梅江”。稳妥有序推进村（居）民委员会换届选举工作，提高村民自治水平。

全力推进脱贫攻坚　围绕“真扶贫、扶真贫”，灵活采取创业、就业、教育等帮扶措施，突出产业扶贫，用好扶贫资金，多渠道增加贫困户收入。整合涉农资金和帮扶资金，加强贫困村基础设施建设，推动10个省定相对贫困村加快建成新农村示范村。抓好贫困人口基本信息录入省扶贫大数据库工作，完善低保、社保、教育和残疾人等数据台账。统筹抓好分散贫困人口脱贫，做到精准到人、长期帮扶。广泛发动社会各界参与，通过扶贫济困、金融贷款和众筹、众包等方式，形成全社会支持参与扶贫开发的良好格局，确保今年全区70%以上相对贫困人口实现脱贫。

办好十件民生实事　一是提高民生保障水平。城乡居民基本养老保险基础养老金标准从每人每月110元提高到120元。城镇、农村低保人均补差水平分别从每月420元、220元提高到460元、360元。城乡特困人员供养标准从每月800元提高到1000元，集中供养对象护理费补贴标准每月按有生活自理能力、部分丧失生活自理能力、完全丧失生活自理能力等3个标准，分别给予800元、1000元、1300元补贴。孤儿基本生活最低养育标准集中供养水平从每人每月1340元提高到1450元、分散供养水平从每人每月820元提高到880元。城乡医疗救助住院补助平均标准从每人每年2178元提高到2828元，城乡低保对象基本医疗救助比例达到80%以上。二是加大扶贫济困力度。建档立卡贫困户子女每人每学年生活费补助标准提高到小学和初中3000元，高中和中职（含技工）5000元（含国家助学金）；免学费补助标准提高到高中2500元，中职（含技工）3500元。新开工建设197套（户）棚户区改造安置房，基本建成25套（户）；新增发放租赁补贴70户；完成农村危房改造75户。三是关心关爱特殊群体。困难残疾人生活补贴从每人每年1200元提高到1800元，重度残疾人护理补贴从每人每年1800元提高到2400元；新建3个、规范运行4个社区残疾人康园中心。支持社区矫正中心规范化建设，对全区社区服刑人员实行教育矫正。四是强化医疗卫生保障。城乡居民基本医疗保险补助标准从年人均420元提高到不低于450元。职工医疗保险基金年度累计最高支付限额从8万元提高到9万元，城乡居民基本医疗保险基金年度累计最高支付限额从45万元提高到50万元。职工医疗保险门诊特定病种报销比例统一调整为75%，城乡居民医疗保险门诊特定病种报销比例从60%提高到70%，门诊特定病种年度支付限额按病种在原限额基础上提高1000元至6.5万元不等。城乡居民医疗保险普通门诊每人每日每次最高支付限额从30元提高到100元，年度累计最高支付限额从150元提高到500元，报销比例从50%提高到60%。城乡居民大病保险起付标准从1.2万元降为1万元，报销比例统一调整为70%，年度最高支付限额从15万元提高到16万元；城乡五保供养对象、建档立卡贫困人员的大病保险起付标准下调至2000元，报销比例提高到80%，不设年度最高支付限额。升级改造88间村卫生站。五是推进城乡教育一体化。动工建设芹洋学校。义务教育寄宿制公办学校公用经费补助从农村扩大到城市，补助标准从每生每年200元提高到250元。城乡义务教育家庭经济困难寄宿生按小学每生每年1000元、初中每生每年1250元标准给予生活费补助。六是完善城区公共设施。对江北老城区陂塘茶园、东门塘、五洲城等约180个小区的供水管网进行改造。建设新峰桥至205国道30米路。实施206国道湾下至长沙澄滩段沿线的路灯安装工程。完成10个“文化驿站”、13个农村（社区）文化俱乐部、3个省试点基层综合性文化服务中心建设。七是促进就业和创业。扶持创业400人、城镇新增就业3000人、失业人员再就业2900人。补贴参加技能晋升培训的劳动者1500人。八是改善群众生产生活条件。实施21宗村村通自来水工程。完成7个行政村约30公里窄路基路面扩宽建设，建设3条农村公路。在全区农贸市场开展食用农产品农药残留快速检测。城镇独生子女父母计划生育奖励标准从每人每月80元提高到120元。九是加强环境污染治理。建设4座污水处理厂、9.7公里污水主管网和37座农村污水处理设施。农村生活垃圾有效处理率达到100%，城区生活垃圾无害化处理率达到100%。十是提高防灾减灾能力。完成110公里县乡公路安全生命防护工程。开展地质灾害详细调查，建立全区地质灾害信息数据库。

（五）坚持依法行政、改进作风，全面提升政府行政效能

坚持法治思维，全面推进依法治区，加强作风建设，提高行政效能，进一步提升政府形象，为全区经济社会发展营造良好干事氛围。

坚持依法行政　落实重大行政决策法定程序，加强重大决策公众参与平台建设，健全重大行政决策终身责任追究制度及责任倒查机制。继续推进“七五”普法，加强信访法治化建设。加强行政复议规范化建设，落实行政机关负责人出庭应诉，完成“每万人口行政诉讼发案率”攻坚任务。进一步推进规范性文件清理清查工作。全面推行政府法律顾问制度。自觉接受区人大及其常委会的法律监督，支持区政协开展各项履职活动。推广“双随机一公开”监管工作，规范市场秩序。深化政务公开，完善网络问政平台，健全新闻发布及信息公开制度，打造政务微信微博品牌。

坚持廉洁从政　全面落实权责清单和主体责任清单制度，从严规范权力运行。严格遵守党内政治生活准则和监督条例，加强和规范公务员政治生活。深入实践监督执纪“四种形态”，落实谈话提醒，构建抓早抓小工作机制，扎实推进惩治和预防腐败体系建设。落实党风廉政建设责任制，强化审计监督，推动公共资金、国有资产、国有资源和领导干部经济责任履行情况审计全覆盖。进一步明晰政府与市场的边界，继续开展“暖企”行动，积极构建“亲”、“清”新型政商关系。

坚持高效行政　大力推行一线工作法和现场办公制，对重大项目、民生实事等重点工作，实行全过程、全方位督查，确保政令通畅，提升工作效能。推行政府部门服务大评比，强化政务服务。坚决破除“等靠要”思想，落实“为官不为”问责暂行办法，整治不作为、慢作为、乱作为等现象。认真贯彻落实“三个区分”原则和容错减责暂行办法，宽容干部在工作中特别是改革创新中的失误，完善激励机制，充分调动干事创业积极性，打造一支敢于担当、善作善成的干部队伍。

各位代表！使命重在担当，实干铸就辉煌。让我们在市委、市政府和区委的坚强领导下，在全市“一区两带六组团”建设中肩负起应有的责任和担当，以昂扬进取的精神状态，众志成城的强大合力，真抓实干，主动作为，奋力开创“首善之区，幸福梅江”新局面，以优异成绩迎接中共十九大胜利召开！

大　事　记

2017 年梅江大事记

1　月

5 日　市长方利旭率队调研全市农业发展情况。副市长吴泽桐，区长肖卫华，区委常委、区委区府办主任王增文等陪同调研。

同日　中共梅州市梅江区第八届委员会举行第二次全体会议。区长肖卫华主持会议，区委委员、候补委员参加会议。

6 日　市纪委副书记张硕率检查组到梅江区检查考核纪检监察信访举报目标管理工作。区长肖卫华，区委常委、纪委书记曾繁伟，区纪委副书记叶怀忠，区纪委常委、信访室主任曾洁非等参加检查考核汇报会。

7 日　省委副书记、代省长马兴瑞调研基础设施项目建设工作。区长肖卫华，区委常委、区委区府办主任王增文，副区长罗涤权等参加调研。

11 日　市委书记谭君铁参加市七届人大一次会议梅江区代表团分组讨论，寄语梅江区围绕全市首善之区的定位，提升质量效益引领更高水平发展。区委书记潘小韬，区人大常委会主任巫繁星等参加讨论。

16 日　市委书记谭君铁慰问特殊群体。市委常委、组织部部长杜敏琪、市委常委、秘书长余其豹，区委书记潘小韬等参加。

17 日　区委书记潘小韬率队到三角镇梅塘村，走访慰问当地困难党员，送去区委、区政府的关怀和春节的祝福。区委常委、组织部部长丘炀，区委常委、区委区府办主任王增文等陪同走访慰问。

18 日　梅江区举行各界人士春节团拜会，会议通报 2016 年梅江区经济社会发展情况。区长肖卫华主持会议。

同日　市委常委、常务副市长李远青率队到梅江区开展节前安全生产检查。区委书记潘小韬，区委常委、副区长李思平等陪同检查。

19 日　副市长张晨率队督查 H7N9 流感防控工作落实情况。区长肖卫华等陪同督查。

同日　区长肖卫华率队深入西阳镇北联村看望慰问部分困难党员群众。区委常委、组织部部长丘炀，区委常委、区委区府办主任王增文陪同慰问。

同日　副市长吴泽桐率队到梅州城区检查春运安全生产工作。区长肖卫华，市交通、公路、安监、发改、公安、城综等市直有关单位负责人陪同检查。

20 日　区委书记潘小韬主持召开区五套班子领导（扩大）会议。区长肖卫华，区政协主席赖经烈等领导以及法、检两长参加会议。

23 日　副市长温向芳率队到奇龙坑生活垃圾处理场看望慰问一线环卫工人。区长肖卫华，区委常委、政法委书记姚文东等陪同慰问。

同日　市委副书记、市长方利旭深入梅江区长沙镇开展“送温暖”慰问活动。市政府秘书长、办公室主任朱国城，区长肖卫华，区委常委、组织部部长丘炀等参加活动。

同日　副市长曾尚忠率队调研全市教育工作。区长肖卫华，区委常委、政法委书记姚文东，副区长罗涤权等陪同调研。

25 日　市委书记谭君铁、市长方利旭率队考察梅州城区节日商贸市场。市委常委、秘书长余其豹，副市长吴泽桐，区委书记潘小韬，区长肖卫华，区委常委、区委区府办主任王增文，副区长罗涤权等陪同考察。

2　月

4 日　市委书记谭君铁、市长方利旭率队到市行政服务中心、客都大桥建设现场调研。市领导李远青、张文广、余其豹、吴泽桐，区领导潘小韬、肖卫华、王增文、刘伟球等参加调研。

14 日　中共梅州市梅江区纪律检查委员会在区委、区政府礼堂召开八届二次全体会议。会议由区长肖卫华主持。

15 日　市长方利旭率队到东升工业园调研。区长肖卫华，区委常委、副区长李思平等陪同调研。

16 日　中国共产党梅州市梅江区第八届委员会第三次全体会议在区委、区政府礼堂召开。区委书记朱国城主持会议，会议研究确定出席省第十二次党代会代表推荐人选，参会人员一致同意谭君铁等46人为梅江区推荐出席省第十二次党代会代表候选人人选。

18 日　广西壮族自治区政府副秘书长黄胜杰率队来梅考察采石场管理工作。广东省国土资源厅副巡视员方为民，副市长、蕉岭县委书记温向芳，区长肖卫华等陪同考察。

20 日　梅江区召开会议贯彻落实省、市安全生产工作电视电话会议精神。区长肖卫华主持会议。

21 日　区长肖卫华率队深入东升工业园区检查安全生产和环境整治工作。区委常委、常务副区长李思平，区委常委、政法委书记姚文东陪同检查。

3　月

2 日　梅州市组织收看收听全省农村工作暨扶贫开发工作电视电话会议。区领导肖卫华、丘炀、朱国涛、张海辉等在梅江区分会场收看收听。

3 日　市人大常委会副主任曾小华率队到梅江区调研督导重点项目建设工作。区委书记潘小韬，区人大常委会主任巫繁星，区委常委、区委区府办主任王增文等陪同调研督导。

9 日　梅江区干部群众参加义务植树活动。副市长曾尚忠，区委书记潘小韬，区长肖卫华等参加义务植树活动。

10 日　梅江区召开全区安全生产工作会议。区长肖卫华，区领导李思平、谢益民、刘伟球等参加会议。

28 日　国务院召开2017年全国医改工作电视电话会议。区委书记潘小韬、副区长郭敏谋等在梅江区分会场收看收听。

4　月

7 日　梅江区召开全区政法暨信访工作会议，传达贯彻中央和省、市政法会议精神，区委书记潘小韬，区长肖卫华，区领导钟明、姚文东等参加会议。

同日　区长肖卫华主持召开全区2017年村（社区）“两委”换届选举工作会议。区委书记潘小韬，区委、区人大、区政府有关领导参加会议。

22 日　梅江区举行梅州市文物保护单位——七贤居（刘复之故居）挂牌仪式。最高检察院副检察长孙谦等领导和嘉宾，市领导谭君铁、方利旭，刘复之家属代表和区有关领导等参加挂牌仪式。

26 日　梅江区召开干部大会，宣布省委关于梅江区委主要领导调整决定，朱国城任中共梅州市梅江区委书记，潘小韬不再担任中共梅州市梅江区委书记职务。市委常委、组织部部长杜敏琪出席会议并作讲话，市委组织部副部长卓利清宣读省委文件。

5　月

8 日　区委书记朱国城、区长肖卫华率队到三角镇大坜村调研指导村“两委”换届工作，要求选优配强“两委”班子，确保高质量完成换届各项工作任务。区委常委、组织部部长丘炀，区委常委、区委区府办主任王增文等陪同调研。

12日 区委书记朱国城主持召开“梅江讲坛”学习习近平总书记对广东工作重要批示精神报告会，市委宣讲团成员谢小康作宣讲报告。区长肖卫华，区人大常委会主任巫繁星、区政协主席赖经烈等区领导参加报告会。

同日 区人武部党委第一书记任职大会在区人武部举行。市委常委、梅州军分区司令员武启龙宣读任命区委书记朱国城为梅江区人武部党委第一书记的任职命令，并颁发任职证书。区委常委、区委区府办主任王增文，区人武部政委贺有才等参加会议。

15日 政协梅州市梅江区第七届委员会第二次会议开幕，区政协主席赖经烈代表政协梅江区第七届委员会常务委员会作工作报告。区委书记朱国城、区长肖卫华、区人大常委会主任巫繁星等区五套班子领导出席会议。

16日 梅州市梅江区第八届人民代表大会第二次会议开幕。区委书记朱国城出席会议并作讲话，区长肖卫华代表区人民政府向大会作《政府工作报告》，区人大常委会主任巫繁星作《梅江区人民代表大会常务委员会工作报告》。大会由大会执行主席、区人大常委会副主任钟小清主持。

18日 区委书记朱国城、区长肖卫华率队到城北镇爱丽丝庄园（樱花谷）调研农旅经济发展时要求，要立足长远，整合资源，优化环境，积极推动农业和旅游业深度融合发展，打造周末旅游胜地。区委常委、区委区府办主任王增文，区政协副主席、区交通运输局局长孙伟华等陪同调研。

23日 市政协主席陈建青率队到梅江区调研委员企业发展和委员工作室建设情况。市政协副主席叶解春、李忠良、曾祥海，秘书长张阳，区长肖卫华，区政协主席赖经烈，副主席葛雅玲等参加调研。

27日 副市长曾尚忠率队到梅州城区部分幼儿园开展“六一”儿童节慰问活动。区长肖卫华，副区长罗涤权等陪同活动。

6 月

6日 区委书记朱国城接受《梅州日报》全媒体记者专访，就学习宣传贯彻习近平总书记对广东工作重要批示精神，谈学习体会，并结合实际，谈梅江区如何开展学习宣传贯彻活动，推动重要批示精神落实到经济社会发展各个方面。

8日 市委常委、市纪委书记黄建固到梅江区调研。区委书记朱国城，区长肖卫华，区委常委、区委区府办主任王增文等陪同调研或参加座谈。

9日 区委书记朱国城率队走访乡贤企业家温聪贤，了解乡贤企业落户发展情况。区委副书记、政法委书记钟明，区委常委姚文东，区委常委、区委区府办主任王增文等参加走访。

12日 市长方利旭到梅江区调研旧城改造工作。区领导肖卫华、姚文东、王增文、罗涤权、刘伟球、赖昌仁、黄明仰等陪同调研。

13日 国务院召开全国深化简政放权放管结合优化服务改革电视电话会议。区领导肖卫华、王增文、罗涤权、刘伟球、孙伟华等在梅江区分会场收听收看。

14日 市政协主席陈建青率队对2017年市政协主席会议领衔督办的重点提案《关于确保客都大桥东端连接线按时贯通的建议》进行调研督办。副市长温向芳，市政协副主席李忠良、秘书长张阳，区长肖卫华，区委常委、区委区府办主任王增文等参加调研督办。

同日 省妇联副主席孙小华率调研组来梅调研妇女工作。区长肖卫华，区委常委、区委区府办主任王增文，副区长罗涤权等陪同调研。

21日 市人大常委会组织部分市人大常委会组成人员和市人大代表视察客都大桥、兴华高速等交通基础设施重点项目建设情况。市人大常委会副主任黎健平，副市长吴泽桐，区长肖卫华等参加视察。

22日 区委书记朱国城、区长肖卫华率队深入金山街道碧峰寺、民福桥，三角镇何树岗水库、S333线，西阳镇高观音道路龙坑段等地检查防汛相关工作。区委常委、区委区府办主任王增文，副区长刘伟球，区政协副主席、区交通运输局局长孙伟华等参加检查。

同日　全省司法行政系统落实省十件民生实事工程（社区矫正）推进会在梅州召开。区委书记朱国城，区长肖卫华，区委副书记、政法委书记钟明，区委常委、区委区府办主任王增文等参加相关活动。

26日　梅江区举行“全民禁毒宣传进万家”系列活动启动仪式。区长肖卫华出席启动仪式并讲话。

28日　区五套班子领导参加渔业资源增殖放流活动。区领导朱国城、肖卫华、巫繁星、赖经烈、王增文、刘伟球等参加活动。

29日　梅江区组织区领导走访东升工业园部分企业，并在东升园区中心召开全区企业家座谈会。区长肖卫华主持座谈会。区委书记朱国城，区人大常委会主任巫繁星，区政协主席赖经烈等参加座谈会。

同日　区委书记朱国城、区长肖卫华分别深入到西阳镇双黄村、直坑村指导精准扶贫工作，走访慰问困难党员群众。区委常委、组织部部长丘炀，区委常委、区委区府办主任王增文等陪同走访。

30日　梅江区举行“关爱贫困人口，助力攻坚脱贫”2017年广东扶贫济困日活动启动仪式。区委书记朱国城作动员讲话，区长肖卫华主持启动仪式。

同日　广州合景房地产开发有限公司考察团到梅江区考察投资环境。区委书记朱国城、区长肖卫华会见考察团一行，区领导钟明、李思平、姚文东、王增文、钟小清等参加座谈或陪同考察。

同日　市委书记谭君铁率队调研文化旅游重点项目建设。市委常委、秘书长余其豹，副市长温向芳，区委书记朱国城，区长肖卫华等参加调研。

7　月

1日　市城综局梅江分局和市城监支队梅江大队同时挂牌揭幕。区委书记朱国城，区长肖卫华等区领导参加挂牌揭幕仪式。

5日　区委书记朱国城率队走访新三板上市企业恒祥药业。区委常委、区委区府办主任王增文陪同走访。

6日　副市长张晨率队到梅江区检查近期卫生计生工作进展情况。区委书记朱国城，区委常委、区委区府办主任王增文等陪同检查。

7日　区委书记朱国城到区委党校参加系列活动。梅州开放大学副校长王修，梅州市委党校教育长李志春，区委常委、区委区府办主任王增文等参加揭牌仪式或出席培训班启动仪式。

11日　市人大常委会副主任、市总工会主席曾小华，市总工会副主席侯炜勤一行到梅江区调研工会工作。区委书记朱国城，区委副书记钟明，区委常委、区委区府办主任王增文，区人大常委会副主任、区总工会主席罗尚君等陪同调研。

19日　市人大常委会副主任、市总工会主席曾小华率队在梅城开展2017年市总工会夏季“送清凉”慰问活动。区委书记朱国城，区委常委、区委区府办主任王增文，区人大常委会副主任、区总工会主席罗尚君陪同慰问。

20日　区委书记朱国城，区长肖卫华等区五套班子领导深入开展“暖企”行动。

同日　梅江区组织收看收听全国、省、市安全生产电视电话会议。区长肖卫华，区委常委、副区长李思平等在梅江区分会场收看收听。

25日　省委政法委专职委员邓远强带领省督导组来梅，对梅州市推进“中心＋网格化＋信息化”建设情况进行检查督导。区长肖卫华，区委副书记、政法委书记钟明陪同督导或参加座谈。

27日　区长肖卫华率队到西阳镇调研指导风眠艺术小镇建设工作。区委常委、宣传部部长古熠，区委常委姚文东等陪同调研。

同日　市政协主席陈建青率市创文办工作人员、城市文明监督员到梅江区开展“创文”工作督查。市政协秘书长张阳，区长肖卫华，区委常委、宣传部部长古熠，区政协副主席葛雅玲陪同督查。

28日　梅江区开展“八一”走访慰问活

动。区领导朱国城、肖卫华、赖经烈、钟明、曾繁伟、王增文、钟小清等参加走访。

8　月

1 日　区委书记朱国城率队调研民族宗教工作。区委常委、统战部部长罗红葆，区委常委、区委区府办主任王增文等陪同调研。

同日　区委书记朱国城率队调研宣传工作。区委常委、宣传部部长古熠，区委常委、区委区府办主任王增文等陪同调研。

4 日　深圳市梅县商会组织企业家到梅江区考察交流。区委书记朱国城，区长肖卫华，区委常委、副区长李思平，区委常委、区委区府办主任王增文等参加交流座谈。

8 日　区委书记朱国城，区长肖卫华，区人大常委会主任巫繁星，区政协主席赖经烈等五套班子领导赴 96715 部队开展慰问交流活动。

同日　区委书记朱国城率队到新三板上市企业裕丰食品股份有限公司实地调研。区委常委、区委区府办主任王增文，区人大常委会副主任朱国涛，区政协副主席张海辉等参加调研。

9 日　梅州军分区政委彭延虎率队到梅江区检查征兵体检工作。区委书记朱国城，区委常委、副区长李思平，区委常委、区委区府办主任王增文，区人武部政委李俊等陪同检查。

10 日　市委常委、秘书长余其豹率队到梅江区检查督导重点项目、新农村建设和信访工作。区领导朱国城、肖卫华、钟明、姚文东、王增文等陪同检查或参加座谈会。

18 日　区委书记朱国城会见梅江区新晋“国字号”球员温浩军。区委常委、区委区府办主任王增文，副区长罗涤权等参加会见。

21 日　市委常委、秘书长余其豹率队督导检查中心城区扩容提质重点项目建设工作。区长肖卫华，区委副书记、政法委书记钟明等陪同检查。

22 日　市委常委、统战部部长张文广率队到梅江区调研统战工作。区领导朱国城、肖卫华、罗红葆、王增文陪同调研或参加座谈会。

28 日　梅江区召开纪律教育学习月动员会暨“转作风比奉献树形象”主题活动推进会。区委书记朱国城作重要讲话，区长肖卫华、区人大常委会主任巫繁星、区政协主席赖经烈等区领导参加会议。

同日　梅州市首家军民融合院士工作站挂牌成立。区委书记朱国城主持签约揭牌仪式，区委副书记、政法委书记钟明参加活动。

30 日　市人大常委会副主任曾小华率队到梅江区调研重点工作推进情况。区长肖卫华，区人大常委会主任巫繁星，区委常委姚文东，区人大常委会副主任朱国涛等陪同调研。

31 日　梅江区召开全区禁毒工作暨全民禁毒工程动员部署大会。区长肖卫华参加会议并作动员部署，区委副书记、政法委书记钟明主持会议。

9　月

2 日　梅江区召开三防工作会议。区委书记朱国城，区长肖卫华，区委副书记、政法委书记钟明，区委常委、区委区府办主任王增文，副区长刘伟球等参加会议。

5 日　市委书记谭君铁率队到梅江区调研。市领导余其豹、曾小华、温向芳、马志元，区领导朱国城、肖卫华、李思平、姚文东、王增文、罗涤权、刘伟球参加调研。

6 日　梅江区举行 2017 年“阳光征兵”现场定兵会。梅州军分区政委彭延虎，区委书记朱国城，区长肖卫华，区委常委、副区长李思平，区人武部政委李俊参加大会。大会由区人武部部长黄冰峰主持。

8 日　梅江区举行庆祝 2017 年教师节大会。区委书记朱国城，区长肖卫华，区政协主席赖经烈，区委常委、区委区府办主任王增文，区人大常委会副主任管文杰，副区长罗涤权参加大会。

11 日　河源市紫金县委书记刘振林带队到梅江区考察交流。区委书记朱国城会见考察团一行，区委副书记、政法委书记钟明，区委常委、副区长李思平，区委常委、区委区府办主任王增文，副区长刘伟球等区领导陪同考察或参加会见。

同日　省委、省政府召开全省计划生育工作电视电话会议。区长肖卫华、区人大常委会副主任管文杰、区政协副主席葛雅玲在梅江区分会场参加会议。

12日　区委书记朱国城率队到国威电子、志浩电子回访调研。区委常委、区委区府办主任王增文，区人大常委会副主任朱国涛，区政协副主席张海辉等陪同调研。

同日　市侨联主席汤志平率队围绕贯彻《广东省侨联改革方案》到梅江区进行调研并召开座谈会。区委书记朱国城，副书记钟明，区委常委、统战部部长罗红葆和区外事侨务局局长、侨联主席曾小丽等陪同调研。

14日　团省委副书记、省青联主席张志华率队到梅江区西阳镇白宫小学调研和看望"希望乡村教师计划"支教志愿者。团省委组织部部长王浩，区委书记朱国城，区委副书记、政法委书记钟明陪同调研。

同日　梅州市"清风飞扬"廉政专题文艺节目巡回演出走进梅江区。区领导肖卫华、钟明、李思平、曾繁伟、古熠、姚文东以及全区副科以上干部和部分党员干部共400多人观看演出。

同日　区委书记朱国城率队赴海南走访拜会外出乡贤代表。区委常委、统战部部长罗红葆，区委常委、区委区府办主任王增文，副区长罗涤权等参加走访拜会活动。

19日　梅江区召开全区体育工作暨参加市八运会总结表彰大会。区长肖卫华主持会议。区领导巫繁星、曾繁伟、古熠、王增文、罗涤权、葛雅玲参加会议。

同日　市城乡规划局梅江区分局挂牌成立，并召开中心城区管理体制改革工作交接座谈会。副市长温向芳，区长肖卫华，区委常委姚文东等参加座谈会。

20日　市委常委、常务副市长李远青率队到梅江区调研重点项目建设进展情况。区委书记朱国城，区委常委、副区长李思平，区委常委姚文东，区委常委、区委区府办主任王增文，副区长刘伟球等陪同调研。

21日　区委书记朱国城率团赴台湾考察农业文化，学习先进经验。区委常委、区委区府办主任王增文，副区长刘伟球等参加考察。

26日　梅江区召开全区森林防火工作会议。区长肖卫华主持会议，副区长刘伟球等参加会议。

29日　市委书记谭君铁、市长方利旭率队检查节日安全和研判维稳安保、安全生产工作。区长肖卫华，区委常委、副区长李思平，区委常委姚文东等参加现场检查或出席研判会。

10　月

1日　全国人大常委会原委员、香港金利来集团董事局主席曾宪梓博士在家乡梅州举办庆祝中华人民共和国成立68周年活动。省港澳办副主任叶维园，市委常委、统战部部长张文广，区委书记朱国城、区长肖卫华等参加活动。

7日　区委书记朱国城、区长肖卫华深入到基层一线，检查中秋国庆节日期间安全有关工作并看望慰问坚守岗位的公安干警、护林员和信访维稳工作人员等。区委副书记、政法委书记钟明，区委常委、区委区府办主任王增文，副区长、公安梅江分局局长谢益民等参加活动。

8日　市长方利旭率队到梅江区江北片区调研。副市长曾尚忠，区委书记朱国城，区长肖卫华，区委常委姚文东，区委常委、区委区府办主任王增文等陪同调研。

12日　区委书记朱国城参加世界客属恳亲大会。区委常委、统战部部长罗红葆等参加活动。

13日　梅江区召开重点项目建设工作推进会议。区长肖卫华，区委常委、副区长李思平，区委常委、组织部部长林碚，区委常委姚文东，区委常委、区委区府办主任王增文，区政协副主席、区交通局局长孙伟华等参加会议。

16日　梅江区举行党外人士代表座谈会。区委书记朱国城，区长肖卫华，区人大常委会主任巫繁星，区领导钟明、曾繁伟、罗红葆、王增文、孙伟华等参加座谈会。

同日　梅江区召开全区旅游工作暨创建

“广东省全域旅游示范区”动员大会。市旅游局局长朱瑛，区委书记朱国城、区长肖卫华，区人大常委会主任巫繁星等参加大会。

18日 梅江区组织收听收看十九大开幕式，全区各级各部门党员干部和群众通过电视、网络、广播等多种形式进行收看。

同日 省老促会会长陈开枝率领省老促会副会长刘文炎、副会长兼秘书长姚泽源、副秘书长兼办公室主任陈文学等来梅，调研原中央苏区政策对接落实情况。区委书记朱国城，区委常委、组织部部长林砧，区委常委、区委区府办主任王增文陪同调研。

19日 副市长曾尚忠率队到梅江区调研教育工作，并检查学校安全生产工作。区长肖卫华、副区长罗涤权等陪同调研。

20日 区委书记朱国城、区长肖卫华会见印尼熊氏集团、《国际日报》报业集团董事长熊德龙。区委常委、统战部部长罗红葆，区委常委、区委区府办主任王增文等参加会见。

21日 省消防总队副总队长杨焕龙率队到公安消防支队梅江区大队，督导检查基层十九大期间消防安全保卫工作情况。市公安局常务副局长林伟青，消防支队支队长孙亚琦、政委邱训正，区委书记朱国城，区委常委、区委区府办主任王增文等陪同检查。

24日 区委书记朱国城率队调研东山健康小镇项目建设工作。区委常委姚文东，区委常委、区委区府办主任王增文等参加调研。

同日 区委书记朱国城率队到江北老城区油罗街、中山路调研历史文化街区修缮保护提升工作。区委常委姚文东，区委常委、区委区府办主任王增文等陪同调研。

25日 市政协主席陈建青率市直相关部门人员到梅江区视察交通建设。区领导朱国城、赖经烈、孙伟华等参加视察。

26日 梅江区举行庆祝广东省第24个环卫工人节表彰大会。区领导朱国城、肖卫华、姚文东、王增文、管文杰、葛雅玲出席大会。

27日 梅江区举行创建国家环保模范城市专题文艺晚会。区委书记朱国城，区长肖卫华，区人大常委会主任巫繁星，区政协主席赖经烈等区领导以及市环保局局长姚铠滔等观看演出。

同日 市委书记谭君铁率队现场检查第五届世界客商大会筹备工作。市委常委、统战部部长张文广，市委常委、秘书长余其豹，副市长温向芳，世界客商大会筹备办常务副主任肖平，区委书记朱国城，区委常委姚文东等参加现场检查。

11 月

2日 梅江区召开全区传达贯彻党的十九大精神大会。区委书记朱国城，区人大常委会主任巫繁星，区政协主席赖经烈等参加会议。会议由区委副书记、政法委书记钟明主持。

同日 区委书记朱国城率队深入挂点联系的西阳镇莆蔚村宣讲党的十九大精神。区领导曾繁伟、林砧、王增文、孙伟华等参加宣讲活动。

同日 区委书记朱国城率队调研义乌小商品城项目建设工作。区委常委、区委区府办主任王增文，副区长罗涤权参加调研。

5日 梅江区开展“扮靓诗画梅江 喜迎世界客商”志愿大行动。区委书记朱国城，区长肖卫华，区人大常委会主任巫繁星，区政协主席赖经烈参加启动仪式。

6日 区长肖卫华深入挂点联系的西阳镇直坑村宣讲党的十九大精神。区领导姚文东、林砧、王增文、刘伟球、孙伟华等参加宣讲。

9日 区委书记朱国城，区长肖卫华率队检查第五届世界客商大会梅江区筹备保障工作。区领导钟明、罗红葆、姚文东、王增文等参加检查。

11日 区委书记朱国城，区长肖卫华率队深入西阳镇调研美丽乡村建设工作。区领导姚文东、王增文、刘伟球等参加调研。

21日 区委常委班子集体瞻仰革命旧址重温入党誓词。区委书记朱国城，区长肖卫华，区人大常委会主任巫繁星，区政协主席赖经烈等参加活动。

22日 副市长曾尚忠率队到梅江区调研省定贫困村创建新农村示范村工作情况。区长肖卫华，区委常委姚文东，副区长刘伟球等陪同调研。

29日　副省长黄宁生率队到梅州市专题调研教育工作。区委书记朱国城，区委常委、区委区府办主任王增文等参加相关活动。

12　月

1日　副市长温向芳率队调研梅江区东山健康小镇建设工作。区委书记朱国城，区委常委、区委区府办主任王增文等陪同调研。

4日　梅江区举办“12.4”国家宪法日暨全国法治宣传日宣传活动。区领导朱国城、钟明、王增文、杜延生、谢益民等参加活动。

13日　省委政法委粤东片区“中心+网格化+信息化”建设工作推进会在梅州召开。区长肖卫华，区委副书记、政法委书记钟明参加相关活动。

14日　市关工委主任何正拔一行到梅江区调研指导工作。区领导朱国城，姚文东，王增文等陪同调研。

同日　梅江区召开消防工作紧急会议暨冬春火灾防控工作推进会。省消防总队副总队长杨焕龙，区委书记朱国城，市消防局局长孙亚琦，区委常委、区委区府办主任王增文，副区长、市公安局梅江分局局长谢益民等参加会议。

15日　省总工会常务副主席李长峰一行在市总工会副主席侯炜勤陪同下，到梅江区挂点指导综治工作。区委书记朱国城，区委常委、区委区府办主任王增文等陪同或参加座谈。

17日　中国共产党梅州市梅江区第八届委员会第四次全体会议在梅城召开。区委书记朱国城就全面深入学习贯彻党的十九大精神作专题讲话，区长肖卫华传达省委十二届二次全会精神及市委七届三次全会精神。

22日　梅江区召开全面推行河长制工作现场会。区领导朱国城、肖卫华、钟明、古熠、姚文东、王增文、孙伟华等参加现场会。

同日　香港铜锣湾集团到梅江区参观考察。区委书记朱国城，区长肖卫华会见集团董事会主席陈智一行，区委常委、区委区府办主任王增文，区人大常委会副主任钟小清等参加会见或陪同考察。

同日　区委书记朱国城应邀率队赴深圳市，参加深圳市梅县商会第二届第二次会员大会，并到部分乡贤企业走访考察。区领导罗红葆、王增文、罗涤权等参加相关活动。

25日　区委书记朱国城率队到梅江区供销合作联社调研。市供销合作社党组书记、主任杨伟南，区委常委、区委区府办主任王增文，副区长罗涤权等参加调研。

28日　梅州市梅江区残疾人联合会第六次代表大会胜利召开。市残联党组书记卢振中，区委书记朱国城出席会议并作讲话。区人大常委会主任巫繁星，区政协主席赖经烈等区领导出席会议。

29日　梅江区召开全区领导干部大会，区委书记朱国城主持会议，宣布市委关于区委、区政府有关领导调整决定，钟秀堂任区委委员、常委、副书记，提名为区政府区长候选人，肖卫华不再担任区委副书记、常委、委员、区政府区长职务；张军任区委委员、常委、副书记，钟明不再担任区委副书记、常委、委员职务。市委常委、组织部部长杜敏琪出席会议并作讲话。

是年　梅江区获评“全国群众体育先进单位”，“梅江区清凉山茶”“客都稻米”获国家农产品地理标志，中梅电子商务孵化港被认定为国家级科技企业孵化培育单位，梅江区被确认为“广东省全域旅游示范区”创建单位，梅江区获评“广东省推进教育现代化先进区”，梅江区获评全省唯一“全国青少年校园足球实验区”，梅江区长沙镇、西阳镇成功创建“广东省卫生镇”，梅江区西阳镇移民新村获评省级地震安全示范社区、龙岗村获评广东侨界人文社区示范点，梅江区金山街道被确为首批“广东省森林小镇”。

（邹文导）

梅江概况

区情概况

【位置面积】 梅江区位于广东省东北部，梅江河中游，梅州市中部，东临梅县区雁洋镇和大埔县银江镇，南与丰顺县和梅县区梅南镇交界，西连梅县区程江镇和大坪镇，北接梅县区石扇镇和城东镇。区域总面积570.61平方千米，其中耕地面积4026.5公顷。

【人口】 2017年，梅江区辖长沙、三角、城北、西阳4个镇和西郊、金山、江南3个街道，81个村民委员会和45个社区居民委员会。年末全区总户数116660户，总人口（户籍人口）356591人，其中男178282人、女178309人。当年出生人口5749人，人口出生率15.59‰；当年死亡人口2557人，死亡率6.93‰；自然增长人数3192人，自然增长率8.65‰。祖籍梅江区的海外华侨华人和港澳台同胞约20万人。

【文物】 梅江区是国家历史文化名城，有众多名胜古迹和丰富的文化遗产，主要有黄遵宪故居人境庐、千佛塔、东山书院、梅江桥、梅州学宫、八角亭等各级文物保护单位18处，区内有嘉应学院、东山中学、梅州中学等名校，中山路、凌风路、仲元路等名街，席狮舞、五句板、梅城山歌、舞龙、金狮、闹八音、拜“孔圣人”等非物质文化遗产保护项目。

【荣誉梅江】 梅江区是原中央苏区县、国家园林城市、国家卫生城市、全国义务教育发展基本均衡区，全国青少年校园足球试点区，是著名的文化之乡、华侨之乡、足球之乡。2017年，获评“全国群众体育先进单位”，“梅江区清凉山茶”“客都稻米”获国家农产品地理标志，中梅电子商务孵化港被认定为国家级科技企业孵化培育单位，梅江区被确认为“广东省全域旅游示范区”创建单位，获评“广东省推进教育现代化先进区”和全省唯一“全国青少年校园足球实验区”，梅江区长沙镇、西阳镇成功创建“广东省卫生镇”，西阳镇移民新村获评省级地震安全示范社区、龙岗村获评广东侨界人文社区示范点，金山街道被确为首批“广东省森林小镇”。

经济社会发展概况

【国民经济】 2017年，梅江区着力推进供给侧结构性改革，全区经济社会保持平稳健康发展。全年实现地区生产总值（GDP）83.45亿元，比上年增长9.54%；其中第一产业增加值8.95亿元，比上年减少11.9%，拉动GDP增长0.4个百分点；第二产业增加值31.41亿元，比上年增长7.38%，拉动GDP增长2.1个百分点；第三产业增加值43.09亿元，比上年增长17.19%，拉动GDP增长4.5个百分点。三次产业结构比例由上年13.3∶38.5∶48.2调整为12.2∶36.1∶51.7。全年公共财政预算收入7.31亿元，比上年增长4.0%。城镇新增就业人数3002人，年末城镇实有登记失业人员1273人，城镇登记失业率2.43%，与上年持平。全年组织劳动力培训1780人，转移就业人数4520人。

【农业】 2017年，梅江区农业总产值16.81亿元，比上年减少1.8%，其中农业产值10.29亿元，比上年增长2.2%；林业产值4939万元，比上年增长30.56%；牧业产值4.9亿元，比上年减少1.3%；渔业产值8382万元，比上年增长4.84%；农林牧渔服务业产值2926万元，比上年增长10%。

种植业　全年全区农作物播种面积1.05万公顷。粮食作物播种面积4365.93公顷，总产量2.79万吨，比上年分别增长0.39%、12.2%；水稻播种面积3273.46公顷，总产量2.01万吨，比上年分别增长0.57%、0.5%；玉米收获面积529.07公顷、总产量2226吨，比上年分别增长4.64%、22.85%；薯类面积286.13公顷、总产量9434吨，比上年分别减少7.04%、9.05%；花生播种面积344.73公顷、总产量906吨，比上年分别减少13.44%、13.05%；蔬菜播种面积5033.6公顷，总产量13.19万吨，比上年分别增长0.39%、5.52%；水果种植面积2373.87公顷，总产量4.23万吨，面积、产量分别比上年增长0.68%、4.07%；其中金柚种植面积1260.4公顷，总产量2.49万吨，分别比上年增长2.67%、7.69%；茶叶种植面积1400公顷，总产量1106多吨，产值4.4亿元。

林　业　全年全区林业总产值4939万元，比上年增长30.56%；完成森林碳汇重点生态工程任务490公顷，其中更新改造306.67公顷、套种补植183.33公顷；完成森林抚育任务3606.13公顷，碳汇林抚育939.47公顷；依法审批采伐桉树1.13万立方米，森林覆盖率71.02%。

畜牧业　全年全区生猪饲养量23.37万头，比上年减少5.22%；年末存栏量6.41万头，其中能繁母猪6852头、出栏肥猪16.96万头；家禽全年饲养量301.1万羽，比上年减少1.21%；肉类总产量1.9万吨，比上年减少5.75%。

水产业　全年全区水产养殖面积557.6公顷，比上年减少13.37%；水产品总产量8195吨，比上年减少2.8%；总产值8382万元，比上年增长4.84%。从事渔业生产1602户、1965人，渔民年均纯收入8781元。

【工业】　2017年，梅江区完成工业总产值105.59亿元，比上年增长13.02%，完成工业现价增加值25.57亿元，比上年增长8.3%；其中规模以上工业总产值84.97亿元，比上年增长17.14%，完成规模以上工业现价增加值18.29亿元，比上年增长9.1%。其中五大支柱工业产值72.58亿元，比上年增长3.0%，东升园区规模以上工业总产值和增加值分别完成66.79亿元和14.98亿元，比上年分别增长9.1%和15.9%；规模以上股份制企业产值48.91亿元，比上年增长14.2%，外商及港澳台商投资企业产值30.69亿元，比上年减少3.12%；规模以上轻工业产值5.91亿元，比上年减少6.6%，重工业产值79.46亿元，比上年增长19.24%；规模以上工业企业实现利润总额5.73亿元，比上年增长17.42%。

【招商引资】　整合招商资源，拓展招商渠道，改进招商方式，细化招商服务，梅江区招商引资工作再上新台阶。2017年，上报市签约项目11个，计划总投资额184.3亿元，实际投资额46.25亿元。区招商绩效管理项目15个，计划总投资额223.6亿元，实际投资额49.38亿元。引进保利人居文旅等10亿元以上项目6个，计划投资总额183亿元。第五届世界客商大会期间签约、动工、竣工项目计划投资总额480亿元。

【固定资产投资】　2017年，梅江区完成固定资产投资总额136.95亿元，比上年增长27.5%。固定资产投资按产业分：第一产业投资为零；第二产业9.20亿元，比上年增长37.0%，其中工业投资9.20亿元，占固定资产投资总额的6.7%，比上年增长37%；第三产业投资127.75亿元，比上年增长27%。完成项目投资76.41亿元，比上年增长55.7%；房地产开发投资6054亿元，比上年增长3.8%；商品房销售面积130.67万平方米，比上年增长32.2%；商品房销售额9353亿元，比上年增长57.0%。

【贸易】 2017年，梅江区实现社会消费品零售总额109.16亿元，比上年增长6.75%。其中批发和零售业零售额101.31亿元，比上年增长6.48%；住宿和餐饮业零售额7.85亿元，比上年增长10.2%。外贸进出口总额24664万美元，比上年减少42%。其中出口总额19754万美元，比上年减少45.8%。实际利用外资206万美元，比上年减少12%；2017年新办“三资”（中外合资经营、中外合作经营、外商独资经营）企业264家，比上年增加255家。

【金融·保险】 2017年，梅江区金融机构各项存款余额214.49亿元（含邮政储蓄），比上年增长17.5%，其中城乡居民储蓄存款余额151.72亿元，比上年增长15.9%，各项贷款余额87.22亿元，比上年增长27.1%。全年人寿、财产保险保费收入2109万元，比上年增长19.7%；赔款支出金额758.3万元。

【旅游业】 2017年，梅江区旅游基础设施日趋完善，全区有国家AAAA级景区1家、AAA级景区2家，旅游星级饭店8家（其中五星级饭店2家、四星级饭店1家、三星级饭店5家），旅行社22家、旅行社服务网点（门市部）40间，持证导游400多人，旅游汽车公司3家，游船公司1家。全年接待国内外游客1350.5万人次，比上年增长14.8%；实现旅游总收入100.36亿元，比上年增长18.6%。

【基础建设】 交通运输建设 2017年梅江区完成交通基础设施建设投资5800万元，实施建设和改造项目76个。全年完成货物周转量389510万吨千米，比上年增长8.1%；完成旅客周转量56976万人千米，比上年增长6.5%。

水利建设 2017年，完成中小河流治理19.5公里，提前2年完成75.5公里中小河流的治理任务，白宫河、白宫水中小河流治理入选“广东省水生态与水文化结合示范点”名单。区、镇、村三级河长体系实现全覆盖，江河湖库实现长效化常态化治理。周溪十里梅花长廊、黄坑田园综合体、泮坑水库后湖亭廊、梅江干流沿河4个镇级污水处理厂、42套村级污水处理设施工程动工建设。

【城乡环保建设】 2017年，梅江区积极创建国家环保模范城市，严守生态保护红线，全力抓好重点环境保护问题排查整治，综合防治大气、水、土壤污染，全年城区环境空气质量优良率97.8%，清凉山水库、梅江饮用水源地及主要河段水质达标率100%。区域噪声、道路交通噪声保持稳定，声环境质量较好，环境质量保持优良。

【社会民生】 2017年，梅江区常住居民人均可支配收入31742.6元，比上年增长8.9%；其中：城镇常住居民人均可支配收入33071元，农村常住居民人均可支配收18568.1元，比上年分别增长9.0%和7.6%，扣除价格因素分别实际增长7.4%和6.0%。全年全区参加基本养老保险62283人、失业保险26064人、工伤保险38550人、基本医疗保险40443人、生育保险30410人、农村社会养老保险58651人、城乡居民医疗保险218422人。梅江区共有社会福利院17间、床位1934张，社区服务设施126个。城乡低保对象1903户3447人，累计发放城乡低保资金1874万元。

【港澳台及华侨事务】 2017年，梅江区接待海外华侨华人、港澳同胞3363多人次，回乡寻根问祖20多批次，接受海外捐资610万元，审核批准因公出国（境）25批45人次（自组团1批6人次）。依法维护侨胞合法权益，妥善处理侨务信访案件，全年侨胞来信来访6宗，接待咨询等28人次，100%处理妥善。管好用好贫困归侨专项补助资金，全年发放专项帮扶金44.1万元，慰问困难华侨侨眷477人。开展青少年“同根同心”交流活动和香港青年服务团到梅江区开展支教活动，先后接待交流团10多个、

1000多人次，香港青年服务团成员6人到梅江区支教。

教科文体发展概况

【教育·科技】 2017年，梅江区现有各级各类学校131所，其中幼儿园81所（其中公办幼儿园25所、民办幼儿园56所）、完全小学28所（其中民办3所）、教学点4个、初级中学6所、九年一贯制学校3所（其中民办2所）、完全中学4所、职业中学3所（其中民办职业高中2所）、教师进修学校1所、特殊教育学校1所。各级各类在校学生66831人，其中民办学校在校学生16200多人；全区教职工5157人，其中公办教职工3187人、民办学校教职工1970人。中、小学适龄儿童少年入学率100%，小学巩固率107.31%，初中巩固率99.51%，高中阶段毛入学率100.89%。强师兴教，促进教育教学质量稳步提高。全年投入180多万元用于教师业务培训，组织7531人次参加公需科目、省市级骨干教师、新课程新教法等培训活动；鼓励教师进修提高学历层次，全区328名教师参加学历提升，其中参加研究生学历提升29人、本科学历提升267人、大专学历提升32人；全年新招录教师10人（其中研究生学历3人），调入39人，从中学抽调176名教师到小学支教，争取嘉应学院派出100名毕业生到小学顶岗实习。教育教学工作取得显著成效，全年立省级课题4项，市级课题20项，教育教学论文在市级以上刊物发表85篇。2017年全区中考900分以上643人、约占全市的40%，进入全市前十名5人；高考本科上线1066人，其中重点本科上线165人、比上年增加29人；特色办学成效显著，体育、美术、音乐本科上线321人、比上年增加92人，重点率、本科率均居全市第一。鸿都小学被评为“广东省文明校园”。梅州中学、梅师附小等5所学校获得全省“健康学校”称号。

科技队伍不断壮大，科技事业取得新进展。2017年获得市科技进步奖7项，专利申请受理量404项，专利申请受权量240项。年末，梅江区拥有事业单位各类科学技术人员4057人，比上年增长2.1%；其中高级职称620人，比上年增长27.3%；中级职称2385人，比上年增长3.2%。

【文化】 文化事业健康发展，精神文明建设取得丰硕成果。2017年梅江区新建文化驿站10个，农村（社区）文化俱乐部13个，补充更新40个农家书屋（含文化俱乐部）图书、文化用品或音响设备。以“三百工程”（百场展览、百场讲座、百场演出送基层活动）、“魅力客都·梅江欢歌”、文化下乡、粤读越精彩、优秀影片展播、非遗活动周、惠民演出、农村公益电影和特定人群免费观景活动等为载体，精心组织群众喜闻乐见的各类文化活动1000多场次。

【卫生】 全区医疗卫生机构12个，其中县级医院1个、专科医院1个、公共卫生事业单位2个、基层医疗卫生机构8个，病床位893张，卫计工作人员1752人，其中执业医师296人、执业助理医师104人、注册护士451人、药剂人员134人、技师（士）54人、其他270人。2017年梅江区连续第18年获评“广东省人口与计划生育工作先进单位”，成功创建“省级慢性病综合防控示范区”，梅州市第二中医医院和江南社区卫生服务中心两家医院被评为“健康促进医院”，江南社区卫生服务中心被国家卫计委授予“优质服务示范社区卫生服务中心”荣誉，试点接种梅州首批宫颈癌疫苗。

【体育】 2017年，梅江区群众体育运动深入发展，全年举办运动会2次，参加人数3158人，各协会举办区级群众性竞赛68次，参加人数4.12万人。坚持“体教结合”，各级群体赛事取得可喜成绩，全年参加省、市各项比赛获得冠军28项，亚军16项。2017年参加梅州市第八届运动会，梅江区代表团获得综合团体总分第一名，五项球类第一名，金牌总数第二名，田径团体总分第二名，破两项市纪录；参加广东省青少年羽毛球锦标赛获得丙组男子团体、单打第一名；2017 年“市长杯”校园足球赛，城北小学获得女子足球冠军，梅州中学获得男子足球冠军；梅江选手夺广东省第一届拳王杯争霸赛 49 公斤组金腰带；光远小学、誉诚轩足球队分别获得“2017U 互动广东省五人足球争霸赛”少儿组和成人组季军。全年输送省体校运动员 14 人、市体校运动员 70 人。2017 年，梅江区获评“全国青少年校园足球试点区”和“全国群众体育先进单位”称号。

民主法治建设概况

【信访】 2017 年，认真贯彻落实习近平总书记关于信访工作指导精神，坚持改革、创新、法治为引领，把推动社会矛盾化解、维护社会稳定作为基本任务，把维护人民群众切身利益、保障人民安居乐业作为根本目标，立足防范风险、源头治理，大力开展化解信访积案，加强矛盾纠纷排查化解，全区信访形势呈现“稳中有降、总体向好”的良好态势，有力促进社会和谐稳定。全年梅江区共受理群众来信来访 1503 件次，比上年下降 6.3%；区党政领导接访群众 302 批 413 人次，办理国家、省、市交办信访案件 70 宗，办结率 100%；推广“互联网 + 信访”，提高信访工作公信力，网上信访总量是群众走访、来信量的 2 倍，网上信访成为群众信访主渠道。

【公安】 梅江区公安机关以“飓风 2017”、“梅安 1 号”等专项行动为抓手，强力推进惩治破案新机制建设，全面推动打击效能提升，严厉惩治涉毒犯罪、涉盗抢犯罪、涉电信诈骗、涉经济犯罪和涉黄涉赌等违法犯罪。2017 年立刑事案件 1655 宗，比上年下降 10.7%；破案 1294 宗，刑拘 535 人，提请逮捕 351 人，命案发 3 宗破 3 宗。其中破涉电信诈骗案件 85 宗，比上年上升 57.4%；破涉“两抢一盗”案件 992 宗，逮捕 82 人，起诉 112 人，分别比上年上升 5.9%、5.1%、30.2%；破涉金融犯罪案件 15 宗；查处涉黄案件 109 宗，涉赌案件 170 宗，比上年分别上升 73%、17%；查处涉毒嫌疑人 209 人。

【检察】 梅江区检察机关 2017 年受理公安机关提请批准逮捕案件 293 件 509 人，经审查批准逮捕 202 件 332 人，不批捕 93 件 177 人；提前介入重大案件 6 件；受理公安机关移送审查起诉案件 418 件 614 人，经审查，决定起诉 364 件 533 人，不起诉 18 件 26 人，附条件不起诉 1 件 1 人；立案查处职务犯罪案件 9 件 9 人，追缴赃款 15 万元。受理群众来信来访 71 件（次）（其中检察长接访 26 件 28 人），办理国家司法救助案件 8 件，发放救助金 11 万元。

【法院】 梅江区人民法院 2017 年受理刑事、民商事和执行等案件 4205 件（含旧存 204 件），结案 3926 件，结案率 98.18%，解决争讼标的 12.5 亿元；收、结案数量同比分别上升 10.72% 和 8.9%；全年培训干警 110 人次。

【司法行政】 梅江区司法机关全年受理民事纠纷 1211 宗，调解 1211 宗，调解率 100%；调解成功 1189 宗，调解成功率 98.2%；办理法律援助案件 170 宗，其中刑事案件 85 宗、民事诉讼案件 84 宗、行政案件 1 宗；接待来访来电群众约 1900 人次；办理各类公证 586 件，其中国内民事公证 402 件、涉外公证 89 件、涉港澳台公证 85 件。深入推进“一村（社区）一法律顾问”，全年村（社区）法律顾问律师为村（社区）群众提供法律服务 1653 件次，其中接访咨询 860 件次、出具法律意见书 68 件、为群众提供法律援助 13 件、参与人民调解 77 件、为村（社区）干部进行法律知识培训和讲座 482 场次，受教育人数1.9万人次，其他服务153件。全年接收社区服刑人员106人，解除142人，在册158人，社区服刑人员接收率100%；符合条件的服刑人员电子定位监控实现全覆盖，无脱管、漏管现象，作出撤销缓刑2人，警告38人次。全年组织教育学习96场次，组织社区服务101场次，接收刑释人员123人、解除社区矫正人员142人，落实安置255人，安置率96.2%，帮教率100%。

镇、街道发展概况

【长沙镇】 地处梅江区南部，东邻梅江区西阳镇，南连梅县区梅南镇，西接梅县区程江镇，北与梅江区三角镇交界，东南与丰顺县龙岗镇接壤，总面积94.76平方千米。2017年，长沙镇辖6个村民委员会、1个社区居民委员会。年末，全镇有3854户、12790人，其中男6322人、女6468人；有耕地面积712.38公顷。全年全镇粮食种植面积988.27公顷，总产量6168吨；花生种植面积47公顷，总产量1380吨；甘蔗种植面积2.07公顷，总产量94吨；蔬菜种植面积550.33公顷，总产量1.5万吨。全年镇级财政收入1383.73万元；规模以上工业产值3287万元，比上年减少31.7%；固定资产投资1.59亿元，比上年增长40.7。

【三角镇】 地处梅城南郊，东倚黄沙嶂高观音与西阳镇交界，南与长沙镇接壤，西临梅江与梅县区程江镇隔江相望，北与江南办事处毗邻，总面积38.01平方千米。2017年，三角镇辖13个村民委员会、4个社区居民委员会。年末，全镇有12227户、40968人，其中男19305人、女21663人。有耕地面积278.56公顷。规模以上工业总产值35.40亿元，比上年增长3.6%；固定资产投资51.29亿元，比上年增长52.4%；农村经济总收入15.85亿元，比上年增长6%；村集体经济总收入1653万元，生产性纯收入968万元；农民人均纯收入10989元，比上年增长6%。

【城北镇】 地处梅州城区北面，东临金山街道、梅县区城东镇，南连梅州城区，西与西郊街道、梅县区程江镇，北接梅县区大坪、石扇镇。总面积117.78平方千米，其中城区面积5平方千米。2017年，城北镇辖20个村、5个社区，200个村民委员会。年末，全镇有总户数18330户，总人口56227人，其中男27969人、女28256人。全镇有耕地面积1604公顷。镇级财政收入2216.54万元。全年规模以上工业产值35.40亿元，比上年增长3.6%。固定资产投资51.29亿元，比上年增长52.4%。全年全镇粮食种植面积1125公顷，总产量7233吨；花生种植面积137.33公顷，总产量372吨；木薯种植面积13.4公顷，总产量174吨；蔬菜种植面积1353.4公顷，总产量3.58万吨。

【西阳镇】 地处梅江区东南部，东与梅县区雁洋镇及大埔县毗邻，西连梅州市东升工业园区，东北部与梅县区丙村镇接壤，东南部与丰顺县交界，总面积272.64平方千米。2017年，西阳镇辖27个行政村、3个居民委员会。年末，全镇有总户数11146户，总人口36217人，其中男17848人、女18369人；有耕地面积1120.06公顷。全年实现规模以上工业总产值38.77亿元，比上年增长12.14%；限额以上批发零售商品销售额预计完成3.04亿元，比上年增长2.92%；农村社会总产值30亿元，农村经济总收入25亿元，比上年增长8%；农村人均收入9625元，比上年增长7%。

【江南街道】 地处梅州市区南部，东临梅江河畔与金山街道相望，南与三角镇相连，西临梅江河畔与西郊街道相望，北临梅江河畔与金山街道相望，总面积5.68平方千米。2017年，江南街道辖14个社区居民委员会。年末，街道有总户数40995户，总人口107526人，其中男

54109 人、女 53417 人。全年完成固定资产投资 20.34 亿元、规模以上住餐业 1.15 亿元、规模以上工业产值 0.86 亿元，规模以上批发和零售贸易 13 亿元，全年新引进欢盛酒店、锦发商务 2 个项目，总投资 11 亿元。

【西郊街道】 地处梅州市西部，总面积 6.53 平方千米。2017 年，西郊街道辖 5 个村民委员会、7 个社区居民委员会。年末，街道有总户数 11400 户，总人口 35864 人，其中男 18199 人、女 17665 人。固定资产投资完成 67718 万元，比上年增长 27.3% ；规模以上工业总产值 22879.5 万元，比上年减少 25.1% ；批发零售业 96310.6 万元，比上年增长 7.4% ；限上住宿和餐饮业营业额完成 2168.4 万元，比上年增长 14.6% 。

【金山街道】 地处梅州市东郊盘龙桥侧，总面积 35.21 平方千米。2017 年，金山街道辖 10 个村民委员会、11 个社区居民委员会。年末，街道有总户数 18708 户、总人口 66999 人，其中男 34530 人、女 32469 人。街道有耕地面积 226.4 公顷，其中水田 156.66 公顷、旱地 35.16 公顷，水浇地 34.58 公顷。全年全街道粮食种植面积 53.13 公顷，总产量 319 吨；花生种植面积 1.33 公顷，总产量 4 吨；蔬菜种植面积 537.33 公顷，总产量 1.37 万吨。全年规模以上工业增加值 1.59 亿元，固定资产投资总额 39.93 亿元，社会消费品零售总额完成 4.15 亿元。

（邹红香）

江南城区

中共梅州市梅江区委员会

主　要　会　议

【简述】　2017 年，区委书记潘小韬、朱国城分别主持召开区委常委会议共 26 次，其中常委（扩大）会议 7 次。会议主要研究梅江区政治、经济社会发展情况和近期主要工作及干部人事任免等相关事宜。

【2017 年区委常委会议】　1 月 5 日，受区委书记潘小韬委托，区委副书记、区长肖卫华主持召开区委常委会，研究梅江区推荐广东省出席中共十九大代表候选人及软弱涣散基层党组织整顿工作。

1 月 13 日，区委书记潘小韬主持召开区委常委（扩大）会议，分别传达学习市七届人大一次会议、市政协七届一次会议、全省加快推进基础设施项目建设工作会议、马兴瑞代省长来梅调研重要讲话以及全国、全省、全市安全生产工作会议等相关精神，审议通过区委、区政府 2017 年春节系列活动安排，部署近期工作，并研究干部任免事宜。

1 月 20 日，区委书记潘小韬主持召开区委常委（扩大）会议，区五套班子领导参加会议，传达市信访维稳专题研判会议精神，审议 2017 年政府投资基础设施建设项目投融资计划上报项目及预备项目情况，通报春节前机关作风暗访情况及全区劳资纠纷排查和化解情况，并部署近期工作。

2 月 7 日，区委书记潘小韬主持召开区委常委（扩大）会议，传达市委常委扩大会议精神及市主要领导检查重点项目工作讲话精神，研究《梅江区 2017 年区四套班子领导挂钩联系重点项目情况表（征求意见稿）》。

2 月 16 日，区委书记潘小韬主持召开区委常委会，传达市政府主要领导调研东升园区专题会议精神，研究梅江区推荐梅州市出席省第十二次党代会代表候选人推荐人选及增补区七届政协委员、常委人选。

3 月 1 日，区委书记潘小韬主持召开区委常委（扩大）会议，审议通过《梅江区 2017 年重点项目实施计划及区领导挂钩联系重点项目重点企业安排表》，传达全市城乡环境综合整治工作推进会精神，以及省委、市委政法工作会议和全省信访工作会议精神，通报市委常委会议对风眠小学审批建设工作中存在问题的处理决定，并研究成立区委巡察工作领导小组办公室及区纪委派驻纪检机构相关事宜。

3 月 1 日，区委书记潘小韬主持召开区委常委议军会议，听取区人武部 2016 年工作情况汇报，研究解决武装工作有关问题。

4 月 5 日，区委书记潘小韬主持召开区委常委（扩大）会议，传达全市综治信访维稳“中心 + 网格化 + 信息化”建设推进会精神，听取软弱涣散村（社区）党组织整顿工作情况和村（社区）“两委”换届选举工作准备情况汇报。

4 月 18 日，区委书记潘小韬主持召开区委常委会，审议同意给予王先昌留党察看两年、行政撤职处分，以科员安排工作，并将其违纪所得予以收缴，上交国库。

4 月 27 日，区委书记朱国城主持召开区委常委（扩大）会议，专题学习习近平总书记重要批示精神，研究学习宣传方案和部署有关工作。会议审议通过《梅江区学习宣传贯彻习近平总书记重要批示精神总体工作方案》。

5 月 2 日，区委书记朱国城主持召开区委常委会，研究区两会召开及干部年度考核等相关事宜。

5月15日，区委书记朱国城主持召开区委常委会，研究召开加快振兴发展暨创建全国文明城市动员大会，推进“两学一做”学习教育常态化制度化实施方案及开展“转作风、比奉献、树形象”主题活动相关事宜。

5月19日，区委书记朱国城主持召开区委常委（扩大）会议，传达学习《中共广东省委组织部关于转发〈中共中央组织部关于认真学习贯彻习近平总书记重要指示精神广泛开展向廖俊波同志学习的通知〉的通知》和全市信访维稳工作会议精神，并研究干部任免事宜。

6月8日，区委书记朱国城主持召开区委常委会，传达市委书记谭君铁、市长方利旭检查江南新城项目推进落实情况座谈会的讲话精神，研究讨论江北片区保护利用和规划建设的初步方案，研究部署经济工作和有关事项。同时，研究干部任免事宜。

6月26日，区委书记朱国城主持召开区委常委会，传达学习市委保密委全会暨全市保密工作会议精神，并研究干部任免事宜。

6月30日，区委书记朱国城主持召开区委常委会，传达上级有关文件精神，审议通过区委老干部局《关于成立中共梅州市梅江区委离退休干部工作委员会的请示》。同时，研究干部任免事宜。

7月24日，区委书记朱国城主持召开区委常委会，传达全国安全生产和省政府第三季度防范重特大生产安全事故工作电视电话会议及市贯彻会议精神、全国全省征兵工作电视电话会议精神、全省公共安全形势分析会议暨全省应急管理工作电视电话会议及市贯彻会议精神、全市宗教工作会议精神，并研究部署近期工作。

8月4日，区委书记朱国城主持召开区委常委会，传达学习习近平总书记在深度贫困地区脱贫攻坚座谈会上的重要讲话精神等上级文件及会议精神，审议通过《中国共产党梅州市梅江区委员会工作规则》，审议通过关于成立第五届世界客商大会梅州市梅江区筹备工作领导小组事宜，研究干部任免事宜。

8月29日下午，区委书记朱国城主持召开区委常委会，传达学习习近平总书记在省部级主要领导干部“学习习近平总书记重要讲话精神，迎接中共十九大”专题研讨班上的重要讲话等上级文件及会议精神，审议通过《关于区招商办设立驻广州专业招商队的实施方案》，审议同意5家电路板厂环保违法违规项目整改方案，并研究干部任免事宜。

9月30日，区委书记朱国城主持召开区委常委会，传达全省中共十九大安保维稳再动员再部署视频会议精神、全市维稳安保研判会精神等上级有关会议精神及部署国庆、中秋节期间有关工作。

10月27日，区委书记朱国城主持召开区委常委会，传达学习贯彻中共十九大精神和上级有关会议精神等，研究第五届世界客商大会梅江区系列活动方案，同意《关于深入推进农业供给侧结构性改革加快培育农业农村发展新动能的实施方案》，研究部署重点项目建设等工作。

11月10日，区委书记朱国城主持召开区委常委会，研究第五届世界客商大会相关事宜，部署学校、美丽乡村建设等工作，研究第五届世界客商大会安保维稳工作，研究政协委员任职相关事宜。

11月21日，区委书记朱国城主持召开区委常委会，根据全区领导干部大会推荐情况，与会常委一致同意，推荐古孟青为共青团梅州市委员会副书记考察对象人选。

12月1日，区委书记朱国城主持召开区委常委会，传达省委十二届二次全会精神，部署重点项目、美丽乡村建设等工作，研究区总工会办公楼后空地资产置换用于建设区全民健身中心有关事宜，研究将长沙镇打造成为梅江区“铭记光辉历史、传承红色基因”宣教基地有关事宜。

12月12日，区委书记朱国城主持召开区委常委会，传达市委组织部《关于刘细杨等同志挂任职务任免的通知》精神，研究区委八届四次全会和区人大八届三次会议、政协七届三次会议召开的时间、议程等事宜。

12月17日，区委书记朱国城主持召开区委常委会，研究干部任免事宜，研究区监察委员会副主任、委员沟通人选事宜。　（邹志浩）

区委主要工作

【简述】 2017年，中共梅江区委高举中国特色社会主义伟大旗帜，深入贯彻党的十八大、十八届历次全会精神，认真学习贯彻中共十九大精神，坚持以习近平新时代中国特色社会主义思想为指导，紧紧围绕“三个定位、两个率先”（发展中国特色社会主义的排头兵、深化改革开放的先行地、探索科学发展的试验区，率先全面建成小康社会、率先基本实现社会主义现代化）和“四个坚持、三个支撑、两个走在前列”（坚持党的领导、坚持中国特色社会主义、坚持发展新理念、坚持改革开放，为全国推进供给侧结构性改革、实施创新驱动发展战略、构建开放型经济新体制提供支撑，努力在全面建成小康社会、加快建设社会主义现代化新征程上走在前列）的要求，积极对接“一区两带六组团”（“一区”是指梅州中心城区；“两带”是指广东梅兴华丰产业集聚带和梅江韩江绿色健康文化旅游产业带；“六组团”是指依托兴宁、平远、蕉岭、大埔、丰顺、五华六个县域的资源禀赋和产业基础，以市区或县城为核心，以中心镇、专业镇为节点，以产业园区为载体，以交通、水利、信息、环保等基础设施为支撑，打造特色主导产业，以工哺农、以城带乡，促进县域经济特色化、组团式发展，城乡统筹发展）规划建设，团结带领全区广大干部群众，全力推动产业集聚壮大、加大有效投资、城市扩容提质、增进民生福祉，经济社会呈现健康发展态势。全年全区生产总值完成83.45亿元、比上年增长9.54%，一般公共预算收入7.31亿元、比上年增长4.0%，固定资产投资完成136.95亿元、比上年增长27.5%。

【实体经济】 工业经济平稳发展　全力推进东升工业园提质增效和扩建工作，加快标准厂房和配套基础设施建设，园区完成工业投资8.4亿元、比上年增长59%，总产值78亿元、比上年增长9.8%。认真落实“省实体经济十条”，制定出台扶持创新驱动奖励办法，投入资金1.45亿元，促进企业创新优化发展，2017年新增国家高新技术企业12家，新上规模企业9家；成立梅江区兴业中小企业服务中心，全年成功培育1个省级中小企业公共服务示范平台和3个市级以上小微企业创业创新示范基地。2017年梅江区规模以上工业总产值、增加值分别完成80.48亿元和18.29亿元，分别比上年增长4.9%、9.1%。

城市经济更加繁荣　大力发展全域旅游，2017年梅江区旅游接待总人数、总收入分别比上年增长14.8%、13.1%。深化运用“互联网+”模式，海吉星商贸物流园效益不断放大，义乌小商品城建成投入运营，电子商务产业交易额25.07亿元，中梅电子商务孵化港被认定为国家级科技企业孵化器培育单位，“特色中国梅州馆”正式在“淘宝网”运营。全年商品房销售面积完成130.67万平方米、比上年增长32.3%；销售额完成93.53亿元、比上年增长57%；社会消费品零售总额完成109.33亿元、比上年增长7.0%。金融服务经济发展力度加大，推进梅江区农信社合并改制，积极引导“新三板”挂牌企业转入主板上市。

客商大会成果丰硕　积极对接第五届世界客商大会，邀请300多名海内外知名侨领、外出乡贤、企业家和各界嘉宾参与梅江区系列活动，招商推介成效突出，保利人居文旅等10个项目成功签约，海丝珠宝产业园等7个项目动工建设，跨境电商孵化园等4个项目竣工运营，项目计划投资总额480亿元。大力传承弘扬崇文重教优良传统，设立梅江区振兴教育发展基金，筹集资金3000多万元。良好营商环境吸引项目纷至沓来，江南新城、芹洋半岛项目吸附力和承载力全面激活，2017年完成招商引资183亿元。

现代农业提质增效 2017年，扎实推进农业供给侧结构性改革，土地确权登记改革加快推进，完成实测面积4.3万亩、实测率98%，颁证2.1万户、颁证率96.1%。2017年“梅江区清凉山茶”“客都稻米”获国家农产品地理标志，获省名牌农产品4个，培育省、市重点农业龙头企业7家、农民专业合作社13家，引进4个省级现代农业基地落户。台湾农民创业园加快发展，新增投资5100多万元，示范基地增至11个，建成高标准茶园3500亩。2017年农业总产值16.97亿元、比上年增长3.3%，农村经济总收入66.08亿元、比上年增长6%。

【城乡发展】 *扩容提质稳步推进* 重点项目用地征收扎实推进，江南新城累计向市土储移交土地4000多亩，客都大桥连接线等6个重点工程用地征收进入扫尾阶段。抓住国家扩大有效投资窗口期，突出投资拉动经济增长的重要作用，谋划一批包括学校建设、投融资基础设施建设等七大类投资建设项目，计划总投资760多亿元、年度计划投资104亿元，其中15个省、市重点项目完成投资62.99亿元，超额完成市下达的年度任务。

人居环境优化提升 依托生态人文资源优势打造新亮点，周溪十里梅花长廊、黄坑田园综合体和泮坑水库后湖亭廊工程动工建设。2017年梅江区完成76个总投资3000多万元的交通基础设施建设项目，建成新农村公路41公里，完成行政村客运通达率100%的目标任务。提前两年完成75.5公里的中小河流治理任务，白宫河、白宫水中小河流治理入选“省水生态与水文化结合示范点”；三级河长体系实现全覆盖，江河湖库实现长效化常态化治理，梅江河干流沿河4个镇级污水处理厂、42套村级污水处理设施工程建设扎实推进。全年完成森林碳汇建设任务7300多亩，森林抚育任务5.4万亩，金山街道被认定为首批“广东省森林小镇”。综合防治大气、水、土壤污染，城区空气质量优良率97.7%，饮用水源地和主要江河段水质达标率100%。

城市管理持续增强 积极创建全国文明城市，大力开展“美化市容环境，建设美丽梅江”等系列活动，高标准打造百岁山社会主义核心价值观主题公园，实施“创文”网格化管理，城市文明进一步提升。顺利承接城市建设管理、规划职能下放，有效发挥数字化城管作用，全面推行精细化管理，城市净化、亮化、美化、绿化水平全面提高。建立健全网格化管理长效机制与沟通联动机制，加强社会治理体系建设，积极引导群众参与城市建设和治理，挖掘利用社会资源，整合机关、团体和企事业单位力量，实现辖区治理共建共管共享。

【人民生活】 *重点民生持续改善* 大力推进创新创业，2017年城镇新增就业3000多人，新安置城镇失业人员就业2900多人，城镇登记失业率2.43%以下。全年全区参加社会保险各险种综合人数44万人次、比上年增长5.59%。大力发展养老事业，居家养老服务中心、养老护理中心、老年公寓和乡镇敬老院建设扎实推进。全力创建“卫生强区”，全面启动公立医院综合改革，成功创建省级慢性病综合防控示范区，长沙镇、西阳镇成功创建“广东省卫生镇”，市第二中医医院顺利通过国家三甲中医医院专家现场评审。大力实施食品安全战略，全区31家农贸市场实现快检全覆盖，成功创建梅州市首条省级食品安全示范街和首家省级“放心肉菜示范超市”。扎实推进10条省定贫困村创建社会主义新农村示范村，筹集资金4300多万元投入精准扶贫精准脱贫，完成年度脱贫任务。

社会大局和谐稳定 深入推进“平安梅江”“法治梅江”建设，信访工作制度改革扎实推进，圆满完成中共十九大、第五届世界客商大会等重大会议活动期间的安保维稳任务，综治维稳各项工作成效位居全市前列。创新社会综

合治理模式，有效化解社会矛盾，“中心+网格化+信息化”建设经验做法获省充分肯定，并在粤东各市推广。坚守安全红线不动摇，安全生产形势持续稳定。

社会事业全面发展　努力办好人民满意教育，2017年投入1.2亿元提升办学条件，特殊教育学校投入使用，风眠小学主体工程基本完成，获评“广东省推进教育现代化先进区”。特色办学成绩显著，2017年全省唯一获评“全国青少年校园足球试点区”。体育事业不断发展，2017年获评“全国群众体育先进单位”，在市第八届运动会获团体总分第一名。完善公共文化服务体系，2017年新增4个市级文保单位，全面建成23个基层公共文化场室，古民居农村文化俱乐部增至46个，开展群众文化活动1000多场次。积极开展省级示范社区创建工作，2017年西阳镇移民新村获评省级地震安全示范社区、龙岗村获评广东侨界人文社区示范点。关爱妇女儿童、国防教育、兵役动员、双拥、国家安全等工作扎实推进，民族、宗教、外事侨务、港澳台、工商联等工作有新进展，人事编制、打私打假、应急管理、监察、审计、统计、法治、供销、人防、档案、史志、残联和工青妇等工作取得新成绩。

【党的建设】　*基层党建扎实推进*　加强组织领导，落实各级党组织“一把手”责任，推动全面从严治党向纵深发展。制定实施学习宣传贯彻中共十九大精神总体工作方案，紧扣“学懂弄通做实”的要求，掀起学习宣传贯彻热潮，切实以中共十九大精神武装头脑、指导实践；召开区委八届四次全会对学习宣传贯彻再动员、再部署、再推动，深入推进“大学习、深调研、真落实”工作，选取13个重要课题开展调研，推动学习宣传贯彻往深里走、往实里抓。深入实施“书记项目”，继续做好驻点联系群众、基层治理专项整治工作，积极推进基层公共服务综合平台建设，持续整顿软弱涣散基层党组织，不断强化基层组织战斗力。2017年，圆满完成村级班子换届选举工作。

主题活动深入开展　积极推动“两学一做”学习教育常态化制度化，深入开展“转作风比奉献树形象”主题活动，2017年组织全区近200个党政机关、企事业单位党组织以及8000多名干部职工、4000多名党员参与活动，开展专题讨论会近400场次，单位及个人查找问题并整改落实2万多条，解决党员干部存在不敢担当、思路不清、急功近利、作风漂浮、“主业”意识不强等问题，干部队伍“重落实、敢担当、有作为、勇奉献”氛围浓厚。

舆论宣传开创新局　加强党对意识形态的领导，2017年积极拓宽宣传平台，全面升级政务网站，完善《梅江直播》手机客户端，开播《梅江新闻》电视栏目，创办《新梅江》报刊，开通“梅江发布”微信公众号，开设《掌上梅州》梅江区浏览窗口，实现全方位、多角度发布梅江区新闻资讯，讲好梅江故事。加强区属传播阵地管理，有效处置突发事件舆论引导。突出发挥新形势下统一战线优势，民主协商、民主政治不断推进；积极“走出去”，做好暖心工程，广大侨胞、侨领和在外乡贤对家乡的归属感、认同感不断深化，社会各界支持梅江建设发展的热情不断高涨、参与度不断提升，加快梅江振兴发展的舆论氛围不断浓厚。

持续加大正风肃纪　坚持问题导向、需求导向、效果导向，从项目推进、征地拆迁等重点工作入手，推行“马上办”工作机制，深入推进“放管服”改革，加快建立“亲—清”新型政商关系，切实提高工作落实水平和服务成效，营造更优发展环境。综合运用监督执纪“四种形态”（党内关系要正常化，批评和自我批评要经常开展，让咬耳朵、扯袖子、红红脸、出出汗成为常态；党纪轻处分、组织处理要成为大多数；对严重违纪的重处分、作出重大职务调整的应当是少数；而严重违纪涉嫌违法立案审查的只能是极少数），坚持暗访、曝光、查处、追责“四管齐下”（正信挤压、文化对冲、法制约束、科学普及，以此为指引，大力铲除

了宗教极端毒瘤，而新增第四管科学普及，体现了用理念指导工作、在实践中不断总结、再提出新理念的良性循环)，注重对党员干部的日常监督，努力构建抓早抓小工作机制，2017年全区共开展谈话提醒1925人次。深化体制机制改革，全力保障巡察工作运转。持续保持惩治腐败高压态势，全年给予党纪政纪处分37件37人，组织处理1人，实现腐败存量进一步减少，腐败增量得到有效遏制。坚持实事求是，全年澄清保护党员干部18人，较好地维护干部干事创业积极性。 （陈高州）

2017年区委领导名录

区委书记： 潘小韬（任至4月）
朱国城（4月任）

副书记： 肖卫华（女，任至12月）
钟秀堂（女，12月任）
钟　明（任至12月）
张　军（12月任）

区委常委： 潘小韬（任至4月）
朱国城（4月任）
肖卫华（女，任至12月）
钟秀堂（女，12月任）
钟　明（任至12月）
张　军（12月任）
李思平　曾繁伟　罗红葆（女）
丘　炀（任至7月）
林　碚（7月任）
古　熠　姚文东　王增文
许　锋（挂职，任至3月）
刘力良（挂职，任至11月）
刘细杨（挂职，11月任）

组　　织

【党组织建设】 2017年，中共梅江区委有基层党（工）委24个（其中镇党委4个、街道党工委3个、系统党委10个、单位党委3个、社区党委4个），党总支17个，支部408个。中共党员15535人，其中正式党员15367人、预备党员168人；男党员9220人、女党员6315人；汉族党员15525人；文化程度大专以上7542人，中专、高中4882人，初中以下3111人。全年办理党员组织关系转入996人，转出740人，办理干部调动手续129人。

【学习教育】 扎实推进“两学一做”学习教育常态化制度化 2017年5月8日，召开全区推进“两学一做”（学党章党规、学系列讲话，做合格党员）学习教育常态化制度化工作会议，印发《基层党支部推进“两学一做”学习教育常态化制度化工作清单》，学习突出领导干部“六个带头”（带头搞好个人自学、带头参加学习讨论、带头谈体会讲党课作报告、带头参加组织生活会、带头参加民主评议、带头立足岗位做贡献），区委常委会每月带头组织学习，各级领导干部带头讲党课、每周抽出半天以上时间自学原著、做好读书笔记、参加理论中心组学习等，率先垂范推动学习教育深入开展。同时，积极创新自选动作，5月开始，深入开展“转作风比奉献树形象”主题活动，通过专题讨论、开展剖析检查、推动整改提高、检验活动成效四个阶段，解决党员干部存在不敢担当、思路不清、急功近利、作风漂浮、“主业”意识不强等问题，积极锻造一支“重落实、敢担当、有作为、勇奉献”的干部队伍，让“两学一做”学习教育真正融入日常、形成常态。

全面掀起传达学习贯彻中共十九大精神热潮 中共十九大召开后，通过“三带头三突出”，迅速掀起学习宣传十九大精神热潮。“三带头”：党委（党组）带头学。区委常委（扩大）会集中观看十九大开幕大会和省、市宣传学习贯彻大会，并召开全区宣传贯彻中共十九大精神大会，对全区贯彻落实十九大精神作出部署要求，全区各基层党组织结合实际，通过集中学、上门学、送书学、网络学、微信学等渠道，精心开展学习宣传活动。领导带头讲。

区领导分别到挂钩镇（街道）、村（社区）和企业厂区进行宣讲，基层党组织“一把手”在本单位学习会、研讨会带头宣讲和解读十九大精神。党员带头做。成立党员志愿者服务队，开展“践行十九大精神，梅江党员在行动”“十九大精神进机关进社区进农村进企业”等活动，引领全区党员干部踊跃参与，营造全区上下践行十九大精神好氛围。十九大召开后，全区召开学习会、研讨会1800多场次，党员领导干部带头宣讲520多人次，党员带头参与志愿活动8600多人次。“三突出”：突出学习原文，深刻领悟精神实质。坚持原汁原味学报告学党章，通过听报告、讲体会、悟实质、谈感想、写心得等形式，以设立宣传栏、征集报告感言、报告大家谈、十九大精神考学为抓手，让每个党员领会十九大的大会主题、“两大重大判断”（中国特色社会主义进入新时代、我国社会主要矛盾变化）、党章修改要点，亮点在哪里，确保十九大精神原原本本入脑入心。突出梅江特色，科学谋划发展思路。结合梅江区实际，在加快发展江南片总部经济的同时，谋划发展江北片文化旅游等三大板块经济，建设“诗画梅江”；以创文为契机推动人与自然和谐共生，通过改善民生、健全安监责任体系、推进乡村振兴战略等措施，全面完善城乡公共服务体系。突出调查研究，破难攻坚推动工作。以“领导组团+团队运作”的模式，积极开展贯彻十九大精神调研活动，由区党政领导带领分管部门，确定1个以上专题，紧扣十九大提出的新目标、新任务，围绕影响和制约梅江发展不平衡不充分的问题，脚踏实地找寻破解途径和方法，推动梅江加快振兴发展。

【干部管理】 加强干部选拔任用管理　严格按照《党政领导干部选拔任用工作条例》规定，不断规范干部培养和选拔任用工作。加强干部岗位交流任职，对在同一单位工作时间满10年的领导干部和镇（街道）、区直单位科级干部进行交流轮岗。同时，配合市委组织部做好各项专题调研。

从严审核清理干部人事档案　做好干部档案的收集归档、查阅借阅等日常工作，严格审核干部档案调动、股级和科级干部提拔任职前档案。按照市委组织部的要求，做好违规破格提拔干部档案核查工作，严格做好破格提拔干部核查报告和责任认定材料，按要求上报市委组织部审批。继续做好干部档案审核，指导教育局做好干部档案专项审核和整理。做好区级换届领导干部任免表、正科职领导干部和各镇、街道领导班子信息管理，同时落实市委组织部要求，做好全区年轻干部、女干部、党外干部的报表统计、干部任免表、全区公务员信息建库及公务员统计等材料上报工作。

大力加强干部教育培训　办好党校主体班，继续采取“两头在内、中间在外”模式，2017年举办学习十九大精神专题培训班、科级干部培训班、党员发展对象培训班、妇女干部培训班、民主政治建设专题培训班等10期主体班。根据各单位学习培训需求及全区工作重点，举办城乡人居环境综合整治专题培训班、学习运用“两大政策”（粤东西北和原中央苏区），做好项目申报审批业务培训班、推广政府和社会资本合作（PPP）模式政策培训班等5期专题培训班。继续利用干部培训网络学院在线学习平台的课件资源，组织开展干部自主选学活动，建立大规模、全方位、深层次的干部培训新格局，从2017年开始，将学习情况与年度考核评优挂钩，对未完成网络在线学习学分的，年度考核不得评定为“优秀”等次。严格按照上级部门要求，认真做好干部调训人员安排工作。制订《关于在全区党员干部深入开展中共十九大精神大学习大培训的实施方案》，组织科级干部分4期进行培训，推动学习十九大精神热潮，营造良好学习氛围。

加强干部监督管理　坚持严管厚爱相结合，按时间节点和部署要求，2017年，梅江区开展处级领导干部个人有关事项集中填报工作，确保填报内容的真实性、准确性和完整性；完成对违规破格提拔原科级领导干部考察等工作，形成认定材料，按要求上报市委组织部。村（社区）换届期间，加强“12380”电话、短信、网络等举报平台的使用和管理，严格落实换届纪律工作责任和周报季度上报机制，对发生违纪问题进行快速反应，坚持遏制换届不正之风，确保换届风清气正。严格执行干部任期制度和免职、辞职、降职制度，及时调整不称职和不胜任现职干部。制定《关于进一步加强科级领导干部因私出国（境）审批和管理的通知》，规范审批管理。认真做好全区公务员职务与职级并行工作，对符合职级晋升条件的23名干部向纪检监察、综治及卫计部门征求意见。规范全区党政领导干部在企业、行业协会兼职，规范领导干部亲属担任公职和社会组织职务，规范并严格执行领导干部生活保障制度。

【人才培育】 召开全区人才工作会议，及时传达学习市委人才工作会议精神、省委组织部人才项目申报工作、2017—2018年度全市急需紧缺人才需求信息征集工作。根据梅江区实际，拟出台制订人才发展实施意见，健全人才发展机制，加强人才培养引进管理，做到吸引人才、留住人才。跟进2016年省“扬帆计划”继续扶持《梅江区农电商产业人才培育工程》项目资金落实，抓好2015年《梅州梅江台创园产业人才培育工程》项目实施工作及继续申报省“扬帆计划”，争取得到继续扶持。加大与区发改科技局和区人社局合作，协助做好引进创新创业团队、引进紧缺拔尖人才、培养高层次人才和培养高技能人才等项目申报工作。解决高素质人才事业编制问题，落实高素质人才待遇政策，做好高素质人才服务。继续做好“千人计划”引进高素质人才的后续相关工作，充分发挥高素质人才的专业优势，做到人岗匹配。

【基层建设】 *村级班子换届选举圆满完成* 通过召开区委常委会对“两委”（支委、村委）换届工作进行统一研究部署，加强换届业务工作培训，成立4个督查指导组和3个换届风气督导组，加强督查指导、注重选情监控、强化经费保障和换届纪律宣传等，确保村级换届顺利开展。至2017年5月27日，梅江区圆满完成村级“两委”换届选举，实现省、市提出的各项目标任务，全区126个村（社区）中，119个村（社区）实现书记、主任“一肩挑”，占94.4%；“两委”干部交叉任职率达93%。三角镇客天下、金山街道盘龙、江南街道中心坝3个社区为非户籍常住居民及党员参加社区选举试点，圆满完成任务。

深入实施“书记项目” 2017年共组织实施基层党建“书记项目”18个，其中列入省级项目库的1个、市级2个。建立项目实施工作责任制，坚持书记带头，各党组织书记为项目实施“第一责任人”。各项目单位结合中心工作、重点任务，着重于基层党建各领域面临的热点难点问题选题立项。通过创新搭建贴近实际、特色鲜明的工作载体，组织开展内容丰富、形式新颖的党建活动，打造一批富有创新性、实践性、领先性的党建品牌。注重培育先进典型，及时宣传在项目实施过程活动载体丰富、工作作风扎实、工作措施有力、工作成绩突出的单位和个人，以点带面，辐射带动全区项目整体推进。

持续整顿软弱涣散基层党组织 按照逐村（社区）自查不放过、对接查找不放过、群众反映问题不放过“三不放过”的原则，认真开展摸底排查，2017年梅江区共排查出8个软弱涣散村（社区）党组织。对各村（社区）查找出的问题根源，安排挂点领导、帮扶工作组、第一书记、党建指导员等66人进驻到村（社区），坚持“一村一策”原则，由挂点领导牵头制定整顿方案，通过明确目标步骤、时间进度、责任人等，抓好各项措施的落实，经过一年整顿，全面完成整顿转化任务。

巩固拓展基层党建重点任务整改成果 把上年基层党建重点任务整改成效，为2017年巩固拓展抓好党建工作的重要内容，妥善处置失联党员，跟进落实党员管理措施，建立健全党

员定期联系制度，通过固定举办党日活动等形式，丰富组织生活内容，增强党组织活力，防止党员再次失联；通过压实党（工）委和党支部负责人的责任，明确换届提醒机制，加强党组织负责人及相关业务人员的业务培训，建立基层党组织按期换届台账，及时处理新发现的问题，基层党组织换届工作规范、严格；建立党代会代表和党员违纪违法通报及时处理工作机制，全面加强组织、纪委、检察、公安、综治等部门沟通协作，要求相关职能部门发现涉及党员违纪违法的第一时间通报，实现信息互通，及时采取处置措施；联合工商、民政等部门，对辖区内“两新”（新经济组织、新社会组织）组织进行跟踪管理，扩大党的组织覆盖和工作覆盖，并动态跟进，2017 年非公有制企业及社会组织覆盖率为 88.5% 和 86.7%，党的工作覆盖率 100%；通过抓督导、抓管理、抓规范，成立党建工作领导小组，重点督促“三会一课”（支部大会、支委会、党小组会，党课）、组织生活会、民主评议党员等制度执行情况，整治机关党建“灯下黑”；建立镇（街道）书记述职考核制度，区直系统党委书记抓基层党建工作述职考核制度，并建立“以奖代补”制度，激发党委书记抓好党建工作积极性。

继续抓好驻点联系群众制度　在上两年走访联系群众的基础上，2017 年继续抓好第三轮全区 78307 户走访联系群众工作。通过“四个不放松”（思想认识不放松、责任落实不放松、走访质量不放松、督查考核不放松），各镇（街道）全面完成第三轮走访联系群众工作。

深入推进基层治理专项整治　全面落实历史留用地、解决被征地农民征地补偿款、整治农村土地“三乱”（乱占、乱卖、乱租）。大力整合资源，打造便民利民平台，全面推进基层公共服务综合平台建设。加快推进农村土地承包经营权确权登记颁证、农村集体资产清理核实工作，为农村集体资产规范管理夯实基础，进一步促进农村集体经济健康发展。

狠抓党建服务推进扶贫攻坚　以 2016 年镇（街道）换届和 2017 年村级换届为契机，着力选优配强西阳镇党政领导班子和贫困村“两委”班子，选派 9 名优秀精干的副科以上干部担任贫困村第一书记，2017 年举办区镇两级培训班 85 场次，培训扶贫干部 4500 多人次。做实做细“党建 +”，通过抓好“学习教育 + 脱贫”“驻点联系 + 扶贫”“党建 + 特色产业”“党建 + 集体经济”等“党建 +”项目，突出党建引领脱贫带动作用。其中，“学习教育 + 扶贫”，以“精神脱贫”“技术脱贫”促物质脱贫，得到市电视台《精准“滴灌”助脱贫》专题报道。坚持以党建工作“撬动”扶贫工作的模式，狠抓产业帮扶，有效对接社会公益资源，争取各级支持筹集资金等有力措施，大力引进一批造血式扶贫项目。建立区直单位挂钩联系村（社区）制度，每个村由 1 个单位挂钩联系，挂点单位制定年度帮扶计划，推进“一村一品、一户一策”策略，每个贫困村发展骨干产业项目 1—2 个，每个有劳动能力贫困户掌握 1—2 项实用技术，并通过建设村集体经济实体，实行股份经营，在城镇近郊区和经济条件较好的村，以土地出租和转让等入股方式，变土地资源为土地资本，实现农民和村集体经济增收。

【自身建设】　紧紧围绕“两学一做”学习教育常态化制度化，突出政治标准、专业精神、作风建设，大力加强部机关自身建设，强化提升组织工作执行力，持续深入推进“讲政治、重公道、业务精、作风好”模范部门建设。

突出政治标准强化学习　通过专题学习、专题党课、撰写心得体会、专题研讨、主题党日活动等形式，加强习近平总书记对广东工作重要批示精神、“7·26”中央讲话精神、习近平治国理政新理念和中共十九大会议精神的学习，不断提升组工干部理论知识和政治修养。

突出专业精神强化素质　通过交流发言、组织学习、专题主讲等，提升组工干部口头表达能力和临场应变能力，做到“上台能说”；坚持全员办信息，通过组织撰写组工信息、调研材料、理论文章、心得体会等，提升组工干部的文字组织能力和洞察问题能力，做到“提笔能写”；以抓好村级换届工作、开展课题调研、指导基层党建、参与文明城市创建、做好挂点工作等，提升组工干部在基层一线解决问题能力和分析问题能力，做到“遇事能干”。

突出作风建设强化服务　深入开展“转作风比奉献树形象”主题教育活动，严格落实整改任务，打造工作亮点。坚决执行组织人事纪律和保密工作纪律，自觉接受监督，树立正派组工干部形象，努力打造过硬队伍。（邓　立）

2017 年区委组织部领导名录

部　长： 丘　炀（区委常委兼、任至 7 月）
林　砖（区委常委兼、8 月任）

副部长： 卢干荣（任至 5 月）
赖翰夫（任至 11 月）
危永新（任至 12 月）
温君才　夏淡华（5 月任）
陈启泰（8 月任、任至 12 月）
卢波明（12 月任）

宣　传

【简述】　2017 年，梅江区委宣传部按照中央、省委、市委、区委宣传工作会议的要求，深入学习宣传贯彻中共十九大精神、习近平总书记系列重要讲话精神和治国理政新理念新思想新战略，以及习近平总书记对广东工作重要批示精神，省第十二次党代会精神，市第七次党代会精神和区第八次党代会精神，借外力、建平台、树品牌、创文明，及时传递梅江区资讯，认真讲好梅江故事，全面推动文明创建，为开创新时代梅江振兴发展新局面，擦亮“诗画梅江”城市品牌提供强有力的思想基础、理论涵养。

【理论学习】　2017 年重点组织学习中央、省委、市委经济工作会议精神，《中国共产党地方委员会工作条例》《中国共产党党组工作条例（试行）》《中国共产党问责条例》，全省创新发展大会和加快推进基础设施项目建设工作会议，以及全市创新驱动与加大有效投资工作会议精神，全国“两会”精神及省、市贯彻会议精神，习近平总书记系列重要讲话精神，习近平总书记关于意识形态工作系列重要讲话精神，习近平总书记对广东工作重要批示精神，省第十二次党代会精神，中共十九大精神等专题学习、调研。同时先后组建梅江区学习宣传贯彻习近平总书记对广东工作重要批示精神宣讲团、学习宣传贯彻中共十九大精神宣讲团，深入到基层进行宣讲活动。举办梅江区副处级主要领导干部学习和全区科级干部学习贯彻中共十九大精神专题研讨班，推进全区理论学习深入开展。征订、购买理论书籍及辅导材料、音像资料等，收集整理相关报刊资料，推荐有价值的理论文章、社论、评论等，供中心组成员参考。每月坚持向区委理论学习中心组成员发放学习资料《党建》和《学习活页文选》，同时为区委理论学习中心组成员赠送《习近平总书记关于意识形态工作的重要讲话汇编》《2017 年党委（党组）理论学习中心组学习资料汇编》《全面从严治党面对面》《习近平的七年知青岁月》《中共十九大精神系列读物》《习近平谈治国理政（第二卷）》《党建》等学习资料。制订《2017 年全区各党委（党组、党总支、党支部）理论学习中心组学习计划暨学习型党组织建设工作计划》，加大对各级党委中心组学习指导，修改完善《梅江区基层单位党委（党组、党总支、党支部）中心组理论学习检查考核评分登记表》和《梅江区基层党委（党组、党总支、党支部）中心组成员理论学习检查考核评分登记表》。将网络学习习近平总书记关于意识形态工作系列重要讲话的学习情况纳入年度检查考核指标，全区各级党委（党组）理论学习中心组学习制度化、规范化、常态化。

创新理论宣讲平台　依托“梅江讲坛”，围

绕中共十九大召开，宣讲好中共十九大精神，精心策划每一场宣讲活动，深入学习党的理论创新成果，推动理论学习任务落实。2017 年，在“梅江讲坛”开设习近平总书记对广东工作重要批示精神报告会、广东省第十二次党代会精神专题报告会、梅江区创建全国文明城市暨梅江讲坛·纪念建军 90 周年国防教育专题报告会、中共十九大精神报告会等。依托围龙屋，探索搭建基层群众开放式学习平台——围龙讲堂，7 月，配合市委讲师团在西阳镇龙岗毓真公祠举行“围龙讲堂”启动仪式暨第一期专题讲座，并指导金山街道在张家围肩一祖堂举办专题活动，促进中共十九大精神、党的创新理论、时事政策部署全覆盖、全落实。同时邀请广东省委宣讲团成员、省社科联党组书记、主席王晓到江南街道红光社区宣讲中共十九大精神报告会，深受群众好评。

注重调查研究，促进成果转化　一是积极发动理论知识竞赛和研讨征文。积极发动全区干部职工参加市委宣传部讲师团与市网信办开展的“传承红色基因 坚定理论自信”知识竞赛有奖问答活动，梅江区干部职工多人分获一等奖、二等奖、三等奖。认真挖掘整理西阳镇移民新村社区居委、龙岗村和长沙镇小密村参与“广东改革开放百村探索”理论研究工程备选村庄工作。2017 年 11—12 月，全区范围内开展征集“学习贯彻中共十九大精神”的理论文章活动，得到干部群众的热烈响应。二是认真做好社科普及调研工作。积极配合区委理论学习中心组每个专题学习，组织全区社会科学各学（协）会深入基层，开展调查研究，全年推出 80 多篇新闻报道和理论文章。进一步加大对 2 个省级人文社会科学普及基地（江南街道梅龙社区、红光社区）和市级社科普及基地西阳镇清凉山移民新村指导力度的基础上，积极做好市级人文社科普及基地的推荐上报工作，2017 年新增西郊街道黄泥墩社区、金山街道碧桂园社区两处市级社科普及基地。

【舆论宣传】　强化提升宣传品牌影响力的基础，进一步巩固壮大主流宣传思想文化阵地，电视、报纸、手机客户端、微信公众号、网站、杂志、网络舆情为推介梅江、提升梅江发力，舆论引导力更强、新闻传播力更广、品牌影响力更大，全面拓宽宣传阵地，直接、及时、准确传递梅江资讯提供有力保障。

开设《梅江新闻》电视栏目　区委宣传部与市电视台合作，开设《梅江新闻》电视栏目，节目以普通话播出，内容涉及时政新闻、民生新闻、专题新闻等方面。栏目开辟《新时代新征程新篇章 学习贯彻十九大精神》专栏、《诗画梅江喜迎世界客商》专栏，推出《喜迎十九大·砥砺奋进的梅江》系列报道、《新时代新征程 看梅江加快发展新局面》系列报道等。

创办《新梅江》报刊　坚持讲好梅江故事，传递梅江资讯的理念，创办梅江区域性报刊《新梅江》，2017 年 10 月 1 日正式创刊发行，《新梅江》为半月刊，逢每月 1 日和 15 日发行，每期发行 1 万份，对市委、市政府，区委、区政府及所有市属、区属单位，各中小学、各镇（街道）免费发放，得到广大读者好评。

开通微信公众号“梅江发布”　抢占舆论阵地、扩大舆论影响、推进政民互动、加强舆情控制、拓展网络问政空间，及时获取社情民意，推动梅江区各项工作落到实处，2017 年 10 月 19 日，区委宣传部开通梅江区政务微信公众号“梅江发布”，栏目主要分为政策要闻和民生资讯两大板块。

精耕细作原有宣传载体　进一步完善“梅江直播”手机客户端，与《梅江新闻》电视栏目联合互动，设立《梅江新闻》《梅江创文》《学习专栏》《梅江链接》4 个栏目，做到第一时间发布梅江区资讯。升级《梅江宣传》杂志为《梅江之声》，2017 年年初对《梅江宣传》重新定位、升级，页面由原 32 页扩展至 96 页，设 10 个栏目，内容更加丰富，可读性更强。年末发行量由年初每期 800 份增加至 1200 份。改版升级“梅江宣传”网站，增加“梅江视频”

和“学习园地”，与《梅州日报》“掌上梅州”链接，开通梅江区浏览窗口。继续加大与《梅州日报》合作力度，做好每半月一版梅江新闻刊登工作；与《南方日报》合作开通《南方+》《南方舆情》，每星期三在《南方日报》《梅州观察》刊登梅江新闻。举办新闻报道通讯员业务培训班，适应全媒宣传平台的形势要求，8月18日，对全区100余名新闻报道通讯员进行业务培训，全面提高通讯员的综合素质和业务水平。

【主题活动】 *开展专题学习宣传活动* 2017年围绕习近平总书记对广东工作重要批示精神和中共十九大精神学习宣传贯彻，在梅江区范围开展多形式宣传活动，努力营造浓厚的学习氛围。

组织主题活动宣传 加强纪念建军90周年系列宣传活动，区委宣传部与相关单位联合开展系列庆祝活动，2017年6月20日，邀请广东省首批国防教育首席专家、解放军特种作战学院基础部教研室主任李岩作题为《“一带一路”背景下的中国国家安全》专题报告。迎接世界客商大会在梅城召开，充分利用各类宣传平台、宣传载体广泛宣传客商大会，开展“扮靓诗画梅江，迎接世界客商”志愿者大行动，动员全区干部群众，以主人翁的姿态迎接客商大会。

积极协调做好对外宣传 做好征集“图说我们的价值观”公益广告工作，积极在辖区广告公司征集作品上送主办方。积极配合做好首部展现中国故事的法语微视频节目新媒体纪录片《奥利弗游中国》，在三角镇承德楼和金山街道张家围的拍摄工作。联合市委宣传部、市网信办等单位举办“行走梅州 · 美丽乡村”随手拍大赛和“行走梅州和美丽乡村”——绿色发展主题网络采风活动。2017年11月15日，在西阳镇阁公岭村、龙岗村、鲤溪村启动梅州市“行走梅州和美丽乡村”——绿色发展主题网络采风首场活动，上报的10幅照片，获得二等奖1名、三等奖1名、优秀奖6名的好成绩。

【网络舆情】 *全力抓好意识形态工作责任落实* 把习近平总书记关于意识形态工作系列重要讲话精神列入2017年梅江区理论学习中心组的学习重点，在全区集中开展专题学习活动。召开相关意识形态责任单位联席会议，制订《梅江区党委（党组）意识形态工作责任实施方案》《梅江区意识形态工作联席会议制度》《梅江区委宣传部维护意识形态安全专项行动方案》，形成由区委宣传部门组织协调、相关部门分工负责意识形态的工作格局，推动梅江区意识形态安全上新台阶。同时，按照省、市网信办《关于立即组织集中排查意识形态安全隐患的通知》要求，深入排查梅江区意识形态工作的薄弱环节和漏洞隐患。

认真做好网络舆情信息的监控、宣传、研判 以“扬正控负”为主基调，全力做好网络舆情的日常监控，每天安排值班人员，负责对涉及本区的相关舆情进行监控，同时努力拓宽舆情信息的获取渠道，深入把握当前舆论热点，认真研判舆情的可能走向，制定相应的处置办法。一是创办《半月舆情》简报。对涉及梅江区网民关注的热点舆情、舆论导向，社会热点进行跟踪、分析、总结，并提出处理意见，2017年6月下旬创办简报《半月舆情》，至年末，网络舆情信息中心有效防止和处置负面舆情29宗。二是制订相关防控文件。切实管控梅江区的网络舆情，区委宣传部先后制订《梅江区净化网上舆论环境专项整治实施方案》《关于建立梅江区新闻发言人制度的实施意见》《关于建立梅江区新闻发布和政策解读的实施意见》《梅江区长沙镇大密村梅江河护岸坍塌事件舆情调查处置情况案例》等，有效管控全区的网络舆情。

【党建工作】 抓好“转作风比奉献树形象”活动，着力提高干部队伍综合素质和执行力，进一步锻造队伍。

开展“两学一做”学习教育活动暨“转作风比奉献树形象”主题活动 制订实施方案，

开好动员会，开展自我剖析，每个党员干部针对自身学习工作情况，进行自我剖析存在问题、分析原因及制订整改措施。通过开展主题党日活动，组织党员到叶剑英纪念园红色教育基地学习，重温入党誓词、上党课的方式，支部全体党员的党性得到再教育。

抓好纪律教育月活动　结合“两学一做”，以“讲政治、强党性、严纪律、守规矩”为主题，通过自学、集中学习、专题辅导、收看警示教育片和区纪委作风建设暗访片等方式，深入开展党性宗旨教育、党规党纪教育、优良作风教育，保持党员队伍清正廉洁，营造风清气正、干事创业的良好氛围。

推进支部学习型党组织建设　开展各专题学习宣传贯彻为载体，开展中共十九大精神、习近平总书记系列重要讲话精神和治国理政新理念新思想新战略、习近平总书记对广东工作重要批示精神、省第十二次党代会精神等系列学习专题活动，要求支部每位党员学先一步、学深一点、学透一些，并结合各自的工作撰写好心得体会。

做好支部各项工作　制订支部学习和活动计划，做好特殊党员的慰问和党费收缴管理工作，发动干部职工开展“梅江区振兴教育发展基金”捐款献爱心活动，并做好挂钩三角镇湾下村及圩镇居委的党员普遍直接联系群众工作，开展支部工会活动。　（张文新）

2017 年区委宣传部领导名录

部　　长：古　熠（区委常委兼）
常务副部长：徐友德
副　部　长：李尚凌　欧阳雨燕

精神文明建设

【简述】　2017 年，梅江区精神文明建设坚持以培育和践行社会主义核心价值观为根本，以抓好梅州城区创建全国文明城市为龙头，扎实推进文明城市、文明村镇、文明单位、文明家庭、文明校园的创建，着力加强思想道德建设，开展群众性精神文明创建活动，努力培育社会文明新风，不断提高群众文明素质和城市文明程度。

【创建全国文明城市工作】　2017 年 4 月，市委、市政府全面启动创建全国文明城市工作，创建全国文明城市是一项任务重、难度大的系统工程，梅江区为梅州市创建全国文明城市主战场，区委、区政府高度重视，5 月 16 日，召开“创文”工作动员会，区委书记朱国城亲自作动员部署，成立梅江区创建工作指挥部，下设办公室，把“创文”办工作人员挂钩到各个“创文”责任单位，加强工作指导，并对全区各牵头单位、责任单位分管领导和联络员进行培训，层层压实工作责任，同时将“创文”工作纳入区直机关年度绩效考核，由“创文”办负责加强督查督导。经过 3 个多月的努力，8 月，顺利通过省文明委委托第三方机构对梅州市“全国文明城市提名资格城市”测评考核。

【社会主义核心价值观示范点建设】　2017 年，梅江区精神文明办公室着力把梅州市向丽食品有限公司及博敏电子企业等打造成“匠心企业”，江南街道红光社区及梅南社区打造为“六和”（身心和悦、家庭和顺、邻里和睦、人我和敬、环境和美、社会和谐）社区，城北镇中心小学及化育小学打造为“明礼学校”，鸿都小学及梅州中学等打造为“诗韵校园”，梅江区深梅眼科医院和梅州市第二中医医院打造为“精诚医院”，客都汇商业文化广场打造为“诚信商街”等社会主义核心价值观示范点，以点带面，全面铺开。同时，按照文化祠堂“六个好”（有姓氏文化、有村史村情、有乡风民俗、有乡贤榜、有核心价值观、有乡村美景）的要求大力推进文化祠堂建设。2017 年，西阳镇直坑村钟氏顺泉公祠、城北镇中村大夫第、江南街道春燕堂、金山街道东郊村张家围肩一祖堂、西郊街道桃西村莲塘唇蔡屋、长沙镇澄坑村鱿鱼上水老祖屋获得梅州市“文化祠堂”称号。继续做好挖掘树立助人为乐、见义勇为、诚实守信、敬业奉献、孝老爱亲的模范典型，对生活困难的道德模范、身边好人进行帮扶。2017年，西阳镇的吴菊芳获得省道德模范提名奖，三角镇的梁运芳被评为“广东好人”，梅州万事易会计服务有限公司总经理詹益煌被评为第七届梅州市诚实守信道德模范，梅州市交警支队直属大队江南中队副中队长潘潮礼获得市道德模范提名奖。培育和践行社会主义核心价值观，积极做好2017年岭南童谣节选派队伍工作，报送的化育小学获得二等奖。通过到酒楼、宾馆，开展各项宣传活动，深入开展文明餐桌、文明交通、文明旅游、文明网络等“讲文明树新风”系列活动，培育良好的社会风尚。牢固树立“绿水青山就是金山银山”的理念，按照以城带乡、城乡共建的原则，全力推进周溪十里梅花长廊、黄坑田园综合体、风眠艺术小镇、长沙文创小镇等示范点建设。抓好农村文化阵地建设，建成一批富有客家特色、彰显文化底蕴的美丽乡村。同时支持镇（街道）农村有效整治不良风气等突出问题，支持村（社区）开展文明户、文明村、文明镇（街道）、文明集市创建，加强民风建设，让广大群众见证和享受“创文”成果。开展志愿“创文”系列活动，2017年联合团区委举办“美化市容环境，建设美丽梅江——千名志愿者‘创文’大行动”活动，梅江区1000多名志愿者以及广大市民热烈响应，参与“创文”宣传、倡导低碳出行、卫生整治等志愿活动。（张文新）

统　一　战　线

【简述】 2017年，梅江区委统一战线工作部以中共十九大精神和习近平总书记对广东重要批示精神为指导，认真贯彻落实各级统战部部长会议精神和《中国共产党统一战线工作条例（试行）》，紧紧围绕区委、区政府“加快建设首善之区，率先建成小康社会”的决策部署，凝聚人心、汇聚力量，开拓创新、务实作为，不断巩固统一战线共同思想政治基础，推进统战各领域改革创新，提升服务社会发展能力水平，开创全区统战工作新局面，为全区经济社会发展做出统一战线应有的贡献。

【深入学习、宣传、贯彻十九大精神】 一是区委统战工作部主要领导和统战工作各单位一把手率先垂范，积极扛起主体责任带头学，带领全区统战干部学好中共十九大精神，特别是习近平总书记新时期统战思想，深刻领会新时代统战工作新定位、新要求、新任务。二是各民主党派积极开展形式多样的学习宣传贯彻活动，引导各民主党派充分认识十九大重要意义，深刻把握习近平新时代中国特色社会主义思想，不忘合作初心，继续携手前进。三是开展“学习宣传十九大”系列活动，组织统战各界代表人士开展“热议中共十九大”征稿活动，组织梅江区新社会阶层人士开展“十九大知识竞赛”活动，组织统战干部学习观看十九大报告宣传及解读图片展等。

【民主党派建设】 抓好思想建设　引导各民主党派、工商联深入开展坚持和发展中国特色社会主义学习实践活动，不忘合作初心，继续携手前进专题教育活动和非公有制经济人士理想信念教育活动，引导广大党外人士进一步增强“四个意识”（政治意识、大局意识、核心意识、看齐意识），坚定“四个自信”（道路自信、理论自信、制度自信、文化自信），筑牢共同政治思想基础。

抓好队伍建设　抓好政治交接，积极引导各民主党派领导班子做好新老交替和政治交接，进一步加强班子、思想、组织和能力建设，巩固政治共识、弘扬优良传统，确保多党合作事业薪火相传。抓好党外干部梯队建设，坚持早发现、早储备的原则，有针对性地将优秀党外人才纳入梅江区党外后备干部队伍，为党外人士政治安排、实职安排和民主党派班子建设提供后备力量，2017年推荐1名党外干部到市级单位挂职锻炼。

抓好机制建设　实行区委常委与各民主党派主委、工商联主席联谊交友制度，对口联系工作制度，党委出题、党派调研、政府采纳、部门落实工作机制和工商联主席联席会议制度，促进党外代表人士与区委领导的联谊交友和思想交流，推动各民主党派、工商联和区政府部门之间的联系、协商，合作制度化、常态化和可操作化，为区委、区政府科学决策提供参谋。同时，积极推进构建“亲—清”型政商关系，2017年10月，举行党外人士代表座谈会，党外代表人士结合自身工作实际，对发展优质教育、推动医疗体制改革、丰富旅游产业发展内涵、拓宽人才引进渠道、完善城市公共服务等方面向区委、区政府提出意见建议。

抓好能力建设　加强党外干部培训工作，把党外干部培训纳入全区各级培训规划，2017年，举办梅江区民主政治建设专题培训班，切实增强统战干部和党外干部围绕中心、服务大局的意识和能力。积极帮助各民主党派解决办公活动场所，调整提高年度调研经费，指导完善财务管理制度。鼓励党外代表人士立足岗位、建功立业，一批民主党派组织和优秀党外人士受到各界、各单位的表彰。

【新社会阶层人士统战工作】　深入基层，调查摸底　2017年选送2名优秀新社会阶层代表人士加入省新阶联，积极引导2名代表发挥“牛鼻子”和“领头羊”作用，挖掘一批互联网技术中坚、新媒体从业人员、知名律师和自由职业者等代表人士。同时，深入基层商会、各类社团、律师和会计师事务所开展走访调研活动，收集掌握梅江区新社会阶层的情况和特点。

打造基地，发挥作用　以梅江区青年互联网创业协会为依托，挂牌成立梅江区新的社会阶层人士活动交流示范基地，组建管理团队，配备办公活动场所，制订工作制度和活动规则，为全区新社会阶层人士提供联系党委政府的桥梁、思想学习阵地和交流合作平台。

抓好队伍，凝聚人心　发挥基地阵地作用，坚持思想教育先行，抓好队伍建设，通过开展学习座谈、技术交流、公益讲堂、红色旅行、喜迎十九大和十九大知识竞赛等活动，引导广大新社会阶层人士牢固树立“四个意识”、增强“四个自信”，提升身份认同感和归属感。运用微信等新媒体，坚持线上互动、线下交流，引导新社会阶层人士在净化网络空间、维护社会和谐等方面发挥正能量。

【各领域统战工作】　工商联工作　一是开展理想信念教育和“守法诚信、共促和谐”法律宣传月活动，引导非公有制经济人士增强政治自信、发展自强、守法自觉，引导非公有制经济人士认清形势、增强信心，建立“亲—清”型政商关系意识。二是多措并举提升服务水平，开展“创业在路上，走进会员企业”系列活动，为会员企业家搭建交流平台；开展暖企行动，2017年走访会员企业40多家，帮助解决实际困难；组织会员参加“企业科技创新推广”等企业管理人才培训，到四川、武汉、蕉岭以及异地商会等考察交流；与客家村镇银行签订融资协议，至年末，共为会员企业提供贷款25笔、1500万元；为广大会员企业定期发布投资、招商等相关信息。三是加强组织建设和基层商会建设，以建设“五好”（领导班子好、会员发展好、商会建设好、作用发挥好、工作保障好）工商联为准绳，发展壮大会员队伍，2017年新发展会员18名，并加强会员、执常委和商会数据库建设；积极做好成立西阳镇、长沙镇基层商会前期筹备工作，指导直属二级商会依照章程规范管理，2017年梅江区江西会昌商会新办公楼竣工并投入使用。

对台工作　一是增强梅台两地交往交流，2017年组织2个考察团赴台交流考察，分别由区委书记朱国城、区政协主席赖经烈带队，促进梅台两地在文化、经贸、农业等各领域的深度交流合作；与相关单位共同举办“梅江区春茶开采节暨海峡两岸茶产业农业发展论坛”和“梅台精致高效稻米蔬菜产业对接活动”，进一步丰富梅台交流合作形式；积极做好台湾考察团来梅江区考察交流接待，把宣传、了解、沟通、互信、合作融于接待中，深化接待工作内涵，收到较好的政治效果，2017年共接待来访台胞140多人次。二是服务台资企业，全力助推台创园和海峡两岸交流基地建设，会同相关部门深入到台资企业调研，为台商解决经营困难和策划新项目提供意见和帮助；召开2017年台创园企业代表座谈会，陪同上级领导到海峡两岸交流基地考察调研，帮助交流基地解决实际困难。三是优化服务，提升实效，做好台属台胞服务工作，全年为台胞办理入学手续5宗，为台胞讲解对台政策，化解矛盾，排忧解难、办实事10宗。

港澳专项工作　严格按照上级统一部署和要求，把港澳专项工作作为政治任务来抓。区委书记和区委统战工作部主要领导多次带队赴港澳参加港区各级政协委员联谊会和第二十九届世界客属恳亲大会等活动，深入开展专项工作，通过多种形式，大力支持香港梅州社团总会等港澳客属社团开展工作，加强与港澳客属社团、客家乡亲和政协委员的感情联络，扎实做好争取人心的基础性工作，引导港澳客属社团坚定爱国爱港爱澳立场，坚决践行“一国两制”和香港澳门《基本法》，支持港澳特区政府依法行政，维护香港回归祖国20周年和特首选举期间的和谐稳定。

外事侨务工作　一是凝聚侨心，涵养新时代侨务资源。积极做好华侨华人、海外客商及社团的沟通联谊工作，2017年，先后拜访接待加拿大、印尼、泰国等地杰出侨领，并通报梅江区经济社会发展情况。组织商务侨务考察团出访德国、匈牙利、捷克，调研侨情商情，洽谈出口贸易，设立梅江区海外联络点。据统计，全年共接待海外华侨华人、港澳同胞3363人次，回乡寻根问祖20多批次。二是挖掘新生力量，力促同根同心新发展。积极开展粤港澳海外青少年“同根同心”交流活动，帮助“寻根”侨三、四代寻找祖籍地，进一步增强港澳及海外青少年对祖国的归属感和认同感，全年共接待海外青少年1000多人次，其中梅江区承办的“粤港澳高校联盟医学生暑期联合夏令营”项目被教育部列入重点对港交流项目；做好香港青年来梅江区支教相关服务工作，2017年有6位香港青年服务团成员来梅江区开展支教活动。三是汇集侨力，服务发展大局新作为。积极鼓励和支持侨胞捐资兴办各项公益事业和参与家乡重大事业建设，全年接受海外捐赠约610万元。

民族宗教工作　一是深入开展民族团结进步宣传教育活动，2017年指导相关单位深入开展民族团结进机关、进企业、进社区、进乡镇、进学校和进宗教场所“六进”活动40多处，宣传民族法律、知识、典范。二是依法管理宗教事务，开展以“安全规范”为主题的和谐寺观教堂创建活动，对梅江区宗教场所进行建筑、消防、食品、大型活动等的安全检查，全年发出安全隐患整改通知书2份，宗教领域未发生安全事故；推进民间信仰场所管理，对梅江区现有民间信仰点进行摸底调查，引导2处佛教特征明显的民间信仰场所申请登记开放为佛教活动场所；做好宗教信息采集核改工作，2017年基本完成全区69处登记开放宗教活动场所信息采集核准、补全工作，为做好宗教工作信息化建设、宗教组织统一社会信用代码赋码及登记证换发工作打下基础。三是做好境外宗教反渗透工作，加强与公安国保等部门的信息互通和联合执法，全年开展境外宗教渗透排查摸底活动30多次，依法取缔私设聚会点2处，查缴境内外散发性宗教类书籍刊物100多本，训诫境内宗教活动骨干及非法宗教活动参与者6人。

基层统战工作　以村级换届为契机，及时调整充实村、社区统战工作联络员，夯实基层统战队伍建设，完善区、镇、村三级统战工作机制。指导镇、村统战干部做好统战理论政策宣传普及和统战活动的报道工作。要求镇、村挖掘统战资源，全面摸底调查，了解掌握梅江区港澳台海外乡亲、杰出乡贤、非公有制经济代表人士和新社会阶层人士代表情况。要求各镇、街道积极搭建和创新社区服务平台，为社区困难台胞台属、少数民族群众等提供便利服务；引导各镇、街道加强与辖区内重点统战成员和乡贤的联络交流，引导统战成员和乡贤在重点工程、招商引资、服务民企等工作发挥带头示范作用。

【围绕中心，服务大局】　一是统筹做好第五届世界客商大会市、区两级嘉宾的联络、邀请、服务工作，经全面摸底后发出邀请函268份，共有227名嘉宾参加梅江区系列活动；通过“一对一”的方式做好活动期间嘉宾接待服务和活动的会务工作；积极做好梅江区振兴教育发展基金的宣传，动员广大统战成员踊跃捐款，并做好成立广州梅江商会前期筹备工作。二是积极参与“精准扶贫”工作。市民建和区民建先后到西阳镇贫困村开展“银龄安康行动”，2017年为206名贫困老人购买老年人意外伤害综合保险；区农工党开展为群众义诊送医送药活动，服务群众200多名，免费发放药品1万多元；区工商联会员企业自家人农电商公司与西阳镇签订协议，政企联手助推“精准扶贫”工作；做好香港“摘星计划”工作，选送3名品学兼优的特困大学生接受助学金1.8万元；动员全区统一战线踊跃参加广东省扶贫济困日捐款活动，共筹得捐款18.87万元。三是做好帮扶挂钩联系工作，指导西郊街道黄泥墩和马石居委做好换届选举、城乡环境卫生整治和“创文”工作，全年共拨给工作经费1万元。

（杨慧芳）

2017年区委统战部领导名录

部　　长：罗红葆（女，区委常委兼）

常务副部长：杨慧芳（女）

副 部 长：黄　媛（女）

机　构　编　制

【“放管服”改革】　权责清单工作　2017年，梅江区机构编制委员会办公室以行政许可审批标准化工作和省行政许可事项通用目录（2017年版）为依据，对照省、市部门公布调整后的权责清单，启动对2015年及2016年向社会公布47个部门的权责清单调整工作，按照程序认真梳理，重新审核，确保建好、管好、用好清单。

行政许可事项调整　规范统一行政许可事项名称，有效推进梅江区行政审批标准化建设，2017年12月向社会公布梅江区《关于公布保留的行政许可事项目录（2017年版）和调整的行政审批事项目录的通知》，共保留行政许可事项207项，决定调整为政府内部审批的事项6项。

一门式一网式政务服务　深入推进“互联网＋政务服务”，区编委办将216项行政许可事项录入省网上办事大厅事项目录管理系统，网上办事大厅行政许可事项标准编制于2017年3月31日完成，4月1日正式上网运行，强化标准化的成果运用。同时，全面启动7个镇（街道）、126个村（社区）一门式一网式综合窗口服务模式，实现三级全覆盖，实现办事过程和结果数据与网上办事大厅同步。至年末，网上办事大厅行政许可审批事项申报业务量2915项，总业务量2915项，上网办理率100％；网上全流程办理并办结的业务量2782项，网上办结率95.44％；区级社会事务服务事项上网申报业务量832项，总业务量832项；镇（街道）7个办事站，服务事项总数301项；126个村（社区）开通网上办事点，服务事项总数3024项。

行政审批中介服务　2017年10月，正式向社会公布梅江区政府部门行政审批中介服务事项清单，共涉及8个单位22项中介事项，并建立动态调整机制，解决行政审批中介服务环节多、耗时长、收费乱等问题。

【重点领域改革】 纪委派驻机构和巡察机构改革 根据梅江区实际，撤销原5个派驻纪检监察组，重新设立8个纪委派驻纪检组，并在编制紧的情况下，调剂3名行政执法专项编制设立区委巡察办，进一步健全党内监督体系。

城市管理和综合执法体制改革 2017年设立梅州市梅江区城市管理和综合执法分局、梅州市城市建设管理监察支队梅江大队，补齐市辖区城市管理工作中的短板，提升城市管理服务水平。

食盐监管体制改革 认真贯彻落实省、市关于开展盐业体制改革的各项工作部署，2017年7月向社会公布《梅江区盐业体制改革实施方案的通知》，实现盐业资源有效配置，激发市场活力。

优化事业单位管理 做好事业单位设立、撤销、增减编制工作，2017年设立事业单位6个，撤销原事业单位3个，梅州市城市综合管理局划转梅江区增加事业单位7个。同时深化医疗卫生体制、公证机构等改革。

配合推进全区中心工作 积极配合推进全区中心工作，规范机构设置，如区环保局环境监察股加挂区环境应急管理办公室牌子、人秘股加挂区环境信息中心牌子，设立梅江区水利水电工程质量安全监督站、区综合治理信息中心、区廉政教育中心、区综合政务服务中心，各镇设立镇人大办公室等。同时，助力“创文”“创模”和梅江区旅游示范区建设等工作。

【机构编制管理】 围绕加快实施创新驱动发展战略，积极参与各重点领域体制改革。加强对各部门“三定”（定部门职责、定内设机构、定人员编制）执行情况的监督，切实做好实名制系统维护和信息更新工作，做好编制卡管理及人事任免、人员调动情况台账。严格落实中央“约法三章”（一是政府性的楼堂馆所一律不得新建；二是财政供养人员只减不增；三是公费接待、公费出国、公费购车只减不增），对存在的机构编制问题，采取清单管理制度，2017年共梳理31个事项，至10月底，通过人员调动、调整区属中小学编制等方式，消化超编问题12个。梅江区现有行政机构41个，下设和派出机构11个、乡镇4个、街道3个；事业单位192个（其中行政类事业单位1个，公益一类事业单位173个、二类13个、三类5个）；全区共有行政编制719名，政法专项编制155名，行政执法专项编制133名，机关事业编制22名，工勤编制22名，事业编制5883名。

【事业单位登记管理】 认真履行事业单位登记管理职能，2017年办结事业单位法人设立登记3项，变更登记6项，注销登记3项。通过广东省事业单位登记管理网及时向社会公开梅江区125家事业单位法人年度报告情况，公开率100%，全面接受社会监督。积极开展事业单位法人和机关群团信息排查纠错工作，梅江区事业单位法人共180个，其中正常状态的141个，证书废止状态的6个，注销状态的32个，冻结状态的1个。机关群团办理统一社会信用代码的单位54个，状态正常，信息正确。

【政务和公益中文域名】 2017年，梅江区注册单位245个，其中政务域名52个、公益域名193个，注册率100%。做好212个到期域名批量续费，并配合网站集约化建设。对过期域名或取消机构的域名注销网络标识，切实维护党政机关、事业单位网站安全稳定运行。

【自身建设】 抓教育，牢意识。重点学习十九大报告精神，以学党章党规、学系列讲话，做合格党员“两学一做”为着力点，把集中学习作为每月例会的首讲议程，进一步牢固树立全办党员干部的“四个意识”（政治意识、大局意识、核心意识、看齐意识）。抓纪律，立规矩。坚持以制度促规范、保长效，编制《职权目录梳理表》《岗位廉政风险排查表》等，认真开展廉政谈话提醒工作，扎实开展“纪教月”活动。抓作风，树形象。高质量完成“一想二看”（对照合格党员和“好干部”标准，想想自己是否达到标准要求；要看到当前你追我赶、抢抓机遇、争先进位的发展势头，要看到本单位及自身是否存在安于现状、小进则满的精神状态）专题讨论、“三问三查找”（问自己的职责是什么，问自己履行职责是否到位，问自己的工作是否会对全区大局产生不良影响；查找自己是否坚决不折不扣贯彻执行区委、区政府的决策部署，查找自己是否大力弘扬敢于负责、敢于担当的精神，查找自己是否积极回应群众关切）剖析检查、“三定三承诺”（定目标、定措施、定责任，个人承诺、单位承诺、公开承诺）整改提高和“三评三公开”（单位自评、群众测评、领导点评，公开整改情况、公开评议情况结果、公开正反典型）检验活动成效等规定动作，结合实际做好自选动作，提出以“十讲”（讲大局、讲责任、讲规矩、讲落实、讲服务、讲和谐、讲品格、讲学习、讲创新、讲纪律）的要求为准绳做人做事，打造执行力强、形象好的机构编制队伍。（罗芳媚）

2017年区编委办领导名录

主　任：陈启泰（任至12月）
　　　　危永新（12月任）
副主任：何政英　池进华
区事业单位登记管理局局长：钟永营

老干部工作

【简述】　2017年，梅江区老干部工作在区委、区政府的正确领导和市委老干部局的具体指导下，认真学习贯彻党的十八届五中、六中全会和十九大会议精神，深刻领会习近平新时代中国特色社会主义思想，按照全国、省、市老干部工作会议精神的部署和要求，坚持把为党和人民的事业增添正能量作为老干部工作的价值取向，积极开展“畅谈十八大以来变化、展望十九大胜利召开”为主题的系列活动，进一步加强离退休干部“两项建设”（思想政治建设和离退休干部党支部建设），落实老干部的各项待遇，做好老干部的服务管理工作，扎实推进学习活动阵地建设，积极发挥老干部的重要作用，引导老干部为决胜全面小康增添正能量。年末，全区有离休干部60人，比上年减少5人，其中行政单位27人、事业单位6人、企业单位20人、易地离休干部7人。

【落实离退休干部待遇】　离退休干部是党的重要执政资源和全面建成小康社会的重要政治力量，加强和改进离退休干部“两项建设”是做好新形势下老干部工作的重要内容，是落实老干部政治待遇的重要途径。

加强离退休干部政治理论学习　以党的十八届五中、六中全会和十九大精神为指导，与贯彻落实习近平对广东工作的重要批示精神和省第十二次党代会、市第七次党代会、区第八次党代会提出的各项工作部署相结合，引导老干部认真研读中共十九大报告和党章，自觉在思想上、政治上、行动上同以习近平同志为核心的党中央保持高度一致，为全面开创加快梅江振兴发展新局面增添正能量。

加强离退休干部党组织建设　根据《中共梅州市委办公室关于成立中共梅州市委离退休干部工作委员会的通知》精神，切实加强新形势下离退休干部思想政治意识、加强和创新离退休干部党组织建设，把离退休干部党建工作作为一项重要工作任务抓好落实，经区委同意，2017年7月，成立中共梅州市梅江区委离退休干部工作委员会。将梅江区4个离退休干部支部纳入党工委管理，把离退休干部党员纳入统一管理，有利于发挥离退休干部的作用。

坚持落实离退休干部政治待遇　2017年，区委老干部局通过情况通报、形势报告、阅文日、老领导早茶日、座谈会、订阅报刊、登门送书、参观考察、邀请老干部参加重要会议等

活动，全面落实老干部政治待遇。据统计，全年为全区离休干部赠订“一报一刊”（《中国老年报》或广东《老人报》）和（《秋光》），开展“一委四老”（关工委，离退休干部联谊会、老体协、老促会、老干部大学）涉老组织及享受县处级待遇的离休干部登门送书活动50人次，召开老干部专题座谈会6次，老领导早茶日活动6次，老干部阅文日活动12次；举办专题讲座和形势报告2次，组织离退休干部参观考察4次近200人次。

坚持落实离退休干部生活待遇 一是狠抓“三个机制”（离休费保障机制、医药费保障机制、财政支持机制）的良性运转。落实老干部“两费”（离休干部离休费、医药费）是工作的重中之重，2017年为18名企业离休干部遗属发放生活困难补助4万多元，为中华人民共和国成立初期参加革命工作的19名退休干部发放医疗补助5.7万元；在区委、区政府关心下，全区离退休干部住房维修补贴标准与在职人员同等；按照上级文件精神，提高生活长期完全不能自理的离休干部护理费标准，7月起，从原每人每月2000元提高至2600元，全区共补发4.14万元；进一步落实省委组织部关于“建立调整机制”的文件有关精神，为6名中华人民共和国成立初期企业退休干部补发2016年1月至2017年11月四大节日补助和住房维修补贴合计12.8万元。二是进一步巩固和完善特困离退休干部帮扶机制，切实帮助老干部排忧解难。2017年，进一步完善特困离退休干部帮扶档案和加强对帮扶资金管理，严格审批程序，做到专款专用，充分发挥帮扶作用。至11月，对梅江区95名困难离退休干部予以帮扶，4年共发放帮扶款24.12万元。三是加强对易地离休干部的关心。做到易地安置梅江区离休干部的各项待遇与本区离休干部待遇一视同仁，并加强沟通联系，排忧解难，坚持每年慰问易地离休干部。四是加强离休干部的就医管理。2017年梅江区老干部就医绿色通道保持畅通，继续开展为老干部送医送药上门活动，组织医疗人员根据老干部及其家属的要求和意愿，及时送诊送药，为老干部解除看病就医的后顾之忧。10月，组织全区离休干部到医院进行体检，完善健康档案。

【引导老干部增添正能量】 全国老干部系统“畅谈十八大以来变化、展望十九大胜利召开”活动启动后，梅江区老干部局根据省、市统一安排部署，结合实际，及时制定下发活动方案，创新活动载体。

召开座谈会 2017年4月13日和20日，分别召开原五套班子老领导座谈会和离退休干部联谊会各分会会长座谈会，要求各联谊分会召开座谈会等活动，联系实际，从对比中感受中共十八大以后的变化，畅所欲言，表达真情实感，从而坚定“四个自信”（中国特色社会主义道路自信、理论自信、制度自信、文化自信），增强“四个意识”（政治意识、大局意识、核心意识、看齐意识）。结合各自身经历，畅谈中共十八大以后自己熟悉和关心领域的巨大变化，对中共十九大的胜利召开寄予厚望和充满期待。据统计，全年各联谊分会共召开座谈会30场，参加座谈会的老干部约800多人。

组织参观考察活动 2017年，梅江区各单位和涉老组织根据上级的要求，结合实际，组织老干部参观学习，调查研究，开阔视野，陶冶身心。同时结合自身所见所闻，畅谈党的十八大后国家和省、市、区各项事业的新成就、新变化，引导老干部以积极的心态适应社会发展新常态。全年先后4次组织老干部近200人次就地就近参观考察，梅江区“一委四老”涉老组织在春、秋两季组织1—2次外出参观考察活动。

举办征文比赛活动 通过参观考察活动，要求各离退休干部联谊分会，围绕主题开展撰写“我看梅江苏区新变化”“我是正能量代言人”主题征文活动。以记叙文、散文、诗歌等形式围绕主题“我看梅江苏区新变化”，讲好梅江故事、传播梅江好声音，凝聚发展正能量，

谱写中国梦梅江美篇章征文比赛活动。经区委老干部局和离退休干部联谊会常务理事会认真评审，评选出《在畅谈新变化中发挥正能量助力新发展》《苏区梅江颂》等3篇作品为一等奖。

观看宣传片　2017年5月10日，组织离退休干部近百人观看《我是正能量代言人》宣传片，观看100名心态阳光、健康向上的老干部代表作为正能量代言人，传播100句“正能量微语”，促进广大老干部在感悟微语中升华境界，在口口相传中传播正能量，引导全区广大离退休干部“离岗不离党，离（退）休不褪色”。

开展文体展示活动　2017年6月23日，深入开展为党和人民的事业增添正能量活动，喜迎十九大的胜利召开，组织离退休干部举行“迎七一，颂党恩”老年人文体展示活动，展现离退休干部老有所学、老有所乐、老有所为的精神风貌，抒发离退休干部对党的无限热爱、对十八大以后经济社会发展成就的歌颂以及对幸福生活的赞美。展示活动共有16支代表队伍、400多名老干部参加，其中《太极功夫扇》和《火红的玫瑰》获得一等奖，通过展示活动，选出两个优秀节目代表梅江区参加梅州市老年人文艺比赛。

2017年6月23日，喜迎十九大的胜利召开，梅江区委老干部局组织离退休干部举行“迎七一，颂党恩”老年人文体展示活动

举办书画展　为迎接建党96周年和中共十九大召开，充分展示梅江区离退休干部积极向上的精神风貌，丰富离退休干部精神文化生活，积极引导全区离退休干部开展“为党和人民事业增添正能量”活动。举办全区离退休干部毛笔书法比赛，共收到参赛作品25份和特邀作品8份并进行展示，经评审，评选出李和钊、张俊烽等老干部的优秀作品，并召开表彰会议。

举办梅江区第二十六届老年人体育运动会　2017年10月25日，举行梅州市梅江区第二十六届老年人体育运动会，本届运动会认真贯彻“重在参与、重在健康、重在快乐”和“团结、友谊、康乐、文明、节俭”的宗旨。比赛项目有男、女定点投篮，男、女乒乓球单打，中国象棋，男、女太极拳，柔力球，麻将6个项目，共有30支代表队，300多名运动员参加比赛，参加运动会的有老年文体表演队和观看队伍约800人。经过2天的角逐，老年体协代表队、老干部活动中心代表队、卫计局代表队分别获得机关、事业组团体总分前三名，江南街道代表队、三角镇代表队、金山街道代表队分别获得镇、街道组团体总分前三名，李卫玲等20名运动员获得各个单项和集体项目冠军。

2017年10月25日，梅江区举办第二十六届老年人体育运动会

【做好老干部服务工作】　2017年，针对老干部“双高期”（高龄、高发病期）出现的新情况、新问题，坚持以人为本，树立亲情理念，强化服务举措，增强服务实效，做到日常服务到位、重点服务到家、特殊服务到人，全心全意为老干部办实事做好事，让老干部更好地感受到党的关怀和组织的温暖。

认真落实老干部慰问、探望等制度　开展“进百家门、问百家事、解百家难”的入户走访活动，做到不缺一户、不漏一人，采取应节性走访与经常性走访、普遍走访和重点走访相结合，做到暑热送清凉、寒冬送温暖、节日送问候，让老干部晚年生活更加安心、舒心、顺心。2017 年共走访慰问老干部 530 多人次，看望生病老干部 360 多人次。

坚持挂钩联系老干部制度，推行精细化服务管理　每位退休老干部由原单位在职干部和区委老干部局工作人员挂钩服务，定期登门走访老干部，通报工作情况、征求意见、解决困难；制作“服务老干部联系卡”，记录服务联系对象、联系电话，以及服务内容（联系人每年上门看望联系对象不少于一次，每月与联系对象电话联系或座谈不少于一次，积极协调原单位和家属解决老干部的实际问题和困难）。多方面的结对服务，老干部工作更有凝聚力和亲和力，让老干部从细致入微的服务中感受组织的关爱和温暖。2017 年，共接待来访和座谈的老干部及其家属 70 多人（次），协助老干部解决实际困难和问题 70 多件（次），做到事事有交代、件件有回音。

推进社区“四就近”服务　积极探索利用社区资源，开展社区老干部“四就近”（就近学习、就近活动、就近得到关心照顾、就近发挥作用）工作，为离休干部高龄养老提供服务，努力提升老干部服务管理水平。

【充分发挥老干部余热】　注重发挥离退休干部的优势和特点，在自觉自愿、量力而行的前提下，围绕党的事业增添正能量，强化组织引导，积极为离退休干部发挥余热搭建平台，鼓励支持老干部在推动梅江转型提升、跨越发展，促进社会和谐等方面发挥余热。

搭建建言献策平台，发挥参政议政作用　通过召开座谈会、发放调查问卷、设立意见箱等途径，拓宽离退休干部建言献策渠道，为区委、区政府重大决策提供参谋作用。坚持邀请离退休老干部列席区委扩大会、区人大会、区政协会等重要会议，听取老干部的意见建议。同时，区属各单位在“七一”、春节或老人节以团拜会、情况通报会、学习考察座谈会等形式，引导老干部为区委、区政府以及本单位出台经得起检验、深受百姓欢迎的重大决策举措点赞。

涉老组织工作生机勃勃　涉老组织是老干部求知、求乐、求健康的机构，是老干部参与社会活动的平台，是老干部发挥余热的阵地。工作中做到统一协调，资源共享，优势互补，荣辱与共。坚持以涉老组织为依托，以活动为载体，组织老干部发挥专长，参与“一委四老”等涉老组织工作，让涉老协会组织成为推进梅江区社会经济和谐发展、构建“首善之区、幸福梅江”不可缺少的组织和不可替代的力量。

构建“五位一体”老干部协同工作机制　一是区关工委坚持服务青少年的正确方向，积极发挥“五老”（老干部、老战士、老专家、老教师、老模范）作用，倾情关爱下一代工作。二是区离退休干部联谊会紧紧围绕区委、区政府饿中心工作，不断加强广大会员的思想政治教育，加强联谊会自身建设，积极引导老干部为党和人民事业增添正能量，紧扣“开展阳光心态、体验美好生活、畅谈发展变化”为全力推动梅江振兴发展，狠抓基层组织、网络、阵地建设，关心会员生活，积极开展喜闻乐见的文体活动，积极组织老干部发挥优势。三是区老人体育协会，以促进老年人身心健康、提高老年人幸福指数为宗旨，着力开展丰富多彩、形式多样的群众性老年体育活动，全区老年人体育健康事业呈现良好的发展态势。四是区老区建设促进会，积极主动为老区人民做好事、办实事、谋福祉，为更好地争取国家和省对原中央苏区振兴发展的政策扶持，开展各项调研工作。五是区老干部大学，秉承求知、求乐、求健康宗旨，认真贯彻落实“老有所乐、老有所教、老有所学、老有所为”的办学方针，以“培养健康快乐的正能量老年人”为目标，有计划、有步骤地开展教育教学工作。

【加强干部队伍建设】　2017年，区委老干部局大力开展“转作风·比奉献·树形象”主题活动，旗帜鲜明、坚定有力地推进全面从严治党，党风政风发生根本好转，干部队伍精神面貌焕然一新。一是统一思想，提高认识。严格按照区委、区政府工作要求，加强领导，精心组织，周密安排，深入查摆问题，加大整改力度，切实转变机关作风，增强服务和奉献意识。二是紧扣主题，抓好落实。将纪教月和“转比树”活动与各项老干业务工作紧密结合起来，进一步加大党风廉政建设工作力度，强化党员领导干部廉洁自律意识，自觉抵御剥削阶级思想和腐朽生活方式的侵蚀，提高思想境界，严格遵守廉洁自律各项规定，领导班子成员在廉政建设和作风建设中发挥表率作用。三是严格要求，转变作风。以“转比树”活动为契机，深入查摆问题，分析原因，强化整改，进一步转变机关作风，提高干部队伍的执行力和战斗力。四是提升能力，推动工作。进一步提升履职尽责能力，牢固树立主人翁意识，在工作中讲担当、比奉献、树形象，各股室通力协作，打造一支作风过硬队伍，推动老干工作全面发展。

（罗　婷）

2017年10月19日，梅江区老干部局组织离退休干部前往丰顺马图山革命教育基地，接受革命洗礼

2017年梅江区委老干部局领导名录

局　长：赖翰夫(区委组织部副部长兼,任至11月)

　　　　卢波明(区委组织部副部长兼，11月任)

副局长：李文杰　余伟雄

关　工　委

【简述】　2017年，梅江区关心下一代工作委员会以加强和改进青少年思想道德建设为重点，围绕中心，服务大局，主动配合，积极补充，关爱青少年健康成长，为“诗画梅江 文明客都”建设发展发挥正能量。

【学习贯彻中共十九大精神】　中共十九大是建成小康社会决胜阶段、中国特色社会主义发展关键时期召开的重要大会，提出全局性、战略性、前瞻性行动纲领，事关党和国家事业继往开来，事关中国特色社会主义前途命运，事关广大人民的根本利益。按照创建“学习型”关工委的要求，2017年，区关工委班子成员共组织12场学习会，将学习心得体会选取在《关工通讯》发表。通过学习，牢固树立政治意识、大局意识、核心意识、看齐意识。坚决维护习近平总书记的核心地位，以中共十九大精神统领关工委，用实际行动做好关心下一代工作。

【加强青少年思想道德教育】　一是继续深入开展社会主义核心价值观宣讲和“日行一善”活动，推动教育活动不断深化。通过开展“学雷锋活动月”“孝敬父母月”“客家文化月”“缅怀先烈月”以及“学道德模范、诵中华经典、做有德之人”等活动形式，弘扬践行雷锋精神、孝悌精神、中华精神、时代精神。实践活动中，要求师生日行一善，从一言一行中做起。二是开展多形式活动，助力“创文”。2017年是梅州市创建全国文明城市的第一年，区关工委是“创文”责任单位，以“创建全国文明城市”为契机，开展“画说好家风”征稿活动、“劳模精神进校园”劳模事迹宣讲、“安全暑期·幸福家庭”家庭教育系列讲座等形式多样的活动，丰富青少年课余生活，提升青少年的思想品德素质、科学文化素质和身体健康素质。三是持续开展“关爱明天、普法先行”青少年普法教育活动，增强青少年法制观念。联合有关部门开展法制进校园、进社区活动，充分利用板报、宣传栏、报刊、广播、电视等宣传平台，组织学生学习《中华人民共和国宪法》《中华人民共和国未成年人保护法》《中华人民共和国预防未成年人犯罪法》《中华人民共和国义务教育法》等法律法规。各镇（街道）关工委充分发挥法制副校长的体制作用，会同派出所、司法所、综治办有关人员到学校作法制教育专题报告，教育学生要学法、知法、守法、用法。2017 年梅江区 45 所中小学校均以不同形式开展社会主义核心价值观教育活动、法治宣传教育及多形式主题活动，组织各类型讲座 135 场，受教育学生 48318 人，“日行一善”做好事 15330 件次。

【“三百”活动重实效】 一是做好扶困助学工作，为特殊困难学生排忧解难。2017 年 5 月 30 日和 9 月 8 日，区关工委分别看望慰问化育小学和城北中心小学困难留守儿童 40 名，详细了解学生的学习、生活情况，并送上慰问金每人 300 元，总计 1.2 万元。进一步落实国务院《关于加强农村留守儿童关爱保护工作的意见》精神，发动全社会，共同做好留守儿童工作。8 月，市关工委开展发放“叶剑英基金助学金”活动，区关工委积极做好困难高中学生的推荐、评审和上报工作，为全区 39 名优秀贫困学子发放助学金每人 2000 元，总计 7.8 万元，解决贫困学子燃眉之急。从 2014 年开始，为梅江区 161 名贫困学子发放 32.2 万元助学金。二是用心经营留守儿童“爱心之家”。2017 年 8 月 18 日，区委、区政府召开梅江区农村留守儿童关爱保护工作联席会议。团区委、区妇联、区教育局围绕农村留守儿童关爱保护作发言，就如何进一步做好全区农村留守儿童关爱保护工作，促进留守儿童健康成长达成共识。9 月 16 日，西阳镇关工委成立慧明教育“爱心之家”，服务宗旨是“解决留守儿童学习和家长的后顾之忧，培养造就智能优秀学生”，开设初级班、高级班、舞蹈班、跆拳道班等，因材施教，对困难留守儿童减轻学习费用，并做好弱势儿童和困难儿童的管理台账等，受到广大学生和家长的欢迎。三是充分调动“五老”积极性，层层推进关心下一代工作。开展“百老带百小”活动，退休干部结对帮扶教育一个孩子，开展“四好”（共产党好、社会主义好、改革开放好、伟大祖国好）教育，感恩教育，引导青少年提升正能量，以感恩、感激和感动的情怀学习、生活和工作。

2017 年 5 月 31 日，区关工委到三角镇化育小学看望慰问困难留守儿童

【开展农村创业青年培训】 2017 年 6 月 16 日和 7 月 6 日，联合区农业局分别在西阳镇、城北镇举办“梅江区农村青年创业培训班—农产品安全诚信体系建设培训会”。同时采取“走出去，请进来”的办法，组织各镇（街道）关工委常务主任及农村创业青年代表一行 14 人，于 5 月中旬赴潮阳区参观学习，参观潮阳区金灶镇玉路村“汕头市江畔农业科技有限公司”的瓜果基地，全年培训农村青年 328 人次。通过培训，增长学员知识、开阔视野，坚定扎根农村奔康致富的信心。

【加强“五好”关工委建设】 按照“学习型、调研型、创新型、服务型、实干型”关工委的要求，做好各项关爱青少年健康成长的工作。2017 年梅江区有关工委组织 238 个，成员

2727人，参与关工委“五老”志愿者2446人。做到组织健全，制度完善，责任明确，工作落实到位，内容不断创新，确保关工委工作覆盖面，促进关工委工作活动形式多样化，内容全面化，为梅江区关工委工作蓬勃开展奠定良好基础。（温惠君）

2017年6月16日，区关工委联合区农业局在西阳镇鲤溪村举办农村青年创业培训班

2017年区关工委领导名录

名誉主任：林　砖　张茂先　罗涤权
主　　任：黄进槐
副 主 任：黄英基　詹钦义　宋兴寿　赖翰夫　罗才雄　李钿荣　叶小天
秘 书 长：宋兴寿（兼）
办公室主任：温惠君（女）

调　　研

【简述】 2017年，梅江区委调研室不断开拓进取、主动作为、求实创新，充分发挥参谋助手和智囊团作用，较好地完成年度目标任务，为开创“诗画梅江，文明客都”新格局做出积极贡献。

【牢固树立精品意识】 按照研究政策、吃透上情，深入基层、掌握实情，吸收借鉴、了解外情，紧跟全局、贴近要情的要求，2017年，坚持把综合文稿撰写作为工作重点，突出材料的真实性、针对性、科学性，高质量完成各项文稿任务。梅江区加快振兴发展暨“创文”动员大会、学习宣传贯彻中共十九大精神大会等综合材料得到区领导的高度肯定。严把文稿构思关，对大型会议的领导讲话材料，坚持集体讨论，明确中心思想和总体思路。严把文稿起草关，力求体现领导意志，说明方针政策，符合客观实际情况，文章主题明确，重点突出，具有现实指导意义。严把文稿审核关，对成文材料进行反复修改，对每个细节进行反复推敲，文稿更加严谨、合理、准确、精炼。全年组织撰写各类工作报告、会议讲话、汇报材料、会议纪要等系列文稿共500多篇，出色完成人代会、经济工作会议、全委会等重要会议材料起草。

【牢固树立发展意识】 着眼全区经济发展大局，针对方向性、苗头性、全局性问题，组织人员、深入基层，广泛开展调研，为领导决策提供科学依据。在调研中，坚持做到贴近中心，紧跟全区重点和中心工作，主动参与区领导各项重要调研活动，掌握第一手资料，为各项工作顺利开展出谋献策。坚持做到贴近领导，把握意图，对于区委主要领导在调研中提出的问题，强化及时性调研，为摸清梅江区铁皮瓦现状，组织人员深入西阳镇和相关企业走访调研，撰写《梅江区楼顶搭建铁皮瓦问题调研报告》。坚持做到贴近群众，对于老旧小区和物业管理存在的突出问题，有针对性开展全区住宅小区物业管理专题调研。2017年开展各类调研活动30多次，专题调研20次。

【牢固树立大局意识】 进一步完善联络员工作制度和健全信息管理机制，以“高起点、高标准、高质量”为原则，全力做好信息收集和报送工作。一方面，不断拓宽信息渠道，及时将最新的信息情况报送领导，总结全区经济社会发展的新视点、新情况、新成果，确保领导及时掌握全区上下实际情况。另一方面，迅速将上级有关决策部署传达给基层，让基层全面了解上级有关决策部署，高效发挥信息工作桥梁纽带的先导作用。2017年，上报、下发《梅江情况》共15期，向市委办公室、市政府办公室报送专题信息、工作动态260多篇，报送《客都论坛》专稿4篇。

【牢固树立看齐意识】 按照“敬业、爱业、专业”的要求，认真抓好干部队伍建设。一是按照学懂弄通做实要求，组织调研综合支部开展形式多样的学习活动，深入学习中共十九大精神，区委书记朱国城以普通党员身份参加支部专题组织生活会，指导支部学习贯彻中共十九大精神工作。二是扎实开展“转比树”活动，深入摆问题、查原因、定措施，形成“互比互看互学”的良好氛围，全室人员的政治意识、大局意识、核心意识、看齐意识进一步强化。三是进一步规范调研室文件传阅制度，加强信息共享。四是有计划、有重点地组织全室干部参加各类培训学习，对国情、省情、市情和现阶段工作任务的认识和理解进一步加深。

2017年，区委调研室虽然取得较好的成绩，但也存在不少困难和问题，具体表现在：一是学习系统性不强，为区委、区政府提供创新思想和创新思路不多；二是部分工作人员下基层调研少，对重点项目和重点企业不熟悉，掌握新情况新问题不够及时，造成部分文稿针对性、操作性不强；三是文体活动开展较少，部分工作人员长期埋头从事文字工作，对参加文体活动不积极，有些集体活动难以组织，离区委书记“快乐团队、活力团队”的要求还有一定的距离。对此，区委调研室将高度重视，努力加以改进。 （黄文韬）

2017年区委调研室领导名录

主 任：陈勇文

副主任：魏洪涛 古兴中（任至9月）

机 要

【简述】 2017年，中共梅江区委机要局认真落实中央、省、市密码工作领导小组和机要密码业务主管部门的各项指示精神，严格把守机要密码管理关口，坚决守护好党和国家的“命门”“命脉”，始终坚持“既确保党和国家核心机密的绝对安全，又有利于各项业务开展”和“一切从梅江区实际出发、一切从大局出发”的业务工作指导原则，健全和完善各项业务规章制度，坚持业务学习，不断提升机要密码高效服务保障水平。机要密码工作做到年初有计划，定期有检查，件件有落实，事事有上报，保证机要密码传真通信畅通无阻、万无一失，“机密、快速、准确、安全”地完成党政领导机关上传下达和传输信息的各项任务，为梅江区政治经济社会发展提供优质高效的服务。2017年梅江区收到上级下发明传电报324份、密码电报490份，发出明密电报335份，累计传输办理电报数4135份。为党政领导和区直各单位、各部门传输大量的对外联络信息，完成领导交办的各项任务，全年没有发生任何失泄密和窃密事故，没有出现任何拖延、压误和错办、漏办电报现象。

【学习中共十九大精神】 按照区委、区政府统一部署，区机要密码部门掀起中共十九大精神学习热潮，以集中学、个人自学，参加区委组织学习相结合的方式，认真学报告、学党章，深刻谈心得、写体会，牢固树立政治意识、大局意识、核心意识、看齐意识，以十九大精神和习近平新时代中国特色社会主义思想为指导，推动机要工作优质高效开展。按照中办机要局统一部署，认真开展“我为十九大做贡献”主题实践活动，树立全心全意为党和国家做好机要密码工作和为梅江区各级党政机关、党政领导服务的思想。抓好政治理论学习的同时，注重抓好全体机要干部的纪律教育，要求全体机要密码干部严格遵守政治纪律和工作纪律，洁身自好。

【加强业务学习】 坚持业务技术学习，采取走出去、请进来的办法，工作中遇到问题及时向上级业务主管部门请教或与相关单位联系，及时解决问题，保证密码通信设备正常运作。积极参加上级业务主管部门举办的各种业务培训班，2017年，梅江区先后派出4批人员参加中央和省举办的机要密码业务培训班学习，提高机要密码干部的业务水平。坚持开展自学业务技术和业务理论，不断提高机要密码干部的业务技能。同时，加强对区委区政府办公室指定的党政内网管理人员的教育，确保党政内网绝对安全和畅通。

【政务内网测评和通信建设】 2017年，梅江区电子政务内网保密安全测评及早与上海维豪公司签订测评合同，共耗资16万元，各项程序有序推进，将与全市实施同步测评验收。密码通信主渠道标准化建设，不断完善硬件建设，逐一对照中办机要局71项标准，进行逐一梳理，结合梅江区实际加以改进。

【恪尽职守，任劳任怨】 2017年，梅江区全体机要密码干部对党忠诚，尽心尽责，恪尽职守，奉公守法，正视人员少、设备简陋和工作压力重的现状，本着强烈的政治责任感和工作责任心，团结协作，坚守工作岗位，不管严寒酷暑和白天黑夜，放弃干部休假，风雨无阻，任劳任怨，在各类电报的收发、阅办、递送等各个环节和办理各项事务的质量和时效上严格把关，得到可靠的保证。2017年，上级下发电报只要有通知，区机要干部随叫随到，严肃对待，从速办理，确保机要密码各项业务质量与时效绝对无误，并做到当日工作，当日完成。处理各类电报，从速从快，严格按照规定程序办理，做到准确安全。特别严肃对待紧急重要电报，坚持机要局长是第一责任人制度，办理完毕，主动向上级反馈意见，报告处理情况。

【密码电报管理】 全区各电报使用单位，注意严格执行新密码电报使用管理规定，严格保管，定期自行清理、归档或销毁。同时不定期组织人员到重点使用单位进行跟踪了解，发现问题，及时改进。对中央级发电管理，要求电报使用单位收电后随办随退，并实行专人负责跟踪管理。2017年，区机要部门积极完成党政领导机关上传下达和传输信息的各项任务与全区机要人员及党政内网管理员分别签订《责任书》和《承诺书》。（徐松辉）

2017年区委机要局领导名录

局　长：洪小平

保　　密

【简述】 2017年，梅江区国家保密局坚持以党的十八届五中、六中全会和十九大精神为指导，深入贯彻习近平总书记系列重要讲话精神，紧紧围绕“四个全面”（全面建成小康社会、全面深化改革、全面依法治国、全面从严治党）战略布局，认真学习贯彻习近平总书记对广东提出的“四个坚持、三个支撑、两个走在前列”的重要指示，紧紧围绕全区中心工作，准确把握保密工作形势，以加强党政领导机关、保密要害部门和涉密信息系统保密管理为重点，全面推进保密工作依法行政，切实加强保密宣传教育、网络保密管理、涉密人员管理和保密技术管理，较好地完成目标任务，全年杜绝泄密事故发生，维护党和国家秘密安全，全力推动梅江振兴发展提供服务和保障。

【切实做好保密工作】 2017年6月12日，梅江区委召开常委（扩大）会，传达学习中保委全体成员会议、全国保密工作会议和省委保密委员会全体会议暨全省保密工作会议主要精神，会议强调，全区保密工作坚决贯彻中央和省委对保密工作的指示，切实做好新形势下的保密工作，确保不出问题。区党政领导班子全体成员带头签订保密责任《告知书》，以身作则履行领导干部保密工作责任，区直各单位领导和涉密人员签订《保密告知书》，合力做好保密工作。按照省、市的统一部署，结合梅江区实际，制定《"十三五"时期梅州市梅江区保密事业发展规划》。

【抓好"三大管理"工作】 定密管理、网络保密管理和涉密人员管理是保密工作的重中之重，2017 年，根据国家和省、市的部署，着力抓好"三大管理"工作。定密管理方面，严格落实定密管理法规制度，推动落实区委、区政府和重要涉密部门文件规范定密工作，加强定密工作检查指导，组织人员参加市委保密委举办的定密责任人培训班，探索法定定密责任人履职告知方式，进一步推动解密工作，提升信息资源合理利用水平，并开展定密管理专项检查。网络管理方面，加强网络安全建设，确保网络安全不出问题。涉密人员管理方面，一是组织相关人员参加全省保密培训。二是对各级各部门保密专（兼）职干部实行动态管理，了解掌握各单位保密专（兼）职干部变化情况，各单位更换保密人员必须及时向保密局报告备案，对不符合基本条件的保密人员坚决更换，确保各级各单位的保密专（兼）职人员素质和保密安全，同时完成全区涉密人员定岗定责工作。三是与有关单位联合转发《广东省涉密人员因私出国（境）纳入登记备案管理规定》和《广东省党政领导干部保密工作责任制实施细则》，规范领导干部和涉密人员管理工作。

【保密检查和服务】 根据市纪委、市委组织部、市委保密委《关于组织开展党政领导干部保密工作责任制专项检查的通知》和《关于组织开展 2017 年度机关、单位保密自查自评暨督查工作的通知》的要求，梅江区制订检查方案，开展保密检查工作，区委保密委成立专项督查组，配合市纪委、市委组织部、市保密局、市公安局网警支队对区直部分单位在领导干部保密工作责任制、保密自查自评及信息系统网站安全等级保护工作方面进行专项督查。进一步规范各类考试保密管理，做好高考、研究生考试、机关事业单位招录考试、司法考试、医师资格考试等国家重要考试安全保密监督。全面整顿测绘资料成果保密管理，对部分用图单位保密管理不规范的问题，开展全面检查整顿，摸清家底，规范管理和要求，堵塞泄密漏洞。

【保密工作宣教】 以纪教月为抓手扎实开展宣传教育，全区纪律教育学习大会上，区委书记朱国城要求各级党委（党组）和领导干部，紧密结合"两学一做"学习教育常态化制度化要求，坚持不懈抓好纪律教育，同时把党员干部保密纪律教育纳入其中，确保纪教月活动取得成效。开展保密工作宣传教育，强化党校主体班对新进入单位工作人员的保密教育，区保密局领导深入到区直单位举办保密工作专题讲座，学习宣传保密法及其实施条例，深化保密宣传教育进校园、进企业活动，加强对涉密人员保密安全教育，提高国家安全意识。2017 年，梅江区保密工作存在问题。一是党政机关单位在互联网计算机违规存储、传递敏感信息现象依然存在。二是个别单位废旧涉密载体和内部资料在无资质的小型造纸厂销毁处理的现象未能彻底改善，容易导致泄密隐患。三是基层镇级单位测绘资料成果保密管理不够规范。（陈志洪）

2017 年区国家保密局领导名录

局　长：侯学标

信　　访

【简述】 2017 年，梅江区信访局紧紧围绕区委、区政府中心工作，认真贯彻落实习近平总书记关于信访工作指示精神，坚持改革、创新、法治为引领，把推动社会矛盾化解、维护社会稳定作为基本任务，把维护人民群众切身利益、保障人民安居乐业作为根本目标，立足防范风险、源头治理，大力开展化解信访积案，加强矛盾纠纷排查化解，信访工作成效明显。信访工作制度不断深入推进，信访突出问题得到及时解决，信访参谋助手作用更加显现，重大活动期间信访维稳工作保障有力。各级党委、政府化解社会矛盾主体责任进一步落实，信访部门处理机关办理信访事项更加规范，群众依法表达诉求观念更加牢固，全区信访形势呈现“稳中有降、总体向好”的良好态势，有力促进社会和谐稳定。全年共受理群众来信来访1503件次，比上年下降6.3%；区党政领导接访群众302批413人次，办理国家、省、市交办信访案件70宗，办结率100%；推广“互联网+信访”，提高信访工作公信力，网上信访总量是群众走访、来信量的2倍，网上信访成为群众信访主渠道。

【群众信访】　2017年群众来信来访反映的主要问题有城乡建设问题，国土资源水利林业问题，交通能源环保问题，劳动社保问题，其他问题。按性质分，求决类占信访总量的98%。信访工作存在问题：

信访总量仍在高位运行　随着各项改革不断推进和深化，城市化进程加快，涉及城市管理、土地征用、房屋拆迁、环境污染、退伍安置、养老待遇等诸多方面问题，引发较多的社会矛盾。由于有些单位和部门对政策宣传不到位，政策措施不配套，办法不完善；有些基层组织把握执行政策有偏差，个别基层干部作风粗暴，方法简单；部分群众思想观念滞后，要求过高等原因，梅江区信访总量仍持续在高位运行。2015—2017年，梅江区信访总量维持在1500件次左右，给经济发展和社会稳定带来一定影响。

信访基础业务水平参差不齐　梅州市信访业务管理系统运行后，各镇（街道）各有关单位充分认识加强信访基础业务规范化建设工作的重要性，做到信访事项有受理、有告知、有答复、有送达，在规范程序、明确责任取得一定成效。但从日常督查工作情况发现，信访基础业务仍存在很多不规范的问题。如信访人反映的问题没有做到逢访必登，仍有少数部门存在系统信访案件录入为零的情况；有的镇（街道）或部门办理环节不规范，既不与信访人见面、听取信访人陈述，也不作必要的调查核实，草率答复，甚至“闭门造车”，敷衍应付，汇报了事；有的镇（街道）或部门答复环节不规范，答复内容事实不清，没有正面回应诉求，糊弄群众。

部分上访群众的思想观念存在误区　部分上访群众存在“信上不信下”“信访不信法”等错误观念，一旦没有达到既定目标，便采取缠访、闹访或串联抱团上访和择机上访，企图施压政府达到“破格”解决问题的目的。如三角镇空挂户谭戴云、西阳镇丘仕珍、西郊街道李超文等，多次到有关部门缠访、闹访甚至非正常上访，息访难度大。

部分活跃群体仍存在不稳定因素　2017年梅江区社会大局总体平稳可控，但仍面临不少风险和隐患，主要不稳定因素包括：一是江南新城司法强拆户何志鹏等人反映政府不合法强拆，要求赔偿问题；二是梅江区涉军退“未确参”人员黄文辉、麦达庆、侯宁胜等8人反映要求提高补助等问题；三是凯旋门花园项目工程，劳务方刘沛祥等人与梅州市利贞实业有限公司存在劳资纠纷及工程结算款问题；四是江南“百花苑”小区改造项目，开发商泰华房地产开发有限公司多次与未签约住户发生冲突问题。上述问题政策性强、涉及面广、影响大，容易引起发生群体性上访事件。

【强化责任抓落实】　梅江区委、区政府主要领导牢固树立“群众利益无小事”的宗旨意识和以人民为中心的发展理念，把信访工作摆在重要位置，不断解决人民群众最关心最直接最现实的利益问题，切实推动全区信访工作有效开展。

提高站位，统一部署 区主要领导高度重视信访工作，把做好中共十九大、省第十二次党代会、第五届世界客商大会等重要敏感期的信访工作，纳入2017年工作的重中之重，区委书记朱国城多次主持召开动员部署和分析研判会，听取信访维稳工作汇报，分析研究信访形势，要求全区各级各部门以高度的政治责任感，采取切实有效的稳控措施，盯紧重大群体和重点人员，抓实做细基础排查和矛盾化解工作，依法依规及时解决群众合理诉求，以最高规格、最强部署、最严措施做好各项工作，确保实现“六个不发生目标”（不发生危害国家安全和社会稳定的重大政治事件、不发生重大暴力恐怖事件、不发生大规模群体事件和个人极端事件、不发生重大公共安全事件）。2017年，召开信访维稳协调会议40场次。

率先垂范，上下联动 区主要领导高度重视群众来访反映的热点难点问题，始终把解决群众合理诉求、维护群众合法权益摆在首要位置，疏导群众心中之“堵”，解开群众心中之“结”，依法依规化解久拖未决的疑难复杂问题。2017年，区委、区政府领导对信访工作批示和指示共96件次，办理国家、省、市交办信访案件70宗，办结率100%。区委、区政府分管信访工作领导经常指导和检查信访工作开展情况，多次约访、下访群众，依法妥善化解皇家名典企业劳资纠纷、沿江东西路禁停、奥园半岛装修工人触电身亡事故、梅城出租车司机闹停等群体性事件。各镇（街道）党政领导和区直有关单位负责人，按照市、区统一部署，扎实开展领导干部接访下访活动，化解社会不稳定因素。

落实责任，形成大信访工作格局 区信访局制定印发《梅江区信访维稳工作绩效考评办法》，落实各镇（街道）综合协调、信息研判、劝返稳控等工作责任，鼓励先进督促后进，扎实推动全区各级信访维稳工作有效开展，进一步健全和落实信访工作责任。

【凝心聚力保平安】 2017年在中共十九大、省第十二次党代会、第五届世界客商大会等重要敏感时期，梅江区各级信访部门按照省、市、区有关工作要求，及早谋划部署，细化工作方案，加大保障投入，克服麻痹松懈思想，想方设法将问题化解在基层，将拟上访人员稳控在原地，实现全年重点会议和重大活动期间梅江区到省进京上访人数为零和“六个不发生”目标，为中共十九大、省第十二次党代会胜利召开做出应有的贡献。

信息预警报送 区分管领导每天听取信访维稳工作动态汇报，做到心中有数，各镇（街道）各相关部门实行每天信访信息“零报告”制度，做到有事报情况、无事报平安、急事随时报。

领导干部接访下访活动 区党政领导轮流到区人民来访接待厅接访、到镇（街道）下访，主动深入问题集中和矛盾突出的地方，面对面听取群众诉求，实打实解决问题，尽最大努力把信访人员吸附在当地，为基层群众信访提供更便捷的渠道，有效推动信访案件妥善解决。2017年，15位区党政领导共接访群众302批413人次。

矛盾纠纷排查化解 对可能引发群众到省进京上访的不稳定因素进行横向到边、纵向到底、不留死角的地毯式排查，对可能在中共十九大等重要敏感时期到省进京上访的信访突出问题逐一建档造册，逐级明确责任，逐人落实稳控。

途中劝返 梅江区派员参加市驻京工作组外，分别在广州、江西赣州、河南郑州等进京沿线城市设置劝返工作组，及时做好对进京上访人员的信息掌握和稳控劝返工作。驻京工作人员和沿线劝返工作组坚守岗位，团结协作，行动迅速，措施得当，2017年劝返越级上访人

员4批7人次。

非访处置　切实加强信访法制宣传教育，加大违法信访行为处置力度，依法处置信访活动的违法犯罪行为。

督查督办　梅江区成立2个信访维稳督查小组，深入到各镇（街道）及区直有关部门，督导检查贯彻落实中央、省、市和区关于做好中共十九大和省第十二次党代会期间信访维稳工作的决策部署情况，以及曾经到省进京上访信访事项的调处工作，推动措施落实到位、人员稳控到位。

【推广“互联网+信访”】　梅江区持续深入推进信访工作制度改革，积极打造“阳光信访”，着力提高信访公信力。

打造“一网一微一端”新平台　“梅江信访”网站、微信公众号、手机客户端正式上线运行，梅江信访系统“一网一微一端”平台全面建成，是梅江区推进信访工作制度改革的重要举措。进一步拓展群众信访渠道，群众反映诉求更加方便快捷，2017年，全区网上信访总量是群众走访、来信量的2倍，网上信访成为群众信访主渠道。

网上信访信息系统建设全面建成　梅江区网上信访信息系统对上与国家、省、市信访局对接，横向连接54个区直有关单位，对下与7个镇（街道）实现联通。

信访事项处理过程公正公平和办理结果公开透明　根据《广东省信访局网上信访事项办理工作指引》，规范受理分流、答复告知、办理审核、督查督办、跟踪回访、满意度评价等各环节工作，实现信访事项网上办理信息化、制度化。坚持把所有信访事项纳入网上信访平台办理，基本做到信访信息全录入、业务全流转、数据全生成、办理全公开，做到信访事项办理过程和结果的“可查询、可跟踪、可评价”。

加强信访基础业务规范化建设　按照省、市统一部署，梅江区在全区信访系统大力开展信访基础业务办理受理规范化自查工作，制定印发《信访基础业务工作存在问题及解决办法》300份，要求各镇（街道）各有关单位对照存在问题，积极自查、整改，严格执行相关规范和规定，登记录入、受理办理、转送交办、送达告知等每一个环节必须留痕，确保办理程序规范，实体处理公正，不断提升信访基础业务规范水平，进一步提升信访工作公信力。

【坚持法治信访建设】　梅江区坚持以法治信访建设为主线，着力推动信访工作在法治化轨道运行。

严格实行诉访分离　制定印发《梅州市梅江区诉访分离善后衔接机制工作方案》，依法厘清信访工作职能边界，明确信访部门一律不受理、不转送、不交办，依法定途径提出诉讼、仲裁和行政复议类信访事项，并明确告知、引导信访群众向有权处理机关反映诉求，确保涉法涉诉信访事项转得出、接得顺、处理好，防止涉法涉诉信访事项从普通信访领域分离出后，互相推诿、投诉无门、程序空转，最后又倒流普通信访渠道的现象发生。

依法分类处理信访诉求　制定印发《关于在全区开展通过法定途径分类处理信访投诉请求的工作方案》，按照“法定职责必须为”的原则，区直24个职能部门制定出台并公布本领域区级法定途径清单，进一步明确区直职能部门处理信访的职责范围，让群众明白有问题“该找谁、怎么办”，逐渐改变“信访不信法”的思维。

依法规范信访秩序　区公检法司联合向社会公布《关于依法处置非正常上访行为的通告》，切实加强舆情监测和舆论引导，加大对违法信访行为处置力度，扭转信访人“大闹大解决、不闹不解决”的心态，推动信访秩序不断好转。

【扎实推进信访工作效能】　*集中攻坚化解信访积案*　2017年市交办信访积案1宗和区排查的1宗信访积案，严格按照省“九个一”（一个信访积案、一名包案领导、一个化解工作小组、一次协调会议交办、一套化解方案、一套稳控措施、一个解决期限、一份协调会议纪要、与信访人见面一次）工作要求，主动约访、下访、探访群众，综合运用政策、法律、经济和行政手段，严格落实领导包案，逐一进行研究会诊，细化解决方案，推动案结事了、息诉罢访，同时化解2宗积案并上报市信访局通过审核。

强化初信初访重访办理 切实筑牢初信初访关口，规范工作程序，压实首办责任，依法、及时、就地解决初信初访，确保信访问题解决在首办首接环节。充分发挥区人民来访接待厅和镇（街道）综治信访维稳中心接访机制效应，最大限度减少重复信访，努力从源头上访预防和减少信访问题。2017年梅江区有效初信初访回复率100%，重复信访量比上年下降8%。

加强上级交办案件的督查督办 切实加强市、区领导批示案件督查督办力度，按照领导批示精神，及时转办、交办相关职能部门，督促相关职能部门按照“诉求合理的解决问题到位、诉求无理的思想教育到位、生活困难的帮扶救助到位、行为违法的依法处理”的要求，推动信访问题有效解决，并按时按质函报信访部门。2017年梅江区共办理上报函报材料72宗，办结率100%。

依法做好信访事项复查工作 认真贯彻落实《广东省信访事项复查复核办法》精神，办理信访过程严把信访事项复查复核的入口关、质量关、出口关，依法有序开展工作，努力推动案结事了。2017年区信访部门收到复查申请2件，经审核受理2件，按期出具信访复查意见，保障信访人合法权益。

主动做好市区重点工程征地拆迁信访维稳工作 区信访部门积极加强与市、区相关职能部门沟通配合，以“法律监督员”身份协助参与江南新城、芹洋半岛“难通户”房屋依法强制拆除过程，第一时间做好群众思想疏导和法律教育工作，2017年区信访局参与依法强制拆除房屋2座。

充分发挥参谋助手作用 高度重视信访信息综合分析和报送工作，围绕区委、区政府的中心工作，通过来信来访事项分析研判，加强对征地拆迁、环境污染、劳资纠纷、房地产交易、军队退役人员待遇、原民办代课教师待遇、出租车司机待遇等信访突出问题的专题调研，形成有情况、有分析、有对策的文字材料，并通过《信访简报》《信访快讯》等形式报送区委、区政府领导，为区委、区政府科学决策当好参谋助手，2017年共编发《信访简报》12期，《信访快讯》2期，专题调研报告2篇。

【提升信访队伍建设】 切实加强干部作风建设，全面学习、深入贯彻中共十九大精神，积极开展“转作风、比奉献、树形象”主题活动，通过召开专题组织生活会、走红色路线、观看专题教育电影等形式，学先进、强素质、做表率，认真撰写个人对照检查材料，提出存在问题和整改措施，切实转变工作作风，锻造一支“重落实、敢担当、有作为、勇奉献”的信访干部队伍。加强学习培训，2017年6月22日至23日上午，组织全区信访系统业务骨干收看收听全省信访基础业务规范化视频培训；10月，组织信访干部参加全省信访工作座谈交流会；11月，先后两次组织信访干部参加学习宣传贯彻中共十九大精神专题培训班，进一步提升信访干部业务水平。不断推进信访干部的培养、使用和交流，11月，交流一名干部至区委政法委，聘任2名部队转业人员参与做好中共十九大特别防护期间稳控劝返工作，推荐信访干部参与优秀信访工作者和全国社会治安综合治理先进工作者评选活动，充分发挥典型示范引领作用。

（叶裕聪）

2017年区信访局领导名录

局　　长：谢德颂

主任科员：曾文香（女）

副 局 长：罗红伙　吴雪葱（女）

区委党校·开放大学

【简述】　梅江区委党校与梅江开放大学实行一套班子、两块牌子、两校合一的体制。2017年，中共梅州市梅江区委党校、梅江开放大学认真学习贯彻中共十九大精神和梅州市第七届党代会精神、梅江区第八届党代会精神，始终坚持党校姓党的根本原则，紧紧围绕区委建设打造“诗画梅江、文明客都”和在全市率先全面建成小康社会的总目标，秉承为梅江区振兴发展培养更多、更好的适用性人才的办学理念，求真务实，改革创新，全力抓好全区党员干部的教育培训工作和干部群众的学历补偿教育工作，较好地完成年初制定的各项工作任务。

【学习贯彻和宣讲十九大精神】　中共十九大召开后，学校全体教师高度重视，统一思想，把学习贯彻中共十九大精神作为重要的政治任务，同时与党校承担宣讲任务紧密结合起来，扎实抓好十九大精神学习贯彻。2017年10月18日大会开幕，通过收看开幕式、多场专题学习、人手一册专题读本、校领导上专题辅导、集体备课、理论宣讲、座谈研讨、写心得体会等多种形式，认真组织全体教师通读报告原文，认真领会、深刻把握十九大报告的精神实质；先学一步，学深一点，及时开展选题、备课，为宣讲十九大精神作准备；切实增强政治意识，用十九大提出新理念、新思想、新战略指导党校和学历教育工作，争取更好的工作成效。习近平总书记对广东工作作出“四个坚持、三个支撑、两个走在前列”（坚持党的领导、坚持中国特色社会主义、坚持发展新理念、坚持改革开放，为全国推进供给侧结构性改革、实施创新驱动发展战略、构建开放型经济新体制提供支撑，努力在全面建成小康社会、加快建设社会主义现代化新征程上走在前列）的重要批示后，学校采取同样方式认真学习，深刻领会，贯彻落实。按照要求，梅江区委成立中共十九大精神和习总书记对广东工作重要批示精神宣讲团，宣讲团成员共8人，学校李琼、吴小华等6位老师为其中的成员。宣讲团成员分工合作，深入基层镇（街道）、农村、社区和区直机关共宣讲40多场次、5000多人次，得到各方好评。为做好中共十九大精神宣讲工作，参加宣讲的老师开展多场集体备课活动，集体备课会上，首先认真学习领会中共十九大报告精神的内涵和精髓，围绕宣讲提纲、理论依据、整体结构、穿插事例、课件制作和如何紧扣实际等进行认真讨论，达成共识。备课活动，对全体骨干教师是一次理论充电，又为宣讲团成员深入到梅江区各单位开展学习贯彻中共十九大精神宣讲活动打下坚实的基础。

【干部教育培训】　*开展科级干部中共十九大精神专题研讨和轮训*　把中共十九大精神的培训轮训作为重要的工作，认真规划，精心组织。科级领导干部先学一步、学深一点，为全区干部群众的学习作出表率和示范，进一步把中共十九大精神理解深、理解透，把中共十九大的重大决策部署把握好、把握准。以领导干部思想到位、行动对标带动广大党员干部群众的学习，推动中共十九大精神在梅江区落地生根、开花结果，区委举办科级干部中共十九大精神专题研讨班，举办三期科级干部轮训班，培训干部544名，实现科级干部全覆盖。区委书记朱国城高度重视办好科级干部的轮训工作，亲自把关定向，审定办班方案，并出席专题研讨班的开班仪式，作动员讲话和专题辅导，提出明确要求。集中轮训课程设置合理，结合梅江实际，紧紧围绕习近平新时代中国特色社会主义思想、建设现代化经济体系，坚持文化自信、社会主义民主政治、加强和改善民生，以及打造“诗画梅江”、推动全域旅游与乡村振兴等开设专题辅导，观看专题片《不忘初心、继续前进》，符合新时代特点，理论与实际结合紧密，学员反应良好，收到较好的效果。

办好干部培训主题班和专题班　2017年共

举办14期干部培训主体班和专题班，分别是科级干部培训班（赴龙岩），从严治党专题培训班两期（赴延安和韶山），村、社区支部书记（主任）培训班两期（赴遵义和广州），妇女干部专题培训班（赴广州），党员发展对象培训班（两期），党外人士专题培训班（赴韶山）以及城乡人居环境整治专题培训班（赴遵义），学习运用两大政策项目申报专题培训班（赴赣州），推广政府和资本合作PPP模式专题培训班（浙大），社会建设和综合治理专题（赴无锡），建设法治政府服务城市发展（重庆）培训班等，合计培训干部1050多人次。对每期培训班，从计划制定到组织实施到管理服务到后续工作都认真探索，不断总结提升，逐步形成规范。一是培训计划落实。年初，在全区干部教育培训领导小组会议提出全年培训计划，包括举办的期数、主题、人数、外出培训地点、经费等，经领导小组讨论通过后正式实施。二是培训经费落实。培训经费列入财政预算，逐年增加，2017年从2016年的100万元增加到150万元，真正体现区委办党校、建党校、管党校主体责任的落实。三是培训内容设置不断规范。始终坚持党校姓党，严格执行党的理论教育和党性教育在教学安排中不低于总课时70%的要求，每期培训班把习总书记系列重要讲话、大政方针、党建理论、地方发展、纪律教育、作风建设等作为重点内容。四是领导干部到党校上课制度得到落实。区委主要领导率先垂范，区委书记朱国城任职后，2017年7月7日到党校调研，为全区村、社区支部书记和主任上专题辅导课，区委常委以上领导干部根据分管工作不同，分别安排到党校主体班和专题班上课。五是培训形式选择不断规范。培训采取“两头在内、中间在外”的方式，结合原中央苏区的实际，打造利用朱云卿故居、长沙、西阳革命烈士纪念碑等红色教学点，打造利用中梅电商、客天下农电商、红光社区等经济建设和社会管理现场教学点，打造利用福利院等爱心教育点，同时向区外不断挖掘，蕉岭、赣州、上杭、韶山等成为比较固定的区外教学点。党校的教学，安排户外拓展、消防演练、应急处理、讨论交流、考试写心得等多种形式，力求收到实效。五是管理服务措施不断完善。建立校领导和班主任跟班服务制度，实行准备工作分工负责明细制，确保准备充分；同时每期培训班发放统一的培训袋、笔记本和笔，每期资料装订成册，每次时间节点温馨提示，专题课全部用课件教学，多为学员考虑，多做贴心服务。

2017年梅江区党务干部学习中共十九大精神专题培训班

【开展“转作风、比奉献、树形象”主题活动】

按照区委的统一部署，学校高度重视，周密安排，精心组织，扎实开展“转作风、比奉献、树形象”主题活动，主要做到五个到位。

精心组织准备，动员部署到位 学校成立以校长卢小敬为组长的主题活动领导小组，结合实际，认真制定实施方案，建立时间内容台账。按照实施方案，2017年5月22日上午，学校召开学党章党规、学系列讲话，做合格党员“两学一做”学习教育和“转作风比奉献树形象”主题活动动员会，全体教职员工认真学习《关于2017年推进“两学一做”学习教育常态化制度化的实施方案》和《梅江区在“两学一做”学习教育中开展“转作风比奉献树形象”主题活动实施方案》精神。同时，组织学习学校制订的《区委党校（开放大学）在“两学一做”学习教育中开展“转作风比奉献树形象”主题活动的实施方案》，通过学习，提高全体教

职员工的政治思想认识。

细致专题研讨，查找问题到位　组织学习习总书记对广东工作的重要批示精神和广东省第十二次党代会精神，传达学习梅江区加快振兴发展暨创建全国文明城市动员大会精神，学习了解新任区委书记的执政理念和思路，增强大局意识，把思想统一到上级党委的重要决策上。2017年6月15日上午，学校以支部大会的形式召开“一想二看”（对照合格党员和“好干部”标准，想想自己是否达到标准要求；要看到当前你追我赶、抢抓机遇、争先进位的发展势头，要看到本单位及自身是否存在安于现状、小进则满的精神状态）专题研讨会，校长带头按照要求，结合自身职责和工作实际，认真查摆自身存在的问题。学校全体干部职工对照合格党员和“好干部”标准依次进行认真查摆，找出自己存在的问题。同时，每个教职员工对学校存在的主要问题提出意见，建立台账，交由办公室和校长备案。

认真查找原因，剖析检查到位　主要通过三个方面进行查找对照，查找存在问题产生的根源。一是对照革命先烈的坚强党性查找差距和原因。2017年7月，学校党支部联合进修学校党支部，赴大埔开展“重踏革命足迹，锻造坚强党性”为主题的党日活动，全体党员通过参观中央红色交通线上的交通站和秘密仓库中转站棣萼楼，参观中央秘密红色交通线展馆，聆听大埔县委党校张建新副校长作“以责任履行使命，用担当诠释忠诚”的现场点评，在展馆对党旗重温入党誓词。全体党员先后参观江畔人家的红色展馆、大埔县西河镇法治文化园、张弼士故居和美丽乡村建设示范点大麻镇小留村等，全体党员通过追思先辈艰苦卓绝的革命历程，重踏革命足迹，查找在党性观念和理想信念方面的差距。二是对照2017年的工作查找差距和原因。要求每位党员干部对自己2017年所做工作，是否尽责、是否担当、是否出现差错认真查找原因。三是对照服务电大学生、服务党校学员是否真诚、态度是否良好、学员有无反映等认真查找原因。通过三方面对照查找，大部分党员对自己存在问题产生的原因找得比较准，通过查找，促进提高党员的思想意识。

坚持问题导向，制定整改方案到位　学校针对查找出来的问题，召开领导班子会议，逐一梳理，逐一归类，制定详细的整改措施。一是明确目标。为“首善之区、幸福梅江”建设培养更多适用性人才作为整改和学校发展的主要目标，坚持党校姓党的原则制定整改方案。二是明确措施。对发现的问题制定整改措施，提出切实可行的整改目标、整改内容、完成时间及责任人、组织保障等，建立台账和销账制度，专人负责，校长监督，确保整改落到实处。三是整改承诺。对整改方案达到效果和时限，每个干部做出承诺，教师向学校承诺、学校向党群政府系统党委承诺，把承诺内容采取书面张贴、网站公开、学校QQ群进行公开，接受有效监督。四是鼓励创新工作亮点。2017年学校在教师学习形式、社区教育示范点建设、支部主题活动方面打造工作亮点，促进学校工作全面发展。

结合学校实际，抓整改促工作到位　一是开展整改。转作风、比奉献、树形象促进工作，争取工作有成效呈亮点。按照整改方案，对焦点问题，落实责任，有序推进学校各项整改工作的开展，通过整改，中共十九大精神培训轮训工作、“两学一做”教育工作、制度化工作、干部教育培训主体班和专题班、电大更名为开放大学后的学历教育工作、教师队伍建设、学校基础设施建设、支部党建工作等取得一定的成效。二是认真开展“三评”。2017年12月中旬，学校通过召开班子成员会、教师代表会，对整改方案工作措施和目标，逐一对照检查，查看是否落实，分析问题原因，明确努力方向。学校支部书记卢小敬逐一对班子成员点评，指出存在问题，提出意见建议。同时，召开市人大代表、市党代表、区委委员和学校校聘人员参加的民主测评会，围绕活动总体成效、查找问题准确程度、剖析检查问题深刻程度、整改方案制定情况、整改落实情况和成效等进行民主测评，参加测评人员 17 人，满意率 100%。三是公开评议结果。学校将整改落实情况、民主测评情况，通过会议、网站和张贴的方式，进行公开，接受全体教师和学员的监督。

【学历补偿教育】 适应形势发展要求，电大成功更名为开放大学，并逐步开展转型探索，适应形势，大胆创新，强化服务，学生规模和办学质量得到巩固提升。2017 年，学校陈丽丽副校长获市电大系统优秀校长称号，黄文娟老师获市电大系统“优秀教师”称号，吴小华、朱职堂老师获市电大系统“先进教育工作者”称号，有 4 位学员获国家开放大学奖学金。

电大正式更名为开放大学 2017 年 7 月 7 日上午，区委书记朱国城为梅江开放大学揭牌，梅州开放大学副校长王修，梅州市委党校教育长李志春，区委常委、区委区府办主任王增文，副区长罗涤权等参加揭牌仪式。区委书记朱国城代表区委、区政府向学校正式更名表示热烈祝贺，并向关心支持梅江成人教育事业的各级领导和社会各界表示衷心的感谢。2017 年，梅江区正处于努力实现率先全面建成小康社会目标的关键时期，立足中心城区发展实际，在积极配合做好市重点工程项目建设的同时，认真谋划江北三大版块经济，以及园区经济、美丽乡村建设等工作，需要源源不断的优秀人才作为支撑。梅江开放大学是一个全新的起点，希望学校全体教职工要以主人翁姿态投身全区发展事业，努力将开放大学办出特色、办出亮点，使之成为培育人才的良好平台。

学历教育招生稳中有进 面对连续招生人数减少的困境，学校适时调整招生激励政策，并推出华师招收师范生，把开放教育的招生重点转到行政机关和企业，收到一定的效果。2017 年梅江区开放教育招生 636 人，梅江区华南师范大学网络教育招生 173 人，东北财经大学 114 人，中国石油大学 28 人，中国人民大学 131 人，在校生达到 2451 人。

教学服务质量不断提高 学校本着一切为了学生，为了学生的一切的理念，严格按挂靠学校教学计划要求，认真做好缴费注册、教材征订及发放、选课开课、面授辅导、考试预约、论文写作、学位报考、统考安排、毕业申请、考试管理等，认真负责，团结协作，保证各项教学管理工作按时、按质完成。积极为师生服务，做到主动热情，对学生的疑问，耐心解释和说明，切实做好教学服务工作。

考试工作严格规范 按照要求，努力做好各挂靠学校期末考试、入学测试、全国基础课统考的考试安排，提前准备“考场安排表”，成立由校长任组长的考试组织机构领导小组，在考试前召开考务培训会，组织监考人员学习《监考守则》，收看录像试卷装订流程，按照《考场规范》布置考场，设置 LED 屏幕显示《考场守则》及《考生违纪处理规定》。做好身份证读卡信息，坚决查缴考生手机等通信设备，认真履行试卷交接程序及试卷保密工作。从严抓好考场秩序和考风考纪，2017 年圆满完成各项考试。

梅江开放大学 2017 秋季开学典礼

【队伍建设】 2017 年，学校积极争取区委领导重视和支持，增加事业编制 2 个，新进教师 2 名，缓解学校人员不足的情况。学校注重内部挖潜和内部练兵，主要采取三项措施。一是强化学习。坚持每周学习制度、坚持校领导轮流上专题党课、坚持开展“五个一”（撰写一篇理论文章、承担一门课程、上一次公开课、参加一次上级培训、读一本好书）活动，促教师加强学习。持续开展“每周分享”，提高教职工的授课业务能力。认真组织学习全国全省党校工作会议精神和各级党委全会精神，不断增强教师的党性观念和政治意识。二是选派培训。选派教师参加上级党校举办的各类业务培训班，选派老师到市委党校参加集体备课和跟班学习，不断提高教师综合素质。学校教师分两批参与区委举办的基层党建专题培训班，分别到韶山和遵义学习培训，素质得到进一步提升。三是组织集体备课。年初由学校领导命题，确定题目由教师自选备课，在全校教师中试讲，全体教师当面点评打分，分数排名靠后的3名教师重新备课再试讲。教学质量不高的不能上主体班，2017年，上主体班专题课的教师增至5人。全年学校投入20多万元，重新装修完善二楼培训厅设施，学校篮球场重新打磨刷漆，对校园的树木进行修剪，宣传标语进行更换，设计制作创文标语和宣传栏，制作原电大更名开放大学的牌匾等，不断提升学校的形象。

【党建和廉政建设】　贯彻从严治党要求，落实党内生活若干准则，抓好学校支部党建工作。一是重新设置党小组。将学校原有2个党小组重新设置为3个，并选举产生新的党小组组长，健全党支部“三会一课”，完善党建工作长效机制。二是认真设计主题党日活动。紧扣学校教师和工作职能实际，认真设计规划支部大会和支部活动的内容和形式，确定校长上党课、红色现场教育、到挂钩村服务等活动。同时，认真做好组织关系排查、党费缴纳清查等七项重点工作。教师工资调整后，重新核算党员党费，为满50年党龄的老党员古英俊申领“七一”纪念党章，“七一”前夕到挂点帮扶的西阳镇白宫社区和嶂下村，对困难党员进行慰问，并送上党组织的关心和温暖。加强教师的党性教育，规范教师在授课中的言行。按照干部教育培训的相关规定，外出培训按要求和规矩严格抓好培训。严格按照中组部《关于在干部教育培训中进一步加强学员管理的规定》要求，采取严格措施，确保学员管理规范。持之以恒反对“四风”（形式主义、官僚主义、享乐主义、奢靡主义），重新修订完善各项制度。以倡导勤俭节约、增强执行力和担当意识为抓手，加强教师队伍作风建设。继续在办公用房、公车使用、公款接待等方面态度坚决，不折不扣执行上级有关规定，取得一定的成效。　（许丽君）

2017年区委党校、开放大学领导名录

校　长：卢小敬

副校长：刘　春　陈丽丽（女）　陈　鹏

直属机关工委

【简述】　2017年，梅江区直属机关工作委员会所属中共党组织有党群政府系统、计划系统、卫计系统、农业系统、财税系统、建设系统、经贸系统、教育系统、政法系统、环卫系统10个系统党委。年末，中共党组织数184个（其中系统党委10个、部门党委3个、党总支8个、党支部163个），党员3527名。

【思想建设】　切实加强党员经常性教育，提高党员素质，提高区直机关党组织的战斗力、凝聚力。一是不断完善机关党建工作长效机制，健全党支部“三会一课”、理论学习中心组、双目标管理、民主生活会制度，订阅党报党刊，2017年完成征订《南方》《广东党建》报刊任务。二是开展“两学一做”（学党章党规、学系列讲话，做合格党员）专题教育，学习《中国共产党章程》，把“两学一做”和党章作为党员教育的基本内容，长期坚持、形成常态。三是学习总书记系列重要讲话，贯彻习总书记对广东工作重要批示精神，准确把握蕴含其中的治国理政新理念新思想新战略，推进各项工作的开展。

【组织建设】 牢牢把握机关党建工作“服务中心、建设队伍”的两大核心任务，建设学习型、服务型、创新型机关党组织。一是加强新形势下发展党员，制定区直机关2017年发展党员计划，按照“控制总量、优化结构、提高质量、发挥作用”的总要求，严格发展标准，始终把政治标准放在首位，严格发展党员基本程序，完善发展党员公示制，坚持发展党员票决制，健全和落实政审预审制度，坚持入党前短期集中培训制度，2017年区直机关发展党员42人。二是区直机关党组织积极开展支部主题党日活动，推进基层组织生活常态化，各党组织制定年度活动计划，明确活动时间、地点、主题、方式、责任人等，每次活动确定一个党日主题，每月至少开展1次，每次活动时间不少于1小时。三是认真抓好党费收缴工作，确保收缴党费基数计算准确，使用党费合理合规，管理党费专业规范。四是加强基层党务工作者培训，11月，在区委党校举办基层党务工作者培训班，区直机关党组织参加党务统计年报学习培训40多人。

【政风行风建设】 2017年，配合梅州电台主办“政风行风热线”节目，开展“行风热线”监督，先后安排区农业局、区畜牧兽医局、区财政局、区卫计局、区食品药品监督局、区住建局等单位负责人在广播电台直播室围绕群众关注的焦点、热点问题，现场接听热线电话，解答提问和受理投诉。同时开展区直单位作风评议，制定《2017年区直单位作风评议实施办法》，并抓好实施。

【党风廉政建设】 认真贯彻中央、省、市、区关于党风廉政和作风建设的有关规定，确保清正廉洁、干净干事。认真落实党风廉政责任制，明确一把手负总责、分管领导分工负责的制度。举办全区“两学一做”“廉洁火炬杯”党规党纪知识竞赛活动，2017年5月5日，由区纪委监察局主办，区直工委与区委党校承办梅江区“廉洁火炬杯”党规党纪知识竞赛，引导广大党员遵守党规党纪。

【精神文明建设】 积极参与创建全国文明城市工作，按照区委、区政府统一部署，制订实施方案和工作计划，认真开展创建全国文明城市工作。区直机关工委为创建“诚信守法的市场环境”牵头单位之一，认真配合区工商分局，制定《关于开展区直机关作风整治的实施方案》，要求各镇、街道，区直局以上单位，市属驻区各单位，结合实际贯彻落实。2017年，开展纪念中国共产党建党96周年活动，各基层党组织在“七一”期间组织党员到红色教育基地梅州市叶剑英纪念园和平远红军纪念园反腐倡廉教育基地学习，增强党员干部的党性教育。开展“传党情送温暖”走访慰问活动，对年老体弱党员、困难党员和下岗职工党员走访慰问送温暖。4月25—27日联合团区委、区体育局、区总工会举办梅江区“梅州义乌杯”羽毛球比赛、5—9月区“体彩杯”机关干部足球赛，来自各镇、街道和区直系统党委10多支代表队参赛。 (姚美萍)

2017年区直属机关工委领导名录

工委书记：姚海欢

工委副书记：潘康明　田玉丹（女）

台湾工作

【加强梅台两地交往交流】 2017年，梅江区委台湾工作办公室组织2个考察团赴台交流考察，分别由区委书记朱国城、区政协主席赖经烈带队，进一步促进梅台两地在文化、经贸、农业等领域的深度交流合作。9月21—25日，区委书记朱国城率团赴台湾考察农业文化，学习先进经验，并邀请台湾企业家投资梅江，共谋发展，考察团一行先后参访苗栗公馆乡农会、金椿茶油工坊有限公司、新竹北埔乡东方美人茶茶园基地、建业畜牧养鹅场、汉光果蔬生产基地等企业，一路走来，一路思考，一路感悟，同时召开座谈会交流心得体会，探讨农业文化建设。10月9—16日，区政协主席赖经烈率团赴台湾交流考察现代农业和文化旅游产业，在台期间，考察交流团一行进行实地考察台一生态休闲农场、飞牛牧场自然生态农业区、阿里山茶业及森林资源、松山松烟文创园等现代农业、文化旅游项目，并与相关企业家、庄园主、农民代表、农会组织座谈交流，听取发展农业和文化旅游的情况介绍，共同探讨农业、文化旅游的开发和建设。

【创建涉台经济发展良好环境】　一是开展春节走访慰问活动。2017年1月18日，区委常委、统战部部长罗红葆到海峡两岸交流基地示范点——城北樱花谷爱丽丝庄园走访调研，与企业董事长张碧桃（女）进行亲切座谈，并致以新春的慰问和祝福。部长罗红葆认真了解企业的经营状况和远景规划，到项目建设现场进行视察，对企业的发展提出建设性的建议，并对即将举办的2017花漾创艺嘉年华活动进行指导，要求区委台办大力帮助企业做好活动宣传，协助企业成功举办2017花漾创艺嘉年华活动。同时，充分肯定爱丽丝庄园在海峡两岸交流中发挥的重要平台作用，鼓励企业继续做强、做大、做出特色，吸引更多的游客前来赏花休闲度假，提供更好的平台给台湾青年创业，打响海峡两岸交流基地示范点的品牌。二是开展“暖企”行动。2月21日，区委常委、统战部部长罗红葆到区台联会会长陆银华的企业梅州市华达制衣有限公司、副会长梁华新的企业广东风华环保设备股份有限公司走访调研，进行“暖企”行动，帮助企业增强发展信心，破解发展难题。同时，要求企业家充分发挥台联会的作用，维护台湾同胞的合法权益，促进梅台两地同胞的各项交流活动；热情接待台湾前来梅江区的台湾乡亲寻根问祖、探亲、访友、经商、投资、建厂、兴办公益事业以及从事学术、文化、体育、交流活动提供服务，增强台湾各族同胞同祖国大陆各族同胞的团结。三是做好服务工作。1月19日，区委台办在区台创园管委会召开2017年台创园企业代表座谈会，听取企业代表对台湾农民创业园发展的意见和建议，增进台办、管委会与企业之间的对接与沟通。3月16—17日，联合区台创园管委会、区农业局举办梅江区春茶开采节暨海峡两岸茶产业农业发展论坛，邀请台湾茶业专家授课和现场采茶、制茶的技术指导，来自各县市区的台资企业、茶叶协会负责人、茶农等200多人参加活动。5月10日，会同区交通局、旅游局到台商彭德胜的企业星森福农林发展有限公司调研，对该公司策划乐活休闲园区项目进行可行性讨论，并对该项目的规划设计、安全、卫生设施等方面提出建设性意见。7月18日，联合区台创园管委会、梅州市客都稻米协会在梅州市稻丰实业有限公司举办梅台精致高效稻米蔬菜产业对接活动，台湾的5位专家与梅州稻丰实业公司、梅州四季耕耘蔬果专业合作社签订合作协议。

【认真做好接待考察调研工作】　一是对台接待工作。2017年4月9日，接待台湾苗栗县来梅参访40多人。4月23日，台湾苗栗县县长徐耀昌及徐氏宗亲一行36人到梅江区爱丽丝庄园、客天下产业园考察交流。6月6—9日，台湾农业考察团廖丁川理事主席一行5人到梅江区客家小镇、爱丽丝庄园交流考察。8月3日，台湾苗栗金椿茶油工坊有限公司董事长陈贤康等一行7人到梅江区考察油茶种植基地情况。10月23—25日，台湾海峡两岸妇女经贸文化交流协会蔡铃兰理事长到梅江区参观访问，期间，参观客天下旅游产业园、客家博物馆、十里梅花长廊、爱丽丝庄园等。11月13— 15日，第五届世界客商大会在梅州召开，积极配合市委、市政府和区委、区政府做好台湾嘉宾的邀请、联络、接待工作，大会期间共邀请20多名台湾嘉宾来梅江区参加活动。二是考察调研。2017年5月12日，省台办副主任侯振富率在梅州参加广东省对台交流暨海峡两岸交流基地建设工作座谈会的与会人员，到梅江区考察海峡两岸交流基地交流示范点——客天下文化旅游产业园。6月12日，方利旭市长到爱丽丝庄园调研，考察景区建设、市场运作经营等情况。8月22日，市委常委、统战部部长张文广到海峡两岸交流基地示范点樱花谷调研。9月13日，区政协主席赖经烈带队调研台湾农民创业园建设情况，考察台资企业梅台文创园、爱丽丝庄园、阿鲤廓等企业，并听取台创园建设的情况汇报。10月31日，江门市台办一行11人到梅江区梅台文创园、爱丽丝庄交流考察。

【坚持做好台胞台属服务工作】 一是扩大宣传，营造氛围。大力宣传对台工作开展情况和台胞台属开展理想信念教育活动，让社会各界人士对台工作进一步了解，对台胞台属为梅江经济社会发展所做的贡献有认同感，更加关注对台工作，关心台胞台属。二是加强联络，密切感情。坚持深入到基层，深入到人心，深入到难点的工作作风，让工作对象满意，让工作对象感动的工作要求，以感情的投入推动工作的开展，以工作的开展密切台胞台属的感情，与工作的对象加强谈心交流，加强沟通，为台胞台属解决思想和工作的实际问题。三是优化服务，提升实效。尽力为台胞排忧解难办实事，2017年共接待来访台胞140多人次，为台胞办理入学手续5宗，为台胞讲解对台政策，化解矛盾，排忧解难办实事10宗。 (温家柳)

2017年区委台办领导名录

主　任：黄　媛（女）

西环高速公路城北段

梅州市梅江区人大常委会

主　要　会　议

【简述】　2017年，梅江区人民代表大会常务委员会组织召开区八届人大二次会议、6次常委会、12次主任会议，听取和审议“一府两院”专项工作报告10项，任免国家机关工作人员35人次，办理代表建议、批评和意见7件。

【区第八届人民代表大会第二次会议】　根据梅江区第八届人民代表大会常务委员会第三次会议决定，梅州市梅江区第八届人民代表大会第二次会议于2017年5月15—17日在区委、区政府礼堂召开。会议听取和审议梅江区区长肖卫华所作的《梅江区人民政府工作报告》、区人大常委会主任巫繁星所作的《梅江区人民代表大会常务委员会工作报告》；书面报告和审议区发展改革和科学技术局局长周煊戈所作的《梅江区2016年国民经济和社会发展计划执行情况与2017年国民经济和社会发展计划草案的报告》、区财政局局长梁旅所作的《梅江区2016年预算执行情况和2017年预算草案报告》；听取和审议区人民法院院长赖昌仁所作的《梅江区人民法院工作报告》、区人民检察院检察长黄明仰所作的《梅江区人民检察院工作报告》。

主　要　工　作

【督促重点项目建设】　按照区委统一部署，落实市委“一区两带六组团”发展格局，组织代表视察梅江韩江绿色健康文化旅游产业带建设，听取区文广局、区卫计局、区环保局工作情况报告，现场测评工作情况。开展东升工业园工作督查和测评，听取区经信局、区商务局、区安监局工作情况报告，促进园区及时整改，呈现新的气象。组织代表实地督察客都大桥东端连线建设项目用地征拆工作，听取相关情况汇报，促进征地拆迁进度。并将视察、督查、测评情况向区委汇报和相关方面通报，得到良好反响。

【加强财政预算结算监管】　加强预算联网监督工作，听取和审议通过《关于城乡人居环境综合整治项目政府购买服务资金列入财政预算的报告》《关于梅江区2016年度财政预算执行情况及其他审计的工作报告》《梅江区2016年财政部门决算报告》《关于梅江区2016年区级决算的报告》《关于2017年上半年财政预算执行情况的报告》，听取关于梅江区贯彻落实新预算法执法检查情况报告，作出批准调整2017年梅江区财政收支预算的决定和关于2017年梅江区新增专项债券使用分配方案等。

【促进民主法治建设】　组织代表参加检察开放日和法院庭审活动，通过深入调研、问卷调查，广泛征求群众、人大代表对梅江区司法机关发挥司法职能服务梅江振兴发展满意度的意见，开展“转作风、比奉献、树形象”为主题督查活动，听取法院、检察院、司法局工作情况报告，促进司法机关“转比树”主题活动开展。

【提升会议规范程度】　改进提高会议要求、质量、时效、水平、严谨程度，新设电子表决系统，对所任人员进行任前法律考试、任职发言、《中华人民共和国宪法》宣誓。

【开展联动交流】　协助省、市人大做好“三防”（防旱、防涝、防风）、养老服务、重点工作、食品安全法、预算支出联网监督、客家围龙屋保护条例立法、市容和环境卫生管理立法、人大工作和建设调研，深入各镇、街道人大开展调研，听取人大代表的工作意见建议，组织人大干部到梅县区交流学习，密切与各县（市）人大沟通联络。

【注重代表培训履职】 2017 年举行梅江区第八届人大代表初任培训、人大干部到遵义学习取经、人大常委会成员培训和组织参加省人大县乡人大负责人专题学习，通过省人大在线平台开展学习培训；邀请代表列席区人大常委会会议，参与审议工作报告和视察活动，发挥代表为梅江区经济社会发展建言献策的作用。

【加大建议督办力度】 2017 年代表提出建议、批评和意见 7 件，内容涉及基础建设、基层政权建设、民生保障、农业发展、教育等方面，区人大常委会及时向区政府进行交办，召开督办工作会议，组织有关工委、有关单位对重点意见建议进行调研和督办，确保意见建议办理工作落实到位。

【人大工作推进】 认真落实中央、省委、市委关于推进县乡人大工作建设、座谈会精神，努力加强新形势下人大工作。落实区人大常委会领导班子成员、机关委室负责人联系镇（街道）人大工作制度和镇人大主席、人大街道工委主任列席区人大常委会会议制度，加强镇、街人大工作交流、座谈，形成人大工作合力。

【学习教育活动】 坚持和完善党组、机关支部学习制度，落实领导干部网络学习考核措施，抓好区人大机关干部政治、业务、廉政学习。扎实开展“两学一做”学习教育活动；认真学习贯彻中共十九大、全国“两会”、省第十二次党代会精神，积极开展“转作风、比奉献、树形象”主题、参观红色革命旧址、观摩十里梅花长廊规划建设项目、“七一”慰问等活动，支持、关心老干部工作，制订和完善《梅江区人大工作制度汇编》，尝试归编《2017 年梅江区人大工作选编》，推动区人大工作开展。

【基层人大工作】 各镇、街道人大围绕工作职责和重点工作，相继开展学习党章和人大工作条例、调研人口密集场所和企业生产生活情况、视察道路提升整治工程、接访选民群众、走访企业、监督精准扶贫、参加东山健康小镇和周溪河水体整治项目听证等工作。 （曾钰菁）

2017 年区人大常委会领导名录

主　任：巫繁星

副主任：钟小清　杜延生　程成芳　罗尚君　朱国涛　管文杰

2017 年区人大常委会机关各委室领导名录

办公室主任：钟　文

办公室副主任：黄达勇
曾钰菁(6 月任主任科员)

法工委主任：李常青

法工委副主任：凌发展

选工委主任：谢爱青（女）

选工委副主任：罗　辑（女）

财经工委主任：黄紫玲（女）

财经工委副主任：梁卫忠

教科文卫侨工委主任：胡秋泉

梅州市梅江区人民政府

主　要　会　议

【简述】　2017年，区长肖卫华主持召开梅江区政府常务会议共8次。会议主要研究财政预算、经济运行、重点项目建设、美丽城乡建设、精准扶贫等以及部署近期各项工作。

【2017年区政府常务会议】　2月28日，区长肖卫华主持召开区政府常务会议，研究财政预算、土地利用总体规划、殡葬事业等事项，部署东升工业园区建设管理、安全生产、维稳等工作。

4月18日，区长肖卫华主持召开区政府常务会议，研究向社会力量购买服务、畜禽养殖污染整治、城乡低保标准及特困人员供养标准等事项，部署安全生产、城乡环境综合整治、重点镇建设、精准扶贫精准脱贫等工作。

5月24日，区长肖卫华主持召开区政府常务会议，研究经济运行、电子商务、重点项目建设等事项，部署经济、安全生产等工作。

6月28日，区长肖卫华主持召开区政府常务会议，研究地质灾害防治、区域乡村建设规划和村庄规划编制、环卫工人绩效等事项，部署城市管理体制改革、农村土地承包经营权确权、安全生产、食品安全等工作。

7月20日，区长肖卫华主持召开区政府常务会议，研究重点项目建设等事项。会议通报全区信访工作和全区安全生产情况，部署信访、安全生产等工作。

8月28日，区长肖卫华主持召开区政府常务会议，研究城市管理、村卫生站和江南社区卫生服务中心建设、百岁山旅游公路建设、重点项目征收等事项，部署安全生产、消防、环保、精准扶贫等工作。

9月30日，区长肖卫华主持召开区政府常务会议，研究深化医药卫生体制综合改革、美丽城乡建设、重大风险削坡建房点治理、村村通自来水工程、古民居活化开发、党政机关办公用房维修改造项目审批程序等事项，部署安全生产、综治信访维稳、水务、农村土地承包经营权确权登记颁证等工作。

11月23日，区长肖卫华主持召开区政府常务会议，研究城区市容市貌整治工作、加大区级财政统筹力度工作方案、扶持创新驱动推动实体经济发展奖励办法、促进现代农业发展奖励扶持办法、祖屋安置区建设、重点项目依法征收等事项，部署安全生产、综治信访维稳、统计、黄标车淘汰、水务、精准扶贫等工作。　（钟　瑜）

区政府主要工作

【简述】　2017年，梅江区政府深入贯彻中共十九大和习近平总书记系列重要讲话精神，紧紧围绕“一区两带六组团”规划建设，以供给侧结构性改革为主线，全力推进改革发展稳定各项工作，较好地完成区八届人大二次会议确定的主要目标任务。全年全区生产总值完成83.45亿元、比上年增长9.54%，一般公共预算收入实现7.31亿元、比上年增长4.0%，固定资产投资完成136.95亿元、比上年增长27.5%。

【突出重点发展经济】　工业经济提质增效　坚持创新驱动发展战略，强化暖企服务，2017年新增规模以上企业9家，规模以上工业总产值完成84.97亿元、比上年增长17.14%；增加值完成18.29亿元、比上年增长9.1%；完成工业技改投资5.85亿元。全力推进东升工业园提质增效和扩建工作，加快标准厂房和配套基础设施建设，园区完成工业投资8.4亿元、比上年增长59%，总产值78亿元、比上年增长9.8%。

城市经济繁荣发展 电子商务发展壮大，2017年梅江区电商企业327家，交易额25.07亿元。大力发展全域旅游，客天下国家旅游度假区，城北镇、西阳镇2个旅游特色镇，玉水、扎上、鲤溪、新联4个旅游示范村和东山谷文化孵化区等6个产业带重点项目加快建设，全年全区旅游接待总人数、总收入分别比上年增长14.8%、13.1%；2017年梅江区被确认为"广东省全域旅游示范区"创建单位。全年商品房销售面积完成130.67万平方米、比上年增长32.3%，销售额完成93.53亿元、比上年增长57%。万达广场、客都汇、万象江山等综合体迅速崛起，全年社会消费品零售总额完成109.33亿元、比上年增长7.0%。大力推进产业建镇，启动铁汉·客天下足球小镇、客天下微商小镇、风眠文化艺术小镇、棕榈体育休闲小镇等一批特色小镇项目，2017年东山健康小镇列为省特色小镇创建工作示范点。

现代农业加快发展 大力推进农业供给侧结构性改革，2017年，新增省名牌产品4个，省林业龙头企业增至7家，省市农业龙头企业增至40家，农民专业合作社增至127家，农业部水产品健康养殖示范场企业增至6家。大力培育台创园核心区主导品牌，"梅江区清凉山茶""客都稻米"获国家农产品地理标志。大力发展智慧农业，建成客天下农产品电商、乐得鲜农业物联网等示范基地。全面推进土地确权，2017年完成颁证2.1万户，颁证率96.1%。

【聚力创新增强动能】 *重大项目落地见效* 2017年，获得中央预算内补助资金3000多万元，15个省、市重点项目完成投资61.47亿元，完成年度投资计划的142%。全年引进保利人居文旅等10亿元以上重大项目6个，计划投资总额183亿元。第五届世界客商大会期间签约、动工、竣工项目计划投资总额480亿元。

创新主体蓬勃发展 扎实推进创新驱动"八大抓手"（支持高新技术企业培育、支持孵化育成体系建设、支持企业技术改造、支持自主核心技术攻关、支持新型研发机构建设、支持高水平大学建设、支持创新人才队伍、支持科技金融结合）工作，2017年，新增国家高新技术企业12家，建成省级工程技术研究中心6个，培育省级小微企业创业创新示范基地2个、中小企业公共服务示范平台1个，"中梅电商"认定为国家级科技企业孵化器培育单位，全市首家院士工作站落户"冠锋科技"。

创新生态逐步优化 2017年，投入科研经费1.05亿元，争取技改奖补等资金4600多万元，推动企业创新优化发展。全年设立国有融资平台、基础设施建设及投资开发公司4家，政府投融资能力有效提升。加强知识产权保护运用，全年申请专利376件，比上年增长65.6%，万人发明专利申请量居全市首位。

【夯实基础强化治理】 *扩容提质扎实推进* 2017年加快客都大桥连接线、东山医院等10多个重点项目用地征收，全年征收土地820亩、房屋422座。足球文化公园、罗乐大桥、华南大道与梅塘东路交叉口立交桥等设施建设顺利推进，江南新城36条市政道路、11条地下综合管廊和4个安置区建设加快推进，完成剑英湖公园扩湖工程，城市框架逐步拉开。

基础设施不断完善 积极承接城市建设管理职能，融资3亿元推进城乡环境综合整治，补齐基础设施短板。2017年完成新建、拓宽农村公路85公里，完成安全生命防护工程123公里。完成中小河流治理19.5公里，提前2年完成建设任务，白宫河、白宫水中小河流治理入选"广东省水生态与水文化结合示范点"名单。区、镇、村三级河长体系实现全覆盖，周溪十里梅花长廊、黄坑田园综合体和泮坑水库后湖亭廊工程动工建设，完成西阳镇、长沙镇村村

通自来水主体工程任务，2017年在全市率先实现省级卫生村全覆盖，长沙镇、西阳镇成功创建省级卫生镇。

生态环境持续优化　2017年，梅江干流沿河4个污水处理厂、42套村级污水处理设施工程动工建设，饮用水源地和主要江河段水质达标率100%。全年完成森林碳汇建设任务490公顷，森林抚育任务3606.13公顷，城区环境空气质量优良率97.7%，金山街道被认定为首批“广东省森林小镇”。

【改善民生增进福祉】　民生质量持续改善　切实保障和改善民生，社会事业全面进步，2017年十件民生实事顺利完成，全年用于各项民生支出15.16亿元，比上年增长9%。社会保障稳步提高，城乡低保、特困人员救助供养、困难残疾人生活补贴等标准进一步提高，城乡居民养老、医保参保人数27.51万人次，比上年增长1.34%。大力推进就业创业，全年组织城乡劳动力技能培训1780人，城镇新增就业2921人，城镇登记失业率2.45%以下。

平安建设不断深化　圆满完成中共十九大、第五届世界客商大会等重要防护期的信访维稳工作。深入开展社会治安严打整治，全面推进“中心+网格化+信息化”建设，社区矫正民生实事有效落实，群众安全感和满意度再获全省“双第一”，“七五”普法有序推进。狠抓安全生产监管，落实消防安全“三级监管+网格化”，全区安全生产形势总体平稳。深入实施食品安全战略，2017年全区31家农贸市场实现快检全覆盖，成功创建梅州市首条省级食品安全示范街和首家省级“放心肉菜示范超市”。

社会事业协调发展　加快推进教育现代化，2017年特殊教育学校投入使用，风眠小学主体工程完工，芹洋学校新建、金山小学迁建、伯聪中学扩建工作顺利推进，2017年梅江区获评“广东省推进教育现代化先进区”。特色办学成绩显著，2017年被教育部评为“全国青少年校园足球试点区”。体育事业全面发展，市第八届运动会获得团体总分第一，2017年获评“全国群众体育先进单位”。开辟主流宣传思想文化新阵地，开设《梅江新闻》，创刊《新梅江》，开通官方微信公众号“梅江发布”。全区新增市级文保单位4个，建成基层公共文化场室23个，古民居农村文化俱乐部增至46个。全力创建“卫生强区”，成功创建省级慢性病综合防控示范区，市第二中医医院成功通过国家三级中医医院现场评审。扎实推进10个省定贫困村建设新农村示范村工作，全年投入2500多万元实施产业帮扶、教育帮扶等项目，顺利完成年度扶贫任务。

【凝心聚力抓好班子】　注重提高政治素养　2017年，区政府领导班子通过参加区委中心组集中学习和个人自学，每位班子成员结合本职工作实际，结合“两学一做”学习教育和“转作风比奉献树形象”活动，深入学习贯彻中共十九大精神、习近平总书记对广东提出“四个坚持、三个支撑、两个走在前列”重要批示精神等，增强“四个意识”（政治意识、大局意识、核心意识、看齐意识），坚定“四个自信”（道路自信、理论自信、制度自信、文化自信），提高政治站位和觉悟，增强政治定力和担当。

大力推进依法行政　认真落实区委的各项决策部署，严格执行“三重一大”（重大问题决策、重要干部任免、重大项目投资决策，大额资金使用）事项集体决策议事制度。坚持民主集中制原则，充分发挥领导班子成员作用，对涉及全局的重大问题慎重决策，并及时报区委、区人大审定。大力推行政务公开，自觉接受区人大、政协及社会各界的监督，认真办理人大议案、代表建议和政协提案，促进政府决策民主化、科学化、规范化。

努力转变工作作风　深入学习贯彻中共十九大精神，扎实开展“两学一做”学习教育、“转作风比奉献树形象”主题活动，干部作风进一步转变。大力推进“放管服”改革，2017年调整部门权责清单47个。全面启动“一门式一网式”综合窗口服务模式，行政审批事项网上办结率 91.51%。深入开展“暖企”行动，完善领导挂钩服务体系，落实“马上办”监督机制，为企业发展解决用地、用工、融资等难题。

设狠抓党风廉政建　区政府领导班子在抓好经济社会建设的同时，高度重视党风廉政建设，始终把建设廉洁高效政府摆在突出位置，坚持从严治政，抓源治本，政府系统党风廉政建设取得明显成效，政府形象得到不断提升。加强对工程建设、公共资源交易等重点领域和招投标等重点环节的监管，深入推进涉农领域腐败问题治理。以问题为导向，推动部门巡察工作。强化监察审计等内部监督，2017 年“三公”（公务出国、公务用车、公务接待）经费下降 27.1%。　（邹增峰）

2017 年区政府领导名录

区　长：肖卫华（女，任至 12 月）
　　　　钟秀堂（女，12 月任）
副区长：李思平　罗涤权　李明华　刘伟球
　　　　郭敏谋　许　锋（挂职，任至 3 月）
　　　　刘力良（挂职，任至 11 月）
　　　　刘细杨（挂职，12 月任）

安全生产监管

【简述】　2017 年，梅江区安全生产监督管理局认真学习贯彻习近平总书记新时代中国特色社会主义思想和中共十九大精神，深入开展“两学一做”学习教育常态化制度化及“转作风比奉献树形象”主题活动，扎实推进党风廉政建设，积极履行安全生产监管职责，以强基础、除隐患、遏制生产安全事故为目标，狠抓安全生产隐患排查治理和“打非治违”（打击非法违法生产经营建设、治理纠正违规违章行为）等安全生产各项工作的落实，促进全区安全生产形势总体稳定。全区工矿商贸企业（含三小场所）近 2 万家，其中非煤矿山 5 家，取得危险化学品许可证的危化企业 25 家，烟花爆竹批发企业 2 家，零售经营户 48 家，机械制造、冶金、商贸、纺织、有色、烟草、轻工、建材八大行业共有 1000 多家，重点监管企业 400 多家。2017 年发生工矿商贸事故 4 起，比上年减少 1 起，下降 25%；死亡 3 人，比上年减少 2 人，下降 40%。

【安全生产责任落实】　2017 年，进一步健全完善“一岗双责”（既要抓好分管业务工作、又要抓好党风廉政建设）体制，层层落实责任书签订，健全安全生产责任体系，加强安全生产机制、监管队伍建设，加大安全生产资金投入；强化日常安全监管，落实安全生产工作领导责任；认真研究制订考核方案，细化考核内容，组织对全区各级各相关部门开展 2017 年安全生产责任制考核，并将责任制考核结果与各级各部门年度工作绩效考核成绩直接挂钩，同时，在评先评优、干部提拔任用等方面严格落实“一票否决”制度。认真组织开好每季度安全生产工作暨防范较大以上安全事故会议，总结分析部署各阶段安全生产工作，加强对全区安全生产的指导协调，促进安全生产工作的落实，“一岗双责”制度的落实，切实提高各级党政领导干部的责任意识，强化安全生产监管力度。

【隐患排查治理整改】　2017 年以非煤矿山、危险化学品、烟花爆竹、工贸等行业（领域）为重点，开展冶金企业安全生产专项检查、粉尘作业和使用场所防范粉尘爆炸大检查、危险化学品经营安全等专项检查、整治。坚持每月开展安全生产“四不两直”（不发通知、不打招呼、不听汇报、不用陪同接待，直奔基层、直奔现场）飞行突查，对排查出的问题做到跟踪落实整改，为梅江区各项建设提供安全保障。制定印发《关于切实做好岁末年初安全生产工作的通知》，各相关部门根据各自职责采取有力的安全监管措施，检查并整改事故隐患和不安全措施。对未能立即进行整改的有关单位逐一制定整改方案，做到责任、措施、资金、时限和预案“五落实”，确保隐患的消除，严防各类事故的发生。2017 年，共出动检查人员 2653 人次，发现各类安全隐患 896 处，落实整改 896 处，整改率 100%，上报市安委办重点安全隐患 36 处，落实整改 36 处，整改率 100%。

【打击安全生产违法违规行为】 制定《梅江区集中开展安全生产领域“打非治违”专项行动实施方案》，强化部门联动机制，加强与镇（街道）、相关职能部门的协调联动，扩大打非治违覆盖面，注重源头治理，对发现违反安全生产法律法规的行为，坚决按照“四个一律”（对违法生产经营建设和停产整顿未达标的一律关闭、对非法经营建设的有关单位和负责人一律按上限进行处罚、对存在违法生产经营建设行为的一律停产整顿、对触犯法律的有关单位和个人一律严格依法追究）严格进行查处。加强对企业进行安全生产法律法规知识宣传教育，促进企业增强依法安全生产观念意识，提高企业依法落实安全生产责任自觉性。2017 年梅江区责令停产停业企业 6 家，关闭取缔 2 家，立案 30 宗，作出行政处罚金额 142.39 万元。

【重点行业领域安全监管】 一是狠抓非煤矿山安全监管。通过建立例会制度，定期召集区、镇（街道）安监人员、企业负责人、管理人员、矿山技术服务机构代表召开总结分析会议，剖析存在困难和问题，着力提高企业人员安全生产认识，增强企业落实主体责任的自觉性、主动性，为安全生产各项工作的落实奠定思想基础；牢抓“节后复产”验收，精心制作《梅江区非煤矿山企业复产检查表》，将 15 项证照、制度、台账等内容纳入检查内容，对存在的问题发出整改指令，落实整改，2017 年停产 1 家采矿许可证期满的非煤矿山企业（澄坑石场）。二是狠抓危险化学品安全监管。印发《梅州市梅江区安全生产监督管理局危险化学品安全综合治理实施方案》，通过开展危险化学品安全专项行动，全面加强危险化学品安全综合治理，有效持续保持危险化学品安全稳定发展态势，确保人民群众生命财产安全；严把危险化学品行政审批审核关，2017 年核发危险化学品经营许可证 24 家次（其中变更许可证 5 家、延期换证 18 家、改建后重新申请发证 1 家）；落实危险化学品经营企业购买安全生产责任险，加强日常监管，全年共检查危险化学品企业 188 家次，超过危险化学品执法监管年计划 128 家次；2017 年开展联合打击非法运输经营储存成品油行动 16 次，查处非法改装运输经营成品油车 11 辆、非法运油槽车 4 辆、非法小油罐 2 个，取缔加油点 3 处，罚没非法油品 90.3 吨。三是狠抓烟花爆竹安全监管。按照国家安监总局 65 号令，严把审核关，2017 年共核发烟花爆竹零售经营许可证 48 家；严格落实统一采购、统一标识、统一管理、统一培训、统一配送“五统一”原则，对 48 家烟花爆竹零售店全部实行专店、专人销售、专人负责，确保规范管理；2017 年立案查处非法违法经营烟花爆竹 2 宗，罚款 2.3 万元。四是狠抓职业健康监管。针对梅江区职业健康监管职能未理顺，无编制无人员的特殊情况，梅江区着重于职业健康基础建设，对全区涉及职业危害的企业全部进行摸底登记造册，重点抓好用人单位职业卫生管理档案建立、劳保用品的使用、员工职业健康检查和企业职业健康宣传氛围建设，2017 年投入 7.6 万元，制作安全生产标语、职业健康宣传栏、制度牌、警示标志等发放到企业，进一步加大职业健康宣传氛围，提高企业员工的保护意识。

【开展风险点危险源排查整治】 制定《梅江区安全生产领域风险点危险源排查管控工作指南》，风险排查管控工作，坚持“分级、属地管理，谁主管、谁负责，突出重点、注重实效”的原则，指导和规范全区深入开展安全生产领域各类风险点、危险源排查管控工作，构建安全风险管控和隐患排查治理双重预防机制，有效防范各类事故的发生。

【加强安全生产宣教培训】 2017 年，区安监局牵头组织公安、消防、司法、交通等 16 个成员单位开展“安全生产月”宣传咨询活动，紧紧围绕“全面落实企业安全生产主体责任”活动主题，结合“以人为本、安全发展”理念，宣传咨询活动，突出讲解安全生产、公安消防、交通出行、学生假期安全、道路运输和安全用火、用电、用气等涉及市民切身利益的安全常识。联合市安委办在江北文化公园广场举办第一个《中华人民共和国安全生产法》宣传周咨询日活动，通过设置咨询台，采取现场咨询、张贴海报标语、发放安全生产法律法规读物、宣传伞、宣传扇，举行《中华人民共和国安全生产法》成果展等方式，宣传普及安全生产法律法规、受理安全生产违法案件举报和咨询、征集相关工作意见和建议，取得良好的社会反响。2017 年，投入 20 多万元，通过 LED 宣传屏、宣传栏、横幅、宣传伞、宣传扇、网络等方式宣传相关安全知识和技能，引导全社会深刻认识安全生产就是保生命、保健康、保幸福，大力营造安全生产人人有责、安全生产从我做起的良好氛围。全年举办安全生产培训班 11 期，培训镇（街道）、村（居）干部和安全监管人员 1250 人，培训企业负责人和安全管理人员 645 人，发放宣传资料 1.1 万份。（张远健）

2017 年 12 月 6 日，梅江区安监局联合市安委办在江北文化公园广场举办第一个《中华人民共和国安全生产法》宣传周咨询日活动

2017 年区安监局领导名录

局　长：邹仕铭

副局长：刘春熙　黎文星　罗新秀

应 急 管 理

【简述】　2017 年，梅江区应急管理办公室认真贯彻落实省、市应急管理会议精神，围绕 2017 年全市应急管理工作计划的要求，加强和创新应急管理机制，全力推进应急平台体系建设，夯实基层应急管理基础，继续深入开展突发事件隐患排查、应急宣教和应急演练活动，提升应急处置能力水平，为加快梅江振兴发展创造稳定的社会环境。

【编制应急体系建设】　按照省、市和上级主管的部署要求，围绕“健全公共安全体系”目标，结合梅江区实际，科学谋划编制全区突发事件应急体系建设“十三五”规划。以进一步推进应急管理精细化为核心，以能力提升、机制完善、源头治理、多方协同、社会参与为重点，编制印发 2017 年梅江区应急管理工作计划并予实施。

【健全应急工作机制】　区委、区政府领导高度重视应急工作，从人财物方面给予大力支持，把应急办经费列入专项财政预算。同时，进一步加大全区应急专项经费保障，2017 年投入资金 500 多万元，用于全区应急管理各项工作。进一步调整和充实应急管理领导机构和办事机构，2017 年调整区突发事件应急委员会成员，明确由区委常委、区委区府办主任王增文分管应急管理工作，区委区府办副主任钟文思分管应急办公室，并选调 1 名干部充实应急岗位，为应急管理工作提供人力保障。建立健全专家决策咨询制度，调整应急管理专家组，为区委、区政府科学决策提供有力支撑，2017 年梅江区共有五大类应急专家 23 人。

【继续完善应急预案】　建立“横向到边、纵向到底”的应急预案体系，加强应急预案管理，积极推进各类应急预案的修订完善工作。加强相关部门和镇、街道应急预案修订完善工作的督促指导，2017 年，新编专项预案 5 个。制定年度应急演练工作计划，各级各部门结合实际积极开展各类应急预案演练，全年完成专项应急预案演练 11 次，部门应急预案演练 10 次，专项应急预案年演练率 60% 以上。

【履行应急值守职责】 认真贯彻落实广东省政府系统值班工作规范，按照省、市关于值班工作的具体要求，健全完善值班员岗位职责、值班工作守则和突发事件信息处理流程等工作制度、工作运行机制，选调 3 名干部充实值班工作岗位，实行专人专职 24 小时值班，强化值守应急指挥协调，当好区领导的“耳目”，提高值班工作水平。建立统一突发事件信息报送系统和信息报告员制度，加强信息报送，及时、准确办理领导批示事项，2017 年，上报值班信息 65 期，落实领导批示情况汇报 15 件，没有发生信息瞒报、谎报、漏报，迟报率控制在 5% 以内。

【加强监测预警动态管理】 2017 年市、区合力做好监测预警，结合梅江区预警信息发布由市气象局预警信息发布中心负责的实际，加强区三防预警信息平台与市气象预警中心的沟通衔接，按省、市相关要求报送区辖内预警信息员名单，完善区三防信息发布机制，及时发布相关预警信息，指导各镇（街道）、区应急委成员单位、各小水电站业主、山塘管理人员做好防范自然灾害工作。坚持开展每季度突发事件风险隐患排查和评估，推行和完善风险隐患评估机制，每季度召开风险隐患评估商讨会，及时分析研判本季度突发事件情况、特点，对风险隐患实行动态管理，提出相应对策，提高综合预测和预警水平。认真贯彻落实《关于对重大事项进行社会稳定风险评估实施意见（试行）》，健全行政决策社会安全风险评估机制，对重大项目、重要决策的实施，必须开展可行性研究、环评、社会稳定风险等评估，方能予以立项或组织实施。全面开展风险隐患排查，积极探索建立健全突发事件风险隐患排查和整改工作的长效机制，按照“分类管理，分级负责，属地管理为主”的原则，深入开展突发事件风险隐患排查和整改工作，以直接管理单位为风险隐患整改第一责任主体，对风险隐患进行深度排查和整改，确保风险隐患不反弹、不复发。2017 年全区风险隐患均落实“一隐患一方案”措施，确保 100% 整改到位。

【加大应急保障力度】 一是升级改造应急平台。如期完成应急平台建设任务的基础上，按照市有关要求不断升级应急平台，2017 年上半年顺利通过市督查组验收。建立健全应急平台数据管理办法、平台管理制度、机房管理制度等工作运行机制，完善区应急平台数据库，整合资源提升平台应用水平。二是强化应急队伍建设管理。严格执行《梅州市梅江区应急救援队伍建设管理办法（试行）》，完备各类型应急救援队伍，依托区综合应急救援大队和区民兵轻舟应急分队，整合全区各类应急救援队伍，推动应急救援队伍规范化建设。全年建立或确定综合应急救援队伍 4 支 174 人，专业应急救援队伍 6 支 135 人，志愿者救援队伍 1 支 29 人，基层应急救援队伍 22 支 163 人。三是及时储备充足应急物资。及时补充、调整应急物资储备，全年投入 100 多万元更新应急物资储备；完善应急物资调配制度，推动物联网在应急物资储备和调运中的应用；按照“分散物资集中化，集中物资分散化”的创新理念，鼓励企业、社会团体自行储备必要的应急物资。四是完善应急避护场所。建立避护场所管理制度，制订演练疏散安置应急预案，建成疏散场地面积约 350 多万平方米，疏散人数 30 多万人的各类应急避险场所，提高城乡社区综合防灾减灾能力。

【宣传应急知识，提高应对能力】 增强群众安全意识，提高应对突发事件自救互救能力，广泛宣传和普及应急知识，提高群众应急避险、自救互救和防灾减灾能力，根据“2017 年全市应急管理工作计划”要求，结合梅江区的实际，

2017 年，组织开展“百人百场”应急安全教育系列活动 15 场，科普宣教活动 37 场。同时，开展“5 · 12”防灾减灾、安全生产宣传月活动，全年组织开展应急管理培训 52 场 2000 人次，发放应急知识手册 1.1 万份，宣传材料 5000 份，宣传覆盖面 2 万人次。充分利用政府信息公开 LED 信息平台，积极宣传应急知识，明确突发事件报告途径及预警预报信息，提高公众对各类突发事件的应急能力。2017 年，区应急办到梅县区、蕉岭县进行交流学习，共同提高应对突发事件自救互救能力。 （崔永芳）

2017 年区应急办领导名录

主　任：邹增峰

打　　私

【简述】 2017 年，梅江区打击走私综合治理领导小组办公室严格按照省、市打私工作部署，紧紧抓住上级重视、社会关注、事关国家安全和群众切身利益的突出走私问题，结合本地实际，从重点区域、重点场所整治入手，积极开展联合执法、专项整治和日常巡查相结合的反走私综合治理，实现有力打击和有效治理，各项工作取得一定的成绩。

【精心组织，周密部署】 区打私办及时组织召开梅江区打私工作会议，传达上级会议和重要文件精神，结合实际，研究制定重点突出的《梅江区 2017 年打击走私工作意见》，明确 2017 年打私各项重点工作和各相关单位责任。严格按照上级反走私综合治理工作责任要求，认真履行反走私综合治理工作主体职责，推动镇（街道）和相关职能部门“守土有责、守土负责、守土尽责”，要求各成员单位做到各司其职、密切协作、优势互补，形成打击走私工作强大合力。坚持反走私工作重心下移，将反走私责任目标任务分解落实到工商、公安、交通、食品药品监管等部门及基层站所，继续深化反走私网格化管理机制，坚持打私和打假相结合，规范市场行为，净化市场环境。

【突出重点，专项整治】 精心组织开展“国门利剑 2017”联合专项行动，结合实际，制定工作方案，重拳出击，开展专项打击整治。2017 年共出动执法人员 3450 多人次，执法车辆 960 多车次，检查企业、门店 1660 多个。

突出重点严厉打击“洋垃圾”走私　2017 年打击“洋垃圾”走私是打私工作的重中之重，有为、有力、有效开展综合整治，关注进口废物生产相关企业，加大重点地段和企业的排查，联合环保、商务、公安等部门，将执法人员分组分区域对辖区 13 家外商投资企业和 11 家再生资源回收备案企业进行检查，重点对企业经营状况、记录簿情况和危险废物暂存及转移情况、环保处理设施运行情况等进行全面检查，要求经营企业把好进货查验关，完善和落实索证索票、进销货台账登记制度，督促企业建立相关台账，做好进口废物的管理，检查未发现走私违法行为。

深入推进涉烟打假打私专项整治　从重点区域、重点场所整治入手，积极开展联合执法、专项整治和日常巡查相结合的涉烟打假打私行动，加强辖区范围的车站、货运、物流、快递公司、山塘水库、废弃厂矿、学校、仓库、果园林场、养殖场等重点区域的监控排查，采取机动稽查、路查路堵等方式，加大切断“假、非、私”烟的流通渠道，实现有力打击和有效治理。2017 年共出动执法人员 1100 多人次，检查经营场所 1270 多户次，查处涉烟案件 83 宗，查获私烟 21.13 万支，案值 13.6 万元。

大力开展打击成品油走私行动　区打私办联合区经信、梅江公安、区交通运输、区工商等部门组成专项整治联合执法队伍，重点对环城路、城北高速公路出入口、月梅圆盘、三角、长沙等路段进行联合执法行动，2017 年组织开展联合执法行动 16 次，出动执法车辆 79 车次，执法人员168人次，查处案件11宗，其中取缔非法加油点3个，查扣非法经营柴油改装车辆11辆，非法运输油罐车辆2辆，依法罚没入库金额9.69万元，没收不合格柴油60.3吨。

积极开展打击走私象牙等专项行动　落实上级领导重要批示，认真摸查、强力执法，严厉打击走私象牙等野生动植物及其制品违法犯罪活动，结合梅江区实际，以周边地区进入梅江区高速公路、国道、省道为重点，切实加强路面查控力量，密织巡逻防护网，不定时联合区公安机关开展设卡清查行动，在重点路段进行拦截检查，最大限度阻断走私象牙等野生动植物及其物品通道，专项行动共出动检查人员360多人次，车辆50多辆次，在辖区未发现走私象牙等野生动植物及其制品的行为。

组织开展“查市场、保节日”联合整治行动　结合实际，区打私办、打假办联合区食药监、工商、经信、农业、烟草等部门，开展元旦、春节、中秋、国庆节前联合检查大行动，认真组织执法人员，检查环市路等重点区域，重点检查食品、加油站、汽车修理场、货运站等行业，确保节日市场稳定。同时，加大宣传力度，在民生820、《梅州日报》等媒体加大宣传，营造良好执法环境和社会氛围，让广大群众在健康的市场环境、安全的消费环境欢度佳节，起到良好社会效果。

【大力宣传，营造良好氛围】　一是利用宣传栏、横幅、宣传单等宣传工具，持续抓好《广东省反走私综合治理条例》的深化普及和贯彻落实，广泛宣传打击走私法律法规，公布举报方式，不断扩大宣传教育范围。2017年在办公场所、建筑工地和主要街道悬挂横幅、张贴标语350多条，派发宣传海报7500多份，接受群众咨询8600多人次。二是继续完善打私网站管理，及时更新反走私内容，加大信息量，充分发挥网站服务企业、服务社会、服务群众，在门户网站发布信息100多条。三是加强机场、车站、村（社区）、检查站等重要地点的打私宣传力度，丰富宣传形式。2017年，市、区打私办共同在江南西桥红绿灯路口制作大型户外LED宣传滚屏1块，提升宣传效果，教育群众自觉抵制走私，引导企业依法经营。

【综合治理，形成打击合力】　充分利用打私各成员单位的资源，加强相互之间沟通协作，形成信息互通、资源共享、工作互动制度，提升整体合力。建立健全信息报送制度，严格落实重大案件即时报告制度。充分结合打私特点，针对性对企业提供的工商、国土、消防、环保、安监等证照、检验证书进行认真核对，掌握相关工作情况。同时，定期对相关经营企业的经营主体、购销台账制度、产品来源情况进行检查，掌握经营状况，增强诚信经营守法意识。

（邹文导）

2017年区打私办领导名录

分管负责人：林　峰

主　　　任：邹文导

外事侨务局

【简述】　2017年，梅江区外事侨务局深入学习贯彻中共十九大、习近平总书记对广东工作重要批示、省第十二次党代会和省委书记李希来梅州调研讲话精神，积极开展“转作风、比奉献、树形象”主题活动，坚持以侨为本、为侨服务的宗旨，围绕中心、服务大局，主动适应新常态，积极树立新思维，团结协作共同努力，侨务工作领域进一步拓宽，得到区委、区政府主要领导充分肯定和侨界的广泛赞誉。

【外事联络接待】　积极做好华侨华人、海外客商及社团的沟通联谊工作。2017年先后接待加拿大联邦国会议员陈圣源、加拿大全加客属联谊会考察团、泰国华人青年商会考察团及侨领熊德龙、陈云生等，通报梅江区的发展情况，让华侨华人了解、关心和支持梅江区各项建设事业。认真做好第五届世界客商大会嘉宾邀请、接待工作。区外事侨局邀请、接待50多名嘉宾参加第五届世界客商大会，并参加梅江区系列活动。据统计，2017年共接待海外华侨华人、港澳同胞3363人次，涉及20多个国家和地区；回乡寻根问祖20多批次，涉及10多个国家和地区。同时，将历年侨胞在梅江区捐资捐助及投资项目资金进行全面统计，进一步夯实侨务工作基础。

【加强外事管理】 充分发挥侨乡优势，加速推进“一带一路”倡议。组织梅江区商务侨务考察团出访德国、匈牙利、捷克，调研侨情商情，洽谈出口贸易，进一步推动深层次经贸文化和投资兴业合作。组织梅江区教育学习交流团赴香港学习现代化教育，为梅江区顺利通过广东省现代化教育区奠定基础。积极参加香港梅州社团回归20周年系列活动、第三届世界客属青年大会和第二十九届世界客属恳亲大会，并与来自世界各地客家乡亲欢聚一堂，增进沟通联谊。严格执行《梅江区党政领导干部因公出国出境管理方案》，严格控制团组的数量及规模，加强对出国出境人员进行外事纪律教育、监督和管理，严格审核各类证明和报批材料。2017年，梅江区共审核批准因公出国（境）25批45人次，其中自组团1批6人次。

【维护侨胞权益】 充分发挥“梅江区涉侨法援中心组成的法律顾问团”效能，进一步宣传贯彻《中华人民共和国归侨侨眷权益保护法》和《广东省归侨侨眷权益保护实施办法》，依法维护侨胞合法权益。一是依法护侨，切实做好侨务信访工作。依法依规妥善处理侨务信访案件，侨界和谐稳定；帮助香港同胞张勉汝、加拿大华人张诚汝领回多年征地拆迁补偿款，由印尼客属联谊会副主席徐晋鸿代表送上锦旗表示感谢；2017年收到来信来访6宗，接待咨询等28人次，结案率100%。二是管好用好贫困归侨专项补助资金。严格按照摸查、汇总、公示、发放、登记、造册、建档等工作方案，做到阳光帮扶、严谨认真，切实做好困难归侨帮扶工作，全年发放专项帮扶金44.1万元，慰问困难华侨、侨眷477人。三是大力开展“侨届人文社区”创建活动。成立相关领导小组，制订活动方案，有序推进创建活动，2017年，西阳镇龙岗村被授予省侨联“侨届人文社区示范点”。四是积极开展“扶贫济困”活动。争取热心侨胞和社团的大力支持，为辖区困难归侨及群众解决生活、就医、就学等实际困难，2017年共收到扶贫济困捐资160万元，惠及困难归侨及群众600多人次。区外事侨务局干部职工踊跃参加“扶贫济困”活动，共捐款3300元。五是建立惠民信息公开平台，进一步加大各类涉侨惠民政策公开宣传力度。拓宽群众了解政策的渠道，保障群众的知情权、参与权和监督权，涉侨惠民困难补助款发放后，及时更新惠民平台的相关信息。

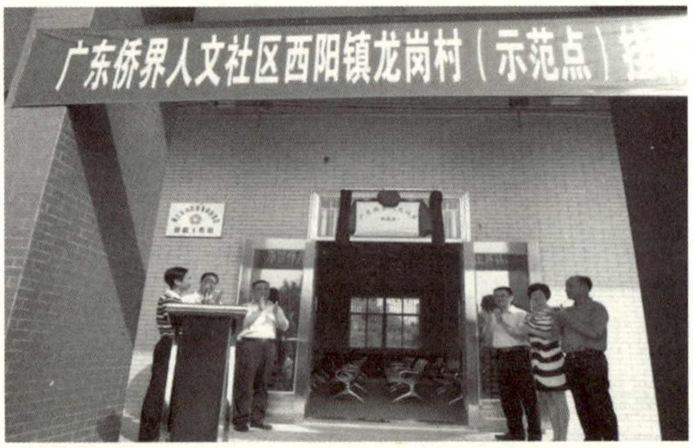

2017年9月21日，西阳镇龙岗村举行梅州市首批“广东侨界人文社区(示范点)挂牌仪式”

【充分发挥侨力】 因势利导，积极鼓励和支持侨胞捐资兴办各项公益事业和参与家乡事业建设。紧紧围绕区委、区政府中心工作，积极鼓励和引导侨胞捐资兴办社会各项公益事业，2017年梅江区接受海外侨胞捐赠到位资金约610万元。积极做好华侨回乡投资、置业服务、引导工作，2017年先后接待印尼、澳大利亚、南非、英国、加拿大等20多个经贸文化组织考察团，进一步加深海外对梅江区的了解，为梅江振兴发展奠定良好的基础。着力支持培育侨资企业，通过部门联动，政策激励，加快侨资企业的培育，全年全区共计完成合同利用外资6545万美元，实际外资完成206万美元，外贸进出口总额174346万美元。

【同根同心项目】 大力开展同根同心项目，鼓励和增强海外、港澳青少年增强对祖国的归属感及家乡的认同感。积极开展青少年“同根同心”交流活动，2017年先后5次接待同根同心——香港初中及高小学生内地交流计划系列团、第九届粤港澳高校联盟医学生暑期联合夏令营、新加坡大侨小学师生交流团等10多个交流团，进一步增强青少年对祖国的归属感及家乡的认同感。由梅江区承办的“粤港澳高校联盟医学生暑期联合夏令营”项目被教育部列入重点对港交流项目，并帮助回来“寻根”的侨三、四代寻找祖籍地。2017年，接待海外、港澳青少年1000多人次。做好香港青年服务团支教工作。2017年香港青年服务团成员6人到梅江区开展支教活动，得到广大师生的好评。

2017年7月中旬，第九届粤港澳高校联盟医学生暑期联合夏令营开班仪式

【自身建设】 区外事侨务局始终把作风建设作为首要任务，结合实际，积极开展“转作风、比奉献、树形象”主题活动，通过“一想二看”组织专题讨论、“三问三查找”剖析检查、“三定三承诺”整改提高、“承诺事项”公开监督等环节，边想边查、边改边干，引导党员干部树立牢固的理想信念，严明政治纪律和政治规矩，自觉加强党性修养，做合格党员。加强廉政建设，强化监督机制，认真落实党风廉政建设主体责任，始终将党风廉政建设与外事侨务工作同部署、同落实、同检查、同考核。坚持用制度管人、管事、管钱、管权，把“一岗双责”落实到各项工作中，严格落实中央、省委、市委各项廉政禁令，自觉接受纪检部门的指导和监督，2017年开展廉政谈话提醒活动共11人次，有效杜绝违规违纪现象的发生。（黄进平）

2017年区外事侨务局领导名录

局长、侨联主席： 曾小丽

副　局　长： 何汪海　张清容

台　创　园

【简述】 梅江台创园是农业部与国台办于2010年5月批准开办，是全国29家、全省3家国家级台湾农民创业园之一。梅江台创园核心区规划面积1.08万亩，其中山地面积8800亩、水田及旱地面积2000亩。梅江台创园开办后，建成“1个中心、4个基地、1个平台”（梅州市农业科技创新中心，休闲农业示范基地、台湾名优苗木引种观光及种苗繁育示范基地、高山有机茶种植示范基地、辣木种植示范基地，客家掌游电子商务平台），进驻园区企业40多家，其中台资企业14家；规模发展项目有梅台农业合作示范园（阿鲤廊）、爱丽丝庄园、高山有机茶示范园、农产品精深加工基地、台湾名优水果园等。梅江台创园先后荣获国家农作物品种区域试验站、国家柑橘产业技术体系沙田柚综合试验站、国家农业基础性长期性监测实验站、全国青少年农业科普示范基地、国家鲜食甜糯玉米（东南区）区域试验基地、海峡两岸交流基地、梅州台湾农业合作博士工作站等称号。2017年，梅江台创园被农业农村部办公厅、国台办秘书局评为“优秀等级台创园”，全国排名第七、广东排名第一。

【扎实推进园区稳步发展】 现代化农业园区不断完善园区基础设施建设，2017 年完成园区道路硬底化 12 公里，园区“高山有机茶种植示范园”规模化、标准化、效益化发展，全年新种植优质茶 107 亩，建设高标准茶园 3500 亩。“家家发清凉山”红茶、“赤树珍茗”绿茶获 2017 年广东省名牌农产品。爱丽丝庄园扩容提质亮点纷呈，梅台农业合作示范园（阿鲤廊）、梅台文化创意产业园创新转型有新动作，梅江台创园开办后，共吸引国内外游客约 520 万人次，实现旅游效益 4 亿多元。

主导产业成效突出　积极实施“提质量、树品牌、增效益”方案，切实提升园区产业效能。2017 年“梅江区清凉山茶”“客都稻米”获得国家农产品地理标志，“赤树珍茗”茶通过 SC 质量管理体系认证，“柏宫源”茶通过绿色食品认证。主导产业辐射带动周边 3500 多户农民增收致富，平均每户增收 1500 元。梅江区茶叶协会会员单位广东万斛源生态农业有限公司提升茶叶质量，严格执行国际标准，该公司生产的茶叶自主向海关报关出口茶叶到澳门，实现产品走进国际市场。

政策支持措施有力　积极争取农业部政策扶持，2017 年获批海峡两岸农业交流项目资金 100 万元，引进新设备、新品种、新肥料，重点扶持高山有机茶种植推广。2015 年“扬帆计划”项目实施圆满完成，继续争取“扬帆计划”人才培育工程项目，通过 2017 年项目 PK 竞争。继续实施“政银保”惠企业务，及时调整“政银保”合作农业贷款担保费和贴息比例，将担保费原来 3% 下降至 2%，贴息原来 3% 上调至 4%。2017 年，园区有 32 家企业申请“政银保”业务，申请贷款总额 6980 万元，银行核发 26 笔，贷款金额 4430 万元，受益企业共 26 家。

入园企业逐年增多　大力引进符合条件的农业企业进驻园区，投资发展现代农业。2017 年新入园企业 8 家，新增投资 5100 多万元。至年末，台湾农民创业园示范基地有 11 家。全年园区企业有 40 多家，其中台资企业 14 家（2017 年新增台资企业 4 家），省、市龙头企业 7 家，省级示范合作社 3 家。重视智慧农业发展，引导企业通过电商平台销售青枣、茶叶、大蒜酒等农产品，年销售额 1300 多万元。

人才引进成效明显　依托“扬帆计划”人才培育工程项目，积极开展产业人才引进、产业人才培训和产业对接帮扶，有效提高产业发展技术含量，拓宽生产、经营渠道，推进产品品牌打造及市场营销。2017 年成功聘请两岸农业专家 16 人，举办培训班 32 场（次），培训各类农技人才 1450 多人。

农业交流持续升温　积极加强对台农业工作，深化梅台农业交流和人员往来，努力把台创园打造成为台湾农民来大陆创业拓展平台。2017 年累计接待台农、台商及台湾农业技术专家共 11 批次、233 人到园区考察交流，组织相关农业干部、技术骨干、企业负责人赴台学习交流共 2 批次、30 人。

园区宣传力度加强　充分利用第五届世界客商大会契机，在《梅州日报》刊发以“两岸家商互联迎盛会、梅台农业携手创未来”为主题的宣传专版，组织园区企业参加第十五届中国国际农产品交易会、第十六届广东省种博会，较好地展示梅江台创园在推动海峡两岸农业、经济合作交流方面做出的努力和成效。2017 年在中央、省、市等媒体宣传台创园工作经验做法共 50 多篇，其中在海峡两岸农业合作网发表 23 篇，省市网站、报刊等发表 30 多篇。

2017 年梅州梅江台创园企业代表座谈会

【做大做强园区主导产业】 服务园区促进产业发展　切实加强高山生态有机茶种植加工技术指导、品种引进、质量提升、品牌打造、市场营销等服务，引导茶叶合作社和茶农转变传统种植加工观念，促进茶产业规范化、标准化、绿色化发展，努力提升茶叶综合生产能力和市场竞争力，有效推动农业发展促进农民增收。大力引导农业休闲观光企业，充分利用特色农业资源、景观资源、生态文化资源打造农业休闲旅游文化产业，促进爱丽丝庄园、梅台农业合作示范园（阿鲤廊）、梅台文化创意产业园等休闲产业的扩容提质建设，进一步提升园区农业休闲产业特色发展。

争取项目资金扶持　积极申报海峡两岸农业交流合作项目、2017 年“扬帆计划”项目、农业供给侧结构性改革项目入库以及争取区级财政海峡两岸交流活动项目经费，全年获得各部门项目资金共 230 多万元，其中获得农业部下拨 2017 年海峡两岸农业交流合作项目资金 100 万元、区级财政两岸农业交流经费 130 万元，有效推动园区建设发展壮大。

创新培育新型经营主体　鼓励引导台农、台商、家庭农场、农民合作社、农业产业化龙头企业等新型经营主体入园创业创新，发展多种形式的适度规模经营，积极搭建创业服务平台，降低创业风险成本，提高创业成功率，努力把台创园打造成为新型经营主体“双创”（创业、创新）孵化区。

促进园区企业抱团共赢　充分发挥协会联系政府与企业、农户的纽带和桥梁作用，利用茶叶协会、稻米协会、兰花协会等平台，引领园区企业、农民抱团发展，促进产品上档次，企业上规模。引导协会对台农业交流合作，促进园区产业转型升级。2017 年成功举办梅江区春茶开采节暨海峡两岸茶产业发展论坛、梅台精致高效稻米蔬菜产业对接活动，有效提高园区茶叶、稻米等农产品品牌知名度，提升茶叶、水稻、蔬菜质量效益和市场竞争力。

提升农产品竞争力　大力协助企业、协会制定生产技术规程、产地环境和产品质量标准，推进质量兴农、效益兴农、竞争力提升，推进农产品标准化生产，示范引领农业转型升级、提质增效、绿色发展。指导“梅江区清凉山茶”“客都稻米”成功申报国家农产品地理标志，指导梅江区茶叶协会会员单位广东万斛源生态农业有限公司提升茶叶质量。

创新人才培育机制　依托进驻台创园核心区的市农业科技创新中心、梅台农业合作博士工作站以及省农科院、中山大学、华南农业大学等研究机构，建立两岸农业专家库。充分利用 2015 年“扬帆计划”台创园产业人才培育工程项目等资金，创新培育方式，增强培训效果，2017 年举办 32 场（次）培训班，培训专技人才 1100 多人，农业休闲观光管理、稻米包装与储藏人才 150 多人，农业企业管理、营销人才 200 多人。继续通过 PK 方式积极争取 2017 年“扬帆计划”项目。同时，派送管委会管理人员参加农业部组织的赴台农业交流活动，学习借鉴台湾先进农业理念，提升园区管理人员履职能力水平。

宣传推介国家级台创园　充分利用国家级台创园的品牌优势，与名优企业共建“台创园企业产品展示厅”，打造梅台特色农产品的展示平台，为企业提供高层次、高品位的公共展示服务。利用中国台湾网、海峡两岸农业交流与合作网、粤台视窗、梅州日报、梅江新闻等信息平台深入广泛宣传，设计并印制台创园宣传册 2000 份，通过多种载体加深公众对国家级台创园的认知度。

深化两岸交流合作　加强对台农业工作，提升对在大陆创业的台农、台商服务水平，吸引更多台湾农民到大陆投资创业。深化两岸农业交流和人员往来，推动梅台主导产业升级和产业链拓展，全面提升两岸农业合作水平。吸引台湾青年到梅江创业，入园投资兴办企业，为梅台农业健康发展注入新血液、新活力。

提供优质贴心服务　分批组织管委会干部职工到省内外培训学习，提升管委会干部职工管理、服务水平。健全园区管理制度，规范园区管理。坚持优质、高效服务理念，为企业提供“一对一”全方位贴心服务。了解台农台商的新需求，协助台农办理农用电申请手续，帮助台企解决“用水难”和“路难走”等实际问题，协调处理园区的各类事务。　（丘瑜宝）

2017 年 3 月 16 日，梅江区春茶开采节暨海峡两岸茶产业发展论坛开幕，广东省、梅州市等相关部门领导，海峡两岸茶叶专家，各县（区）茶叶协会负责人以及茶商、茶农等 200 多人参加活动

2017 年梅江台创园领导名录

主　任：林　峰

副主任：杨丽君（女）　张海棠

朱双琴（女，12 月任）

土地房屋征收安置

【简述】　2017 年，梅江区土地房屋征收安置中心紧紧围绕区委、区政府工作部署，大力推进城市扩容提质，牢固树立依法征收、以人为本的工作理念，确保土地房屋征收安置工作依法依规、阳光透明、科学高效。

【土地房屋征收】　2017 年，梅江区实施征地拆迁项目 19 个，其中在征项目 16 个，新增项目 3 个，完成征收项目 3 个（足球文化公园建设项目一期、碧桂路和梅平高速梅江段项目），各征收项目全年累计签约房屋 320 座，征收集体土地 820 亩。

江南新城核心区域征收情况　2017 年江南新城核心区域征收集体土地全部征收完毕，房屋签约 5308 座，拆除 5168 座，占房屋签约的 97%；签约附着物 2169.2 亩，占签约附着物的 95.2%。至年末，未完成征收房屋 19 座，其中独立栋 7 座、老祖屋 12 座（涉及房间 385 间）。

客都大桥东端连接客都大道道路工程　该工程客连线项目总体共需征收集体土地 291.66 亩、房屋 223 座（含老祖屋 10 座）。集体土地签约 207.83 亩，占 71%；地上附着物签约 218 亩，占 71%；房屋签约 184 座，占 83%，拆除 123 座；道路正线内集体土地签约 173.83 亩，占 98%；正线内房屋签约 164 座，占 91%。

中环路跨线桥道路工程　该工程需征收住宅、商铺 34 套（间），涉及产权人 20 户，2017 年全部测量完毕，签约房屋 19 间。

正兴路至富奇路连接线市政道路项目　该项目需征收国有土地和房屋 4 座，涉及产权人 8 户，房屋全部测量。

芹洋半岛品牌战略发展区土地房屋征收情况　2017 年芹洋半岛品牌战略发展区未签约房屋仅剩 1 座独立幢和枫一枫二祖祠 1 座，新增 3 户水上人家全部签约。

金山教育基地及配套用地建设项目（紫琳学院拟用地项目）　该项目一期房屋签约 97 座，占第一期任务（总数 151 座）的 64.2%；签约老屋 256 间。集体土地签约 52.72 亩，占第一期任务（182.44 亩）的 28.9%。二期签约房屋 15 座，占二期任务（117 座）的 12.8%，签约老屋 23 间。签约第二期集体土地 62.30 亩（第二期房屋未丈量完毕，集体土地总面积无法准确核算）。

金山医疗用地建设项目　该项目签约房屋 73 座，占 72.3%；附着物签约 150.269 亩，占 50%。

金山片区中小学建设用地项目　该项目需征收房屋 44 户（35 座），房屋全部测量，签约房屋 18 户，占 41%。

金山街道城镇建设用地项目（烟厂拟用地）

该项目进入征收扫尾阶段，剩1间老屋未签约，启动司法征收程序。

西阳城镇建设用地征收情况（20批次）　西阳城镇建设用地集体土地征收完毕，房屋全部签约，仅剩7户附着物约50亩未签约。

西阳罗乐城镇建设用地（21批次）　该用地集体土地426.33亩和需征收5座房屋全部签约，附着物签约98亩，占23%。

西阳镇莆田城镇建设用地　该用地需征收集体土地9.49亩、房屋2座，未签约。

城北镇两个在征项目情况　现代农产品物流中心项目，该项目房屋签约112座，占95%；仅剩6座房屋未签约，附着物签约368户，占98%；移交入库土地422亩。原梅州市面粉厂及周边地块“三旧”（旧城镇、旧厂房、旧村庄）改造项目，该项目需征收房屋3栋共32套，已发布征收房屋公告。

西郊黄塘医院扩建用地项目　该项目集体土地、房屋全部签约，移交入库18.74亩，仅剩部分地上附着物未签约。

西郊黄塘村四五组城镇建设用地项目　该项目红线内2座房屋全部签约，集体土地全部签约（7.08亩），仅剩2户附着物未签约。

【瑞景花园安置区建设】　瑞景花园安置区位于西郊街道寨中村，是梅江区委、区政府解决西郊城市建设用地项目及梅江区其他区域房屋被征收的群众安置区，该项目纳入省棚户区改造计划。瑞景花园项目规划用地面积17161平方米，总建筑面积66172.51平方米（6栋安置房），2017年7月，房屋主体封顶，年末进行外脚手架拆除、阳台栏杆安装、窗玻璃安装、地下室消防、通风设施、垃圾中转站和电梯安装工序。　（陈天和）

2017年区土地房屋征收安置中心领导名录

主　任：冯　浩

副主任：梁德兴　李玉兰（女）　陈天和

瑞景花园安置区

政协梅州市梅江区委员会

主 要 会 议

【简述】 2017年，政协梅州市梅江区常务委员会组织召开区政协七届二次会议，会议共收到提案25件，立案25件。全年区政协主席赖经烈主持召开区政协主席会议共6次、主持召开区政协常委会议共3次，会议主要传达、学习上级有关文件、会议精神和研究政协近期工作安排。

【区政协七届二次会议】 中国人民政治协商会议梅州市梅江区第七届委员会第二次会议，于2017年5月14—16日在区委、区政府礼堂召开。会议审议通过区政协主席赖经烈代表政协梅州市梅江区第七届常务委员会所作的工作报告、区政协副主席张海辉代表政协梅州市梅江区第七届常务委员会所作的提案工作情况报告，听取和讨论区委书记朱国城在开幕大会上的重要讲话。区政协委员列席区第八届人民代表大会第二次会议，听取并讨论区长肖卫华所作的政府工作报告以及其他报告。会议高度评价政府工作报告，认为2016年区政府紧紧围绕“加快建设首善之区、率先实现振兴发展”的总目标，加快产业集聚发展，加快城市扩容提质，加快社会治理创新，加快增进民生福祉，全面提升政府效能，“十三五”实现良好开局。会议充分肯定区政协七届一次会议以后的工作，认为区政协在中共梅江区委正确领导下，在区政府及社会各界大力支持与配合下，紧紧围绕中心，服务大局，充分发挥政协组织的优势和全体委员的积极性、创造性，认真履行政治协商、民主监督、参政议政，为加快推进梅江振兴发展做出积极努力。会议期间，政协委员以强烈的政治责任感和历史使命感，围绕区委、区政府的中心工作，紧扣基础设施建设、改善重点民生、加大有效投资、城区扩容提质等工作，认真协商议政，踊跃建言献策，提出许多真知灼见，为区委、区政府科学民主决策提供重要参考。会议号召，区政协各参加单位和广大委员，要紧密团结在以习近平同志为核心的中共中央周围，在中共梅江区委的坚强领导下，解放思想，同心同德，扎实工作，为不断开创人民政协事业新局面，为加快梅江振兴发展，率先全面建成小康社会而努力奋斗。

【2017年区政协主席会议】 2月17日，区政协主席赖经烈主持召开区政协七届第四次主席会议，传达、学习上级有关文件精神，并对近期工作作出安排。

4月10日，区政协主席赖经烈主持召开区政协七届第五次主席会议，传达、学习有关会议精神，研究区政协日常工作。

6月9日，区政协主席赖经烈主持召开区政协七届第六次主席会议，传达、学习有关会议精神，研究区政协近期工作。

7月17日，区政协主席赖经烈主持召开区政协七届第七次主席会议，围绕年初计划，主动开展履职工作，抓好作风建设。

9月29日，区政协主席赖经烈主持召开区政协七届第八次主席会议，研究学习习近平总书记新理念、新思想和新战略。

12月25日，区政协主席赖经烈主持召开区政协七届第九次主席会议，研究政协七届三次会议相关内容、讨论修改常委会工作报告、研究常委会相关事项和近期工作安排。

【2017年区政协常委会议】　5月8日，区政协主席赖经烈主持召开区政协七届第二次常委会议，讨论《区政府工作报告》，审议通过《区政协常委会工作报告》、《提案工作报告》、七届二次会议日程等有关事项，调整增补部分委员和学习相关会议精神。

10月30日，区政协主席赖经烈主持召开区政协七届第三次常委会议，围绕加强东升工业园管理进行专题议政。

12月28日，区政协主席赖经烈主持召开区政协七届第四次常委会议，深入学习中共十九大会议精神，研究新委员补充事宜及新的工作安排。

2017年5月8日下午，区政协常委专题视察区检察院工作

主　要　工　作

【提案工作】　2017年，区政协七届二次会议共收到提案25件，立案25件。区政协提案工作以提高提案质量和办案质量为重点，多措并举，夯实基础，不断提高提案质量；加强协调，增强合力，努力提高提案办案水平；突出重点，强化督办，努力增强提案办理时效。

【调研视察】　2017年分别对周溪河“十里梅花”长廊建设项目、创建全国文明城市、美丽乡村建设、养老服务事业发展、工商、国税等工作开展专题调研视察。通过调研视察，集各界委员智慧，形成调研视察报告，供有关领导和相关部门决策参考。

2017年3月3日，区政协主席赖经烈（左三）率队调研精致高效农业发展

【协商议政】　围绕加强东升工业园管理进行专题议政，提出完善园区管理体制机制、完善园区生活配套和基础设施、推进园区扩容增效和产业共建、推动企业转型升级等意见建议，加快推进振兴发展步伐。

【民主监督】　通过会议发言、撰写提案等形式把人民政协的民主监督工作融汇在履行职能的各项工作中，鼓励委员积极为推动经济发展、社会和谐稳定讲真话、讲实话、提建议，充分发挥政协委员民主监督的作用。

【团结合作】　坚持区政协党组成员联系民主党派制度，加强与各民主党派及无党派人士的合作共事，努力把参加政协的各党派团体和各界人士的思想和行动统一到区委决策部署上来。持续开展“走访委员、走入群众、走进基层”主题活动，鼓励委员及时反映各阶层、各界别的意愿诉求，做好理顺情绪、化解矛盾、增进共识的工作。

【交流联谊】　区政协领导通过参加香港梅州市各级政协委员联谊会、澳门梅州市各级政协委员联谊会、香港梅州总商会等活动，通报情况，沟通乡情，广泛凝聚各方面智慧和力量，发挥港澳委员在维护特区长期繁荣稳定和促进家乡经济社会发展的积极作用。

【自身建设】　深入学习领会中共十九大精神和习近平新时代中国特色社会主义思想，学习人民政协的基本知识和中共中央对人民政协工作的新要求。建设委员工作室，创新委员履职平台，让委员工作室成为委员的学习园地、展示平台、沟通桥梁和履职载体。加大政协工作宣传力度，不断扩大人民政协的社会影响，通过及时更新政协相关新闻媒体及有关平台，宣传政协履职实效，宣传政协职能，展现委员履职风采。　（饶　坤）

2017 年区政协领导名录

主　席：赖经烈

副主席：丘元强　葛雅玲　张海辉　孙伟华　徐　莉（女）

2017 年区政协科级领导名录

秘 书 长：李志雄

办公室主任：刘明方

副 秘 书 长：温　苑（女）　余裕辉

副　主　任：叶秋玲（女）　沈冬梅（女）

2017 年 8 月 30 日，区政协主席赖经烈（中）率队视察梅江区“创文”工作

中共梅州市梅江区纪律检查委员会

主要会议

【简述】　2017年，中共梅州市梅江区纪律检查委员会组织召开区纪委八届二次全体会议，会上区纪委书记曾繁伟传达中央和省、市纪委全会精神，研究部署近期纪委工作安排。同时，区纪委委员对“三述”（述职、述廉、述德）人员进行测评和书面评议。

【区纪委八届二次会议】　2017年2月14日上午，中共梅州市梅江区纪律检查委员会在区委、区政府礼堂召开八届二次全体会议，会议传达中央和省、市纪委全会精神，回顾总结2016年全区纪律检查工作，研究部署2017年任务。区五套班子全体领导、区法院院长、区检察院检察长、区纪委委员、各镇（街道）党政主要负责人和纪（工）委书记、区直副科以上单位主要负责人和分管纪检监察工作干部、区直各系统纪委书记、直属机关纪工委书记、市属驻区各单位主要负责人、区纪委各室（组）负责人以上干部等参加会议。区委书记潘小韬在会上强调，全区广大党员干部以中央和省、市纪委全会精神为行动指南，牢记使命、扛起责任，真抓实干、不负重托，不断开创党风廉政建设和反腐败斗争新局面，为率先全面建成小康社会提供坚强有力的纪律保证。会议由区长肖卫华主持。区委常委、区纪委书记曾繁伟代表区纪委常委会作题为《强化监督专责 忠诚履职担当 大力推动全面从严治党向纵深发展》的工作报告。会上，区纪委委员对“三述”人员进行测评和书面评议。会议审议表决通过了全会《报告》和《决议》。

主要工作

【学习贯彻中共十九大精神，强化政治责任】认真学习中共十九大报告和新修订的党章，学习习近平总书记对广东工作重要批示精神，深入领会习近平新时代中国特色社会主义思想的精神实质、理论体系、创新观点、实践要求，深入领会中共十九大关于推进新时代党的建设，坚定不移全面从严治党的重大决策部署，在学懂弄通做实上下功夫，牢固树立“四个意识”，坚定“四个自信”，增强维护核心的思想自觉和行动自觉，在思想上政治上行动上同以习近平同志为核心的党中央保持高度一致。遵守党的政治纪律和政治规矩，严格执行新形势下党内政治生活若干准则，严把选人用人关，2017年办理党员干部党风廉政情况回复58人次，做到层层把关、签字背书，确保“党风廉政意见回复”工作全程留痕、有据可查，防止“带病提拔”“带病评优”。坚决落实肃清李嘉、万庆良流毒影响和清除朱泽君、林碧红、叶胜坤、周章新等人在梅州政治生态上的不良影响，进一步净化梅江政治生态。同时，联合区委组织部等单位组成3个换届风气督导巡察工作组，对全区126个村（社区）进行换届风气督查，先后开展换届风气巡察80多次，召开座谈会20多场，查阅各类文件、档案、资料120余份，个别访谈、随机走访干部群众70多人次，以铁的纪律确保换届工作风清气正。

【监督执纪“四种形态”综合运用】　2017年，梅江区纪检监察机关共受理信访举报件106件（其中重复29件），应核77件，已核77件，核查率100%。加大案件查处力度，全年共立案

38件，审结40件（含2016年未结2件），比上年上升18.8%。给予党纪政纪处分39件39人，组织处分1人（其中镇、街道纪委立案14件）。实现腐败存量进一步减少，腐败增量得到有效遏制。综合运用监督执纪“四种形态”（党内关系要正常化，批评和自我批评要经常开展，让咬耳扯袖、红脸出汗成为常态；党纪轻处分和组织处理要成为大多数；对严重违纪的重处分、作出重大职务调整应当是少数；而严重违纪涉嫌违法立案审查的只能是极少数），把纪律和规矩挺在前面，全年全区纪检监察机关运用“四种形态”处理85人次。认真落实执纪审查安全责任制，严守执纪审查安全底线，全年累计投入70多万元完善区、镇（街道）两级谈话点建设，提升办案管理规范化水平，保持执纪审查“双安全”“零事故”。同时，加强办案专职陪护队伍建设，联合区人武部招聘12名专职陪护应急队员，有效保障办案需求。

【营造风清气正的良好政治生态】 落实中央八项规定精神作为改进作风的突破口，坚持暗访、曝光、查处、追责“四管齐下”，驰而不息纠正“四风”，2017年共开展明察暗访活动42次，比上年增长31%；出动人员100多人次，查访单位113个。对暗访发现长沙镇某村低保“错保”问题、金山街道办节日值班等问题进行严肃问责，推动党员干部思想、观念和作风的持续转变。精心制作作风暗访片4期，并将典型案例在纪教月动员会上播放曝光，用身边事教育身边人，让全区党员干部引为镜鉴，绝不让“四风”问题反弹回潮。建立健全抓早抓小工作机制，综合运用谈话提醒等方式处理党员干部存在的苗头性、倾向性问题和轻微违纪问题。全年全区共开展谈话提醒1925人次，比上年增长93.08%，其中处级干部71人次、科级干部1854人次；“咬耳扯袖”1909人次，“红脸出汗”16人次。并对全区各单位开展谈话提醒工作情况进行通报，提出工作要求，促进干部日常教育和监督管理的常态化、规范化。同时，坚持实事求是，澄清保护党员干部18人，维护干部干事创业积极性。

【推进国家监察体制改革】 国家监察体制改革试点工作启动后，梅江区紧紧围绕中央、省、市关于监察体制改革的决策部署和有关要求，区委主要领导带头履行“施工队长”职责，站在改革第一线靠前指挥，区纪委认真落实专职责任，协助区委抓好沟通协调和具体落实，形成党委负主责、纪委负专责、相关部门协调配合的工作格局。通过制定详细实施方案，明确时间表、“路线图”和任务清单，倒排工期，落实责任，顺利完成编制划转、办公场所设置、机构组建、人员转隶等工作，有力推进改革试点工作。

【巡察派驻“双轮驱动”】 2017年，梅江区严格按照中央、省、市部署要求，扎实推进党委巡察和纪委派驻机构改革工作，聚焦全区中心工作大局，突出从严管党治党、狠抓正风肃纪两大关键，积极推动巡察监督工作开展。根据中央、省委统一部署，按照区委巡察“三年全覆盖、两年回头看”目标任务要求，成立区委巡察工作领导小组，组建巡察工作机构，拟组建巡察组2个，大力开展巡察工作。至年末，开展两轮巡察工作，共对8个区直单位、镇（街道）开展常规巡察，并组建2个扶贫领域专项巡察组对全区10个省定贫困村进行全覆盖巡察。抓严抓实巡察成果运用和问题整改，巡察发现问题线索88条，立案7宗，移送司法机关3人。加强对派驻纪检组的领导和管理，将8个派驻纪检组调整为6个派驻纪检组，调整优化机构设置，加强培训和业务指导，党内监督“前哨”作用、“探头”作用进一步显现。

【深入开展专项治理】 围绕打赢脱贫攻坚战，深入推进涉农领域腐败问题专项治理，制订印发《关于对扶贫政策落实情况开展入户核查的工作方案》和《涉农领域腐败问题专项治理方案》，紧盯扶贫救助、涉农补贴、农村集体“三资”（资金、资产和资源）管理等重点领域，以扶贫领域和涉农补贴等惠民政策落实情况入户核查为切入点，对涉农领域腐败问题线索进行“大起底”。2017年，区、镇、村三级联合开展对梅江区12个重点惠民项目进行清理清查，共入户9115户，核查率100%。通过核查发现需整改问题61个，落实整改资金58.2万元，惠及农户2062户，并对低保“错保”2名相关责任干部进行问责，维护群众切实利益。着力抓好惠民信息公开平台建设，2017年梳理惠民信息48个项目，涉及15个区直单位，完成2016年和2017年的数据录入，共录入上传数据859510条，发布数据856040条，有效保障群众的知情权、监督权，对扶贫领域腐败和不正之风形成有力震慑和遏制。

【廉政教育】　结合全区开展“转作风、比奉献、树形象”活动，重点开展“十个一”（举办一次家风家训征集活动、开展一轮家风专题大讨论、举办一场家风专题讲座、组织一场干部家属座谈会、编印一本“家风”书籍、举办一次家风家训展示活动、打造一个家风网络宣传平台、组织一次走访活动、举办一次廉洁家风书画展、开展一次革命传统教育活动）家风建设活动，在全区扎实推进以“讲政治、强党性、严纪律、守规矩”为主题的纪律教育学习月活动。精心制作作风暗访片4期，重点曝光西阳镇部分干部落实惠民措施不及时、金山街道“五一”假期值班人员不在岗等“慢作为”“不作为”典型案例。2017年，主办全区“廉洁火炬杯”党规党纪知识竞赛，各镇、街道及区直系统的6支参赛队伍通过层层选拔，组队代表全区参加全市竞赛荣获一等奖。在全区纪检监察系统开展“建设廉洁家风．弘扬传统美德”主题活动，以组织开展“十个一”活动为抓手，深入挖掘中华传统文化中蕴含的思想精华和道德精髓，引导全区纪检监察干部带头注重家庭、家教、家风，廉洁修身、清正齐家。联合团区委、区文联等单位举办“传承廉洁家风，弘扬传统美德”主题画展、“梅江墨香扬家风”书法作品展，共同营造廉洁家风浓厚氛围，累计发放各类学习资料2500多册。

【队伍建设】　结合“两学一做”学习教育活动，深入推进“转作风比奉献树形象”主题活动，认真开展“一想二看”专题讨论，按照“忠诚干净担当”六字标准，从不敢担当、思路不清、急功近利、作风漂浮、“主业”意识不强五个方面开展对照检查，把抓好问题整改和加强队伍建设有机结合起来，激发全体纪检监察干部干事创业、担当作为的有效内驱动力。注重加强能力建设，提升纪检监察干部履职能力。2017年机构人员变动较大的状况，采取学习讲堂、集中培训、网上考学、岗位锤炼等措施，形成崇尚学习、钻研业务的浓厚氛围。全年先后组织机关干部进行纪律审查、巡察业务等专业知识培训100余人次；选派3名综合素质好、发展潜力大的优秀年轻干部，到市纪委挂职锻炼；推进内部交流，全年有6名科级干部轮岗，全面提高干部的能力素质和工作水平。

（范科登）

2017年区纪律检查委员会领导名录

书　记：曾繁伟

副书记：叶怀忠　谢文梅

2017年区纪律检查委员会科室领导名录

纪委常委：叶锦科　胡俊坛　曾洁菲（女）
陈强华

监察局局长：叶怀忠（任至12月）

监察局副局长：罗健泉（任至12月）

办公室主任：胡俊坛（任至5月）
张天然（5月任）

信访室主任：罗洁菲（女）

巡察办主任：叶锦科（5月任）

巡察办副主任：包秀琴（5月任）

党风政风监督室主任：叶锦科（任至5月）

党风政风监督室主任： 朱垲伊（12 月任）
第一纪检监察室主任： 黄学全
第二纪检监察室主任： 陈雁春
第三纪检监察室主任： 廖　瑛（女）
第四纪检监察室主任： 周柳曦（女）
第五纪检监察室主任： 李政玉
组织宣传室主任： 戴　桦
案件审理室主任： 陈强华

2017 年 2 月 14 日上午，中共梅州市梅江区纪律检查委员会召开八届二次全体会议

民主党派·工商联

民革梅江区总支

【简述】 2017年，中国国民党革命委员会梅州市梅江区总支委员会（以下简称民革总支）深入贯彻学习中共十八届六中、七中全会精神，学习中共十九大会议精神，学习习近平总书记系列重要讲话精神，贯彻市、区统战工作部署，统一民革党员思想认识，以“同心”思想为引领，紧紧围绕梅江区委、区政府的中心工作，大力加强自身建设，积极开展参政议政、民主监督、社会服务和促进祖国和平统一，立足本职岗位，做好本职工作，服务梅江，建设梅江。

【思想建设】 民革总支通过召开系列会议和开展学习、参观等活动，深入学习贯彻中共十九大、全国“两会”、习近平重要批示精神和民革广东省十三大会议精神，深刻领会习近平新时代中国特色社会主义思想，增强“四个意识”，坚定“四个自信”，统一全区民革党员思想意识和政治共识，做到与中共中央紧密团结，不忘合作初心、继续携手前进。2017年，民革总支主委李绮琼参加梅州市民主政治建设专题培训班（清华大学）学习，民革总支副主委钟蔚玲和委员罗文波参加梅江区民主政治建设专题培训班学习，民革总支骨干党员参加民革梅州市委会组织的参政议政及统战信息工作培训班学习，民革总支骨干党员参加市政协组织的“弘扬优秀传统文化，实现民族伟大复兴”“航天梦，中国梦”等学习讲坛专题报告会，民革总支组织党员到西阳镇白宫河畔社会主义核心价值观主题公园参观学习。通过各种培训学习，对民革骨干党员的培训，提升民革党员思想政治素质。通过参观考察，民革党员进一步强化核心价值观意识，提升精神境界。

【参政议政】 民革党员积极参政议政，参加专题调研等活动，发挥参政党作用。2017年，参加民革市委会组织《加强农产品品牌建设，助推农产品提质增效》的专题调研，参与民革广东省委来梅关于农业、环保、康养、美丽乡村建设等专题考察调研；提交《关于加强和谐社区建设的建议》《关于加强对广大儿童寒暑假期间的管理建议》《关于在G206线湾下至长沙段安装路灯的建议》等。通过专题调研、参政议政等活动，民革党员进一步提高参政议政水平，提升党派的良好形象。

【博爱牵手】 开展“博爱牵手”扶危济困活动，是民革的优良传统。2017年，民革梅江区总支开展“发扬传统美德，夯实民革博爱牵手”主题实践活动，以“敬老月”为契机，到梅州市福利院、西郊鸿福老年公寓开展敬老爱老助老惠老活动，组织访问抗战老兵活动。关心民革党员身体健康、家庭生活等，慰问生病民革老党员及直系亲属，给民革老党员送上组织的关怀和温暖。

【同心活动】 迎接中共十九大胜利召开，民革总支开展“传诵红色经典，喜迎盛会召开”“共画同心圆，喜迎十九大”诗歌朗诵活动，组织民革党员参加省委统战部开展“共画同心圆，喜迎十九大”征文，民革总支副主委钟蔚玲撰写的《瞧这民革一家子》获征文优秀奖。学习贯彻落实中共十九大精神，深刻领会和准确把握十九大精神实质，组织民革党员在梅州学宫参观学习宣传贯彻中共十九大精神图片展，不断增强民族自豪感，坚定新时代美好未来的信心。组织民革党员参加“民革党员多彩三月”活动，通过植树纪念革命先辈孙中山。通过趣味文艺活动，培养团结协作精神，增强民革基层组织的凝聚力和向心力，激发民革党员的生机和活力。组织民革党员参观“梅江古韵——郭惠明美术作品展”，激发广大民革党员热爱梅江、热爱家乡的感情。召集民革党员主动参与梅州“创文”行动，为“创文”进行知识宣传和舆论宣传。

【岗位建功】 2017年，民革总支一支部获评广东省优秀基层支部，民革总支副主委钟蔚玲在年度考评中评为优秀等次、获2016—2017年度梅江区英语口语优秀组织奖，民革党员侯利玲在师德征文比赛中获区级三等奖、教学论文获区级二等奖，民革党员刘颖成获市“普法先进工作者”荣誉称号，民革党员温雪芬、李绮琼获聘“梅州市创建全国文明城市文明监督员”，李绮琼聘为梅州市审计局特约审计员。(李绮琼)

2017年民革梅江区总支领导名录

主　委：李绮琼（女）

副主委：胡德兴　钟蔚玲

民盟梅江区总支

【简述】 2017年，中国民主同盟梅江区总支委员会（以下简称民盟总支）坚持以习近平新时代中国特色社会主义思想为指导，深入学习贯彻中共十八届六中、七中全会精神，学习中共十九大会议精神，学习习近平总书记重要系列讲话精神，牢固树立“四个意识”，坚定“四个自信”，贯彻落实市、区统战工作部署，紧紧围绕区委、区政府的中心工作，继承和发扬民盟优良传统，全面加强自身建设，积极建言献策，切实履行参政议政，立足本职岗位，关注社会发展的热点，扎实开展社会服务，助推“诗画梅江、文明客都”建设做贡献。

【思想建设】 通过集中与网络交流相结合，组织学习贯彻中共十九大精神、习近平总书记对广东工作重要批示精神、民盟十二大工作报告等专题学习，组织盟员到蕉岭谢晋元故居及纪念馆、丰顺东江第一次工农兵代表大会旧址和李坚真纪念馆、福建长汀革命旧址（“重走红军路，学习中国共产党建党建军历史”活动第二站）等地进行革命教育学习。通过学习活动，盟员进一步树立“四个意识”，坚定“四个自信”，提升政治把握能力、参政议政能力、合作共事能力和解决自身问题的能力。

【组织建设】 进一步夯实组织建设，稳步推动组织发展。本着“坚持标准、注重质量”的原则，2017年发展新盟员4名。各支部盟员活动踊跃，组织凝聚力得到不断增强，民盟梅州中学支部组织盟员前往兴宁市以“客家文化、美丽乡村”为主题的参观学习，盟员教师们过了一个印象深刻的教师节。关心退休盟员，2017年春节分别上门慰问12名80岁以上的老盟员，重阳节召开全区退休盟员座谈会，为老盟员送上组织的关心和节日问候。

【参政议政】 民盟总支努力探索新形势下参政议政有效机制，通过多层次、多形式、多方面的努力，提升参政议政实效。2017年5月，向区政协提交《关于加强农村文化俱乐部建设繁荣农村文化的建议》等3份提案。8月，通过调研及召开座谈会，向区委书记提交《关于提升梅州中学办学质量的思考》，得到区委书记朱国城批示，加快梅江区教育改革的步伐。10月，组织总支委员和各支部主委参观梅城江北泰康路升级改造等建设重点项目，详细了解梅江区在提升城市品位、城市重点项目建设、民生福祉等方面取得的成绩。民盟总支承担2017年梅州市党派团体的调研课题《发展富硒长寿食品助推我市农业供给侧改革的思考》，调研报告荣获梅州市二等奖。

【社会服务】　区总支盟员充分发挥自身特色优势，积极参与社会服务。2017 年 6 月，全区盟员扶贫捐款共计 5760 元；7 月，梅江区总支与华农团委在长沙镇中心小学开展暑期“三下乡”（青年人将城市的科技、文化和卫生知识带到社会发展相对落后的偏远地区，向当地人传授知识）共建活动，活动由区总支派出部分资深教师作现场指导，华农团委派出社会实践团 7 位大学生分别为小学生上课，把希望和快乐带给乡镇儿童。10 月，在长沙镇上罗村委会召开 2017 年民盟梅江区总支扶贫助学座谈会，资助困难学生。同时，为每位困难学生派出“手拉手”促成长的指导老师，旨在通过精准扶智，为贫困家庭培养摆脱贫困的内生力量。

【岗位建功】　总支盟员在岗位上建功立业，突显盟员的形象与风采。2017 年 3 月 15 日，广东省第三批名班主任工作室“省名班主任工作室林丹工作室”在梅州中学揭牌，为梅州市唯一的省名班主任工作室。教师节，盟员张瑜、赖辉平分别获得市优秀班主任和市优秀教学工作者称号，盟员吕林泰、李素华、刘梅宁、叶小红受到区教育局表彰。2016 年度梅江区中学优秀教学论文评比，盟员曾碧珍、汤利琴获得一等奖，盟员温运梅、李新梅、陈小丹获得二等奖。2017 年度梅江区普教系统教育科研立项课题结题项目盟员主持的课题 2 项，由盟员主持申报的 5 项课题获得梅州市第九届教育科研立项。　（徐　莉）

2017 年民盟梅江区总支领导名录

主　委：徐　莉

副主委：余再春　刘忠强

民建梅江区总支

【简述】　2017 年，中国民主建国会梅州市梅江区总支委员会（以下简称民建总支）坚持中国共产党领导的多党合作和政治协商制度，紧紧围绕市委、市政府、区委、区政府的重大决策，坚持民建特色，发挥民建优势，加强自身建设，积极参政议政，创新社会服务工作，各项工作取得新的成绩和进步，为梅江区经济建设做出应有的贡献。

【思想建设】　民建总支把学习习近平总书记的重要讲话作为首要的政治任务，深入贯彻和落实中共十九大的精神实质和重要意义，深刻领会习近平新时代中国特色社会主义思想、基本方略、战略安排，作为民建参政议政的理论遵循，做到学以致用、知行合一，做学习贯彻中共十九大精神忠实的传播者和实践者。加强统战理论学习，定期召开支部会议，加强会章会史的学习和宣传，会员充分认识到，中国共产党在中国特色社会主义建设事业的领导核心地位和作用，始终不渝地坚持中国共产党的领导。进一步统一思想认识，用中国特色社会主义理论武装思想，坚定走中国特色社会主义道路的信念，让每个会员成为“政治上信得过、工作上靠得住”的合格“民建人”，展现新时期民建人的精神风貌。

【参政议政】　紧紧围绕梅江区的经济发展大局选择重点调研课题，坚持以强烈的政治责任感和历史使命感，多层次、多角度广泛地开展调研活动，并提交高质量课题。组织全体会员，了解会员企业，听取情况反映，收集提案素材，积累第一手资料。调动会员参政议政的积极性，发挥会员联系面广、专业熟悉的特点，提高调查研究的深度和针对性，使会员提交的社情民意从不同层面反映社会热点和难点。2017 年召开二次参政议政工作座谈会，研究和部署参政议政工作。在市、区“两会”期间，提交“推动全民阅读，共建诗画梅江”——关于提升梅江区全民阅读等提案。

【组织建设】 不断加强组织建设，努力提高整体素质。一是加强作风建设，推动基层组织发展。围绕“不忘合作初心，继续携手前进”主题教育活动，大力加强班子作风建设，班子成员到联系支部参加会议或基层组织活动，听取意见建议，推动基层组织工作。二是丰富活动内容，创新活动方式。2017 年区民建总支、支部先后开展丰富多彩的活动，民建总支主委带领班子成员开展慰问退休会员活动，走访会员企业，帮助尚记食品、光合文化传媒等企业解决困难。三是加强后备干部队伍建设。坚持“德才兼备、以德为先”的用人标准，注重在各行业中发现人才、培养人才，并积极向上级有关组织推荐优秀人才，同时发展财政局一名业务骨干加入民建组织。2017 年，民建总支被民建省委会评为“先进基层组织”，会员黄振宁、叶常春被评为省级民建优秀会员、梅州市优秀教师，会员梁宝钧的企业梅州市客之旅旅行社被评为梅州市十佳优秀旅游企业，会员杨尚元的企业尚记食品被评为梅州手信等。

【服务社会】 立足本职工作，锐意进取，乐于奉献，创新创优，以良好的精神面貌和丰硕的业绩赢得单位或社会的好评。民建总支组织全体会员积极开展扶贫济困、推动全民阅读等社会服务活动，2017 年，会员个人和会员企业累计捐资捐物折款约 1.5 万元。民建总支到贫困村西阳镇太平村开展扶贫济困关爱老人活动，捐资 3400 元，为 68 名 80 周岁以上贫困老人购买价值 50 元的“老年人意外伤害综合保险”，提高贫困老年人抵御风险能力和生活质量。2017 年梅州市客之旅举行关爱老人活动，捐赠 5000 元。机关会员充分利用本职岗位，积极为企业服务，全年共为企业争取省各类专项资金 50 多万元，缓解企业融资困难。会员以自己的实际行动诠释饮水思源、回报社会的良好品德，显现民建会员强烈的社会责任感，树立民建会员的社会形象。 （谢送平）

2017 年民建梅江区总支领导名录

主　委：曾思敏（女）

副主委：谢送平（女）　涂军荣　黄振宁

民进梅江区总支

【简述】 2017 年，中国民主促进会梅州市梅江区总支委员会（以下简称民进总支）坚持以习近平新时代中国特色社会主义思想为指导，坚持“有思有行、集智聚力、顺势而为、开拓创新”工作方针，深入学习贯彻中共十九大和习近平总书记系列重要讲话精神，坚持和发展中国特色社会主义学习实践活动为主线，不忘合作初心，继续携手前进。以机关建设为主题，不断加强自身建设，努力提高履职能力和水平，各项工作平稳有序开展。至年末，民进总支有支部 12 个，会员 135 人。

【理论学习】 民进总支召开总支委员扩大会议，及时组织全区会员深入学习贯彻中共十九大精神、习近平总书记系列重要讲话精神、关于广东工作的重要批示精神，学习民进十三届五中全会和中共广东省委十一届七次、八次全会精神和“不忘合作初心，继续携手前进”的专题教育，进一步增强“四个意识”和“四个自信”，提升围绕协调推进“四个全面”战略布局、落实“五大发展理念”（创新、协调、绿色、开放、共享）以及实现广东“三个定位、两个率先”目标贡献力量的自觉性。把握“四个坚持、三个支撑、两个走在前列”的要求，开展坚持和发展中国特色社会主义学习实践活动。进一步提高广大会员的政治素质，不断深化政治交接的时代内涵，保证中国特色社会主义参政党的进步性和广泛性奠定坚实的思想基础。坚定以党为师、立会为公的信念，进一步凝聚会员力量。

【自身建设】 注重组织建设，不断增强组织活力。2017年是基层组织换届年，换届工作中，根据《中国民主促进会章程》有关条例，加强领导，认真谋划，严格把关，规范操作，至12月，各基层支部换届改选工作圆满完成。“三八”妇女节，民进总支组织梅江区女会员到梅县区九龙嶂革命教育基地参观，学习感受红军革命精神。通过参观学习，会员接受深刻革命传统教育，纷纷表示在学习和工作中自觉践行革命精神，在思想和行动中自觉践行社会主义核心价值观，为推动梅江区经济社会发展做出积极贡献。重视组织发展工作，坚持以德为先的发展原则，在与申请入会会员所在部门党组织沟通的前提下，经过长期细心考察发展新会员。充分保持民主促进会教育文化界别特色的基础上，发展其他领域的优秀人员加入民主促进会。2017年发展3名年轻新会员，其中企业界1人、卫生界1人、公务员1人。会员年龄和界别不断优化，履职能力不断加强。

【参政议政】　积极参加区委、区政府组织的各种征求意见会、座谈会，知情明政，提出建议有理有据，切实体现民进总支的参政议政能力。2017年市、区“两会”期间，民进会员人大代表、政协委员围绕梅州市和梅江区经济、教育、文化旅游、公共管理等群众关心的热点难点问题，积极建言献策，共提交建议、提案11件。建议、提案很具针对性，取得较好的社会影响，其中《关于加强整治和规范梅州城区午托机构管理的建议》被市政协评为优秀提案，《关于改善提升东升工业园基础设施的建议》《关于加大中小学教师到教育发达地区跟岗培训学习的建议》《关于加快建设养老服务体系的建议》《关于合理开发旅游资源推进我区全域旅游的建议》《关于梅江教育振兴发展的几点建议》等被相关部门高度重视，予以采纳，收到良好的效果。积极参与民进省委会的议政调研课题申报，2017年民进总支《关于规范和整治城区午托机构管理的建议》课题中标，被确定为2017年度民进广东省委议政调研课题。8月，组成调研组前往深圳、云浮、佛山开展“规范和整治城区午托机构管理”的专题调研，深入了解规范和整治城区午托机构管理方面的经验做法，形成调研报告，递交民进省委会。

【岗位建功】　2017年，梅师附小会员刘文雄被评为梅州市优秀教练员，谢芳主委被评为梅江区优秀体育工作者，实验中学支部会员黄李忠被评为梅江区优秀教师、梁映环被评为梅江区优秀德育工作者，人民小学支部会员黄健容被评为梅江区教学工作先进教师、杨秀春获得梅江区首届小学语文教师素养大赛二等奖，嘉应中学支部会员吴秋芳被评为梅江区优秀班主任，光远小学支部会员张映红参加首届梅江区小学语文教师素养大赛荣获一等奖。全年有21名老师会员撰写的论文荣获国家、省、市、区奖励。

【社会服务】　组织会员积极参与民进市委会开展的“共创成长路”关爱留守儿童的义教服务系列活动，2016—2017年民进总支在大埔县三河镇汇城中山学校和八一红军纪念小学，继续开展关爱留守儿童的义教服务系列活动，不仅出钱出力，还积极组织会员教师利用双休日参与每周六进行的义教。义教服务系列活动不仅丰富200多名山区留守儿童的课外生活，提升留守儿童的兴趣爱好空间，还为留守儿童拓展社会交往平台和学习创新能力平台，受到当地群众和学生的热烈欢迎。2017年扶贫济困捐款中，民进总支全体会员积极响应，共捐款28830元，为贫困学子尽绵薄之力。　（谢　芳）

2017年民进梅江区总支委员会领导名录

主　委：谢　芳（女）

副主委：黄李忠　刘　华

农工党梅江区总支

【简述】　2017年，中国农工民主党梅州市梅江区总支委员会（以下简称农工党总支）紧紧围绕区委、区政府中心工作，认真履行参政党职能。中共十九大召开后，按照农工党中央、省委会和市委会的要求，以马列主义、毛泽东思想、邓小平理论、“三个代表”重要思想、科学发展观和习近平新时代中国特色社会主义思想为指导，全面学习宣传贯彻中共十九大精神，不忘合作初心、继续携手前进，同心聚力、扎实履职，做适应新时代要求的中国特色社会主义参政党。

【政治学习】　农工党总支坚持以政治学习和思想教育为根本，组织党员认真学习中共十八届六中、七中全会精神、中共十九大精神、习近平总书记系列重要讲话精神、省委全会和市委全会及区委全会精神以及农工党十六大精神。紧紧围绕梅江区振兴发展的战略要求，解放思想、刻苦学习、积极创新。通过学习，不断提高接受中国共产党领导的坚定性，不断提高政治把握能力，坚持遵循多党合作的政治准则，更加坚定不移高举中国特色社会主义伟大旗帜，坚定理想信念，增强“四个意识”，坚定“四个自信”，做到严格遵守政治纪律和政治规矩，坚定维护以习近平同志为核心的中共中央权威和集中统一领导，提高政治站位、政治觉悟，增强政治定力、政治担当，真正把思想和行动统一到中共十九大精神上，全体党员不忘合作初心，始终与中国共产党同心同德、同心同向、同心同行，坚定不移地沿着中国特色社会主义道路前进。2017 年 4 月 12—14 日，丘元强主委参加全市县级领导班子成员学习贯彻十八届六中全会精神研讨班学习；6 月 15—26 日，丘元强主委，黄庆康、练伟东副主委参加梅江区民主政治建设专题培训班学习；12 月 5—9 日，丘元强主委参加全市县处级领导干部学习贯彻中共十九大精神第二期轮训班学习。农工党总支委员参加农工党市委会组织到福州市“不忘合作初心，重走先辈道路”主题教育活动；农工党总支党员参加农工党市委会组织的中共十九大精神学习和到大埔“三河坝战役纪念园”参观学习。

【组织建设】　农工党总支把自身建设和组织发展作为一项长期战略任务，鼓励农工党员加强学习，不断提高政治思想觉悟和素质，关注农工党员学习、工作、生活，让农工党党员感受组织的温暖。加强基层组织建设，开展形式多样的学习活动，注重政治思想素质，物色和培养业务骨干学习农工党党章党史等有关知识。2017 年，农工党总支有党员 42 人，其中男 24 人、女 18 人；医卫界 25 人，教师 15 人，其他技术人员 2 人；在职 20 人，退休 22 人；高级职称 13 人，其中正高 3 人、副高 10 人。

【参政履职】　积极参政履职，围绕区委、区政府的中心工作，认真开展调研，为梅江振兴发展和“诗画梅江、文明客都”建设建言献策。2017 年，农工党员担任市政协委员 1 人、区政协委员 3 人（其中 1 人为区政协副主席）、区人大常委 1 人。农工党政协委员积极参加市政协、区政协各种学习活动，丘元强主委参加区政协各项主席视察、常委会视察、专题议政和农工党市委会重点课题的调研考察，带领区政协学习和文史委、科教文卫体委专委会委员视察和专题调研活动，参加市政协的视察、专题调研等活动。黄庆康副主委、钟素娟党员参加区政协港澳台侨外事专委会的调研活动。练伟东副主委参加区人大常委会各项会议活动。农工党总支提案《关于加强校园周边食品安全监管的建议》为 2017 年区政协主席督办提案。

【岗位建功、服务社会】　农工党总支党员在做好本职工作的同时，充分发挥专业特长，参加社会服务，立足本职，爱岗敬业，在各自的工作岗位上取得一定的成绩。积极进行科研，总结经验，发表论文 8 篇。2017 年，农工党主委丘元强被评为“梅州好医生”、全国老中医药专家学术经验继承工作导师，农工党员丘元强、练伟东、谢美兆、谢子龙、王苹受聘为广东中医师承导师，钟素娟、熊佳瑜、李萍分别获得优秀论文奖。农工党主委丘元强为省中医名科、省重点专科学科带头人，带领练伟东、谢美兆、谢子龙、叶建明、钟浩、王苹、徐慧萍、刘佳丽、谢满香发挥龙头科室和骨干力量作用，突出中医特色优势，为创建梅州市首家三甲中医医院做出贡献。2017 年梅州市第二中医医院“送医送药”扶贫义诊活动，多名农工党员参加，以农工党员专家为主的区政协、市第二中医医院到白宫义诊活动。同时，积极参加扶贫济困助学活动，农工党总支党员共捐款 6000 多元，其中丘元强主委为教育基金捐款 2000 元、扶贫济困捐款 800 元。（丘元强）

2017 年农工党梅江区总支领导名录

主　委：丘元强

副主委：黄庆康　练伟东

致公党梅江区总支

【简述】　2017 年，中国致公党梅州市梅江区总支委员会（以下简称致公党总支）积极贯彻落实中共十八届六中、七中全会精神和十九大会议精神，勤奋工作，加强思想和组织建设，积极参政议政，发挥参政党应有的作用。年末，致公党总支有支部 3 个，为区直支部、梅州支部和水白中学支部，党员 37 人。

【自身建设】　开展政治思想教育，结合实际，学习贯彻落实中共十九大会议精神，增强致公党员自觉接受中国共产党领导，走中国特色社会主义道路的信念。为迎接致公党建党 92 周年和中秋节，致公党总支举行联欢会，给退休的致公党老党员送上节日的礼品，表达慰问之情。致公党总支组织全区党员参加“共画同心圆，喜迎十九大”征文活动，学习宣传十九大报告，撰写心得体会。致公党总支积极响应区委、区政府倡议，捐助梅江区振兴教育发展基金。同时，组织部分党员参加省、市、区举办的党外干部培训班。

【参政议政】　积极组织参与区外事侨务局等区直单位的对口联系工作，群策群力写好提案和大会发言。梅州市“两会”期间，致公党总支主委罗向明当选为梅州市政协七届常委，并作《关于加快培育建设特色小镇的建议》大会发言。致公党总支副主委邱梅被推选为梅州市人民监督员，并在市人大会上提出《关于开展形式多样的文化活动突显“文化之乡”品牌的建议》《关于自然村光纤网络覆盖的建议》等提案。同时致公党总支积极响应致公党广东省委会 2017 年参政议政招标课题立项的通知精神，通过组织致公党员先后到上海、浙江和广东省部分市县参观学习和调研，提出《健全广东蔬菜质量安全追溯体系的建议》提交致公党省委会作为个人提案提交省政协大会，提案在市委统战部关于党派团体调研成果评选中被评定为三等奖。致公党总支的政协委员，积极参加各自所在专委会的视察调研。

【立足本职、岗位建功】　2017 年，致公党总支主委罗向明组织党派医务人员到平远县大柘镇开展义诊活动，免费赠送贫困户家庭日常使用便药 100 盒，为政协委员之家捐款 1 万元，用于扶贫济困。组织带领公司员工到城北敬老院、东郊敬老院、梅州市福利院进行走访慰问活动，对贫困村进行扶贫结对帮扶。2017 年，主委罗向明被致公党中央授予 2017 年“中国致公党社会服务工作先进个人”荣誉称号。致公党员彭雄飞获评梅江区优秀教师，带队参加梅江区“区长杯”青少年校园足球联赛总决赛获第五名，2017 年 2 月、3 月分别发表《小学蹲踞式起跑技术要领及教学步骤研究》、《小学足球队德育研究》论文登载期刊《新课程》，中秋节到市福利院参加迎中秋送温暖活动。致公党员梁佳榻参加“网络诚信 消费无忧”为主题的

"3 · 15" 消费者权益日宣传活动，宣传法律法规，并参与"文明交通"志愿服务行动。致公党员何银芳作为志愿者开展"送医 · 送法进社区，涯为创文添把劲"的服务活动。致公党员蓝彩燕获评梅州中学优秀教师，刘蕴平在梅江区年度考核中获优秀，廖义生获评梅江区教学工作先进教师，冯海英获评梅江区优秀班主任，钟惠玲晋级为语文中学高级教师，陈雷英晋级为英语中学高级教师。（邱　梅）

2017 年致公党梅江区总支领导名录

主　委： 罗向明

副主委： 邱　梅（女）　彭燕平（女）

九三学社梅江区支社

【简述】 2017 年，九三学社梅州市梅江区支社坚持党的四项基本原则，拥护中国共产党的领导，热爱社会主义祖国，忠诚党的教育事业；认真学习中共十八届六中、七中全会精神和十九大会议精神，认真学习习近平总书记系列重要讲话精神，坚持和发展中国特色社会主义学习实践活动为主线，不忘合作初心，继续携手前进。坚守工作岗位，遵纪守法，严于律己、加强自身建设，紧紧围绕建设幸福梅江的发展目标建言献策，立足本职工作，努力开创各项工作新局面，为梅江区创建国家文明城市建设发展贡献力量。年末，九三学社梅江区支社有社员 14 人。

【参政议政】 2017 年，参加市、区政协、人大会议期间，积极调研，撰写提交提案建议，九三学社社员刘俊方提交《关于保障体育老师福利待遇的建议》《发挥体育社会指导员的作用，开展社区体育活动的建议》，梅江区支社副主委江冬梅提交《关于改进全市中小学生校服品质的建议》《关于加强城区学校周边流动摊点管理的建议》等提案和人大建议。

【岗位建功】 立足本职做好各项工作的同时，积极发挥个人专长，服务社会。2017 年，社员刘俊方荣获梅州市优秀教练员、梅州市优秀裁判员、梅江区优秀教练员。

【自身建设】 九三学社梅州市梅江区支社通过各种形式，对社员进行政治思想教育，及时传达中国共产党各级各类会议精神，组织社员学习社中央和社省委文件精神，认真贯彻落实，以交友、座谈会、学习会和慰问等形式，让社员感受社组织的关心和温暖，增强支社的凝聚力。（江冬梅）

2017 年九三学社梅江区支社领导名录

副主委： 江冬梅

工　商　联

【简述】 2017 年，梅江区工商业联合会认真贯彻学习中共十九大精神、习总书记对广东工作的重要批示精神和省、市、区有关会议精神，紧紧围绕区委、区政府决策部署，牢牢把握"两个健康"（促进非公有制经济人士健康成长、促进非公有制经济健康发展）工作主题，为推动供给侧改革、加快苏区梅江振兴发展做出贡献。

【学习宣教】 扎实抓好学习中共十九大会议和习近平总书记系列重要讲话精神，认真贯彻落实统一战线一系列重大决策部署，进一步加强思想政治引领。深入学习实践习近平总书记对广东工作的重要批示精神，注重与实际工作任务有机结合，与机关党建工作相结合，以习近平新时代中国特色社会主义思想为动力，统一思想，振奋精神，锐意进取。通过组织会员企业互动交流，参加企业管理人才培训，外出参观考察学习，召开座谈会等形式多样化活动，扎实推动理想信念教育实践活动的开展。开展

"守法诚信、共促和谐"法律宣传月活动，利用微信群、公众号、《梅江新闻》《新梅江》报刊等，采取多种形式学习，广泛宣传，特别是《梅江新闻》开播后，区工商联将每期《梅江新闻》直播上传微信群，引导非公有制经济人士正确认识非公有制经济在新形势、新常态下建设有中国特色社会主义的地位和作用，让广大非公有制经济人士了解梅江区的有关政策，抓住机遇，加快发展步伐。

【组织建设】 2017 年 3 月 17 日，区工商联召开六届二次会议，增选区工商联专职副主席，梁波获得参加会议全体执委全票通过，增选为专职副主席。2017 年在区委、区政府的关怀下，区工商联党组重新设立。按照"两学一做"学习常态化制度化的要求，结合"转作风比奉献树形象"主题活动，修订完善工商联机关管理制度，加强机关作风建设，增强服务意识，提高工商联工作科学化水平。围绕服务区委、区政府中心工作，发挥对口联系的独特优势，扎实推进基层商会建设，指导直属二级商会依照章程规范，全面提升服务能力，2017 年 5 月，江西会昌商会会址新办公楼建成并投入使用，商会会员有了一个"家"。致力发展壮大会员队伍，全年新发展会员 18 名。同时，加强会员数据库、常执委数据库和商会数据库建设。

【履职服务】 一是开展"暖企行动"，增强服务意识。区委常委、统战部部长罗红葆、区工商联主席古义龙带领工商联班子成员走访会员企业，2017 年，先后走访梅江区永兴房地产开发有限公司、梅州泰源贸易有限公司等 40 多家会员企业，开展"暖企"行动，详细了解企业生产经营状况和发展规划，用工情况，了解企业面临的实际困难和问题，征求企业对政府部门支持企业发展的意见和建议，听取会员企业对如何做好工商联工作的建议意见，主动帮助企业解决一些实际问题；加大银企合作力度，继续与客家村镇银行签订融资协议，为工商联会员企业提供 50 万元以上的信用贷款，全年共为会员企业提供贷款 167 笔共 2.1 亿元，有效缓解企业融资难问题；利用短信、会员微信群、微信公众号等平台，向广大会员企业定期发布投资、招商等相关信息，为会员企业提供信息服务；聘请中梅电子商务孵化港有限公司林汉文主任讲授《企业科技创新推广》知识，为会员企业普及科技创新知识及运用，更好地服务会员企业的发展；树立典型、弘扬先进，2017 年，一批民营企业和企业家受到上级有关部门表彰，广东义海德润投资控股有限公司辖下子公司荣获广东省守合同重信用企业（连续 14 年）、广东省菜篮子基地、梅州市重点农业龙头企业称号等荣誉，广东鸿艺集团有限公司及下属公司 2017 年获得全国青年文明号、亚洲照明设计奖、中国旅游行业杰出贡献奖、广东省守合同重信用企业（连续 19 年）等荣誉，广东嘉和微特电机股份有限公司 2017 年取得多个实用新型专利，梅州金苑餐饮管理有限公司荣获广东省守合同重信用企业、第四届全国海峡客家烹饪大赛"客家十大金牌菜点"银牌、2017 年广东省中式烹调师职业技能大赛团体金牌等荣誉，中梅电商认定为国家级科技企业孵化器培育单位，深圳天基权健康科技集团股份有限公司荣获高新企业证书，梅州市尚上升实业有限公司获得 2017 年广东省林业龙头企业，广东华力电气股份有限公司产品荣获中国电器工业协会"质量可信产品"等多项荣誉，梅州市志颖农资有限公司荣获全国百佳（优秀）农资经销商、全国十强农资渠道商转型先锋等荣誉，区工商联常委黄俊鹏荣获 2017 年中华粤创新厨艺大赛团体赛特金奖。二是发挥商会平台作用，开展内外交流活动。继续开展"创业在路上，走进会员企业"系列活动。2017 年 3 月 17 日，组织 70 多名会员企业到自家人农电商有限公司蔬菜基地和义海德润集团公司总部，参观企业生产、经营情况，了解企业文化，利用"创业在路上，走进会员企业"系列活动，会员增进交流、共享信息，分享经验、加强合作；组织梅县客家村镇银行股份公司、梅州市万宝贸易有限公司、中梅电子商务孵化港等会员企业开展交流活动，为企业相互借鉴、取长补短、增进合作提供平台；积极开展各项活力主题活动，组织会员组建羽毛球队，举行会员与其他商会及有关部门羽毛球队进行友谊比赛，会员在比赛中加强沟通，增进友谊，达到强身健体的目的，同时增强商会的影响力和凝聚力。三是构建“亲—清”新型政商关系。完善梅江区工商联主席联席会议，利用联席会议，着力在“联”字上下功夫、做文章；搭建党委、政府与企业、商会沟通协商的平台，加强与非公有制经济人士的联系；7 月 7 日，组织会员企业与区纪委举行篮球友谊赛，充分体现党委政府部门与企业之间“亲—清”新型政商关系，展现团结向上的精神风貌，营造热爱运动和积极健身的良好氛围，增进友谊。

【参政议政】　区工商联积极配合上级调研，做好关于开展《广东省企业和企业经营者权益保护条例》修订调研、企业成本与负担、关于推动梅州民营企业上市的专题调研等调查问卷。2017 年，向人大、政协提交议案 4 份、提案 7 份，向党政部门提交建议 4 份，完成各个调查问卷 40 多份。

【光彩事业】　积极参与省、市、区“关爱贫困人口，助力攻坚脱贫”2017 年广东扶贫济困日活动，区工商联共募捐善款 7 万多元。积极引导企业家参与公益活动，会员企业参与梅江区振兴教育发展基金募捐，10 月，梅州市太平洋投资有限公司筹资 10 万多元，举办 2017 梅江区喜迎十九大“自家人”杯羽毛球大奖赛，丰富梅州羽毛球业余爱好者的生活。

【联络交流】　组织学习考察活动，2017 年 5 月 3—8 日，区委常委、统战部部长罗红葆率区工商联经贸招商文化交流团前往四川、武汉两地考察交流，交流团通过实地考察企业经营情况，学习专业营销网络及先进的运营管理经验，广泛接触各界人士，深入了解企业的有关情况，增进政企联络交流，推进经济文化等领域交流合作。同时，在广安市参观邓小平故居，接受爱国主义思想教育，进一步增强“四信”教育。开展横向交流活动，9 月 13 日，区工商联及部分企业家到蕉岭县工商联开展学习交流活动，对如何推进基层组织法人治理规范化建设、企业经营等情况进行广泛交流。在第五届客商大会梅江区专场活动期间，全力做好嘉宾的邀请、嘉宾“一对一”联络接待服务，做好区委、区政府在梅江区招商推介会暨项目签约仪式、振兴教育基金启动仪式等系列活动。同时，加强梅江区籍在穗商之间交流，增进梅江穗商友情，弘扬梅江文化，凝聚梅江区籍在穗商力量，为广州、梅江经济社会发展做出贡献。积极引导成立广州梅江商会，做好在穗的梅江企业家、知名人士的调查摸底，对有关企业家进行登门拜访，召开座谈会、征求成立广州梅江商会的意见和建议。同时了解异地商会的发展动态，增强双向交流。

【挂钩帮扶】　2017 年，区工商联挂钩长沙镇下罗村，对村“两委”换届选举、城乡环境综合整治工作全程跟进，拨出工作经费 1.5 万元，支持村“两委”换届选举工作顺利完成，并积极创建省级卫生镇，营造整洁、文明、和谐的环境。

（吴伟韧）

2017 年区工商联领导名录

主　　席：古义龙

专职副主席：梁　波

副 主 席：蔡俊发　郑良六　廖勇祥　张洪彝　朱新建　吴梅昌　古向东　刘松生　李成钢　吴东超　左辉棠　蔡雪峰　饶国清　古绍夫　刘荣昌　陈　彬　方月英（女）　郑锦祥　郑选志

人民团体

总　工　会

【简述】 2017年，梅江区总工会紧紧围绕区委中心工作，深入开展“转作风、比奉献、树形象”主题活动，推进“两学一做”学习教育常态化制度化，以维护职工合法权益、发展和谐劳动关系为主线，开展维权维稳、职工帮扶、基层建设和建功立业活动，坚持服务导向，打造工会品牌，组织引导广大职工在“加快建设首善之区，率先实现振兴发展”中发挥主力军作用。

【配合区委、区政府的中心工作】 助推城区扩容提质建设　积极支持配合江南新城征地拆迁工作，2017年继续抽调1名干部参加城区扩容征地拆迁工作。

挂钩帮扶工作　区总工会挂钩帮扶西阳镇新联村、鲤溪村，2017年支持两个行政村换届选举、道路维修、困难帮扶等资金5万多元，并为5户困难家庭大学生子女发放助学金。全年走访慰问挂钩帮扶村的困难党员、困难村民和村干部30人次。

助力创建文明城市工作　主动与牵头单位对接，结合实际抓好落实，引导广大职工积极投入“创文”工作，开展“创文”宣传，发放“创文”基本知识宣传本。组织区直机关、事业单位工会委员200人，观看电影《和田玉传奇》，促进民族团结，维护社会和谐。开展师德建设教育月活动，举办“劳模精神进校园”和助力“创文”主题征文等活动，落实“创文”测评项目。开展创建省级慢性病综合防控示范区工作，落实工间操制度，发放“三减三健”（减盐、减油、减糖，健康口腔、健康体重、健康骨骼）宣传本等，推进创建文明城市各项工作。

【加强工会基础建设】 民主建会民主换届　以开展民主选举企业工会主席为抓手，推进民主换届、民主选举，做好25人以下企业工会组织全覆盖，2017年组建民主建会6家、民主换届35家。开展建设“职工之家”“双爱双评”和会员评家活动，以老带新、以点带面，焕发基层工会活力。

基层工会民主管理　组建红光社区工会联合会，公开招聘社会化工会工作者3名，形成会、站、家一体化的职工之家，提升基层工会民主管理水平和职工之家建设水平。继续抓好农民工集中入会工作，以农民工较集中的劳务派遣公司、建筑项目、农业专业合作社组织等三大行业为重点领域，2017年发展农民工会员2126名，超额完成市总工会下达的任务数。

工会工资集体协商　抓好重点企业、重点行业集体合同签订工作，注重集体协商过程规范和典型示范。2017年签订集体合同7份，其中百人以上企业6份，覆盖职工1477人；行业集体合同1份，覆盖企业78家、职工1704人；区域集体合同7份，覆盖企业361家、职工3492人。

【提升工会职工素质】 开展群众性劳动竞赛　以创建“工人先锋号”为载体，深入开展以自主创新为主要内容的行业和企业竞赛活动。组织和发动基层工会职工参加岗位技能比武、职业技能大赛，着力增强职工学习能力、创新能力和竞争能力，有效提高基层工会职工的工作热情和业务水平。

做好劳模管理服务工作　大力弘扬劳动精神、劳模精神和工匠精神，2017年选出省“五一劳动奖状”1个、“五一劳动奖章”1人，创建市级劳模创新工作室1个。开展“劳模精神进校园”劳模事迹宣讲活动，全年组织2名全国劳模、14名省劳模参加体检；组织2名省劳模、1名市劳模参加省总工会组织的休养，为省、市劳模（五一劳动奖章获得者）赠送“二次医保”、《南方工报》，为市劳模及以上劳模申请特殊困难帮扶，春节、“五一”和教师节期间，区总工会走访慰问劳模代表10人。

组织职工文体活动　丰富职工文体活动，推进全民健身运动。2017年区总工会牵头与区直相关部门联合举办“中燃杯”职工乒乓球赛、第三届“志浩杯”职工篮球赛、“地税杯”职工羽毛球赛、教育工会职工篮球赛等竞赛活动，为全区机关单位工会会员发送电影票2700多张，联合广东客都传媒发展有限公司为全区机关、企事业单位工会会员生日提供免费观影活动。

2017年4月27—28日，由区总工会、区体育局联合主办，梅州中燃城市燃气发展有限公司协办的2017年梅江区“中燃杯”职工乒乓球比赛在黄遵宪纪念中学乒乓球馆开拍

【构建和谐劳动关系】　广泛推广“二次医保”　深入开展职工医疗、女职工安康、住院医疗综合、住院津贴等在职职工互助保障计划的宣传和推广，2017年，区总工会为全区364个单位11559名职工投保四种保险，为11名患病职工申请赔付金17万元，为1名患病观察期内投保职工获得慰问金800元；为340人次报销住院费用和住院津贴401768.28元。为减轻困难职工负担，提供精准帮扶，6月起，对“二次医保”进行配套帮扶，为58人配套报销19482.1元。

开展“三送”品牌活动　开展春节“送温暖”活动，筹资27万多元，会同区领导上门慰问困难职工、劳模和挂点联系村低保户310多人次；开展“送清凉”活动，为11家企业发放清凉饮品近10万元；开展“送金秋助学”活动，2017年资助困难职工和困难农民工子女109人共14.99万元。同时，开展困难职工帮扶，为105名困难职工发放帮扶金8.01万元，为61名困难职工发放医疗救助13.95万元；开展“暖企行动”，为5个单位55名职工发放慰问金2.9万元。

依法维护职工权益　坚决贯彻党的群众路线，倾听职工呼声、反映职工愿望、加强源头参与，把矛盾化解在萌芽状态，对劳资纠纷类信访突出问题排查化解，2017年妥善处理企业劳资纠纷及网上信访等案件5宗，涉及职工212人。推进“律师在线”工作提质增效，做好工会律师服务企业的沟通联络，下拨工会律师费2人各1万元。会同区人民法院建立预防和化解劳资纠纷联系制度，并做好每月职工群体性事件统计和报送工作。

加强安全生产　2017年开展全国“安康杯”竞赛活动，发动企业33家、班组318个、职工5861名参加全国“安康杯”竞赛活动。开展全国职工公共安全卫生应急避险知识普及教育和全国“安康杯”竞赛安全文化宣传活动，组织13个单位订书49本、试卷901份；组织梅江区直属机关和企事业单位参加全国职工公共安全卫生应急避险知识普及教育竞赛，发放竞赛试卷6000多份。配合安监、消防等单位在户外广场开展安全生产宣传咨询日活动，开展电动自行车火灾防范专项行动和消防安全日常工作。

推进女职工劳动保护工作　开展《女职工

劳动保护特别规定》学习、宣传、调研，组织47名女工干部参加市总工会专题讲座。2017年为100名女职工开展免费宫颈癌复查，做好爱心妈妈小屋和女职工创新工作室建设，建成“爱心妈妈小屋”2个、女职工创新工作室1个。做好优秀女职工选树工作，2017年被评为“全国五一巾帼标兵”1人，被评为“梅州市建功立业岗位女能手”2人。

2017年1月19日，区委常委、纪委书记曾繁伟（左二），区人大常委会副主任、区总工会主席罗尚君（左一）等区领导到特困职工家中走访慰问

【自身建设】 推进“两学一做”学习教育常态化制度化，积极开展“转作风、比奉献、树形象”主题活动和党日活动，抓好党费清查收缴和“学报告 学党章”考学等基层组织建设，不断增强党员的党性认识。2017年，选派工会干部参加省、市总工会业务培训36人次，12月举办镇（街道）工委会正副主任、基层工会主席学习贯彻中共十九大精神和工会业务培训班，同时为全区非公有制企业工会主席200多人申领工作津贴。进一步加强基层工会经费管理，制订印发《关于在全区工会系统开展基层工会经费使用管理情况专项督查工作方案》，督促全区基层工会做好工会经费使用管理自查工作，全年完成基层工会经费审查30个，基层工会经费管理更规范、运行更高效。（王　凤）

2017年9月27日，区总工会、区教育局在普育小学举行“劳模精神进校园”劳模事迹宣讲活动

2017年区总工会领导名录

主　　　席： 罗尚君（区人大常委会副主任兼）

常务副主席： 肖　丹（女）

副　主　席： 李锐锋（主任科员）

团　区　委

【简述】 2017年，中国共产主义青年团梅江区委员会在区委、区政府和上级团委领导下，求真务实、开拓创新，全面推进“凝聚青年、服务大局、当好桥梁、团要管团”四个维度工作，紧紧围绕“高举团旗跟党走，青春建功耀梅江”，广泛团结全区广大青少年，争取最广泛的支持，积极探索共青团事业发展的新路径、新举措，推动全区共青团事业迈上新台阶，为建设幸福梅江做出应有的贡献。

【关爱青少年】 *团拜活动*　2017年春节期间，梅江区团委联合中国二十二冶、梅州农业银行梅江区志愿者联合会、梅江区青少年文化宫等一起走访慰问困难青少年、团员和少先队员，慰问团成员进村入户送去书包、图书、油米、慰问金等爱心物资和新春祝福。

扶助贫困学生圆大学梦　团区委积极整合社会资源，2017年为梅江区学子分数达到大学

本科二A线以上并提交助学申请的贫困生发放助学金，每人6000元。组织团干、青年志愿者到希望学子家中了解家庭情况和解决实际困难，帮助贫困学子圆大学梦。

【发挥共青团先锋作用】 *“绿满梅江”活动* 围绕“高举团旗跟党走，青春建功耀梅江”，2017年3月9日上午，团区委联合区体育局在金山街道黄坑村开展“绿满梅江”植树造林志愿活动。团区委、区体育局、各镇（街道）团委书记、区直机关团干部、青年志愿者100多名干部参加，半天时间，植树200多棵。通过活动，掀起全民植树造林行动高潮，着力构建城乡绿色生态屏障，努力实现天蓝、水清、山绿、城美。

创建“环保模范城市” 推动“创建环保模范城市”工作，切实加强城市环境保护，改善城乡区域环境质量，营造创建“环保模范城市”浓厚氛围，联合区委宣传部、区环保局、区教育局、区青少年文化宫、梅州东汇城、嘉应学院同心环保协会举办“汇聚青春力量，共建环保模范城市”环保主题晚会，2017年5月13日晚，在梅州东汇城举行。

引领青少年健康成长 进一步丰富梅江区青少年精神文化生活，提升青少年崇廉尚洁、爱国爱家的情怀，了解廉洁诚信文化，创新廉洁教育形式，引领青少年向上向善，帮助青少年朋友健康成长成才。联合梅江区委纪委、区教育局、中国人寿梅州分公司、区少工委、区青少年文化宫等单位举办“中国人寿杯”传承廉洁家风，弘扬传统美德主题活动，2017年6月18日上午，在东山谷美术馆三楼展厅展示。

开展“诗画梅江”活动 发挥青少年在推介梅江发展、宣传“诗画梅江”的作用，联合区体育局、西阳镇开展首届南粤青年“寻梦风眠故里，情醉诗画梅江”百里徒步活动，吸引全省各地和福建、江西、香港等地近万名青年参与，进一步擦亮“诗画梅江，文明客都”的城市形象。联合区教育局等单位组织广大少先队员参与“我心中的诗画梅江”绘画大赛，通过少先队员独特创作方式，表达对家乡的热爱。通过“小手牵大手”的形式，动员家长朋友一起参与，爱护家园，美化环境，共建共享“诗画梅江、文明客都”。

2017年12月10日，在林风眠故居举办首届南粤青年“寻梦风眠故里，情醉诗画梅江”万人百里徒步活动

【固本强基建设】 *学习贯彻十九大精神活动* 2017年11月28日上午，召开全区青少年学习贯彻十九大精神动员宣讲大会，团区委书记张贤亮作动员讲话并作《传承红色基因建功诗画梅江》专题辅导。全区中小学校团委书记、少先队总辅导员、机关干部、区青年联合会、区少工委等共50多人参加，会议要求全区青少年工作者迅速行动起来，通过青少年喜闻乐见的方式，务实创新开展学习贯彻宣传十九大精神。

强化党的领导 进一步发挥党员的凝聚力、战斗力，激活党员在志愿事业的先锋引领作用，积极探索新社会组织党建模式，活跃社会志愿者组织的党组织生活，梅江区志愿者联合会成立党支部，强化党的领导，引导志愿者更好地服务群众，提升社会志愿者服务水平，促进社会志愿服务事业健康、有序发展。 （黄森文）

2017年团区委领导名录

书　记： 张贤亮（任至12月）
　　　　邓煜钧（12月任）

副书记： 戴牧东

妇　　联

【推动城乡妇女发展】　2017年，梅江区妇女联合会着力推动城乡妇女发展，积极培养城乡妇女素质，培育巾帼创业示范基地，激励妇女岗位建功。

加强妇女教育培训　2017年5月，联合区委组织部、党校举办为期11天的优秀女干部培训班，培训采取“两头在内，中间在外”本地、异地相结合的培训模式，培训期间，组织赴广州市委党校学习，体现区委、区政府关心重视培养女干部，为妇女干部提高素质、成长发展创造条件。深化农村妇女增收致富，提高梅江区农村妇女劳动技能，8月上旬，联合梅州市小密茶业有限公司在长沙镇小密村举办为期2天的茶叶种植加工培训班，共有50多名农村妇女参加培训，培训对象包括10名建档立卡的贫困妇女。通过培训引导农村妇女不断增强自身技能和本领，激发贫困妇女脱贫致富的信心和决心。

培育提升巾帼创业示范基地和新型农业经营主体　紧紧围绕社会主义新农村建设，大力开展“南粤巾帼精准脱贫行动”和“农村妇女增收致富支持行动”，引导广大农村妇女转变农业发展方式，结合区域特色和主导产业，大力培育和发展巾帼创业示范基地和新型农业经营主体，2017年梅州市小密茶业有限公司被命名为梅州市巾帼扶贫创业示范基地、广东省巾帼创业示范基地。积极提升梅州市巾帼新型农业经营主体梅州市小密茶业有限公司、梅州市隆燕种养农民专业合作社、梅州市赤树珍茗家庭农场、信德家茶庄，推荐申报梅州市尚上升实业有限公司为梅州市巾帼新型农业经营主体培育提升对象，辐射带动更多的妇女创业就业。

激励妇女岗位建功　继续深化“巾帼建功”和“巾帼文明岗”创建活动，引领全区各行业妇女岗位成才、岗位奉献，让“巾帼文明岗”成为促进行业发展、展示女性才华的重要窗口。2017年，梅州市明煜实业发展有限公司荣获“全国巾帼建功先进集体”称号，梅江区人民检察院侦查监督科荣获“广东省巾帼文明岗”称号。

继续实施妇女小额担保财政贴息贷款项目　根据上年开展妇女创业贷款需求调查摸底，启动实施第三期（2017—2019年）广东省妇女创业小额担保贷款贴息项目，2017年项目贷款总额160万元，贷款妇女18人。

2017年5月，梅江区妇联举办“梅江区农村妇女技能培训”

【维护妇女儿童合法权益】　*深化“平安家庭”创建活动*　创新法律宣传方式，通过多种形式向广大妇女儿童宣传法律知识，强化妇女儿童维权意识，提高妇女儿童依法维护合法权益能力，促进家庭和谐、社会稳定。2017年2月21日上午，联合梅州市维权站在江南榕树塘社区举办“关注妇女权益，打造幸福生活”法律知识讲座，邀请梅州市维权站志愿者律师曾志游为群众授课，围绕《中华人民共和国新婚姻法》《中华人民共和国妇女权益保障法》《中华人民共和国反家庭暴力法》等法规，在实施中，对如何处理家庭财产分割、妇女权益保护、夫妻财产分割、家庭暴力等方面的法律知识进行讲解。共有200多名群众参加讲座。3月16日下午，联合区教育局在梅州中学举办未成年人安全教育知识讲座，邀请嘉应学院护理系二级心理咨询师、心理学讲师张彩婵为初中部的500多名女学生授课，让女学生了解性侵害的危害性，掌握基本预防性侵害的知识技巧和紧急情况下的避险策略，提高自我保护意识。5月22日上午，联合梅州市公安局刑警支队、区司法局、区教育局等部门在美华小学举行“关爱妇女儿童 防骗防拐防性侵”安全教育进校园活动，通过现场图片展的形式，向小学生展现性侵、诈骗、拐卖等不法行为可能存在的形式，提高防范意识，先后参观图片展的学生1680名。6月上旬，配合区检察院、区教育局、区禁毒办等部门在普育、白宫小学举办“法治进校园”巡讲活动，师生代表共400多人参加，活动运用PPT演示、情景模拟、观看展板等方式，让学生了解如何防暴力、防欺凌、防毒品、防性侵等知识，如何运用法律手段保护自己。

成立婚调委 有效预防和化解婚姻家庭矛盾纠纷，维护家庭稳定，促进社会和谐，区妇联牵头，区综治办、区司法局3个单位联合成立梅江区婚姻家庭纠纷人民调解委员会，由区妇联权益部负责开展日常调解工作，区综治办负责相关工作协调，区司法局负责调解业务指导。

加强妇女信访维权工作 坚持随访随接制度，及时解决群众的投诉问题，做到事事有着落，件件有回音。2017年，梅江区各级妇女组织共接待来信来访40宗，其中区妇联接来电来访23宗、28人次，办结率100%。认真实施妇女儿童法律援助项目，全年为贫困妇女儿童提供法援案件服务10宗，有效帮助贫困妇女儿童解决“打官司”难的问题。

完善社会化维权工作网络 不断加强梅江区7个镇（街道）“家庭暴力投诉点”工作，进一步畅通妇女儿童维权诉求渠道。深入推行特邀陪审员制度，参审妇女儿童案件，2017年陪审员参审妇女儿童案件20件。积极参与“诉前联调”工作，并指定一名“诉前联调”联络员和调解员。

【帮扶困难妇女儿童】 *开展节日送温暖活动* 在春节、“三八”节、建党节等节日期间，积极争取区委、区政府、区委组织部的支持，慰问离退休女干部、单亲特困母亲、老龄女党员、困难女党员、挂钩贫困户等90多人，送上慰问金和油米等物品，带去党和政府的温暖以及娘家人的关心。2017年“六一”前夕，联合爱心企业筹集资金1万元，到市福利院看望慰问孤残儿童，送上节日的祝福。

开展关爱困境妇女儿童活动 开展妇女儿童“因病致贫”帮扶项目，推荐20名妇女儿童给有关部门提供资助。继续开展“爱心父母牵手困境儿童大联盟”活动，2017年招募梅江区“爱心父母”152名、“爱心父母”集体58个，筹集爱心款37680元，结对帮扶困境儿童64名。积极争取上级、爱心单位及社会热心人士的支持，全年“爱心父母”资助孤儿、困境儿童31名共11700元；“叶剑英基金”资助困境儿童60名，发放资助款6万元；援建单亲特困母亲“安居房”4户，每户援助2万元；组织100名单亲特困母亲参加“李有权慈善基金会扶贫济困”活动，获得李有权博士的扶贫济困款和慰问品。积极配合卫生计生部门加强农村妇女“两癌”免费检查项目宣传发动和摸底调查工作，提高妇女“两癌”知晓率和项目参检率，2017年梅江区完成951人免费检查计划数。

实施“留守儿童之家示范点”项目 积极打造农村留守儿童关爱服务阵地，2017年在城北镇扎上村创建省级“留守儿童示范点”，是梅江区第二个省级示范点。促进形成关爱留守儿童健康成长社会氛围，“六一”前夕，联合长沙镇妇联、长沙圩镇居委在长沙镇中心小学举办“情暖童心·文明梅江”——农村留守儿童之家关爱活动，家长和孩子们一起上台表演亲子操，一起观看精彩的文艺表演，区妇联和长沙镇妇联为长沙镇“留守儿童之家示范点”的留守儿童代表发放节日礼物。活动结束后，参加活动的领导、嘉宾一起前往长沙镇长沙村“留守儿童之家示范点”活动中心参观调研。

开展扶贫济困日活动 结合梅江区新时期

精准扶贫、脱贫工作，2017年6月，开展梅江区妇联2017年扶贫济困日活动，走访爱心企业并召开座谈会，在捐赠仪式上，女企业家代表纷纷慷慨解囊，踊跃捐款，现场募集扶贫济困款9500多元。

【丰富妇女儿童精神文化生活】 *开展群众性主题教育活动* 2017年积极组织广大妇女和家庭开展砥砺奋进的五年—巾帼心向党·喜迎十九大，“巾帼心向党·好歌颂党恩”群众歌会、“最美中国人”笑脸征集等系列活动，并向省、市推荐群众歌会作品2首、梅江区各行业妇女干部群众与先进人物最美笑容作品4幅参赛和展示，其中梅江区教师合唱团《丰收曲》获省妇联组织的“巾帼心向党·好歌颂党恩”群众歌会活动二等奖。通过丰富多形式的宣传教育活动，不断激发妇女心中深藏爱党爱国爱社会主义之情，凝聚为党的共同事业奋斗的巾帼力量。

打造家庭文明建设“妇联品牌” 大胆探索，以寻找“最美家庭”为载体，结合实际，开展“自强不息好少年”“孝老敬亲好媳妇”“最美客都警嫂”“优秀书香家庭”“梅江区好军嫂”等各类优秀家庭角色评选活动，吸引、带动众多家庭加入文明家庭创建活动。2017年，梅江区梁运芳家庭获广东百户“最美家庭”和“第一届梅州市文明家庭”称号，俞丽容家庭获梅州市“优秀书香家庭”称号，温海秀、刘欢获“最美客都警嫂”称号，金山小学学生赖家欣、美华小学教师李秋萍分别获得第二届“自强不息好少年”“孝老敬亲好媳妇”称号，梅江区推进创建全国文明城市暨纪念建军90周年文艺晚会上，表彰梁慧颐、温柳丹、李彬、钟雅丽、钟媚、罗会娴、陈卫璇“梅江区好军嫂”称号。2017年，在江南街道白马社区创建广东省家庭文明建设示范点。

开展形式多样的好家风主题活动 2017年3月8日上午，在区委、区政府礼堂举行“树文明新风、建幸福家庭、构和谐社会”文艺会演，热烈庆祝“三八”国际劳动妇女节107周年。各镇（街道）、区直各系统党委分管宣传、妇女工作的干部，妇女代表、演出人员等共500多人参加活动，由各镇（街道）、区直相关单位选送以家庭为单位的10个节目，有合唱、小品、乐器演奏、歌伴舞等，表演节目注重体现家庭、家教、家风为主题，文艺会演评选出一、二、三等奖和纪念奖，通过活动更好地把社会主义核心价值观融入家庭文明建设。开展“画说好家风”征稿活动，引导广大群众以绘画的形式描绘家庭温馨场景，反映家庭的家风内涵，展示文明新风，传播优良家风，活动有22个单位126个家庭参加，共收集作品130幅，经过评委评审，表彰《喜庆满堂》《幸福之家》等8幅优秀作品，并推荐参与省妇联和省文明办组织的征稿活动，梅江区肩一小学谢秀珠老师作品《喜庆满堂》获成人组二等奖，广东客家红文化发展有限公司林勉的作品《幸福之家》获成人组优秀奖。

开展家庭教育指导服务 开展“家庭教育大讲堂进社区（村）”活动。2017年7月8—9日上午，以“创建全国文明城市”为契机，围绕亲子共同成长、心理健康、儿童安全等主题，邀请惠州市惠港中学刁少雄老师，深入到江南街道榕树塘社区、城北镇扎上村等地开展《安全暑期·幸福家庭》家庭教育系列讲座，让家长们不仅明白教育好孩子的重要性，还懂得如何教育好孩子，把孩子培养成有文明，有爱心，有责任，有担当的一代新人。2017年，依托“妇女儿童之家”“家长学校”，开展家庭教育专题讲座共63场，受益人数约6400人。进一步提高梅江区广大家长基础素质和家庭教育质量水平，更好地营造有利于未成年人健康成长的良好社会环境，促进儿童健康快乐成长。2017年省妇联副主席刘兰妮率队来梅江区开展家庭教育工作专题调研，充分肯定江南街道在社区家庭教育工作取得的成绩。

【“两个规划”实施】 在妇女儿童发展规划“两个规划”实施中，突出重点，破解难点。2017年5月4日上午，召开梅江区妇女儿童工作会议，总结2015年度妇女儿童发展规划实施情况，传达市对区实施妇女儿童发展规划（2011—2020年）中期评估反馈意见，部署2016年度监测评估，积极协调有关部门，认真做好监测评估工作，从2016年年度监测统计数据显示，“两个规划”实施态势良好，妇女发展规划七个领域共87个指标中，提前达标的指标81个，预期可达标的指标5个，目标达标率93.1%；儿童发展规划五个领域共55个指标中，提前达标的指标47个，预期可达标的指标1个，预期达标困难的指标7个，目标达标率85.5%。卫计、教育、社会保障等方面大部分指标提前达标，指标完成情况在全市领先。

【围绕固本强基，加强自身建设】 围绕“坚强阵地”和“温暖之家”建设，夯实基层基础工作，抓好妇联干部队伍建设，不断增强妇联组织的吸引力、凝聚力和影响力。2017年8月8日下午，区委书记朱国城率队调研工青妇工作，充分肯定区妇联工作取得的实效，为区妇联全体党员干部进一步做好妇联工作树立信心和决心。

推进“妇女儿童之家”建设 积极培树示范点，2017年，长沙镇圩镇居委、江南街道办事处2个单位获省级“妇女之家”示范点称号，江南街道榕树塘社区、西郊街道桃西村、三角镇湾下村3个社区（村）获省级“儿童之家”示范点称号。2017年梅江区累计创建省级“妇女之家”示范点8个、市级示范点1个，创建“儿童友好社区”省级示范点2个、市级示范点4个。进一步建好用好管好村、社区“妇女儿童之家”，充分发挥“妇女儿童之家”在宣传教育、维权服务、帮扶救助等方面的作用。

抓“会改联”改建及区域化建设，促进妇联组织改革 根据省委组织部、省妇联《关于进一步推进村（社区）妇代会改建妇联工作的意见》的要求，2017年9月，梅江区全面完成126个村（社区）妇代会改建妇联工作，共选举产生新一届妇联主席（专职）126人和专职副主席75人、兼职副主席51人、执委1366人，进一步扩大妇联干部队伍和妇联工作覆盖面。同时，各镇（街道）妇联班子执委人数进行充实，促进妇联区域化建设。2017年各镇（街道）妇联共有执委178名，兼职副主席7名。通过“会改联”和“区域化”，把梅江区各个领域、各个层面、各个组织的妇女网络进来、凝聚起来，让辖区内的女性都能融入妇联组织、参加妇联活动，壮大基层妇联工作队伍，增强妇联力量。进一步提高梅江区“会改联”后村（社区）妇联主席的综合素质，增强村（社区）妇联主席开展妇联工作的针对性、指导性、实操性和实效性，11月24日，区委组织部、区委党校、区妇联在区党校举办梅江区村（社区）妇联主席培训班，培训内容包括深入贯彻落实中共十九大精神、妇联工作与妇联改革、法律知识等专题辅导。

建立妇女代表联系服务妇女群众制度 为使妇联组织更好地履行职责、发挥作用，更好地联系、代表、服务各方面妇女群众，梅江区建立和落实妇联组织直接联系服务妇女群众制度。

成立女企业家协会梅江区分会 凝聚女企业家力量，架起女企业家与政府部门、社会各界沟通的桥梁，延伸妇联工作手臂，2017年7月11日上午，梅州女企业家协会梅江区分会正式挂牌成立，梅州南洋（思乡）食品有限公司总监熊庆珍当选女企业家协会梅江区分会会长。

助推村（社区）换届选举女性进“两委” 积极配合区委组织部、区民政局在2017年村（社区）换届选举工作，村、社区保证一定比例妇女干部当选为换届选举的一项重要工作，梅江区81个村委会和45个社区居委会，依法依规选举产生352名村干部、207名社区干部，村

(社区)妇女干部配备率100%。全区559名村(社区)干部,女性干部257名,占总数的46%,比上届提高1.6%,其中:女性支部委员126人,女性支部书记31人;女性村委主任5人,女性社区主任26人;女性书记、主任“一肩挑”比例100%。

认真在“两学一做”学习教育中开展“转作风比奉献树形象”主题活动　区妇联机关围绕推进“两学一做”学习教育常态化制度化,结合开展支部主题党日活动、机关作风整治,认真开展“转作风比奉献树形象”主题活动,取得初步成效。通过学习教育活动,全体党员干部的思想行动统一到中央和省、市、区委的重大决策和部署上,较好地完成上级交派的工作任务;增强做好新时期妇女工作的责任感和使命感,以良好的精神状态和务实的工作作风,推动全区妇女工作的新发展。

2017年7月11日,梅州市女企业家协会梅江区分会挂牌成立

【服务大局,做好中心工作】　一是积极开展挂钩联系村(社区)工作。加强与挂钩联系的城北镇黄明村和白围社区沟通对接工作,指派区妇联党员干部吴莹担任软弱涣散村党支部第一书记,并支持工作经费3万元,用于村(社区)建设。二是全力参与创建全国文明城市工作。区妇联在工作人员少的情况下抽调干部张小兰到区创文办协助工作,根据《梅州市梅江区创建全国文明城市测评体系任务分解、责任单位、挂钩领导一览表》和《未成年人思想道德建设工作测评体系任务分解、责任单位、挂钩领导一览表》,区妇联为牵头单位、责任单位,制订《梅江区妇联参与全国文明城市创建工作实施方案》,开展丰富多彩的“创文”相关活动,认真组织撰写“创文”材料,高质量完成上报材料,得到有关部门和区领导好评。　(吴　莹)

梅江区妇联干部积极参与“创文”相关活动

2017年区妇联领导名录

主　席: 黄琼琼(女)

副主席: 林梅利(女)　陈　璐(女)

法 治

政法委及综治

【**简述**】 2017年，梅江区委政法委员会紧紧围绕区委、区政府的工作部署，坚持问题导向，狠抓工作落实，社会矛盾预防化解成效明显，综治平安建设不断深化，基层基础持续夯实，政法队伍自身建设不断加强，依法治区取得新进展，有力地保障梅江区政治社会和谐稳定。2017年，梅州市对各县（市、区）综治（平安建设）工作考评中梅江区获全市第一，群众安全感、政法工作满意度两项指标位居全市第一。

【**维护社会稳定**】 *做好重点敏感时期信访维稳工作* 圆满完成中共十九大、全国和省“两会”、省第十二次党代会、“一带一路”国际合作高峰论坛、香港回归20周年、第五届世界客商大会、广州《财富》论坛等重要会议活动期间的安保维稳工作，实现十九大期间梅江区到省进京上访人数为零和省提出确保“四个不发生”（不发生危害国家安全和社会稳定的重大政治事件、不发生严重暴力恐怖和个人极端事件、不发生重大群体性事件、不发生重大公共安全事件）的工作目标。

认真抓好反邪、防邪工作 根据上级部署，政法委（防范办）牵头落实开展对邪教人员入户调查工作（即“敲门行动”），依托公安部门和各镇（街道）全面摸清辖区邪教人员底数和现状。积极开展打击邪教捣乱破坏专项行动，在省、市政法部门具体指导下，成功处置1宗涉邪教人员案件的侦破处理，确保中共十九大召开前夕辖区的政治社会大局稳定。同时，进一步加强每个地级以上市重点培育1个县（市、区）、每个县（市、区）重点培育1个乡镇（街道）、每个乡镇（街道）重点培育1个村（社区）无邪教“三个一”示范镇、示范村（社区）创建活动，部署清理社会面反宣品工作，有效地净化社会环境。深化反邪警示教育，完善基层防控邪教机制，无邪教创建示范工程活动取得明显成效。2017年，长沙镇获评“全国创建无邪教示范乡镇（街道）”称号，金山街道杨桃墩社区、江南街道怡乐社区、西阳镇菁蔚村获评“全国创建无邪教示范村（社区）”称号，城北镇干才村、西郊街道黄坭墩社区获评“全省创建无邪教示范村（社区）”称号。

【**社会治理**】 *全面推进“中心+网格化+信息化”建设* 选取江南街道为“中心+网格化+信息化”试点，取得一定的工作成效，带动梅江区6个镇（街道）全面铺开建设。区级平台贯通17个区直成员单位，全区7个镇（街道）126个村（社区）划分592个网格全部配发手机终端，镇（街道）中心及村（社区）工作站全部正常运作，“横向到边，纵向到底”涵盖区直单位、镇（街道）、村（社区）、网格的综治网格化、信息化框架投入运行，发挥闭合式工作流程的实战功能。江南街道为市级“中心+网格化+信息化”试点，2017年12月13—14日，召开粤东片区“中心+网格化+信息化”建设工作推进会，江南街道“中心+网格化+信息化”建设的成功经验、做法得到省委政法委的充分肯定，并在粤东各市推广。

加强精患者等特殊群体的管理服务 区政法委牵头逐一落实精患者家属和协助监护人的监护责任，并签订《责任书》，严格审批监护补助款申请，加强发放流程监督，推动相关工作实现常态化。

【平安建设】 加快实施“平安细胞”创建工程　2017年梅江区平安村（社区）、平安医院、平安家庭、平安文化市场、平安交通等创建工作全面推进，大力推进立体化防控体系和“雪亮工程”建设，全区120多个中小学校、幼儿园安装“一键式”紧急报警装置。

完善镇级交通管理服务平台　2017年梅江区先后设立交通安全劝导站50个，配备专职交通安全劝导员64名。交警部门从每个镇（街道）抽调10名以上应急队员和城管队员，组成交通安全劝导志愿者服务队，为镇（街道）圩日、节假日和出行高峰期提供交通劝导服务。

加强宣传工作力度　向全区45个中小学发放反邪教普法读本、宣传展板、宣传笔、笔记本等资料，与梅州市邮政部门合作，采用193台邮政社区视频机和220台邮政公交车视频机播放平安建设、法治建设和反邪宣传片，扩大宣传范围。广东新闻频道《广东视窗》栏目专门播出梅江区法治政府建设等政法工作的专题片，进一步提升梅江区法治宣传力度。

【法治建设】 紧紧围绕省、市关于法治区创建工作的有关要求，坚持示范带动，以点带面，扎实推进法治城市、法治县（区）、法治镇（街）、民主法治示范村（社区）“四级同创”活动。区直13个系统52个单位以及各镇（街道）、村（社区）分别制订法治区、法治镇（街道）创建和民主法治村（社区）工作考核方案，细化评分标准，规范各级各部门硬件建设、阵地建设、制度建设，确保达到创建标准。选定区人社局、江南街道、西郊街道为依法行政和市级法治创建活动示范点，企业博敏电子为“依法兴企”示范点，客天下客家小镇为市、区共建的“法治小镇”示范点，总结先进经验和做法，在全区推广。通过系列创建活动，2017年先后有8个村（社区）被省民政厅、司法厅授予省“民主法治示范村（社区）”称号。

【体制改革】 按照上级统一部署，积极推进司法体制改革，落实三类司法人员职务序列改革政策。加强和改善党对政法工作的领导，统筹协调同级政法部门，发挥各自职能作用，确保司法体制改革工作落到实处。梅江区顺利完成法官、检察官员额制改革，其中法院入额法官21人、检察院入额检察官19人，办案质量、效率和执法司法公信力进一步提升。

【队伍建设】 扎实开展系列学习教育活动　认真学习贯彻中共十九大精神和习近平总书记系列重要讲话精神，尤其是对广东工作和对反邪教工作的重要批示精神，结合“两学一做”学习教育，在全区政法系统大力开展“转作风、比奉献、树形象”主题活动，有效推进各支部组织生活常态化、制度化。

强化区委政法委自身建设　完成政法委与社工委、依法治区办的重组整合并实现一体化运作，牵头抓总作用得到进一步发挥。严格落实中央八项规定，进一步转变干部队伍作风，按照“政治过硬、业务过硬、责任过硬、纪律过硬、作风过硬”的要求，以及区委书记朱国城到政法委调研时提出“打造机关干部作风建设排头兵”的要求，坚持做到“不推、不怕、不软、不乱”，同时发挥领导干部模范带头作用，在理论学习、工作落实等方面争当表率，带动提升干部队伍的综合素质和能力水平。

（林嘉文）

2017年区委政法委领导名录

政法委书记：姚文东（区委常委兼，任至6月）
　　　　　　钟明（区委副书记兼，6月任，任至12月）
常务副书记：侯伟文
系统党委书记：刘运芳
专职副书记：黎伟东　曹浩波
系统党委副书记：刘　琼（女）
专职委员：古维奋　邓成华　梁文辉
　　　　　陈　雄　宋鹏鸿（女，6月任）
　　　　　钟　敏（6月任）
主任科员：梁登平　林作华　郭远谋

公　　安

【简述】 2017年，梅州市公安局梅江分局在市公安局和区委、区政府的领导下，以十九大安保维稳工作为主线，按照一个目标、两个坚持、三个克服、四从、五逐、创新六大机制，打造六个更加的“1234566”工作思路，树立“源头治理，上游管控，打防并举，组合出拳”的理念，以六项绩效考核为工作指挥棒和风向标，狠抓“三打、三管、三建、一维”（打击涉黑涉恶犯罪、打击涉黄涉赌涉毒违法犯罪、打击“两抢一盗”等多发性犯罪，管控治安问题复杂的行业场所、管控主要交通安全隐患、管控主要消防安全隐患，抓队伍管理长效机制建设、执法质量建设、社会治安防控体系建设，维护社会政治大局稳定）十项重点工作，开展中共十九大安保维稳“七大专项”（维护政治安全专项行动、严打严防暴恐专项行动、不稳定因素排查化解专项行动、安全事故预防专项行动、社会治安防控体系建设、“飓风2017”专项行动、严打整治网络犯罪专项行动）行动，大力推进“四项建设”（基础信息化建设、警务实战化建设、执法规范化建设、队伍正规化建设），全面提升打、防、管、控、建能力，圆满完成全国、全省“两会”，省第十二次党代会、香港回归20周年、厦门金砖国家会晤、国庆中秋、中共十九大、第五届世界客商大会等重要时间节点的安保维稳任务，实现“四个不发生”（不发生危害国家安全和社会稳定的重大政治事件、不发生严重暴力恐怖和个人极端事件、不发生重大群体性事件、不发生重大公共安全事件）目标，为护航梅江振兴发展创造和谐稳定的社会治安环境。

【风险防控，化解矛盾】 坚持政治安定和社会稳定作为第一要务，严格落实“五个一”（把维护稳定作为公安机关第一要务，制订完善一个方案，第一时间先知先觉，“一把手”第一时间到达现场，第一次出手就要成功平息事态）维稳机制，注重关口前移，风险防控，不断提升预测预警预防能力，确保各项重大活动安全顺利举行，重要敏感节点平稳，全区社会治安持续稳定。

打赢安保维稳攻坚战 公安梅江分局聚焦风险防控，压实维稳责任，制定相关活动安保维稳方案，动员部署省第十二次党代会、中共十九大和第五届世界客商大会等会议安保维稳工作，将保安全、护稳定、促和谐的要求落实到每位民警。严格落实市公安局党委“从严从细从实从全”和“逐人逐事逐岗逐责逐时”的要求，狠抓涉稳情报线索排查落地，进一步提升情报预警效能。强化“以面保线、以线保点”机制，成立5个巡查小组每天对辖区的物流寄递、宾馆旅业、网吧、易制爆物品使用场所和民用爆炸物品使用单位及人员密集场所等重点单位、场所、行业进行滚动排查，有效化解省第十二次党代会、香港回归20周年、“两委”选举等不稳定因素。

护航社会经济发展 树立围绕中心服务大局的意识，加强对市、区重点项目建设和征地拆迁等工作的外围保障服务，主动配合党委、政府做好不稳定因素的排查、预警、调处、化解工作，2017年向区委、区政府上报公安维稳报告383期，做到灵通信息、预警在先，为党委、政府和上级公安机关科学决策提供依据。同时，对蓄意破坏市政重点工程建设、阻碍征地拆迁工作的行为依法予以严厉打击，全年及时妥善化解皇家名典企业、凯旋门工程债务纠纷、沿江东西路禁停、梅江区奥园半岛套房触电死亡事故、的士司机罢驶、涉军群体串联越级群防等不稳定因素苗头，确保嘉应新区起步区、江南新城、芹洋半岛等重点工程建设的顺利推进，护航社会经济发展，为全区经济发展营造安定和谐的政治生态环境。

【打击整治，震慑犯罪】 牢固树立“打击是第一主业”的意识，以打开路，以打促安，以

“飓风 2017”“梅安 1 号”等专项行动为抓手，强力推进打击破案新机制建设，全面推动打击效能提升。2017 年共立刑事案件 1655 宗，比上年下降 10.7%；破案 1294 宗，刑拘 535 人，提请逮捕 351 人，命案发 3 宗破 3 宗，实现发案下降、破案、刑拘人数、提请逮捕人数上升、命案全破发案的“一个下降、三个上升、一个全破”的成效，不断提升城区群众的安全感和满意度。

坚持打击大合成，侦破大要案件　创新打击犯罪新机制，以三级办案大合成为抓手，积极推动传统侦查手段与现代刑事技术的结合，依托刑侦、技侦、网侦、图侦、特侦“五侦合一”作战平台，打好科技战、信息战、合成战，先后成功破获梅城撬车玻璃盗窃财物案、“5·7”持刀寻衅滋事案、“7·28”故意纵火杀人案、“8·9”流窜徒步抢夺案等影响大的案件。抓获非法入侵市人民医院、田家炳医院计算机系统的犯罪嫌疑人卢某、付某明等 4 人，维护网络安全。2017 年 11 月 19 日，公安梅江分局刑警大队民警与城北所、金山所及巡警便衣中队民警连续 13 天设卡伏击，抓获 2 名犯罪嫌疑人，缴获赃物摩托车 3 辆及作案工具一批，破获摩托车盗窃案 65 宗，案值 20 多万元，成功侦破省厅飓风 2017 督办案件。

掀起凌厉攻势，推进“飓风 2017”行动　牢固树立整体作战意识，强化专案经营理念，将“破大案、挖源头、捣窝点、摧网络”为主攻方向，做到打大、打深、打全，在市公安局统一部署下，开展“飓风 11 号”打击电信诈骗、打击网络信息犯罪、打击金融领域突出犯罪等专案行动。涉“电诈”方面，共破案 85 宗，比上年上升 57.4%；涉“两抢一盗”方面，共破案 992 宗，提请逮捕 82 人，起诉 112 人，分别比上年上升 5.9%、5.1%、30.2%；涉金融犯罪方面，共破案 15 宗，刑拘 9 人。

开展“梅安 1 号”六大专项行动，深化社会治安综合整治　通过强化、重点打击整治、宣传教育等措施，为村“两委”选举保驾护航，在重点村选举期间，派出民警 2000 多人次，到现场协助维护选举秩序。在行动期间，查处非国家工作人员受贿罪 1 宗，有效确保全区 123 个村（居委）如期完成“两委”选举。坚持关口前移、重心下沉，广辟线索来源，积极发动群众举报揭发，强化对摸排掌握的重大犯罪线索侦办力度，按照“破大案、打集团、追逃犯、端窝点、捣网络、除源头”的工作思路，对重大犯罪线索循线深挖、追根溯源，全力打击各类假食品药品违法犯罪活动。2017 年查处涉假食品药品案件 6 宗，抓获犯罪嫌疑人 5 名。

严打“黄赌毒”违法犯罪，净化社会风气　严厉打击卖淫嫖娼、聚众赌博、涉毒等违法犯罪，最大限度地压缩违法犯罪活动空间，成功破获城区文化公园以赌“九点半”等形式聚众赌博等涉众赌博案，捣毁在 KTV、酒吧等公共场所派发小卡片实施电话招嫖卖淫犯罪团伙，抓获犯罪嫌疑人 6 人，违法嫌疑人 15 人。2017 年查处涉黄案件 109 宗，刑拘 41 人，提请逮捕 24 人，比上年上升 73%；查处涉赌案件 170 宗，刑拘 63 人，提请逮捕 49 人，比上年上升 17%。深入推进全民禁毒行动，全年查处涉毒嫌疑人 209 人，其中刑拘 25 人，提请逮捕 21 人，强制戒毒 106 人。

“飓风 2017”行动，公安梅江分局东山派出所民警抓获入室盗窃嫌疑人

【社会防控，源头治理】　坚持以提升群众安全感和满意度出发，不断提高社会治安防控社会化、法治化、智能化、专业化水平。

提升治安巡防一体化 创新移动警务车“两所三站四纳入”（移动指挥所、派出所，防控站、采集站、便民服务站，纳入派出所警务室联勤中求实效、纳入工作应急处置和服务群众中做亮点、纳入多警种联勤工作中实现成效最大化）的综合实战平台功能，聚合户政、出入境、车管等服务，提升“家门口派出所”的服务水平。规范全区治安巡防点（移动警务车）等级勤务运行模式，结合重大时间节点，实行三级（常态）、二级、一级3个等级勤务运行模式，有效处置街面重大突发性事件、案件。结合辖区治安状况和重要活动等，制定移动巡防方案，定期开展机动灵活的移动巡防进社区、进学校、进企业，进一步扩大巡防管控和服务范围。将辖区的党政机关、金融场所、学校等重点单位及治安案件多发地列入责任巡区，以点连线扩大管控范围。加强巡逻防控力量与辖区派出所警务联动联勤，不断提高巡逻工作效能。2017年梅江巡防点线共出动警力68784多人次，办理公安窗口业务716多件，为群众解决困难7721件，抓获违法犯罪嫌疑人107人，破获刑事治安案件235宗。

提升立体防控最优化 公安梅江分局成立由一把手任组长的社会治安防控体系建设领导小组，制定和完善相关工作机制，深化人口房屋“双实”（实有人口、实有房屋）管理，大力推进“门禁＋视频”建设，严格落实寄递物流行业“三个100%”（收寄验视100%、实名收寄100%、过机安检100%）管理制度，在全区中小学、幼儿园推进安装校园“一键式”紧急报警装置，全力筑牢校园安全防护屏障。2017年公安梅江分局共安装门禁视频系统687套，共录入流动（寄住）人口73625人，录入出租屋9941间，办理居住证20956张，借助流动人口出租屋信息管理系统抓获各类违法犯罪嫌疑人258人，破获刑事治安案件106宗。

公共安全监管不停步 强化对大型群众性活动事前严格审批和事中安全监管指导，落实活动举办方主体责任。加强枪支弹药、烟花爆竹等涉危涉爆物品安全管理，确保“不炸响、不流失、不漏管”。督促娱乐场所安装安全门，要求全区酒吧、KTV等场所晚上营业时间不超过凌晨2时，并在核定人数内合法经营，清除娱乐场所聘请内保人员，落实有资质的保安员进驻，安装娱乐场所监管系统，2017年对违规经营和管理不到位的苏荷、尚派等4家酒吧KTV停业整顿，进一步加强对复杂行业场所的治安管控力度，有效促进行业场所的源头净化。消防部门扎实推进火灾防控工作，深化消防安全“三级监管＋网格化”管理。

群众赞扬梅江公安

【深化四项建设】 2017年，公安梅江分局把“基础信息化、警务实战化、执法规范化、队伍正规化”建设为公安工作和队伍建设的基础性工程，加强党的建设，突出政治建警、从严治警、从优待警，着力提升公安机关履职能力和水平。

全警动员，着力深化基础信息化建设 公安梅江分局党委坚持“做精机关、做专警种、做实基层、做实社区”的理念，把派出所建设工作置于全局性、战略性的重要位置，高规格部署推进，着力给基层派出所提档、减压、增效，实现重心下移，保障下倾。按照“实用、能用、管用、好用”的原则，推进派出所提档升级工程，全面加强基层警用装备、办公设备更新换代，坚持以点带面、逐步推进，全力推动派出所基础设施、装备投人、信息化建设按标准要求进行升级改造，新中、西郊、长沙3个示范派出所的升级改造接近竣工。2017年，为一线民警配备移动警务通、现场勘查等设备，为基础信息化建设提供有力支撑。

补齐短板，着力深化警务实战化建设　按照“一切面向实战、一切为了实战”的要求，加强警务资源整合，着力构建符合实战要求的现代警务机制。统筹指挥、情报、信息资源，确保指挥决策、警令传递、警力调动、现场处置快速、及时、高效。牢固树立整体作战意识，强化部门、警种合作联动，坚持打信息战、科技战、合成战，进一步优化警力配置，充分发挥网格化巡逻、立体式防控的实战效能，切实加强对社会治安全方位、全时空、全天候防控。坚持向科技要警力，按照“缺什么，补什么”的原则，加强基层民警、辅警的警务实战技能培训，有效提升一线民警实战效能。

制度引领，着力深化执法规范化建设　强化执法监督、培训和基础建设，坚持对执法质量实行“周点评、月通报、季考评”，定期点评典型案例，严格案件审核把关，举办高级执法资格考前培训，鼓励办案民警参加全国司法考试，分批选派业务骨干到法制部门跟班学习，提升业务能力和水平。同时，进一步规范民警执法行为，狠抓“警种大培训、岗位大练兵”培训机制，深入开展一线民警和辅警实战技能训练，不断提高民警的业务水平、实战能力。强化民警主动学习法律意识，民警综合执法素质和办案质量得到全面提升。2017年，梅江区无行政诉讼案件和国家赔偿案件，涉法涉诉信访总量比上年下降10%。

严优并举，着力深化队伍正规化建设　一是狠抓学习教育常态化。创新队伍政治学习机制，围绕学习贯彻中共十九大精神及省委书记李希对公安工作的指示和来梅江调研讲话精神，认真组织开展主体鲜明、形式多样的学习活动，确保全警在思想上政治上行动上与党中央保持高度一致，确保队伍绝对忠诚、绝对可靠、绝对纯洁。同时扎实开展“两学一做”、机关作风整治等学习教育活动，开展学习廖俊波先进事迹主题党日活动，弘扬主旋律、传递正能量，发挥先进典型示范激励作用。坚持“宁听骂声，不听哭声”，深入推进纪律作风“大整顿”，以“零容忍”的态度，严肃查处民警违法违纪案件，2017年开展纪律作风督查83场次，双开2人、行政记过1人、行政记大过1人、禁闭4人、警诫17人次。始终把纪律挺在前面，常态化推进队伍大排查，对排查出的问题民警，坚持不回避、不护短、不遮掩、动真格。从“一人一事一档”抓起，落实部门领导、帮教小组、局长政委三级约谈制度，实行动态跟踪问效，最大限度地筑牢“讲规矩守纪律”防线，实现作风建设与业务工作“双促进”。二是突出从优待警，提升队伍凝聚力。开展“解警困、暖警心”活动，抓好年休假、功模休养、民警重大疾病救助制度等工作落实，开展医疗救助基金自愿捐款活动，切实维护民警正当执法权益。深化推进六项绩效考核，建立定性与定量、机关与基层捆绑考核、结果与评先评优、立功受奖、提拔任用相结合的一套目标管理体系，通过月公示、季通报实现“以绩量警、以考促警”，有效激发队伍的活力、提升队伍执行力，为圆满完成任务提供强有力的保障。

【优化发展环境】　牢固树立以人民为中心的发展理念，积极加强公共领域安全监管，着力提升服务社会群众效能，经济社会发展环境持续优化。

便民利民服务不滞后　扎实推进“一门式一网式”服务，进一步加强“放管服”工作，不断提升出入境、治安、户政等行政管理服务效能。以信息化为支撑，创新“警务+科技”模式，在城区移动警务车上利用“证明云”等，方便群众直接办理相关手续证明。推进出入境、居民身份证业务24小时自助办证厅建设，2017年为群众提供自助办证服务约10万人次，推动出入境、居民身份证业务办理向全领域覆盖、全天候延伸。

强化社会法制宣传不放松　以构建新时代和谐警民关系、进一步提升群众安全感和满意度为抓手，围绕公安中心工作，组织宣传力量，

深入挖掘警队典型，积极采写不同类型的题材，精心组织形式多样、生动活泼的法制宣传活动，深入推进“反电诈”“禁毒宣传进校园系列”和“6·26”国际禁毒日暨全民禁毒宣传进万家等活动，有效促进人民群众参与到警务工作中，群众对公安工作的理解和支持进一步增强，受到广大群众和网民一致好评。2017年国庆中秋、十九大和世界客商大会期间启动战地宣传报道机制，每天推出一篇反映基层民警放弃休假，投身节日安保维稳工作、服务群众的感人事迹，图文并茂通过公安内网和微信公众号转发，多视角、全方位地展现民警特别能吃苦、特别能战斗、特别能奉献的良好精神面貌。同时，持续加强与《南方法治报》《梅州日报》等主流媒体的合作联动，在《南方法治报》《梅州日报》的稿件刊登量居全市第一，一批涉公安题材的节目在中央、省、市媒体播出，向全国观众展示“世界客都”梅江警队的良好形象。2017年，公安梅江分局以习近平新时代中国特色社会主义思想为指引，不忘初心，牢记使命，紧紧把握创新更多机制的“变”和迈向更高水平的“不变”，深入贯彻领会市公安局党委提出的“1234566”工作要求和“1+1+4”战略精神实质，以永不懈怠的精神状态，深化纪律作风“大整顿”、社会治安“大巡控”、三级办案“大合成”、暖警爱警“大举措”，基层基础“大升级”，推动新时代平安建设迈向更高水平，推动振兴发展创造更加和谐稳定的社会治安环境。（袁运华）

小学生向巡防民警敬礼

2017年梅江公安分局领导名录

局　　长：谢益民（市公安局党委委员、区政府副区长）
党委书记：谢益民
政　　委：肖健媚（女）
党委副书记：肖健媚（女）　刘新坚
副 局 长：刘新坚　荀　康　李海宏　何永东　钟炎昌　李文君　田雪龙（4月任，挂职）
党委委员：荀　康　李海宏　何永东　钟炎昌　李文君　叶绿（女，兼纪委书记）　罗国强（兼政工室主任）　黎天震（兼指挥中心主任）

检　　察

【简述】 2017年，梅江区人民检察院认真贯彻中共十八届六中、七中全会，中共十九大，各级政法工作和检察长会议精神，深入学习贯彻习近平总书记系列重要讲话精神，以习近平新时代中国特色社会主义思想为指导，牢固树立新发展理念，顺应人民群众对公共安全、司法公正、权益保障的新期待，以强化法律监督、强化自身监督、强化队伍建设为总要求，以改革创新为动力，全面履行法律监督职能，深入推进平安梅江、法治梅江建设，为梅江区全面深化改革、率先实现振兴发展提供有力的司法保障。

【服务保障】 维稳安保工作　全力做好中共十九大、省十二次党代会及客商大会等重大会议期间检察环节的维稳安保工作，深化江南新城棚改区地下综合管廊项目专项预防，确保工程质量，干部廉洁。主动将预防触角延伸到村（社区）“两委”换届选举工作中，服务和保障换届选举工作依法、规范、有序开展。集中开展查办与预防涉农扶贫领域职务犯罪及惩治“村霸”和宗族恶势力犯罪专项工作，维护农村和谐稳定，保障惠农政策和惠农资金落到实处。

努力化解社会矛盾　以派驻检察室、“一镇一检察官”为平台，引导广大群众形成办事依法、遇事找法、解决问题用法、化解矛盾靠法的良好习惯。严格落实检察长接访和带案下访巡访制度，积极推行刑事案件被害人救助制度，2017 年受理群众来信来访 71 件（次），其中检察长接访 26 件、28 人，办理国家司法救助案件 8 件，发放救助金 11 万元，取得较好的社会效果和法律效果。

积极参与社会综合治理　深入开展检察官进社区、进农村、进企业、进机关、进学校、进家庭“六进”活动，加强检察环节社会治理工作。严厉打击侵害妇女儿童权利犯罪，加强未成年人的司法保护、犯罪预防、心理矫治和帮教挽救，切实维护妇女儿童合法权益。执法办案中，发现社会治理和管理制度存在的问题，及时向党委、政府和相关部门提出对策建议。全年开展行贿犯罪档案查询 1727 次，有力推进社会诚信体系建设。

【打击刑事犯罪和预防职务犯罪】　*严厉打击刑事犯罪*　依法打击各类刑事犯罪，扎实推进平安梅江、法治梅江建设，全力维护社会和谐稳定。2017 年，受理公安机关提请批准逮捕案件 293 件 509 人，经审查批准逮捕 202 件 332 人，不批捕 93 件 177 人；提前介入重大案件 6 件；全年受理公安机关移送审查起诉案件 418 件 614 人，经审查决定起诉 364 件 533 人，不起诉 18 件 26 人，附条件不起诉 1 件 1 人。

严肃查办职务犯罪　认真贯彻中央和上级检察机关反腐败工作部署，突出查办涉农惠民领域贪污贿赂犯罪、危害民生民利失职渎职犯罪和发生在群众身边侵害群众利益的职务犯罪等案件，促进党风廉政建设，营造风清气正发展环境。2017 年，立案查处职务犯罪案件 9 件 9 人，追缴赃款 15 万元。

创新预防犯罪举措　创新开展“预防职务犯罪邮路”活动，沿梅江区 38 条遍布城乡的邮路，将政策法规与廉政理念送进千家万户。组织法制宣讲团、青年法律志愿者服务队，开展以“防治校园欺凌 护航未成年人成长”为主题的送法进校园活动共计 33 场，受教育学生 1 万多人。建立预防职务犯罪警示教育基地，先后组织全区新当选村（社区）书记、主任和机关干部 600 多人到基地参观，教育基地成为职务犯罪宣传和警示教育的“固定课堂”。

2017 年 5 月 27 日，梅江区检察院举办“防治校园欺凌护航未成年成长”为专题的送法进校园

【诉讼监督】　*强化刑事诉讼监督*　通过发出检察建议书、纠正违法通知书、通知立案书等形式依法监督纠正执法不严、司法不公等问题。2017 年，检察提前介入、引导侦查重大、疑难复杂案件 116 件 218 人，立案监督 2 件 2 人，改变公安机关定性 14 件 37 人，发出纠正违法通知书 6 份，发出检察建议 4 份，追诉漏罪漏犯 6 件 7 人。全年向法院提出量刑建议 305 件，采纳 283 件，采纳率 93%。2016 年年末提出刑事抗诉 1 件 2 人，2017 年上半年由中级人民法院采纳抗诉意见发回重审并改判。

强化刑罚执行和监管活动监督　2017 年，开展监管场所安全检查 12 次，监督社区矫正缓刑人员 167 人、假释 3 人、暂予监外执行 2 人，符合条件的服刑人员电子定位监控实现全覆盖，撤销监外执行 1 人，监督强制医疗 1 件 1 人。全年审查办理羁押必要性案件 29 件 29 人，办理张某汉羁押必要性审查案被评选为全国羁押必要性审查优秀案件。

强化民事行政检察监督，扎实推进公益诉讼工作　健全多元化民事行政检察工作格局，2017 年提请抗诉 1 件，开展执行监督 7 件，开展立案监督 1 件，开展公益诉讼诉前程序 2 件，提出检察建议 8 件。开展环境保护公益诉讼研究探索，针对某石场大面积山体裸露，淤泥堆积，水土流失严重，生态环境被严重破坏，可能造成山体滑坡，存在安全隐患较大的情况，向相关职能部门发出整改落实生态环境的检察建议，得到有关部门积极回应和有效落实整改。

【检察改革】　稳妥推进司法体制改革　扎实推进检察人员分类管理和司法责任制改革，选任 18 名员额检察官 100% 参与办案。进一步完善以随机分案为主、指定分案为辅的案件承办机制，先后制定 15 份配套文件界定办案权力清单，赋予检察官更多的案件决定权，落实“谁办案谁负责、谁决定谁负责”机制。

积极推进监察体制改革　坚决贯彻中央关于监察体制改革的决策部署，把配合做好监察体制改革作为一项重大政治任务，统一思想认识，强化政治担当，按照“思想不乱、工作不断、人心不散”的要求，坚决支持改革，确保改革顺利进行。认真做好反贪、反渎、预防等部门机构、编制、人员、装备、案件线索、档案资料的调查摸底工作，积极参与监察委员会筹备工作，研究检察机关与监察机关案件移送衔接机制，为圆满完成改革奠定基础。

2017 年 8 月 29 日，省检察院开展司法责任制改革第二轮督查梅江区检察院座谈会

【阳光检务】　深入开展阳光检务　坚决执行关于进一步加强与人大代表联络自觉接受人大监督的工作意见、向区人大常委会报告重大事项工作制度，认真落实“关于全面加强阳光检务工作的实施意见”，2017 年组织开展“检察开放日”活动，邀请人大代表、政协委员、行政执法单位代表参加座谈会 4 场，对 3 宗案件进行公开听证。充分发挥新媒体平台进行检务信息公开，全年通过“梅江检察”官方微博、“梅江检察”微信公众号和门户网站发布检察信息 416 条，被市级以上报刊采用各类文章 60 篇（次）。

推进案件信息公开　以案件信息公开系统为平台，全面推进以案件信息公开为核心的检务公开工作和电子卷宗系统应用工作。加强发布前的审查审核，确保信息准确规范。2017 年公开程序性信息 666 条，法律文书 283 份，重大案件信息 19 条。

【基础设施建设】　办案和技术综合大楼建设　积极争取上级检察机关及市、区相关部门的支持，选址芹洋半岛筹建办案和技术综合大楼，投资建设项目报送省发改委立项审批，纳入全省法院检察院基础设施建设“十三五”规划和 3 年滚动投资计划，争取 3 年时间，完成区检察院办案和专业技术用房建设项目。

加快科技强检步伐建设节约型机关　深入推进检察技术信息化工作，确保统一业务应用系统、涉密信息分级保护系统、电子卷宗系统的正常运行。加强机关管理，控制机关办公办案设施成本，2017 年节约采购费用 10 多万元；加强公务接待费管理，严格控制接待标准和费用；严格公车管理，做到规范、节约、安全、高效，公务车辆改革实施后，全年运行费用比上年下降 10%。

【队伍建设】　加强思想政治建设　深入学习中共十八届六中全会、中共十九大和习近平总书记系列讲话精神，以市检察院党组书记、检察长吴少荣深入区检察院开展十九大精神宣讲活动为契机，全面掀起学习十九大精神的热潮。扎实开展学党章党规、学系列讲话，做合格党员“两学一做”“加强作风建设，增强执行能力”“转作风比奉献树形象”学习教育实践活动，强化“四个意识”，严肃政治纪律和政治规矩。坚持抓党建促队建，抓班子带队伍，提升队伍凝聚力和战斗力。

加强党风廉政建设　严格遵守中央八项规定，持之以恒纠正“四风”。坚持正风肃纪，狠抓党风廉政建设主体责任、监督责任落实，以“讲政治、强党性、严纪律、守规矩”为主题深入开展纪律教育，加大检务督察力度，加强对干警8小时外的监督管理，确保队伍纯洁干净。

加强队伍专业化建设　重视优化队伍结构，大力提拔优秀的年轻干警，不断充实中层干部队伍。结合检改实际，2017年对7名干警进行岗位调整，做到人尽其才，促进工作。积极开展庭审观摩、案件讨论等岗位练兵和业务竞赛活动，培养各类型办案能手、业务尖子。

（施梅妹）

2017年区检察院领导名录

检　察　长：黄明仰
副检察长：李炼新　李名庆　胡瑞环
纪检组组长：刘云天（任至5月）
　　　　　　陈湘萍（8月任）
政工科科长：唐伟忠
反贪污贿赂局局长：王　导

法　　院

【简述】　2017年，梅江区人民法院深入学习贯彻习近平总书记系列重要讲话和对广东工作重要批示精神，紧紧围绕“以努力让人民群众在每一个司法案件中都感受到公平正义”的总目标，坚持“司法为民、公正司法”工作主线，全面推进司法体制改革试点，充分发挥审判执行工作职能，不断提升司法服务水平，深入开展“转作风、比奉献、树形象”的教育活动，努力打造优质高效的司法队伍，为辖区政治、社会、经济有序发展提供优质服务和可靠保障。全年共受理刑事、民商事和执行等案件4205件（含旧存204件），结案3926件，比上年分别上升10.72%和8.9%；结、收案率98.18%，解决争讼标的12.5亿元。

【刑事审判】　严格依法审判各类犯罪活动的同时，大力支持和配合梅州市创建文明城市工作，依法打击破坏和妨害社会管理秩序类型犯罪。2017年共受理刑事和审结案件394件588人，结案率100%，其中审结赌博类犯罪案件35件74人，均判处有期徒刑并处罚金。对交通事故案件高发的情况，加大对交通肇事、危险驾驶罪案件的打击力度，全年共审结案件71件71人。

【民事审判】　注重法律效果和社会效果相统一，尤其对涉及人数众多、社会影响较大的民生类系列案件，从维护社会稳定、化解矛盾纠纷的目的妥善审理，将调解贯穿办案全过程。2017年共受理民事案件2059件，审结案件1908件，调解、撤诉915件，调撤率39.65%。如林宝玲等29户业主诉梅州市新万家商业投资发展有限公司房屋买卖合同纠纷系列案，通过耐心释法明理和细致的调解工作，促使双方达成一致意见，以调解圆满结案。成立综合审判组，制订《梅江区人民法院民事案件简案快审实施方案》，在严格依法审理的前提下，采取精简诉讼程序、批量开庭、简化裁判文书的形式进行快速审理、快速结案。7月正式运作，受理、审结案件分别占民事案件的12.92%和13.24%，有效缓解人少案多的矛盾。

【执行工作】　按照上级法院关于“在两三年内基本解决执行难”的部署，通过严格落实失信被执行人信用惩戒、司法拘留、网络司法拍卖等措施，加大执行力度。2017年共执结案件

1343 件，执行到位金额 2.38 亿元，到位率 87.15%。全年网络司法拍卖共成交标的物 59 件，成交金额 9586 万元，成交转化率 93.33%。

【队伍建设】　坚持“三会一课”制度，系统地学习党章党规、习近平新时代中国特色社会主义思想，强化干警的党性修养。按照区委和上级法院要求开展“转、比、树”活动。中共十九大召开后，组织全院干警深入贯彻学习，按照“学懂弄通做实”的要求落实好十九大精神，把干警的政治、思想和行动统一到以习近平同志为核心的党中央周围。坚决维护以习近平同志为核心的党中央权威和集中统一领导，严守政治纪律和政治规矩，坚持理想信念宗旨，坚持在党的领导下依法独立行使审判权。强调上下班制度和请销假制度，分管院领导、各部门负责人落实好主体责任和监督责任，切实做到以制度管人、以制度管事。充分发挥纪检监察人员的监督职能，加强对全院执行纪律的监督检查，实现明察暗访常态化。2017 年共开展 3 次纪律作风督察活动，未发现重大违反纪律作风的问题，呈现守纪律、勤干事、讲奉献的工作氛围。坚持定期培训制度，围绕岗位工作需要，分批分层次培训，全年培训干警 110 人次，打造一支素质高、业务精、能力强的书记员队伍，更好地为审判业务服务。　（陈　琳）

2017 年区法院领导名录

院　长：赖昌仁

副院长：章文烈　朱　晟　陈学军

司　法　行　政

【简述】　2017 年，梅江区司法局深入学习贯彻习近平新时代中国特色社会主义思想和中共十九大精神，紧紧围绕党委政府中心工作，以服务梅江振兴发展为主题，以开展制度化常态化“两学一做”活动为抓手，以“转作风比奉献树形象”主题活动为契机，创新实施法制宣传近民、人民调解安民、法律援助惠民、法律服务便民和矫正帮教爱民的司法为民“五项工程”，积极构建公共法律服务体系，提升司法行政工作水平，全力为平安梅江、法治梅江建设和全区经济社会振兴发展提供优质高效的法律服务和法律保障。

【法律服务】　不断优化法律服务体系，进一步加强区、镇（街道）、村（社区）三级公共法律服务站点建设，着力打造法律服务网络，加大区、镇、村公共法律服务实体平台建设，逐步推开，规范运作，提高规范化、标准化水平。

村（社区）法律顾问工作　“一村（社区）一法律顾问”是 2017 年度一项重要的惠民工程，村（社区）法律顾问工作继续深入推进，不断创新发展。梅江区 22 名村（社区）法律顾问按要求每月（逢周二、周四）到村（社区）提供法律服务，开展法律宣传，进行时事政策点评，化解矛盾纠纷，做到村村都有法律顾问，人人享受法律服务，深受群众好评。2017 年，村（社区）法律顾问律师共为村（社区）群众提供法律服务 1653 件次，其中接访咨询 860 件次、出具法律意见书 68 件、为群众提供法律援助 13 件、参与人民调解 77 件、为村（社区）干部进行法律知识培训和讲座共计 482 场次（受教育人数 1.9 万人次）、其他服务 153 件。同时在中秋节、国庆节和中共十九大安保期间，全区 22 名驻村法律顾问积极配合镇（街道）党委、政府到上访人员家中进行摸排、座谈、交流，做好有上访动向人员的思想劝导、安抚和法律知识普及工作，参与化解涉法涉诉信访 10 人次以上，为维稳工作做出应有的贡献。

法律援助工作　随着法律援助宣传力度的加大，新《广东省法律援助条例》的颁布实施，进一步加强法律援助中心窗口建设，在局机关一楼打造公共法律服务大厅，开通法律援助绿色通道，方便群众申援。通过开辟宣传阵地、播放公益广告，利用梅州电视台《服务 900》

栏目播放案例等形式，让法律援助工作家喻户晓、深入人心。加大对农民工的法律援助，全力做好一般代理工作，无偿办理与案件有关执行等工作，切实保护农民工合法权益。进一步完善工作机制，规范操作程序，健全配套制度，建立由专人负责全程动态监督跟踪的质量管理制度，努力提高法律援助案件的办理质量，做实、做好、做大政府的“民心工程”。进一步畅通法律援助渠道，健全和完善区、镇（街道）、村（社区）法律援助工作机构，实现法律援助工作三级负责全覆盖，同时开展“四心服务”（用爱心帮助每个受援者、把真心倾注于每件法援案件、耐心倾听每个受援者诉求、用心为民解忧），帮助群众解决合法诉求。2017年，梅江区法律援助处共办理法援案件170宗，其中刑事案件85宗、民事诉讼案件84宗、行政案件1宗；接待来访来电群众约1900人次，较好地发挥法援处的作用，维护弱势群体的合法权益。

公证工作　梅江公证处充分发挥公证机关的职能作用，继续以“创一流服务，让群众满意”为目标，积极为群众服务，2017年，共办理各类公证576件，其中国内民事公证402件、涉外公证89件、涉港澳台公证85件。同时紧紧围绕区委、区政府的中心工作，配合和服务于市、区重点工程建设项目征地拆迁，听从指挥，为征地拆迁提供证据保全和现状固化工作，确保各项重点工程合法有序顺利进行，全年梅江公证处公证现场监督保全送达各类法律文书137件。同时根据省厅要求，公证处由行政体制调整为事业体制，为区司法局管理的公益一类股级事业单位，核定事业编制3名，其中主任1名、副主任1名。

【人民调解】　切实发挥人民调解在维护社会稳定“第一道防线”作用，积极探索完善人民调解、一村（社区）一法律顾问、群防群治“三位一体”村级网格化联动机制，进一步发挥区、镇（街道）、村（社区）、村民（居民）小组四级调解网络的职能作用，大力整合综治、信访、公安、司法、村居法律顾问等调解资源，联合镇（街道）、村（社区）深入开展矛盾纠纷排查调处工作，全方位防控“民转刑”案件，做到有工作方案、有工作台账、有活动总结，人民调解工作成效明显，未发生“民转刑”案件。在调处常见多发民间矛盾纠纷的同时，将人民调解向基层深入，努力解决经济社会发展中出现的新型矛盾纠纷，提升对社会稳定风险的预知能力。同时落实责任，认真做好信访维稳安保工作。2017年按照市司法局《关于开展“保稳定、促和谐”矛盾纠纷排查化解专项活动的方案》部署安排，积极联合各司法所和人民调解组织开展“保稳定、促和谐”矛盾纠纷排查化解专项活动，中共十九大前后开展“百日攻坚专项活动”，各会议期间实行“零报告”“日报告”制度。2017年，梅江区四级调解组织共受理民事纠纷1211宗，调解1211宗，调解率100%；调解成功1189宗，调解成功率98.2%。大量矛盾化解在基层、化解在萌芽状态，有力维护梅江区辖内的社会稳定。

6月26日，区委书记朱国城（后排左四）陪同司法部社区矫正局局长姜爱东（右二）到梅江区社区矫正基地调研

【矫正帮教】　继续以提高社区矫正质量为主线，坚持管理与服务并重，规范和创新结合，强化社区矫正对象“两个八小时”管理制度，严格规范社区矫正刑罚执行活动，有效防止社区矫正人员脱管、漏管和重新违法犯罪，为维护社会和谐稳定做出积极贡献。2017年，累计

接收社区服刑人员106人，解除142人，至年末，在册服刑人员158人，社区服刑人员接收率100%。符合条件的服刑人员电子定位监控实现全覆盖，无脱管、漏管现象，全年累计作出撤销缓刑2人，警告38人次。根据2017年市十件民生实事相关文件精神，按照“社区矫正工作场室达到500平方米”要求打造“一中心一基地”，加强硬件建设，实现社区矫正监管及突发事件应急处置指挥无缝连接。社区矫正信息化、社会化、专业化建设不断加强，日常监管不断规范，更好地预防和减少重新违法犯罪。梅江区打造社区矫正一基地一中心的做法被《法制日报》等媒体推广，并在全省社区矫正工作现场会、全市司法行政工作会议现场交流；6月，司法部社区矫正管理局局长亲临指导调研，获得好评。加大刑释解矫（教）人员安置帮教力度，根据区综治委“中心+网格化+信息化”的要求，组织人员补充完善刑释解矫（教）人员安置帮教信息，建立完整的数据库，便于实施有效管理。全年组织教育学习96场次，组织社区服务101场次，累计接收刑释人员123人，解除社区矫正人员142人，落实安置人员255人，安置率96.2%，帮教率100%。

【普法教育】 2017年是“七五”法治宣传教育规划的第二年，区司法局和区普法办全力抓好“七五”普法规划的推进实施，重点落实法治梅江建设，积极制订并印发“2017年梅江区普法依法治理工作要点”，结合“两学一做”学习教育活动，按照“谁执法谁普法、谁主管谁负责”的原则，制定和完善《关于完善国家工作人员学法用法制度的实施办法》和“谁执法谁普法”责任清单，普法工作更加清晰明朗。积极动员全区各普法成员单位巩固普法阵地，积极创新学法形式，拓宽学法渠道，借助《梅州日报》、梅江网站等传媒和微信以及梅江直播等新媒体，着力提高普法工作的实效性，2017年各级媒介发表普法宣传报道10多篇，其中国家级6篇。同时在“12·4国家宪法日”等重要时间节点，联合各部门、各行业开展法制宣传和现场法律咨询，全年全区村（社区）、中小学校开展宪法宣传和禁毒安全宣传等系列活动200多场，发放公共法律服务宣传手册等宣传资料12万余份，制作和发放普法环保袋1万个；同时创新运用车载视频、楼宇广告等新媒体在300多个网点开展宣传，受教育群众20万余人；全年完善镇村法治文化宣传阵地9个，创建省级民主法治村（社区）8个、区级民主法治村（社区）66个，积极引导全社会树立法治观念、培育法治信仰，提高厉行法治自觉性、积极性和主动性。

【队伍建设】 区司法局坚持依法决策，完善党组和局长办公会议制度，明确“三重一大”事项决策的原则、程序和由局党组集体作出决定的科学决策体制，班子成员的整体作用得到充分发挥。突出政治教育，继续开展“两学一做”和“讲政治、强党性、严纪律、守规矩”纪律教育月活动，结合学习教育成果同步开展“转作风比奉献树形象”主题活动和机关作风整治工作，引导全体司法行政干警切实转变作风，打造一支政治过硬、业务过硬、责任过硬、纪律过硬、作风过硬司法行政队伍。同时，狠抓落实“书记抓，抓书记”基层党建责任制，筹资6.5万元支持西郊街道3个挂钩村（社区）完善服务功能，促进村（社区）各项事业全面发展，并派任1名党组成员为第一书记驻西郊村帮助整顿软弱涣散支部。按照党风廉政建设责任制年度目标，积极开展“咬耳扯袖，红脸出汗”等谈话提醒常态化活动，不忘初心，牢记使命，立足岗位，勇于担当，不断提升司法队伍业务能力和水平。 （范文梅）

2017年区司法局领导名录

局　　长：张　明
副 局 长：刘达强　钟静君
政工办主任：杨志昌

法治政府建设

【文件清理】 2017年，梅江区人民政府成立文件清理工作小组，办公室设在梅江区法制局。制订印发《梅江区人民政府文件清理工作实施方案》，召开全区文件清理工作会议，对1988年至2016年区政府文件和区委、区政府办公室文件进行全面清理，重点做好“放管服”改革、生态文明建设方面的规范性文件清理工作，并将文件清理结果向社会公布。经清理，决定废止文件182件，宣布失效文件225件，修改文件12件，保留文件226件。在做好区政府文件清理工作的同时，要求各镇（街道），区直单位同步对制订出台的部门文件进行清理，并将清理情况报告区政府文件清理工作小组办公室。

【推行法律顾问制度】 开展政府法律顾问聘任工作，区政府聘请3名法律顾问，并颁发法律顾问聘书。起草制订《梅江区贯彻落实市关于推行法律顾问制度和公职律师公司律师制度的实施意见重要政策措施分工方案的通知》，对推行法律顾问制度等重要政策措施进行分工安排，进一步指导监督区直、镇（街道）全面完成法律顾问配备工作。各镇（街道），区直执法权较多的单位均聘请1名以上法律顾问，并及时向市法制局报告备案。

【行政复议和行政应诉】 发挥行政复议职能作用化解行政纠纷，积极履行行政应诉职责，推进落实行政首长出庭应诉工作。2017年，区政府为行政复议机关案件8件，均按时审结，审结率100%。其中，确认行政机关未履行信息公开行为违法案件4件，纠错率50%。以区政府为被申请人的行政复议案件18件，未审结1件，审结案件中维持行政机关决定13件。以区政府为被告的行政诉讼案件14件，未审结1件；审结的案件，驳回原告诉讼请求和起诉共12件，占审结案件总数的92%。

【行政执法监督】 加强行政执法监督，开展行政执法案卷评查工作。印发《关于开展2017年行政执法案卷评查工作的通知》，对梅江区具有行政执法职能的部门，2017年1月1日至9月30日，办理完成行政处罚、行政强制、行政许可、行政检查案卷，进行自查评查抽查，并将检查情况通报反馈各单位，进一步规范行政执法，不断提高行政执法水平。

【法治培训】 加强对领导干部的法治教育培训。2017年，举办学习宣传中共十九大精神暨法治政府建设专题培训班，组织各镇（街道）、区直执法部门主要领导或分管依法行政工作领导共50人，赴重庆大学法学院学习6天，进一步提升领导干部法治思维和依法行政能力。

【建议和提案承办】 认真办理市、区人大代表建议和政协提案，开好交办大会，加强与代表和委员的沟通联系，着力解决代表委员提出的实际问题。2017年办理市人大建议和市政协提案29件，办理区人大建议和区政协提案64件。2017年，梅江区法制局副局长温永红被市政协评为“承办提案先进个人”。（夏思华）

2017年区法制局领导名录

局　长： 徐晓东（8月任）

副局长： 温永红　范德才

军 事

人 民 武 装

【政治教育】 2017年，中国人民解放军梅江区人民武装部把“两学一做”学习教育常态化制度化为全年政治工作主线，严密组织，狠抓各环节的落实。召开部党委会，认真学习上级有关文件精神，成立教育领导小组、制定教育实施方案和教育计划，组织全体官兵深入学习《习近平关于深化国防和军队改革重要论述摘编》《中国共产党党章》《中国共产党廉洁自律准则》《中国共产党纪律处分条例》、省军区编印的《深化国防和军队改革中思想政治教育工作重点诠释和难题解答》。按教育计划参加上级组织的党委中心组理论学习、制定个人学习计划、落实组织生活、民主评议党员、对照检查、党员践诺承诺等活动。7—8月，区人武部开展“适应新体制，履行新职能，谋求新作为”学习教育。11月10日，区人武部召开党委会，学习近平主席十九大工作报告，根据军分区关于学习贯彻十九大精神的意见的指示，结合实际，研究制订学习贯彻十九大精神实施方案，健全组织领导，制定学习计划，细化责任分工。围绕十九大报告内容，组织官兵和应急队员进行面对面集中理论辅导教育，有计划分专题组织学习，增强学习效果。积极参加上级组织开展“不忘初心、牢记使命”和“传承红色基因，担当强军重任”的主题教育实践活动以及“学习读书会”“红心向党，签约祖国”主题党日活动，“人民军队忠于党”歌咏比赛，写心得体会等活动。通过多种形式，十九大精神进一步贯彻到位，深入人心。

【军事训练】 2017年5月16日，民兵轻舟分队9名队员参加市组织的轻舟分队集训。6月12—16日，区人武部组织14名专武干部集训，主要是征兵业务培训，包括学习国防法、兵役法、征兵工作条例等知识，以及业务培训等内容。11月，区人武部组织干部在职训练，主要课目包括体能、手枪实弹射击、通信工具应用和军事理论。12月18—22日，组织保障军兵种民兵分队训练。共有民兵61人参加，主要进行队列、通信、气象水文、射击等专业科目训练，对通信和气象水文专业科目，与保障驻军火箭军单位协调解决教练员，训练取得预期效果。

【征兵工作】 2017年7月21日，全国、省征兵工作电视电话会议，分会场设在区人武部五楼会议室，参加会议人员有区人武部领导成员、区征兵工作领导小组成员、各镇（街道）镇长（主任）、武装部部长。7月26日，全区征兵工作会议在区人武部五楼会议室召开，参加会议人员有区征兵工作领导小组成员、各镇（街道）镇长（主任）、武装部部长，区人武部部长黄冰峰总结上年征兵工作情况，部署2017年征兵工作任务；区政府副区长李思平就如何做好征兵工作讲了几点意见。8月1日，区政府召开征兵工作推进会，参加人员有区委副书记钟明，副区长李思平，区征兵工作领导小组、办公室相关人员，各镇（街道）党（工）委书记、武装部部长等，会上各镇（街道）党（工）委书记汇报各单位征兵工作情况，区人武部部长、政委分别讲话，推进征兵工作。9月6日，区征兵办在区人民政府会议室召开年度征兵派号定兵大会，摇号定兵的优先条件，可以不通过摇号直接定入伍人员：一是大学生以上（包括高校新生)；二是在武装部担任预备役的民兵应急队员；三是烈士、因公牺牲军人、病故军人的子女或同胞姐妹，现役军人子女或同胞姐妹符合条件的优先征集，省级优秀学生、中学生学科奥林匹克竞赛国家集训队成员、外国语中学优秀学生、退役运动员。入伍去向每个应征青年可选一个去向，各个去向先摇号定人，未摇到号人员集中在未满人员去向部队中摇号，未入选人员作为备选人员。这一做法既能解决择优录取的原则，又能考虑个人入伍意愿，且公平公正公开，是征兵改革的成效。

【抢险救灾】　2017 年 2 月 11 日下午 3 时，金山街道黄坑村发生山火，区森林消防分队 22 人，3 辆消防车，在区人武部副部长文建华带领下，前往扑火，奋战 5 小时，将山火扑灭，安全返回。3 月 2 日下午 5 时，长沙镇大密村发生山火，区森林消防分队 22 人，3 辆消防车，在区人武部副部长文建华带领下，前往扑火，奋战 5 小时，将山火扑灭，安全返回。12 月 25 日下午 2 时，长沙镇小密村发生山火，区应急指挥办要求区森林消防分队实施救火，接报后，区人武部迅速起动应急预案，报请军分区同意，出动灭火队员 20 人、消防车 3 辆，在人武部部长黄冰峰带领下，迅速出击，19 时 30 分完成灭火任务，安全返回，黄冰峰部长总结森林灭火行动给予充分肯定，同时提出今后灭火行动的要求。一是做好编组，一般情况 10—13 人为一组，3—4 人使用灭火风筒，3—4 人使用灭火把，其他人用割草机等；二是平时要将常用物资放在车上，接到任务，人员立即换装出发，争取出发时间。三是配备好物资，如激光灯，对讲机等器材，完善救援器材。此外，11 月 13—15 日，第五届世界客商大会在梅州市召开，20 名民兵应急队员参加会议秩序维稳工作，认真负责，每天坚持到晚上九点，得到地方有关领导充分肯定。

【机构改革】　2017 年 6 月下旬，省军区宣布军分区、人武部调整整编命令，要求区人武部在 6 月底前完成整编任务，根据军分区 6 月 30 日召开调整整编命令大会精神，区人武部全体官兵坚决拥护习主席和中央军委的决策部署，按照军分区政委彭延虎“一字不改、二话不说、坚决照办”的要求，扎实推进编制体制改革落实。区人武部从 6 月 30 日起按新编制进行，由原来 8 个现役干部改为部长、政治委员和副部长等 3 人为现役，增加 6 名文职人员职位，原有正营以下干部安排转业或改文职处理。按照新编制调整各类机构，明确各类人员职责，重新划分办公场所，制作门牌、职责牌、岗位牌，进一步规范秩序，区人武部新编体制顺畅运行。

【枪支弹药管理】　2017 年 2 月 24 日，根据中央军委国防动员部和省军区统一部署，区人武部深入开展枪支弹药专项清查整治行动，按照规定要求严密清查民兵武器装备仓库，要求每个干部签订承诺书，做到不私自租用、借用、收藏和非法携带枪支弹药，不参与非法制造、组装、改装枪支弹药，不使用枪支弹药进行危害社会公共安全和狩猎等非法行为，坚决抵制非法交易和运输枪支弹药，不私自安排和联系地方人员进行实弹射击，并自觉接受组织和社会各界的监督。

【双拥工作】　2017 年，“八一”前夕，区委书记朱国城率梅江区拥军慰问团到区人武部慰问全体官兵。区人武部积极响应军分区党委和区委、区政府号召，积极投身“创文”工作，强势助推梅州创建全国文明城市，主要做法被省军区作要讯刊发，被《广东武装》题为“争创文明城市，建设第二故乡”报道，被军分区转发全区部队学习；在梅州市、梅江区委“创文”办专刊全篇幅报道，在《梅州日报》刊登，树立了军队文明之师的良好形象。

2017 年 7 月 28 日,区委书记朱国城率梅江区拥军慰问团到区人武部慰问全体官兵

【国防教育】　2017 年区人武部协调地方研究梅江区全民国防教育“五个一”工作，一个实施细则、一个组织机构、一套活动方案、一套运行机制、一笔保障经费，受到区委书记朱国城的充分肯定，要求 2018 年在全区全面推开试行，促进全区国防教育不断向社会化、制度化、经常化方向发展，为全市部队国防教育“如何搞、何时搞、搞什么”摸索方法路子。11 月 30 日在《解放军报》报道梅江区及人武部“红色名片助力国防教育”要闻。

【军营建设】　2017 年，区人武部坚持党委集体理财，严格财经纪律，严格经费预算、结算，确保 80% 的经费用于保障战备训练和解决基层实际问题，区人武部所有建设工程必须召开党委会研究决定，各项工程建设严格报批手续。根据年初区委常委议军会议决定，区人武部采取“交钥匙”工程模式，投资经费 86.06 万元，开展 5 项工程项目建设，分别是文化活动中心改造、办公楼及应急队宿舍、招待所楼顶帽头补漏翻新、户外球场改造和公寓楼改造，工程完工后，军营工作、生活环境大改善。　（侯心鸿）

2017 年区人武部领导名录

部　长：黄冰峰

政　委：李　俊

消　　防

【简述】　2017 年，梅州市公安消防支队梅江区大队坚持以中共十九大精神和习近平总书记系列重要讲话精神为引领，不忘初心、牢记使命，重点抓好提升党建工作水平、提升火灾防控能力、提升攻坚打赢能力、提升后勤保障效能、提升人民满意程度“五个提升”工作，实现社会面火灾防控和队伍管理“双稳定”，消防工作和部队建设开创新局面。

【提升党建工作水平】　守规矩、强作风，全面彰显党委核心领率作用。

全面深化队伍建设　以“维护核心、听从指挥”主题教育和推进“两学一做”常态化、制度化为主线，以“深化酒驾问题集中整治活动”和“深知兵、关爱兵”教育活动为契机，以“榜样开讲，建功梅江”为载体，以党委会、党委中心组学习和行政会等形式，积极开展各类政治教育活动，党员先锋模范作用发挥明显。

完善落实廉政机制　坚持教育引路、责任落实、宽严相济和以惩促防四个原则，重点排查消防执法腐败、财务大清查和领导干部工作生活待遇等问题，深入开展后勤财经领域突出问题整治；广泛开展警示教育，坚持筑牢队伍纪律红线，2017 年实现零事故、零违纪、零投诉、零伤亡。

持续擦亮品牌建设　深入挖掘“英雄文化”内涵，打造集英雄文化、战斗文化、特色文化、部队文化于一体的梅江消防文化体系。持续擦亮“泡沫桶组合乐队”警营文化品牌，2017 年邀请汉剧院专业导师来队开展训练 50 余次，8 月 14 日，“泡沫桶组合乐队”参加“2017 津宝第三届国际音乐节暨第三届打击乐大奖赛”，荣获民族打击乐特别金奖和一等奖。

“泡沫桶组合乐队”参加2017津宝第三届国际音乐节

【提升火灾防控能力】 防得住、打得赢，提升火灾防控能力。

政府主导力创消防新绩 2017年提请区政府先后召开常务会议、全区防火工作会议、高层建筑、电气火灾等专项工作会议、今冬明春火灾防控工作动员部署暨消防安全形势研判等工作会议，区委书记朱国城、区长钟秀堂等主要领导先后20余次带队深入辖区开展消防安全检查，明确各级各部门工作职责，推动工作任务落实，形成主导力量。

部门联动严治火患顽疾 结合夏季消防大检查、高层建筑、电气火灾综合治理、建筑基础数据信息采集专项行动、电动车火灾防范、“六类场所、十项必查”（六类场所指小档口、小作坊和小娱乐场所“三小”场所，住宿与生产储存、经营场所设置在同一建筑内或改变原建筑使用功能，通过搭设夹层、隔间等方式，使同一场所违章具备一种以上使用功能、群租房、建设工程施工现场、养老服务机构、寄宿制学校“三合一”场所；十项必查指安装漏电保护开关、电线套管、紧急逃生通道畅通、合用场所物理防火分隔、违规住人彻底搬离、清理电动自行车、拆除木质阁楼、拆除易燃材料、群租房明确消防管理责任、施工现场落实消防安全保障）等专项工作，落实“三级监管”[区消防安全委员会、镇（街道），行业部门]工作机制，联合公安派出所、安监、工商、住建、教育等部门，深入辖区开展火灾隐患大检查。2017年，共检查单位2052家，出动检查人员4104人次，督促整改火灾隐患1095处，临时查封13家，责令“三停”（停止施工、停止使用、停产停业）单位14家，行政处罚20宗，罚款金额48.74万元，行政拘留2人。

加大消防安全宣传力度 依托“全民消防我代言”、“119”消防宣传月活动，通过大型LED显示屏、微信微博、消防公益广告等平台发布消防安全宣传标语5000多条，2017年为社会群体进行消防安全培训100余场。在市电视台《民生820》《服务900》及《新闻联播》栏目曝光隐患5次，协助制作高层火灾宣传片3部，宣传消防动态10多次。

2017年11月16日，梅江区消防大队开展消防安全宣传培训，200多名师生参加

【提升攻坚打赢能力】 实战化、规范化，稳步提升作战水平。

队伍素质铁军化 签约专业健身教练，每月定期组织开展专业体能训练教学，科学打牢官兵体能基础、专业提高官兵体能水平，官兵体能达标率创历史新高。每月组织开展体能、技能专项比武，大队主官带头参与比武考核，全面提升官兵战斗力。

执勤训练实战化 深入辖区单位开展联勤联训、联合演练、班组实战化训练等多项贴近灭火救援实战演练，结合每周2次辖区“六熟悉”（熟悉消防队责任区的交通道路、水源情况、重点单位的分类数量分布情况、主要灾害事故处置的对策及基本情况、重点单位建筑物使用部位情况、重点单位内部消防设施情况、重点单位的消防组织灭火救援任务分工情况），组织与社会单位、联动单位进行联动实战，以“一切以实战为标准、一切以实战为目的”的要求，共同完成急、难、险、重的灭火救援任务打下基础。

社会维稳新成效　2017 年，成功处置各类灭火和抢险救援事故 170 多次，抢救被困人员 57 人，疏散 35 人，挽救财产损失 413.7 万元；完成“7·12”城北迈特电子厂火灾、“11·6”西阳镇东升工业园腾飞电子厂火灾扑救和“9·19”江北干才村水泥搅拌车侧翻事故救援等急难险重任务；完成中共十九大、“一带一路”（指丝绸之路经济带和 21 世纪海上丝绸之路）高峰论坛、香港回归 20 周年、厦门金砖会晤、客商大会等重大消防安保任务。

2017 年 7 月 12 日，梅江区消防大队官兵成功处置城北迈特电子厂火灾事故

【提升后勤保障效能】　强基础、保中心，夯实消防工作根基。

主动请示谋建设　2017 年，梅江区消防大队积极向市、区两级政府主动汇报城北新消防站建设工作，先后走访市国土局、城乡规划局、规划设计院、征地拆迁办等单位和部门协商建设事宜，市政府同意无偿划拨 8179 平方米土地，并顺利完成立项、测绘、设计、环评等相关工作，已办理用地规划许可证、不动产登记等相关手续。

增强保障促发展　积极推进装备统型，淘汰“三无”（无生产日期、无质量合格证以及无生产厂家）来路不明的装备 412 件（套），新购高喷消防车 1 辆、抢险救援消防车 1 辆，配备 726 件（套）器材装备并投入执勤。升级改造中队场库室，聘请专业教员 6 名（心理咨询师 1 名、法律顾问 1 名、保健医师 1 名、健身教练 3 名）为消防官兵做专业指导，同时与汽修厂签订车辆维护保养协议，为完成各项灭火救援和消防安全保卫任务奠定坚实基础。

优化队伍强基建设　2017 年新招收 33 名政府专职消防队员补充现役警力不足。推动梅江区、西阳镇两级政府共投入近 200 万元，建成全区第一支乡镇政府专职消防队——西阳镇政府专职消防队。2017 年，西阳镇政府专职消防队被评为全省“政府专职消防队先进单位”和全省“热心消防公益事业先进集体”，被梅州市政府树为全市专职消防队建设样板。

【提升人民满意程度】　着眼重服务、促发展，全面提升人民满意程度。

执法公正为人民　2017 年，梅江区消防大队消防服务窗口受理业务 105 宗，接听群众电话来访 1200 多次，解答群众疑惑问题 2000 多宗，群众满意率 100%。执法办案、业务受理透明公开，全年实现执法“零投诉”。

警民共建创新篇　配合驻地团区委、各类学校和梅州日报社等单位，2017 年先后接待 20 多批次学生、留守儿童、小记者、夏令营团队前来参观学习，获益群众 5000 多人。联合团区委开展关爱留守儿童慰问活动，走访慰问老兵、团建等活动 5 次。

公益同行树新风　2017 年，区消防大队开展植树造林、捐资助学、无偿献血、义务消防宣传、文艺演出、慰问鳏寡老人等公益活动 30 多次，收到锦旗 5 面、表扬信 6 件，义务送水 300 多吨，献血 20 多人次，冲洗道路 10 多公里。组织“泡沫桶组合乐队”参加 2017 地球一小时·梅州暨走进“梅州蓝”公益宣传活动；

组织消防官兵到福利院开展“学雷锋”活动，参加“军民共建生态林、梅江消防在行动”公益植树活动，深入城北镇玉西村开展“八一”慰问活动，参加“扮靓诗画梅江，喜迎世界客商”志愿者大行动启动仪式，树立消防官兵的良好形象。　（罗超）

2017年区消防大队领导名录

大　队　长：余忠才

政治教导员：金　飞

副　大　长：陈全英　熊　超

工　程　师：廖善强

一中队政治指导员：罗　超

二中队政治指导员：谢志鹏

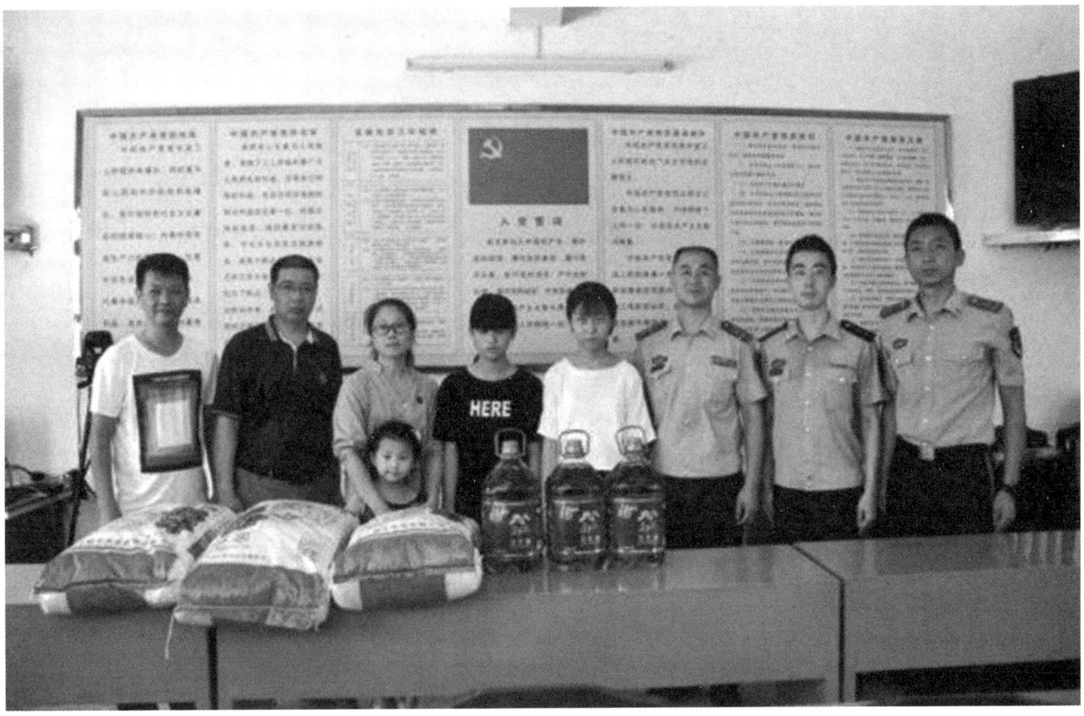

2017年7月27日，梅江区消防大队官兵到城北镇玉西村开展慰问贫困村民

经济管理

发展改革

【简述】 2017年，梅江区发展改革和科学技术局认真贯彻落实中共十九大会议精神、习近平对广东工作的重要指示精神，切实把思想和行动统一到省、市、区的决策部署，以全面深化改革为动力，认真落实粤东西北和原中央苏区“两大振兴政策”，围绕市委、市政府构建嘉应新区，广东梅兴华丰产业集聚带、梅江韩江文化生态健康旅游特色产业带“一区两带”规划建设，着力营造“大众创业、万众创新”良好环境，改革开放促发展，扩容提质助振兴，紧紧围绕区委、区政府建设“诗画梅江、文明客都”的战略目标，认真落实年初制定的工作计划，努力完成区委、区政府和上级业务主管部门下达的各项工作任务。

【制定国民经济发展计划】 区发展改革部门经过深入调查研究，检查上年度计划执行情况，了解本年度的经济增长点，制定编制《梅江区2017年国民经济和社会发展计划执行情况与2018年计划草案》，经区八届人大三次会议审议通过。2017年梅江区经济保持稳中求进的良好态势，全区实现生产总值83.45亿元，比上年增长9.54%；一般公共预算收入7.31亿元，比上年增长4.0%；规模以上工业现价增加值完成18.29亿元，比上年增长9.1%；固定资产投资完成136.95亿元，比上年增长27.5%；社会消费品零售总额实现109.16亿元，比上年增长6.75%。2018年梅江区国民经济和社会发展计划的预期目标：地区生产总值增长7.2%（当年价，下同）以上，全社会固定资产投资比上年增长20%以上，一般公共预算收入增长10%以上，单位地区生产总值能耗完成市下达指标，社会消费品零售总额增长10%以上，居民消费价格总指数上涨控制在3%以内，城镇登记失业率控制在3%以内，常住人口自然增长率控制在6.3‰以内，居民收入增长与经济增长同步。

【积极争取项目资金】 2017年，梅江区积极争取上级资金支持，申报教育现代化推进工程中央预算内投资计划1个（新建梅江区芹洋学校教学楼项目），总投资4100万元，获得中央预算内资金3000万元，为梅江区获得中央支持资金最多的一个项目。

【加强投资项目管理】 认真做好全区固定资产投资项目的审批、核准和备案工作，2017年共审批、核准（市发改局）和备案项目228个，比上年增加89个，增长64%，总投资额约3026068万元，其中，审批政府投资项目149个，比上年增加35个，增长30%，投资额约136670万元；审批项目建议书14个，投资额约1158121万元；报市局核准项目1个，投资额4619万元；备案企业投资项目64个，比上年增加39个，增长156%，投资额约1726658万元。全面推进一门式一网式政务服务模式改革，加快推进行政审批标准化建设，按照时间节点要求，做好行政许可和公共服务事项标准编制及后续完善工作，做到与省、市公布的行政许可事项目录保持一致。加快清理规范行政审批中介服务，2017年制订审批中介服务事项清单5项。同时，规范梅江区党政机关办公用房维修改造审批有关程序。

【重点项目投资】 2017年，梅江区纳入市投资项目库的重点项目完成投资75.89亿元，占年度投资计划的144.51%；省、市重点项目年度计划投资42.4亿元，完成投资65亿元，占年度投资计划的151%，综合完成率25.4%。2017年，梅江区政府投资项目获得中央预算内资金补助3000多万元。

【车改工作】　根据梅州市车改办《关于推进全市事业单位和国有企业公务用车制度改革工作的通知》，梅江区成立由区委主要领导任组长，区纪委、区委政法委、区委区府办、区发改和科技局等部门负责人为成员的车改工作领导小组，下设办公室。区车改办将市车改办公务用车制度改革工作通知转发各镇（街道）和各有关单位。2017年3月，开展企事业单位人员和公务车辆情况调查，要求各参改单位对核定保留的公务用车，制订管理办法，严禁出现公车私用等违规行为。对封存车辆加强管理，防止车辆出现损坏、失窃、焚毁等事故，确保国有资产的安全。同时，区车改办认真做好取消公车处置工作，会同区财政局、市拍卖行等相关部门，对取消车辆有关材料和钥匙进行收集、审核并完成拍卖工作，拍卖率100%。

（王青茹　黄庆锋　古　玮）

2017年发展改革和科学技术局领导名录

局　　长：周煊戈
计划系统党委书记：周煊戈
副局长：杨铁锋　李桂军　张文勇
计划系统党委副书记：陈晓苑

工商行政管理

【简述】　2017年，梅州市工商行政管理局梅江分局继续深入推进商事制度改革，完善市场监管机制，狠抓队伍作风纪律建设，积极营造公平有序的市场环境，较好地完成年度工作任务。至年末，梅江工商分局在职干部职工221人，其中公务员193人、工勤人员21人、事业编制7人；具有大专以上学历218人，其中研究生学历2人、本科学历174人、大专学历42人。

【市场主体】　2017年，梅江区新登记注册私营企业1429户，比上年增加218户；个体工商户4390户，比上年增加1516户。现有个体工商户26172户，从业人员59908人，注册资本54423.64万元；私营企业6454户，从业人员59995人，注册资本1476804.81万元；内资企业542户，注册资本155374.43万元；外资企业825户，比上年增加424户。积极开展动产抵押登记，帮助企业融通资金。全年共办理动产抵押登记21宗，帮助企业融资贷款6.7亿元；受理拍卖备案115宗，拍卖确认金额2.9亿元。全年全区新登记成立农民专业合作社13户，累计128户；新登记家庭农场2户，累计23户，辐射带动农户2672户；办理企业冠省名累计72户；办理个体户冠市名124户，累计1254户；办理个体户升级为企业92户，累计274户；申办“住改商”企业及个体户201户，累计2234户；办理股权出质21户，累计78户。

【监管执法】　认真履行工商职责，重视抓好市场日常监管和行政执法，维护梅江区市场经济秩序。2017年查处经济违法违章案件203宗，罚没入库金额53.09万元。

努力维护公平竞争的市场秩序　组织开展“保健品骗局”、成品油、打私、打传、扫黄打非等专项整治行动。对商事制度改革后出现的新情况、新问题，严查提交虚假材料骗取工商登记行为。严厉打击坑农害农、格式合同侵权、不正当竞争、网络平台售假侵权等违法违规行为。2017年共立案234宗，结案203宗，罚没入库金额53.09万元；查获假冒伪劣柴油、卷烟、消毒器等商品一批，价值31.39万元。

不断完善“双随机、一公开”监管模式　按照上级相关文件精神，结合实际制订《“双随机一公开”抽查执法检查人员名录库组成和检查人员抽取规则（试行）》，明确建立“两库一清单”（市场主体名录库、执法检查人员名录库，随机抽查事项清单）制度。以辖区登记注册的市场主体经济户口为基础，建立3.2万户的市场主体名录库；第一批抽取业务骨干44名，建立执法人员名录库。同时向梅江区各职能部门推介“双随机一公开”（随机抽取检查对象、随机选派执法检查人员，抽查情况及查处结果及时向社会公开）监管工作经验，聘请嘉应学院教授为各职能部门深入解读学习《广东省市场监管条例》，全力打造上下联动、系统协同、执行有力的运行机制。2017年，组织开展2016年度年报公示信息不定向抽查、市场主体即时信息抽查、汽车维修零配件行业抽查，抽查企业、个体户、农专社等市场主体共900多户。工商梅江分局派出专人指导区属单位开展“双随机一公开”工作，在“梅州市商事主体综合信息管理平台”按时完成“两库一单”及抽查计划，21个区属单位100%完成工作任务。

统筹推进涉企信息统一归集公示工作　把信息归集公示为“放管服”改革的重中之重，一方面将本单位行政处罚、纳入经营异常名录和抽查检查结果，以及其他依法应公示的企业信息，全面、及时、准确地推送至国家企业信用信息公示系统，依法向社会公示；另方面按照“谁产生、谁提供、谁负责”的原则，统筹推动全区各职能部门涉企信息归集进度。2017年9月14日，工商梅江分局以“商改办”的名义，提请区政府，组织38个政府职能部门召开涉企信息归集公示工作会议，健全工作机制，明确相关部门工作责任。至12月，区直21个单位100%完成涉企信息统一归集公示工作，与“双随机一公开”工作一并得到市商改办的充分肯定。

严格执行企业异常名录制度　按照企业经营异常名录规定，将未按规定报送企业年报、未按规定公示即时信息、在公示信息中隐瞒真实情况弄虚作假、通过登记的住所或经营场所无法联系的四种情形企业列入异常名录，通过信用约束机制，异常名录企业在生产经营活动中受到限制或禁入，承担“一处失信、处处受限”的后果。2017年共有1439户市场主体被列入异常名录或异常状态，714户市场主体在纠正相关事宜后申请移出异常名录或异常状态，异常名录工作有序开展。

扎实抓好企业年报公示工作　2017年年初，印发《梅州市工商局梅江分局关于开展2016年度年报公示工作的通知》，3月，在《梅州日报》刊登《敦促各类市场主体报送年报的公告》，加大力度督促辖区经营主体自觉报送年报。按国家总局及省局、市局的要求，完成对企业“死户”清理工作，全年吊销企业“死户”98户，印制“个体户年度报告表”3万份发给个体工商户。2016年度市场主体应报数27685户，实报数26582户，未报数1103户，总年报率96%。

积极开展午托行业、重点行业等专项检查　组织执法人员对梅江区109家午托机构开展专项整治，印发“梅江区午托机构文明经营承诺书”，引导午托机构文明经营，加强行业自律，区委书记朱国城对午托工作情况汇报专门批示并提出要求，按照区安委和上级工商部门的部署，配合相关职能部门认真开展节前安全生产检查、安全生产月、汛期安全生产大检查行动，加强安全宣传和隐患排查，确保安全监管工作履职到位。加大对无照经营清查力度，2017年12月，市工商局通报全市无照经营检查情况，工商梅江分局市场主体持照率100%，在全市各县（市、区）排名第一。

全面落实广告监管工作目标任务　2017年1月起，组织各工商所对辖区内广告经营单位进行清查核对，准确掌握广告经营单位的基本情况。通过实地走访、约谈等形式，指导广告经营者、广告发布者落实广告审查责任，从源头上阻断违法广告的发布。组织开展“特供”“专供”国家机关、违法金融广告、“刘洪斌”代言虚假广告、网络交易平台广告等专项行动。全年辖区内有广告企业主体482户，立案查处虚假违法广告案件16宗，罚没金额4.42万元。

加强服装等7类重点商品专项整治　建立7类重点商品专项整治工作层级领导责任机制，进一步完善服装及重点商品定点监管制度，收集整理辖区定点监管对象名录，及时向定点监管对象提供抽检不合格商品名单，督促监管对象自查自改。2017年配合省、市局抽检重点商品107批次，查处重点商品案件24宗，罚没金额2.8万多元。

强力推进禽流感防控工作　认真履行工商部门在禽流感防控工作的职责，加大对禽类市场监管力度，督促活禽销售市场落实“1110”制度。确保休市工作得到有效落实，休市期间工商梅江分局抽调机关工作人员充实到基层工商所，实行执法联动。2017年3月5日，抽调机关和基层工商所30多名执法人员，参加区政府组织的工商、食品药品、卫计、公安、应急等部门对华建市场关停的专项整治行动，现场扑杀活禽2000多只，对不配合的7家经营户采取果断措施。

【消费维权】　把消费维权列为关注民生的重要工作，全力维护消费者合法权益。

着力提升消费维权服务效能　本着“有访必接，有诉必理”的理念，加强对消费投诉处理，2017年，受理消费者咨询769件，投诉309件，举报27件，成功调解消费纠纷290件，为消费者挽回经济损失63.18万元，处理回复12345政府热线转办268件。2017年评选消费维权十大典型案例中，有2宗消费维权案例被评选为梅州市十大典型案例，其中1宗被评为广东省消费维权十大典型案例。

开展“网络诚信　消费无忧”年主题活动　2017年，组织参加梅州市文化公园、五洲城车站广场举办市、区级“3·15国际消费者权益日”现场宣传咨询活动，为群众提供消费维权法律法规、政策宣传、典型案例解读等宣传服务，接受消费者咨询、投诉、举报，共受理投诉6宗，派发宣传资料350份，积极营造和谐消费的社会氛围。

深入推进“12315”“五进”、“三进”建设　进一步做好消费维权工作，稳步推进“12315”“五进”（进商场、进超市、进市场、进企业、进景区）工作基础，拓展延伸“12315”进公共事业领域、行业协会（商会）和电商平台“三进”消费维权服务站范围，不断提高消费维权服务水平。2017年全区建立“三进”消费维权服务站8户，52个经营场所建立以经营者为主体的消费维权服务站，涵盖群众日常消费相对集中的场所及消费投诉相对强烈、集中的行业，快速解决消费矛盾，全面提升社会维权网络工作效能。

立足职能抓好综治维稳工作　坚持以服务发展大局和维护社会和谐稳定为主线，以综治（平安建设）工作开展为切入点，围绕社会热点难点问题，共同维护辖区和谐稳定。2017年工商梅江分局被指定为梅江区综治和法治受检代表单位，接受省检查组检查，相关工作得到区委、区政府、区政法委和省检查组的充分肯定。2017年，受理答复群众来信来访75宗。

2017年“3·15国防消费者权益日”，梅江区消委会、工商梅江分局在梅州市文化公园举办消费维权宣传咨询活动

【打击传销】　2017年，在区委、区政府、市打传办的领导下，结合实际，认真按照省、市打击传销行动工作的部署，周密布置，精心组织，协调各打传成员单位立足职能，以“12315”、“110”举报网络为依托，保持高度警

惕，积极开展打击非法传销专项行动，坚持露头就打的原则，反复清查，全年联合公安等部门开展专项执法行动11次，出动执法人员1160多人次，出动执法车辆620辆次，检查场所790个次，发放宣传资料1200多份，张贴海报30多份，出宣传栏6期次，悬挂横幅8条。2017年，梅江区被市打传办评定为无传销县（市、区）。

【法制建设】　2017年，紧紧围绕省、市政府“法治政府建设指标体系”目标要求，积极采取措施，稳步推进“法治工商”建设，切实把法制工作落到实处。

做好“七五”普法工作　2017年是“七五”普法深入实施之年，年初制订印发《梅州市工商局梅江分局2017年普法与依法行政工作意见》，坚持做好梅州市工商行政管理系统学法制度的落实。一是根据“七五”普法工作要求，向干部职工发放普法学习资料176份，向群众发放普法宣传资料963份；二是充分利用“3·15”消费者权益日、“食品安全周”开展法律法规宣传、咨询活动；三是充分利用局机关、各所对外普法设施加强工商法律法规宣传；四是认真落实“谁执法谁普法”责任制，认真组织学法，重点组织学习全国人大常委会修订的《中华人民共和国广告法》，省人大常委会制定的《广东省市场监管条例》，省政府制定的《广东省家禽经营管理办法》、国家工商总局制定的《网络购买商品七日内无理由退货暂行办法》《侵害消费者权益行为处罚办法》《流通领域商品质量监督管理办法》《互联网广告管理暂行办法》“一法律一条例五办法”。

开展2016年度依法行政工作自查　根据省、市政府和市工商局的要求，认真组织开展2016年度依法行政工作自查，对照省、市依法行政考评标准，自查自纠，依规完善。重点做好规范性文件制定程序、行政许可、行政处罚、信访答复等方面的自查整改工作。2017年5月，市工商局对工商梅江分局2016年度依法行政工作进行考评，通报考评等级为良好等次。

规范行政执法行为和落实权责清单职责　加强对规范性文件、行政许可、行政处罚、信访答复档案的评查，防止行政乱作为和行政不作为的情形发生。严格落实梅江区政府公布的533项工商行政权责事项，落实法定职责，坚持“法定职责必须为，法无授权不可为”。

做好“两法衔接”工作　不断健全完善行政执法与刑事司法衔接“两法衔接”工作机制，有效地促进“两法衔接”工作，根据最高人民检察院、公安部《关于公安机关管辖的刑事案件立案追诉标准的规定（一）、（二）》等司法解释，依法查处违法行为过程中，发现违法事实涉及的金额、违法事实的情节、违法事实造成的后果超出工商职权范围的，严格按照国务院第310号令《行政执法机关移送涉嫌犯罪案件的规定》，依照法定程序及时向同级公安机关移送。同时加强行政执法与刑事司法的衔接，建立工作信息平台，切实提高行政执法透明度，杜绝有案不移，以罚代刑的违法行为。

【诚信建设】　积极履行“两建”（建设社会信用体系、建设市场监管体系）牵头承办职责，引导经营户自律，做到文明经营、诚信经营。一是统筹协调推进“两建”工作。认真履行梅江区“两建”统筹协调工作职责，完善各项运行机制，组织指导各成员单位贯彻落实区委、区政府“两建”工作部署，全面推进体系建设工作。认真做好《广东省市场监管条例》的宣传，积极贯彻实施省、市局《广东省市场监管条例》方案精神，不断完善市场监管体系。二是指导各类企业做好一年一度“守合同重信用”申报工作。鼓励企业加强合同和信用管理，促进辖区企业信用体系建设，2017年全区共有206家企业评为“守合同、重信用”单位。三是全年组织个体工商户和企业主学习法律法规10场次，参加人数1253人次；利用广播或出黑板报，宣传法律法规12期；发放法律法规宣传资料8000多份，梅江区个体工商户和企业主诚信经营意识不断增强。

【基层建设】　按照基层规范化建设要求，2017年工商梅江分局重点完善机关和基层工商所资料工作规范化，从分局机关各股室资料工作规范抓起，促进基层资料工作规范的落实。同时添置更新办公用品，投入资金10多万元，购进电脑11台、打印机4台、复印机1台等设备，办公规范化得到落实。

【组织建设】　积极开展基层党建工作，进一步保持党员和基层党组织活力。一是制订印发《梅州市工商局梅江分局直属机关党委2017年党建工作计划》，对2017年党建工作做出统筹安排。二是做好发展基层党员工作，按程序对5名发展对象进行培训和政治审查。三是组织参加梅州市第三届“廉洁火炬杯”党规党纪知识竞赛市直机关工委选拔赛，市直机关工委38个单位中成绩排名第四，并在全市复赛中获得组织奖。四是组织召开庆祝中国共产党建党96周年暨“创先争优”表彰大会，重温入党誓词，党组书记、局长曾小基为全体参会党员作“七一”专题党课。五是组织做好工商梅江分局党组织和党员信息采集工作，更新15个党组织信息和239名党员个人信息。六是机关党委统一布置，完成离退休党员党费的补收工作，共补收党费2.2万元。

【队伍建设】　认真学习贯彻中共十九大会议精神，深入开展“两学一做”主题教育活动，严格执行中央八项规定，重视抓好党廉教育，强化纪律作风建设，提高队伍整体素质。

认真学习贯彻中共十九大会议精神　通过多种途径、多种方式，迅速掀起学习宣传贯彻中共十九大精神，组织12个党支部采取网络、电视等形式集中收看开幕盛况，印发《学习宣传贯彻中共十九大精神工作方案》；各支部采取集中学习、自学、专题讨论相结合等形式开展学习教育活动；党组书记、局长带领干部职工深入学习，真正让十九大精神入心入脑；积极参加市直单位公务员学习贯彻十九大精神专题培训，立足工商部门工作实际开展大学习大讨论，更好地服务地方经济发展。

推进“两学一做”学习教育常态化制度化　2017年，制订“两学一做”学习教育常态化制度化学习计划安排，组织各支部召开“一想二看”专题组织生活会，认真对照查摆问题，深入开展“转作风比奉献树形象”主题活动，巩固“两学一做”学习教育成果。开展学党章党规党纪知识竞赛，引导党员干部尊崇党章、遵守党规，进一步丰富“两学一做”学习教育活动。

抓好党风廉政建设工作　组织召开党风廉政建设工作会议，传达学习上级党风廉政建设工作会议精神，基层工商所代表在会上做党廉工作经验交流。党组书记、局长给全体党员干部作《加强作风建设，营造风清气正的工作氛围》的专题党课，组织全局党员干部职工观看省纪委《永不懈怠的斗争》专题片，认真写好心得体会。要求党员干部时刻牢记“一要干事，二要干净”的廉政准则，自觉置身于法律监督、组织监督、舆论监督和群众监督，坚决守住拒腐防变底线。

抓好干部队伍教育培训　结合实际，制订2017年教育培训计划，认真组织开展教育培训工作。组织全局公务员参加“四个坚持、三个支撑、两个走在前列”的专题培训，深入学习习近平总书记对广东工作的重要批示精神。认真学习廖俊波先进事迹，提高政治觉悟和思想认识，不忘初心、牢记使命，扎实工作。2017年组织个体户登记业务、企业简易注销登记改革、资料员、消费维权业务等各类培训共1000多人次。

【服务中心工作】　积极配合区委、区政府、各镇（街道）和区直各部门开展招商引资工作，主动服务重点项目和重点企业。认真组织抓好创建国家环境保护模范城市、创建慢性病综合防控示范区、创建“广东省卫生镇”等各项工作的落实，同时选派执法人员，支持配合各相关部门共同做好市容环境整治、消防安全、生猪屠宰和征地拆迁等中心工作。　（王茂达）

2017 年市工商局梅江分局领导名录

党组书记、局长：曾小基
党组成员、主任科员：黄政贤
党组成员、副局长：侯永权　林　辉　李清乐

国土资源管理

【简述】　2017 年，梅州市国土资源局直属分局深入贯彻国务院关于“稳增长、调结构、促改革、惠民生”的政策要求，以保护资源、合理利用土地为目标，以强化职能、依法行政为准则，抢抓机遇深化改革，担当使命谋求发展，较好地完成各项工作任务。

【永久基本农田划定】　梅江区永久基本农田划定后，全区永久基本农田保护面积共 33299 亩，比任务数 32967 亩多划 332 亩，其中长沙镇 2263 亩、三角镇 1122 亩、城北镇 21248 亩、西阳镇 6908 亩、金山街道 1397 亩、西郊街道 361 亩。

【耕地提质改造】　2017 年，市国土资源直属分局会同区财政局、区农业局批复现有耕地提质改造项目 3 个，建设规模 366.07 亩，预计新增水田 345.54 亩，投资估算 2015.86 万元。

【地籍变更调查】　市国土资源直属分局按时上交 2016 年度 284 个国家下发遥感监测图斑变更调查成果资料，变更调查成果顺利通过国家和省验收确认，2017 年违法占耕比为 5.53%。全面推进农村地籍调查及数据库建库工作，12 月，全面完成外业调查 40280 宗，占应调查数的 100%。

【土地利用总体规划调整】　梅江区调整完善土地利用总体规划工作方案得到省政府同意，至 2020 年，梅江区耕地保有量不少于 51225 亩，基本农田保护面积不少于 32970 亩，城乡建设用地规模控制在 97230 亩，人均城镇工矿用地控制在 126 平方米以内。

【削坡建房综合整治】　梅江区削坡建房重大风险点共 39 处，2017 年完成削坡建房综合整治任务 12 处，削坡建房整治工作全面展开。

【违法用地查处整改】　2017 年加大卫片执法检查工作查处力度，案件查处率 96%，结案率 84%，全年卫片违法占用耕地面积占新增建设用地占用耕地总面积比例为 5.53%。加强土地在线巡查监管，全年累计在线巡查上线时间 7274.99 小时，巡查距离 77629.8 公里，上报事件 93 件，上线率 87.31%，违法事件核查率 100%，处理率 93.55%，办结率 88.17%。切实解决群众的信访诉求，2017 年处理来信来访 32 宗，均做到件件有处理、帖帖有回音，办结率 100%，未出现再访、缠访、闹访或因涉土信访而引发的重大群体性事件。　（杨　伟）

2017 年市国土资源局直属分局领导名录

局　　　长：刘锦辉
副　局　长：余可文　蔡广雄　张维中
执法监察队队长：江海地

食品药品监管

【简述】　2017 年，梅江区食品药品监督管理局认真学习贯彻习近平总书记系列重要讲话精神，全力推进“两学一做”学习教育常态化制度化，紧紧围绕区委、区政府决策部署，以“抓重点、控风险、保安全”为目标，认真落实“四个最严”（最严谨的标准、最严格的监管、最严厉的处罚、最严肃的问责）和“四有两责”

（食品药品监管有责、有岗、有人、有手段，切实履行监管职责和检验职责）的工作要求，不断完善食品药品监管机制，全力抓好监管工作，认真落实中共十九大“百日防护期”食品药品安全保障措施，确保梅江区人民饮食用药安全，圆满完成全年食品药品监管工作任务。

【强化安全监管，确保食品药品安全】 2017年，梅江区有食品生产加工企业98家，其中食品生产加工企业48家、食品生产加工小作坊50家；流通环节食品经营企业6593家；餐饮企业3026家，其中单位食堂39家、学校集体食堂（含托幼机构）196家；药品生产企业4家，医疗机构制剂室3家，药品批发企业26家，药品零售企业295家，医疗机构210家；保健食品生产企业1家，经营企业486家，化妆品生产企业2家，经营企业728家。

助推技术支撑，提升科学监管水平　完善农贸市场快速检测工作，保障“菜篮子”安全。2017年梅江区农贸市场31家（含专业批发市场2家、零售市场29家）全部纳入快检范围。11家批发、零售市场进行每日抽样快检，22家市场（超市）每月进行全覆盖随机抽样快检。每月15日，在丽都市场检测点及各农贸市场宣传点开展“市民免费送检、便民开放日”服务活动，开放日，广大市民购买的农产品送区食药监局农产品快检点免费检测，每日快检结果，当日在抽检市场电子显示屏和区食药监局网站进行公示。2017年，开展农产品快速检测57747批次，合格57651批次（其中合格蔬菜41122批次、水产品3955批次、肉类2829批次、水果9745批次），不合格96批次（其中蔬菜63批次、水果13批次、水产品20批次），合格率99.83%。对不合格产品及时强制作无害化处理，并将快检结果及时公示和上报省食药监局系统平台。通过加强农贸市场快速农残检测，及时发现并禁止存在有质量问题和安全隐患的农产品上市并溯源查处，保障梅江区人民群众“菜篮子”的安全。

梅州城区农贸市场快检开放日向市民提供免费检测

强化依法抽检，保障食品药品质量安全　通过制定抽检方案，细化措施，分阶段分品种完成2017年抽检任务，品种涉及与居民生活息息相关的畜禽肉类、米、面、油和其他食用农产品、茶叶、酒类、饮用水、水果、客家特色产品等各类品种，基本实现全覆盖。全年完成食品安全监督抽验1200批次，食品生产环节合格率97%，食品流通环节合格率98%，餐饮服务环节合格率97%。药品抽检209批次，合格率99%。

推广阳光厨房，打造看得见的舌尖安全　推广阳光厨房，重点加强校园食堂和大中型餐饮服务企业明厨亮灶工作，采取玻璃幕墙或视频直播的方式，让消费者直观地看到切配间、烹饪间、凉菜间、餐用具洗消间等重点区域条件和现场操作，督促指导餐饮单位优化加工操作流程，引导社会公众主动参与食品安全监督。2017年，梅江区共有57家中小学校食堂安装并上传视频数据接入信息化监管系统，实现在线监管和远程视频监控。积极探索适应监管形势需要的监管方式，大力提升全区餐饮服务行业安全监管水平。大力推进餐饮酒店（食堂）4D管理体系建设，通过4D（即整理到位、责任到位、执行到位、培训到位），强化餐饮企业食品安全管理，消除安全隐患。2017年，梅江区有一心田原生食栈、梅州市职业技术学校食堂、金苑酒家万象店、东山中学剑英校区昌泰食堂4家餐饮企业通过4D管理模式国际认证。

推动示范创建，以点带面发挥引领作用　一是深入开展食品经营安全示范街创建活动。依照《广东省食品安全示范街考核标准》，选定梅州客都汇商业广场及周边区域，创建省级食品安全示范街，2017年成功创建梅州市首条省级食品安全示范街。二是做好化妆品市场安全治理示范区创建工作。梅江区选取金燕大道万达广场为省级示范区，创建工作有序开展。三是创建放心肉菜超市。全区大力推进“放心肉菜示范超市”创建活动，自家人超市是梅州市首家国家级和省级“放心肉菜示范超市”，该超市所有上架果蔬不仅有原产地检测报告，超市还对所有上架每批次的农产品进行二次检测，每份蔬菜保鲜膜上都有一个二维码，用手机扫二维码，就能知道蔬菜产地、批发市场、货主、采收时间等信息，确保果蔬新鲜更安全。此外，还有客都汇大润发超市、万达嘉荣超市、昌大昌超级购物广场、海航乐万家超市、喜多多超市，参加市级“放心肉菜示范超市”创建，完成市食药监局验收。通过示范创建，以点带面，不断推动监管工作走上新台阶。

开展专项整治，解决食品药品安全突出问题　大力开展食品药品安全专项整治，围绕群众反映强烈、食品药品安全问题多发易发的重点区域、重点环节和重点产品，开展专项整治。食品生产环节，集中力量开展食品生产加工小作坊专项整治、食用花生油专项整治、桶装饮用水生产行业专项整治行动。食品流通环节，先后开展打击“两超一非”(超范围、超限量使用食品添加剂和食品中非法添加非食用物质)百日专项整治行动、端午节应节食品专项检查、校园及周边流通环节食品安全和农村食品安全重点问题专项整治，进一步整治和规范梅江区食品市场经营秩序。餐饮消费环节，深入开展春、秋季学校食堂专项整治行动，加强对校园周边餐饮经营单位的食品安全监督管理，扎实推进提升餐饮业质量安全工程。保健食品环节，开展以整治保健食品、配制酒、玛咖制品非法添加非法声称为重点的专项整治行动，开展整治推销老年人“保健品”专项行动。药品环节，以企业索取购进发票和随货同行单为重要内容，对药品经营企业和使用单位开展检查。此外，分别开展特殊药品和中药饮片的专项整治。通过开展专项整治，食品药品安全突出问题得到有效治理。2017年，累计出动检查人员1.6万人次，检查食品药品生产经营单位8600多家次。

加强案件稽查，规范食品药品生产经营秩序　通过与日常监管相结合，对假冒伪劣食品药品追根溯源，坚决依法查处食品药品生产经营违法行为，对违法案件，发现一宗，打击一宗，绝不姑息。2017年2月，会同金山街道、公安梅江分局在金山街道月梅茶塘村查获一宗无证生产加工销售狗爪豆案件，案值约2.2万元，涉案案值较大，情节严重，将案件移送公安机关查处，涉案人员依法法判。7月14日，区食药监局执法人员到梅兴路检查成人用品店，查获一起销售假药案，案件情节严重，移送公安机关查处。2017年，共查处“四品一械”(食品、药品、保健食品、化妆品和医疗器械)行政执法案件70多宗，罚没金额80多万元。

完善监管措施，做好重大活动食品药品安全保障　全力抓好中共十九大“百日防护期”食品药品安全保障工作，为中共十九大召开营造良好的安全环境。做好十九大“百日防护期”全区食品安全保障工作，2017年7月，梅江区启动“零报告”机制和食品安全“一周一报告”，切实加强部门间的信息搜集、交流研判和报送，及时掌握食品安全动态信息，每周上报“百日防护期”食品安全信息综报，预防各类重大食品安全事故发生。保障“两会”期间和中、高考期间、第五届世界客商大会的用餐安全，坚决落实提前介入，全程监餐，做到活动前有计划，活动中全程监管，活动后有总结的工作机制，确保重大活动防护期食品安全零事故。

【依法行政，提高执法水平】　主动加强与公安部门行动协作，共享食品犯罪线索、证据，做到及时发现、及时打击，切实执行重大案件集体案审制。通过把重大、复杂案件审理制度化、规范化，严把“集体讨论”关，2017年组织召开案审委员会会议，审议重大、复杂案件，确保行政处罚的合法性和合理性。加强业务培训，提高执法人员素质，区食药监局现有食品相关专业人员6人，占15.79%，比上年上升2.29%。2017年，通过组织开展综合能力提升培训、参加基层行政执法能力建设培训、食品药品监管能力综合等培训，加强新形势下食品药品监管干部队伍建设，提升干部职工的业务水平和应急处置能力。全年参加国家、省、市级业务培训40多场次，120多人次，有效提升干部队伍的业务素质和依法行政能力。进一步对管理事项、审批权限和办事流程进行改进优化，完善审批机制，不断提高办事效率和服务水平。2017年，行政服务中心窗口共受理行政审批事项2915件，派发各类宣传资料近3000份，接受业务咨询近4500人次；全年无群众投诉，荣获文明窗口1次，服务之星3次；全年受理投诉举报197宗，投诉举报处理率100%。

【加大宣传力度，增强生产经营诚信守法】2017年，深入开展新颁布的《中华人民共和国食品安全法》以下简称《食品安全法》、《中华人民共和国食品经营许可管理办法》、《广东省食品生产加工小作坊和食品摊贩管理条例》（以下简称《条例》）法律法规的宣传贯彻，把《食品安全法》及《条例》法律法规的宣传和日常监管相结合，并为全年工作的主线贯穿始终，分阶段、分重点强化监管人员、食品企业负责人和从业人员的法律法规意识，切实履行主体责任，要求企业开展自查自纠，切实提高主体责任意识和守法意识。结合对学校集体食堂专项整治、网络经营食品专项整治等工作，对检查发现的问题，召开食品安全专题会议共13场次，参加会议人数4000多人，明确食品安全主体责任、落实索证索票制度等要求。结合“3·15”消费者权益法制宣传活动、食品安全宣传周活动，通过法制宣传活动，增强食品药品生产经营者诚信守法经营意识，促进群众树立科学的食品药品消费理念，提高食品药品安全意识和预防、应对风险的能力。法制宣传活动发放宣传资料4000多份，接受群众咨询100多人次，张贴宣传海报近1000张。同时，在梅州城区公交车车载视频、公共场所、小区循环播放梅江区食品安全宣传视频。

【党风廉政建设】　深入推进“两学一做”学习教育常态化制度化。局党支部根据区委《关于2017年推进“两学一做”学习教育常态化制度化的实施方案》部署要求，结合支部实际，制订相应的实施方案，完善学习机制，制定学习计划，明确学习重点，丰富学习内容，组织学习教育。以“三会一课”为基本制度，组织党员干部深入学习党章党规和习近平总书记系列重要讲话精神，学习中共十九大精神，把“两学一做”作为党员教育的基本内容，长期坚持、形成常态。组织系列党建专题活动，按照区委统一部署，在“两学一做”学习教育中开展“转作风、比奉献、树形象”主题活动，局党支部结合实际，制订实施方案，认真组织开展学习活动，查找问题，分析存在问题的原因，明确整改方向，制定整改措施，严格按照“三定三承诺”（定目标、定措施、定责任，个人承诺、单位承诺、公开承诺）的要求，制订整改方案，落实整改措施，确保活动取得实效。同时，认真组织“两学一做”主题党日活动，开展慰问困难党员等纪念“七一”系列活动，做好挂钩村帮扶活动，确保各项党建活动取得实效。抓好党风廉政建设，提高全局干部政治思想觉悟和党风廉政建设责任目标意识，贯彻落实“一岗双责”党风廉政建设，营造齐抓共管格局，全局各层级之间签订《党风廉政建设目标责任书》，形成主要领导负总责，分工明确，一级抓一级，责任到人，上下协调，齐抓共管，全员参加党风建设工作格局。认真开展谈话提醒工作，为全面贯彻落实从严治党的要求，层层压实主体责任，通过开展谈话提醒，构建抓早抓小工作机制，有效化解轻微违纪现象，筑牢防腐拒变防护网。局机关各股室制作廉政风险监督栏，起到警醒作用。同时，建立“1+1”廉洁协作监督机制，通过编聘搭配、干部与职工组合，有效地加强干部职工工作纪律和廉洁纪律，打造一支政治作风硬、业务能力强、人员素质高的食品药品监管队伍。 （罗 伟）

梅江区食药监局局长张宝鸿（中）陪同区领导节前检查食品安全

2017年区食药监局领导名录

局　　长：张宝鸿

主任科员：何俊浩

副 局 长：林燕华　杨　沁　叶剑锋

物　价　管　理

【简述】　2017年，梅江区发展改革和科学技术局物价工作紧紧围绕区委、区政府建设“诗画梅江，文明客都”的要求，严格按照“法无规定不可为，法有规定必须为”的工作原则，充分落实价格政策，不断优化市场环境，维护群众合法权益，促进全区经济发展和社会和谐稳定。

【价格管理】　2017年，区物价管理部门积极配合市物价管理部门顺利完成医改工作，对区属梅州市第二中医医院等4家参与医改的医疗单位，开展成本监审数据调查上报等工作，顺利推进梅江区医疗服务价格改革。8月，贯彻落实市发改局、市卫计局、市人社局、市财政局关于调整梅州市城市公立医院基本医疗服务项目价格工作。10月，完成提供梅江区调整征收集体土地补偿前3年平均价格统计数据工作。全年共接受万达华府等6个小区前期物业服务收费备案管理，核定梅江区客都小学等3间民办中小学的学杂费标准，完成市殡仪馆选择性殡葬服务收费项目的调定价。

【价格检查】　落实供给侧改革政策清费减负，2017年，梅江区取消1项涉企行政事业性收费（区环保局环境监测服务费），全年为企业减负26.9万元。建立收费目录清单、收费情况年报和收费公示制度，按上级要求把梅江区行政性事业性收费目录清单上传“全国收费动态监管系统”平台，通过网站对外公布，实行动态管理，进行事中事后监管和社会监督。做好2017年1至3季度“放管服”改革信息报送工作，依法行政，为辖区企业发展营造良好的价费环境，2017年区物价管理部门依法处理3宗职业举报人以碰瓷索赔形式损害企业合法权益行为案件。规范执法，价格执法工作，严格执行“双随机一公开”规定，按照区商改办的要求，全年开展“双随机一公开”价格执法工作应达到2次，实际完成3次（殡葬服务价格检查、涉企收费检查、教育收费检查），超过规定要求，价格执法规范化、制度化。开展公平竞争审查，按照要求，提请区政府转发国家和省政府有关公平竞争审查文件，印发梅江区公平竞争审查工作部门联席会议制度，部署区有关单位开展公平竞争审查自查工作，培训公平竞争审查部门成员单位联络员。

【价格执法】　深入治理民生热点价费问题，坚持强化监管与优化服务并举，坚持化解价费矛盾与维护社会稳定并重，整治重点行业领域的价格行为。2017年，先后开展对药品、电信、商品房、教育、旅游、物业、电子商务、老年人保健品、殡葬服务、企业负担十项专项执法检查，严厉打击价格欺诈、哄抬价格、违法收费等行为。全年查处影响较大的殡葬服务价格案件1宗，经济制裁金额4.3万元。及时受理民生热点价费问题，全年共受理群众价格信访案件71宗，对价格信访案件，指定专人负责，严格按照规定流程进行处理，在规定期限进行调查、处理、结案，做到“件件有落实，事事有回音”。通过查处群众信访案件，及时纠正价格违法收费行为，维护社会稳定，减轻企业和群众的经济负担。对群众反映强烈的住宅小区停车收费问题、天价殡葬收费问题，及时深入执法第一线，现场调查处置违规收费，退还群众不合理天价殡葬收费2.5万元，维护党和政府在群众中的良好形象。做好对壹江南、御景东方、万象江山、江南御景、碧桂园、丽映尚城等住宅小区停车收费矛盾的调解工作，及时化解价费矛盾，维护社会稳定。加强节假日期间市场价格监管，强化市场检查和巡查，密切关注元旦、春节、清明、端午等节日期间市场价格动态，加大对生活必需品、特色消费品、旅游、交通运输、网络购物等领域的监管力度，做好市场价格监测监审，每月上报六大类40个品种商品市场价格监审数据，防止价格出现大波动。强化价格认定，2017年，价格认证中心涉案物品价格认定90宗、金额60.66万元。无申请重新鉴定、补充鉴定和复议的认定机构，准确有效地打击犯罪，稳定社会治安，改善梅江区投资环境做出积极贡献。开展医疗服务价格检查，根据梅州市发展和改革局《关于开展医疗服务价格检查的通知》精神，2017年5月20日至8月31日，组织力量开展全区范围内医疗服务价格专项检查，要求辖区12间医疗机构对照文件要求认真开展自查自纠，在各医疗单位自查自纠基础上，重点检查6间医疗机构，重点检查率50%。检查表明，经过多年的治理整顿，梅江区医疗价格秩序明显好转，违反规定自立项目收费、分解项目重复收费、套用项目和扩大范围收费的违规收费行为基本制止，医疗单位按规定执行药品零差率政策，一次性医用耗材严格按规定差率销售，各项收费全面实行公示制度，社会反响良好。通过检查，发现存在的问题，少数医疗单位提高收费标准收取住院病人病床费现象，个别医疗单位提高收费标准收取病人病历工本费，个别医疗单位对所有住院病人（非手术病人）要求开展艾滋病、梅毒、乙肝检查，有滥施检查嫌疑，增加患者医药费用负担。对检查中发现的问题，责成相关单位立即进行整改，对滥施检查，存在医德医风问题的单位，会同医疗主管部门进行查处。

【价格信访】　2017年共受理价格信访71宗，涉及物业收费、医疗收费、服务收费、教育收费、培训收费、电商价格等。对价格信访，做到件件有落实，事事有回音，严格按照信访规定办理，切实维护消费者的合法权益。通过处理价格投诉，退还消费者3000元。同时，对牟利为目的的职业举报人，按照“以事实为依据、以法律为准绳”的原则，做到依法行政，维护公平正义，保护企业的合法权益。

（杨铁锋　黄志浩）

审　　计

【简述】　2017年，梅江区审计局完成审计项目20宗，其中重大政策落实跟踪审计1宗、财政审计7宗、公共投资审计1宗、民生专项资金审计调查4宗、经济责任审计7宗。通过审计，提出审计意见和建议40条，查处违规金额770.43万元，管理不规范金额7504.99万元，违规资金上缴财政294.1万元。

【财政预算执行审计】　本级财政预算执行和其他财政收支审计，区审计局以保障财政政策贯彻实施、促进规范财政管理、提高财政绩效水平为目标，围绕进一步完善部门预算、政府采购、国库集中支付等制度改革，以财政财务收支真实性、合法性、效益性为审计重点，对梅江区2017年度财政预算执行和其他财政收支情况进行审计。通过审计，提出审计建议意见2条，查出管理不规范资金6802万元。此外，延伸审计区财政局、区交通运输局、区经信局、区水产局、区民族宗教事务局5个预算执行单位，查出管理不规范资金399.96万元 。

【专项审计】 2017年，对城北引扬、银营灌溉区专项资金，长沙镇小密水库灌区、小型水库移民扶持资金管理使用情况进行审计。通过审计，揭示专项资金分配、管理和使用效益中存在的突出问题，为主管部门加强管理、规范制度建设提供依据。

【任期经济责任审计】 2017年，区审计局完成经济责任审计7宗，涉及科级领导干部7人，促进领导干部守法、守纪、守规、尽责。为加强干部监督管理、规范领导干部权力运行，发挥审计监督作用。

【审计服务】 区审计局以大局为重，在审计力量不足的情况下，2017年派出1名业务骨干支持省审计厅赴南澳开展书记、县长经济责任审计工作，抽调4名审计人员配合市审计局对梅江区的基础教育进行审计。

【自身建设】 “以审计精神立身、以创新规范立业、以自身建设立信”，区审计局通过开展业务讲坛、以会代训等形式提高干部职工的综合素质和业务水平。2017年，派出6人次参加省、市审计机关举办的业务知识学习培训班，努力培养适应现代审计要求的复合型人才。

（管世坤）

2017年区审计局领导名录

局　长：梁福昌

副局长：谢国标　管世坤

统　　计

【简述】 2017年，梅江区统计局以习近平总书记对广东的重要批示精神为统领，紧紧围绕区委、区政府中心工作和上级统计部门工作要点，以实现梅江振兴发展为工作目标，以提高统计数据质量为中心，立足发展大局，充分发挥统计职能，积极提升服务决策水平，全面完成全年全区各项统计工作。

【统计调查】 以数据质量为中心，根据上级主管部门统一部署，严格执行各项定报制度，及时、全面、完整完成“一套表”2016年年报和2017年月报的上报、审核和汇总任务；2017年完成年度名录库更新维护，上半年完成城乡一体化住户调查、规模以下工业、限额以下商业、服务业、畜禽监测抽样调查、小微企业、个体经营户跟踪调查、工业品价格调查等统计调查任务，为上级有关部门正确评价梅江区经济社会发展成果提供依据。

【第三次全国农业普查】 2017年，第三次全国农业普查进入关键的入户登记阶段，区农普办作为牵头部门，积极采取措施，周密部署，多方协调，加强业务指导和督导，精心组织动员各方力量，扎实工作，打赢“三农普”入户登记和数据录入攻坚战，至3月，在各镇（街道）、各村委大力支持下，通过全体普查人员的努力，梅江区全面完成第三次全国农业普查登记和录入工作，按照上级普查部门统一部署，“三农普”后期数据处理工作有序进行。

【执法普法宣教】 根据“七五”普法方案和省、市统计法规工作要点，结合全区实际，制定全区统计执法检查计划。2017年，区统计局按照“双随机一公开”要求，对全区7个镇

(街道)、100多家“四上”(规模以上企业、资质等级建筑业企业、限额以上批零住餐企业、限额以上服务业企业)企业进行统计检查和业务指导，加强对统计基层基础工作和企业数据质量进行核查，重点检查企业统计数据是否匹配协调、是否数出有据、是否存在企业提供虚假统计数据行为，企业统计台账基础资料是否齐全等。通过检查，发现问题，及时解决，促进统计数据质量全面提升，推进统计工作规范化，提高统计数据质量。按照“深入普法强意识，强化执法求实效”的工作思路，认真开展统计执法检查的同时，积极推进统计法规宣传教育，努力营造统计法治良好环境，2017年，区统计局编印《统计知识和法规汇编》宣传手册300份，发放区直单位、联网直报平台企业及社会各界，有效地推进统计法规宣传教育。

【基层基础建设】 2017年，以深化统计基层基础规范化建设为抓手，积极培育和打造一批特征明显、亮点突出、示范性强的镇、街道和联网直报企业统计规范化建设示范点，推进统计基层基础建设工作创新，巩固统计基层基础建设成果，全面提升统计基层基础建设水平，梅江区确定2个镇(街道)统计站和10家联网直报企业作为示范点，至年末，示范点建设顺利推进。

【业务培训】 进一步夯实统计基础建设，提升统计员业务能力水平，适应新形势、新任务的需要。区统计局以“提高素质、培养能力、促进发展”为目标，不断加强统计干部继续教育培训和企业统计员业务培训，2017年组织企业统计员培训7场、1057人次。

【加强新增长点培育】 做好“四上”企业入库进统审核工作，对2017年达到规模的企业进行全面清查摸底，逐一核实，对有潜力达到标准的工业企业、批发零售企业、建筑企业等，积极协调，及时做好申报资料收集工作，争取纳入统计报数范围，做强做大梅江区经济总量。(张胜杰)

2017年区统计局领导名录

局　长： 陈战苏

副局长： 刘爱斯(女)　钟满芳(女)

农　　业

农业农村工作

【简述】　2017 年，梅江区农业局深入贯彻落实中共十八大、十九大和习近平新时代中国特色社会主义思想，以中央 1 号文和上级农业农村工作会议精神为指导，通过扎实推进农业供给侧结构性改革，实现农业提质增效，致力打好精准扶贫攻坚战和创建社会主义新农村示范村，全区农业农村工作取得显著成绩。

【农业农村经济】　通过深入推进农业供给侧结构性改革，加快发展城郊特色农业，推进农村一、二、三产业融合发展，梅江区农业农村经济持续健康增长。2017 年，梅江区农业总产值实现 16.8 亿元，比上年减少 1.8%，其中农业产值 10.29 亿元，比上年增长 2.2%；农村经济总收入实现 66.08 亿元；农民人均所得实现 10250 元，比上年增长 6%。

【现代农业发展】　通过政策扶持，激发企业投身建设现代农业，着力推进现代农业基地建设，促进梅江区现代农业蓬勃发展。区农业局牵头制定《梅江区农业供给侧结构性改革加快培育农业农村发展新动能实施方案》《梅江区促进现代农业发展奖励扶持办法》，奏响梅江区发展现代农业的号角。2017 年新引进 4 个省级现代农业基地落户梅江（全省蔬菜育苗基地落户城北镇黄明村、现代农业“五位一体”示范基地落户城北镇扎上村、3600 亩高标准农田建设和 2017 年省级农业社会化服务与机制创新试点基地落户西阳镇）。通过基地示范带动，大力发展优势特色产业，提升农业产业化水平，推动农业提质增效。

【农业品牌建设】　围绕“一镇一业、一村一品、多村一品”发展战略，引导各镇（村）因地制宜种植特色农产品，培育提升专业镇（村），打造梅江特色的农业品牌。2017 年申报绿色食品认证企业 2 家、无公害农产品认证企业 6 家。2017 年，梅江区共有 4 个产品被评为广东省名牌产品（农业类），“梅江区清凉山茶”通过国家农产品地理标志终审。以品牌化提升农产品市场核心竞争力，加大品牌宣传推荐力度，组织企业参加各类农展会的基础上，在深圳等发达地区设立名优特农产品展销处的启动工作，全力推介名优农产品，树立具梅江特色的农产品品牌形象。

【经营主体培育】　多渠道培育适应现代农业发展的新型农业经营主体，推进农业生产经营体制机制创新，加快培育新型农业经营主体。发展多元化、专业化的农业社会化服务体系，发展多种形式的适度规模经营。通过培育，2017 年新发展省重点农业龙头企业 3 家、市重点农业龙头企业 4 家，新培育农民专业合作社 6 家、家庭农场 4 家，进一步带动农民增收致富。

【农产品监管服务】　一是农产品监管服务到位。切实加强农产品质量安全监管力度，健全完善农产品质量安全监管体系建设，完善村级农产品质量安全协管员制度及高毒限农药定点经营管理。2017 年农产品质量抽检 10 次，平均合格率 98.8%，全年没有发生重大农产品中毒事故，确保市民农产品食用安全。二是诚信体系建设试点打造。制定《2017 年度梅州市梅江区农产品质量安全诚信体系建设实施方案》和《梅州市梅江区农产品质量安全红黑榜管理制度

(试行)》，2017 年，召开各类培训会 8 次，参培人员 550 人次，发放宣传资料 3750 多份；遴选 10 家企业为农产品质量安全诚信体系建设试点，按时间节点做好试点建设，总结试点经验。

【智慧农业发展】 积极推动互联网与现代农业加快融合，围绕优势特色产业，鼓励种养大户和企业进行物联网改造，打造智慧农业示范点，重点扶持建设大田种植、设施园艺、健康养殖、农产品流通和监管等应用示范工程。主要建设客天下农产品电商平台、乐得鲜农业物联网示范基地，着力打造自家人和南洋（思乡）食品农电商示范企业，扶持规模农企拓展农产品电商业务。2017 年农业科技成果《基于信息规范的农产品安全预警与溯源技术研究应用》荣获 2016 年度广东省农业技术推广奖二等奖，《安全蔬菜产销全程溯源关键技术研究与应用》荣获 2016 年度梅州市科学技术奖二等奖。

【农资打假整治】 逐步完善农业综合执法体系建设，培养一支素质高、能力强有独立执法编制、设施设备齐全的执法队伍。2017 年，开展农资市场专项行动 5 次，对辖区农资经营户进行执法检查，出动执法检查车辆 101 次，执法人员 550 人次，检查企业 284 家，立案 2 宗（1 宗已结案、1 宗在调查中），移送梅县区农业局农业行政处罚案件线索一条，发放打假宣传资料 3500 份。全年全区未发现农资方面的大案要案，未出现因假劣农资引发的重大农产品质量安全事件。

【精准脱贫】 深入贯彻落实中央和省、市、区农村工作暨扶贫开发工作决策部署，致力打好脱贫攻坚战。2017 年梅江区核定相对贫困户 812 户 1629 人，其中省定 10 个相对贫困村 271 户 664 人。全年实现建档立卡贫困户 653 人预脱贫，达到 70% 脱贫目标任务。

【新农村示范村建设】 加快推进新农村示范村建设工作，制定印发《关于省定 10 个贫困村创建社会主义新农村示范村的实施方案》和《梅江区新农村建设项目实施管理办法》，完善新农村建设项目申报流程和资金审批程序，为示范村建设提供政策保障。积极发挥村民理事会、监事会作用，2017 年梅江区有 62 个 20 户以上的自然村成立新农村建设村民理事会，相继制订村规民约，鼓励村民共谋共建共管共享。加快推进 10 个省定贫困村规划编制，开展农村生活垃圾、污水处理、畜禽污染、房前屋后乱堆乱放等专项整治，分类分步推进新农村示范村建设。

【农村土地确权】 梅江区有 6 个镇（街道），72 个行政村开展农村土地承包经营权确权登记颁证工作，涉及承包面积 43012 亩，承包农户 21908 户。2017 年全区完成确权任务，完成 6 个镇 72 个行政村实测面积 4.3012 万亩，完成颁证 21489 户，颁证率 96.12%。

【重点项目】 梅江区 2016 年度 3600 亩高标准农田建设项目全面动工，2017 年完成总工程量的 67%，预付工程款 1661585.59 元。区农产品检测站建设项目总投资 300 万元，完成项目建设，待验收。

（潘　琳）

种　植　业

【简述】 2017 年，梅江区农作物播种面积 1.05 万公顷，其中粮食作物播种面积 4365.93 公顷，总产量 2.79 万吨，比上年分别增长 0.39%、12.2%。全年全区水稻播种面积 3273.46 公顷，总产量 2.01 万吨，比上年分别增长 0.57%、0.5%；水果种植面积 2373.87 公顷，总产量 4.23 万吨，面积、产量分别比上年增长 0.68%、4.07%；其中金柚种植面积 1260.4 公顷，总产量 2.49 万吨，分别比上年增长 2.67%、7.69%；蔬菜播种面积 5033.6 公顷，总产量 13.19 万吨；茶叶种植面积 1400 公顷，年产量1106吨，产值4.4亿元；花卉种植面积4741亩，其中兰花种植面积1500亩，樱花基地面积1200多亩。全区水稻良种覆盖率95%，玉米良种覆盖率90%，薯类、花生良种覆盖率80%，蔬菜良种覆盖率95%。

【水稻】 以创建优质稻示范点（场）为中心，以点带面，示范带动梅江区优质稻发展。2017年全区水稻播种面积3273.46公顷，总产量2.01万吨，分别比上年增长0.57%、0.5%；水稻良种覆盖率95%。

【水果】 围绕“一村一品、多村一品”战略建设，引导各镇（村）因地制宜种植火龙果、沙田柚等特色水果品种，提升打造专业村。2017年新品种火龙果种植面积50多亩，新品种百香果种植面积50多亩，全年梅江区水果种植面积2373.87公顷，总产量4.23万吨，比上年种植面积、总产量分别增长0.68%、4.07%。其中金柚种植面积1260.4公顷,总产量2.49万吨,比上年面积、产量分别增长2.67%、7.6%。

【蔬菜】 抓好区级“菜篮子”基地认定和“菜篮子”工程建设考核工作。2017年引进省级现代化蔬菜育苗基地落户城北镇黄明村，全年梅江区蔬菜播种面积5033.6公顷，总产量13.19万吨，比上年面积增长0.39%，总产增长5.52%，蔬菜良种覆盖率95%。全年对农产品质量抽检10次，平均合格率98.8%。

【茶叶】 成功打造“高山茶种植加工专业镇”为契机，发展精致高效农业为主线，加大“一村一品”“多村一品”项目建设，通过完善基础设施建设、集中培训茶农，宣传推介优质茶叶产品，打造名优茶叶品牌，梅江区茶叶产业快速发展。成立梅江区茶叶协会，引导茶农、茶企抱团发展，加快构建专业化、标准化、精致化、品牌化的现代农业经营体系，着力打造省级现代农业产业园。2017年提升改造茶叶面积500多亩，全区茶叶种植面积1400公顷，年产量1106吨，产值4.4亿元。全年梅江区特色茶叶累计申请专利10件，获取批准专利授权2件；获得有机食品认证4家，有“英帅”“家家发”“赤树名珍”“银隆山”等系列茗茶品牌。2017年，“梅江区清凉山茶”通过国家农产品地理标志终审。

西阳清凉山家家发茶叶基地

【花卉】 大力整合特色花卉资源，发展壮大以四大家兰和桂树、兰花、樱花、沉香等高档园林观赏植物为主的花卉产业，在花卉产业发展的基础上进一步激活城北观光旅游产业发展，不断引进企业进驻城北花卉产业基地。同时，充分依托梅州市绿道实业发展有限公司、山居美乐地·樱花休闲养生谷等花卉企业的龙头示范带动作用，辐射带动周边农民大力发展花卉产业，实现增收致富。2017年梅江区花卉种植面积4741亩，其中兰花种植面积1500亩、樱花基地种植面积1200多亩。

城北爱丽丝庄园樱花谷

【南药】　2017年，充分依托城北现代农业休闲观光区，着力打造一个占地300多亩，集种植经营、品尝体验、学习观摩和休闲养生功能于一体的南药观光园，品种涵盖铁皮石斛、金银花、王老吉等，促进农业资源与旅游资源深度结合转化为经济效益，实现生态与致富的有机结合。

【良种良法引进推广】　结合梅江区种植结构调整的总体布局和市场需求，做好主要农作物品种的更新换代。2017年，主要引进推广水稻新品种7个、玉米新品种4个、花生新品种2个、薯类新品种1个和蔬菜新品种10个，促进品种更新换代，实现农业增效，农民增收。

【植物疫情防控】　针对红火蚁、柑橘黄龙病等重点防控工作，组织、指导各镇（街道）加强巡查、监测与防控，邀请省、市防控专家举办专题技术培训班，切实提高农技人员防控技术水平。2017年组织、指导辖区技术人员开展红火蚁巡查、监测与防控11场150多人次，组织参加省、市柑橘黄龙病综合防控技术培训20多人次，发放高效专杀药物210公斤，宣传技术资料300多份。全年梅江区柑橘、橙、柚等水果发生黄龙病面积2450亩，其中万事好种植基地面积500亩染病脐橙全部销毁，丽园农场1000亩的沙田柚积极指导黄龙病防控。全年共签发省间与省内调运植物检疫证书22份，接受产地检疫和调运检疫咨询30人次，建立健全行政许可事项案卷档案，完成信息数据填报录入、信息公开工作。（潘　琳）

2017年区农业局领导名录

局　　长：陈孙鹏
系统党委书记：张　聪（任至12月）
　　　　　　　饶彩婷（女，12月任）
系统党委副书记：张国泉
副　局　长：邱　梅（女）　刘晓珊
　　　　　　练洁云（女）
扶贫办主任：朱双琴（女，任至12月）
　　　　　　张海棠（12月任）

林　　业

【简述】　2017年，梅江区林业局牢固树立“绿水青山就是金山银山”的发展理念，以“多种树、严管护、促致富”为核心任务，较好地完成各项工作任务，取得了一定成效。全年全区林业总产值4939万元，比上年增长30.56%；森林覆盖率71.02%。

【扎实推进造林绿化工程】　坚持科学规划，质量为先，严把造林工程规划、招投标、监理、督查、幼林管护关，扎实推进造林绿化工程，不断提高生态效能。

全面完成森林碳汇重点生态工程　高效实施碳汇造林工程，2017年梅江区森林碳汇重点生态工程任务7350亩，其中更新改造4600亩、套种补植2750亩。经检查，成活率95%以上，苗木生长健壮，长势良好。

有效提升生态景观林带　巩固生态景观林带成果，根据市林业局《关于开展生态景观林带督查的通知》和《关于全市生态景观林带建设督查情况的通报》精神，对梅大高速梅江区段生态景观林带进行抚育补植，对高速路两边景观林带的残次林全面补植肯氏相思和银叶金合欢。经检查，补植苗木成活率95%以上，景观效果明显。

积极抓好乡村绿化美化　2017年梅江区乡村绿化美化省级示范点建设任务2个，金山街道黄坑村和西阳镇北联村（贫困村），市级3个，长沙镇大密村、城北镇干光村、西阳镇清凉村。通过修建绿色生态休闲旅游场所，增加森林景观点，推动乡村道路绿化和村庄绿化。经检查，种植苗木成活率95%以上，长势良好。

高质量完成中央和省级森林抚育任务　2017年梅江区森林抚育任务54092亩，包括

2016年度中央森林抚育4万亩，2017年省级森林碳汇林抚育14092亩。至年末，工程全面完成除草割灌、松土扩穴、施肥、培土、补植等。

深入开展全民义务植树活动　印发《关于抓好2017年植树造林绿化美化工作的通知》,开展认捐认种活动,发动社会力量,共建国家森林城市。2017年梅江区参与义务植树人数20万人次,义务植树尽责率97%,栽植苗木50多万株。

【强化森林资源管护】　牢固树立“管护比种植更重要”的观念，对破坏森林资源的违法犯罪行为实行“零容忍”，严管护，封好山，认真抓好森林资源保护管理，切实保护森林资源。

森林防火工作成效显著　坚持“预防为主，积极消灭”的方针，做到“五个强化”：一是强化责任制度建设。严格执行森林防火行政首长责任制，一级抓一级，层层抓落实，确保各项工作落到实处，修订完善《梅州市梅江区森林火灾应急预案》和发布《梅州市梅江区人民政府关于划定森林防火区的通告》。二是强化森林防火宣传。大力宣讲《广东省森林防火条例》《梅州市森林火源管理条例》，深入林区宣传，在市文化公园广场举办“森林防火宣传月”活动，不断创新和丰富宣传载体，加大力度，同时在梅州城区215辆公交车视频滚动播放宣传森林防火知识；在重点林区、景点和重要场所新增4个“威威”动漫小老虎，刷新一批宣传牌，悬挂横额，增设LED视频滚动播放点，张贴标语，印发《广东省森林防火条例》《致学生家长一封信》等宣传资料，推进森林防火宣传进单位、进工厂、进学校、进社区、进农村、进家庭。三是强化野外火源预警监测。进一步完善野外火源监测系统和指挥信息平台建设，确保火险早知道、措施早响应、火情早发现、火灾早报告。2017年元旦、春节、元宵、清明、重阳、国庆等重要节假日，在全区各个主要寺庙、景区（点）、林区出入口，设立森林防火临时检查站和用火处理集中点。四是强化巡山督查护林。成立梅江区和区林业局两级森林防火工作督查组，深入林区督查，坚决做到“见烟就查、违章用火就罚”，并将督查情况通报全区。五是强化队伍硬件建设。梅江区村级专职护林员155人，兼职护林员（村干部）278人，全部实行网格化管理，2017年评选表彰7名梅江区最美护林员。同时，定期对护林员，区、镇两级森林消防队员230人，（区级80人、镇级150人）进行防火知识和紧急避险技能培训演练。编制《梅州市梅江区森林防火规划(2018—2027年)》，2017年初步完成可行性报告编制工作。

林地使用管理严格规范　按照“严格保护、节约集约、保障重点、用途管制”的原则，严把林地使用审核关，2017年依法依规办理林地征占用9宗，面积24.88公顷。做好连清工作和大样地调查工作，扎实推进新一轮森林资源二类调查工作。加大林业行政执法力度，对破坏森林资源犯罪行为始终保持严打高压态势，开展“红线行动”“茶区整治”等的破坏森林资源的涉林违法犯罪专项行动。2017年共查处林地行政处罚案件13宗，查处无证运输木材案件2宗。

森林资源限额采伐从严控制　严格控制采伐限额，除省、市重点工程建设需要和桉树林外，只种不砍，采伐指标严格控制在限额以内，梅江区保持无盗伐滥伐林木案件发生，确保森林资源稳步增长。2017年，依法审批采伐桉树11336.4立方米。

野生动植物保护全面加强　2017年在西阳镇白宫圩开展两场“爱鸟周”“保护野生动物”宣传活动，提高群众野生动物保护意识，全年清理拆除收缴捕鸟网970米，没收野生动物18条（只），依法查处违法经营单位和个人2人，清查酒楼50家、农贸市场3个。

林业有害生物防控措施有力　坚持“预防为主，科学防控，依法治理，促进健康”的方针，积极防控森林病虫害。一是抓普查。配合嘉应学院生命科学学院共同开展林业有害生物普查工作，林业有害生物普查成果通过省、市验收。二是抓检疫。严格执行产地、调运检疫制度，把好植物检疫签证关，2017年检查木材10.5立方米，苗木培育基地10亩。三是抓培训。坚持举办有害生物测报业务培训班，对防治站和各镇（含金山街道）林业一线工作人员进行业务培训。四是抓监测。通过各种渠道及时掌握有害生物和检疫对象的最新动态，2017年完成21万亩次松材线虫病疫情的监测，未发现新疫情扩散。五是抓防治。在科学施药的同时，注重生物防治，加大纯松林改造力度，在人群活动频繁地带种植乡土阔叶树种，减少松材线虫寄主——松木的面积，林分结构科学合理。因受天气影响，全区松材线虫病害致死松树面积进一步扩大，区林业局高度重视，加大宣传，加强指导，督促各镇（街道）落实主体责任，全面掌握疫情发生态势，建立疫情快速处置机制，对病死树发现一株清理一株。

生态公益林保护管理规范有序　2017年，在全区范围内开展涉农领域腐败问题专项治理，检查2013—2017年生态公益林效益补偿资金发放管理档案，核实补偿大户，重点核查村委（组）集体山林分配方案、集体提留部分使用情况等，发现问题及时进行整改，进一步规范资金发放工作；扎实做好梅江区生态公益林效益补偿资金惠民信息公开平台信息收集、建设，全区群众可在惠民信息平台查询2013—2017年生态公益林效益补偿资金情况，实现“阳光发放”；结合森林资源二类调查，做好国家和省级生态公益林区划界定，对不符合划定范围和标准公益林进行核实修改完善，实现森林资源档案“一张图、一套数”。

森林公园建设稳步推进　2017年申请森林公园建设补助区级资金下拨到各镇（街道），指导、督促相关镇加快森林公园建设。以创建国家森林城市为契机，积极指导金山街道成功创建森林小镇，成为广东省第一批森林小镇。同时，切实保护森林饮用水源专属林地，确保梅州城区40多万市民生活饮用水和工业用水安全。

古树名木普查保护进展顺利　2017年完成古树名木外业调查，加强信息化管理，明确管护责任，实行挂牌保护，开展古树名木的复壮、养护和管理。全年全区累计自查古树名木552株。

【加快林业产业化发展】　*发展珍贵树种种植*　区委、区政府加大扶持力度，出台相关激励政策，采取政府投资造林、公司基地建设、农户见缝插针的模式，大力发展珍贵树种种植产业。2017年培育新增省级林业龙头企业3家。

鼓励社会投资造林　支持社会企业和个人植树造林，走林企一体化道路，带动社会资本投入生态建设。

积极发展林下经济　加大对林业产业发展和支持力度。大力推行“公司+基地+农户”联合经营的模式，种植、养殖和森林景观利用相结合，推动林业经济规模化、产业化发展。大力培育和发展森林生态旅游品牌，通过客天下、爱丽丝庄园等典型引路，示范带动，提供生态教育、森林体验、森林养生等生态服务产品，推进梅江区依托森林资源发展旅游产业，实现“绿水青山就是金山银山”。

【强化责任担当】　*安全生产*　2017年，围绕“增强意识、启发自觉、主动防范”的目的，坚决落实安全生产责任制，切实做到“党政同责、一岗双责、失职追责”，及早谋划安全生产工作，加强安全生产管理，认真开展打非治违、安全生产大检查等专项行动。按照管行业必管安全的要求，多渠道、全方位做好安全宣传培训，同时加强涉林企业的安全生产检查，消除安全生产隐患，全年排查企业41家，排查隐患7处，落实整改7处；并向木材加工企业发放《木材加工安全常识》，提高企业安全生产意识。

涉林领域信访维稳　积极做好涉林纠纷调处工作，对群众信访反映的涉林问题，快速反应，妥善处置，避免小争议引发大问题，确保中共十九大和第五届世界客商大会期间社会和

谐稳定。2017 年涉林来电、来访、来信共 20 宗(重访 3 宗),处理 20 宗,办结率 100%。

精准扶贫精准脱贫 精准扶贫,立足本职业务,2017 年出台《梅江区林业局林业精准扶贫精准脱贫三年攻坚实施方案》,采取有效措施,抓好落实开展林业产业帮扶,大力发展林业经济,实现林业项目与精准扶贫工作的有机统一,助推全区精准扶贫工作。在掌握 3 个帮扶挂点村的村情、贫困户情况的基础上,根据各村的实际和省、市、区有关政策,充分利用林业发展业务优势,积极探索,采取“农户 + 产业”的模式,结合“一村一策、一户一法”方略,贫困户脱贫率 70% 以上。

【党风廉政建设】 扎实开展区直机关作风整治、“两学一做”常态化制度化和“转作风比奉献树形象”等主题活动,指导党支部开展支部主题党日活动,进一步增强党员干部的政治意识、大局意识、核心意识和看齐意识。认真组织学习习近平总书记系列重要讲话精神和《中国共产党廉洁自律准则》《中国共产党纪律处分条例》,坚定理想信念、政治立场,严守政治纪律和政治规矩。巩固和拓展党的群众路线教育实践活动成果,严格执行中央八项规定,坚决反对“四风”。扎实开展纪律教育专题学习月活动,认真落实党风廉政建设和反腐败工作“一岗双责”,扎实抓好机关廉政建设。2017 年 7 月,组织全体党员到梅南九龙嶂革命根据地开展“重走红军路”主题党日活动,教育党员不忘初心,牢记使命。 (张 钰)

2017 年区林业局领导名录

局　长: 丘惠玲

副局长: 黄咏梅　曾繁卫　李贵元

畜　牧　业

【简述】 2017 年,梅江区畜牧兽医局认真贯彻落实中共十八届六中全会、中共十九大报告、习近平总书记对广东工作重要批示精神,贯彻落实省、市畜牧兽医工作会议精神,以畜牧业“绿色发展、保障安全、依法管理”为中心,着力推行畜牧业“高效、生态、安全”,切实抓好各项工作的落实,保障公共卫生安全,保障畜产品安全供应。全年全区生猪饲养量 23.37 万头,比上年减少 5.22%;年末存栏量 6.41 万头,其中能繁母猪 6852 头,出栏肥猪 16.96 万头;家禽全年饲养量 301.1 万羽;肉类总产量 1.9 万吨,比上年减少 5.75%。

【重大动物疫病防控】 2017 年,召开春、秋两季动物防疫工作会议,传达贯彻上级有关动物防疫工作文件精神,部署动物防疫工作,确保高致病性禽流感、口蹄疫等疫病免疫密度达到 90% 以上。做好动物防疫物资供应保障,全年供应发放疫苗 209.32 万毫升(头份),消毒药 2456 公斤,下拨防疫经费 10 万元到各镇、街道。加强动物疫病监测,开展春、秋两季集中免疫,同时进行全面集中监测,全年完成口蹄疫监测 530 头份,猪瘟监测 292 头份,禽流感监测 400 份,鸡新城疫监测 310 份,对抗体合格率较低的及时补免。做好牛羊两病普查,全年监测奶牛 9 份,结核病、布鲁氏菌病均为阴性;奶羊布病监测 84 份,均为阴性。全年未发生重大动物疫情,确保公共卫生安全。

【畜产品质量监管】 一是加大宣传力度,在镇村主要交通路口张贴挂图,向生产经营户派发宣传单,集中培训等形式,强化标准化养殖。加大有关畜产品质量安全法律法规宣传,并与养殖户签订“畜产品质量安全承诺书”。二是加强监督管理,健全畜禽养殖档案及免疫档案,建立动物防疫标识溯源系统,强化畜禽产品生产环节全程管理,严厉打击丢弃、经营病死动物的违法行为,严厉打击私屠滥宰行为,2017 年,共出动执法人员 1500 多人次,查处私宰案件 511 宗,对病死动物严格做到“四不准一处理”（不准宰杀、不准食用、你准出售、不准准运，必须进行无害化处理）。三是加强监督检测，开展定期和不定期检测“瘦肉精”等违禁药物，加大市肉联厂进厂生猪及养殖环节“瘦肉精”检测力度，全年完成生猪“瘦肉精”监测7192头份。四是加强兽药等畜牧业投入品的整治，结合各专项打假工作，开展定期不定期检查，督促销售、养殖户开展自查自检等各项质量管理制度，全年开展专项整治检查共出动执法人员150多人次，检查兽药、饲料市场30多次，经营门店155家（次），发出责令整改通知书2份。五是加强检疫监管，强化产地检疫和屠宰检疫工作，实行检疫申报制，各镇、街道设立申报点，受理动物产地检疫工作，定点屠宰场专职兽医驻场检疫，实行生猪屠宰与检疫同步，做到有宰必检，严格按照屠宰检疫操作规程，屠宰检疫率100%。对检出的病死动物及不合格产品，严格进行无害化处理，全年产地检疫生猪9.6万头，屠宰检疫生猪19.3万头，肉鸡11.2万只。六是加大对“瘦肉精”等违禁药物抽检工作力度，对全区存栏30头以上的猪场和生猪屠宰场，采取定期或不定期进行胶体金快速检测的方式筛查，检测结果均为阴性，未发现违法添加使用盐酸克伦特罗、莱克多巴胺、沙丁胺醇等违规违禁药品行为。七是抓好肉品质量安全，确保出厂肉品合格率100%。市肉联厂坚持“以质量为目标、以管理为手段、以服务为宗旨”的工作要求，始终把食品安全和生产安全工作放在首要位置，出厂肉品质量合格率保持100%，确保梅州城区人民群众吃上“放心肉”、“满意肉”，全年屠宰生猪19.3万头，上缴税款近100万元，无害化处理病害猪（肉）430头，取得良好的社会效益和经济效益。八是做好兽药GSP和兽药二维码推广工作，全年全区16家兽药经营单位全面换发兽药GSP证书，全面开展兽药二维码录入工作6家。

【确保安全生产】　制定畜牧业安全生产计划，召开畜牧业安全生产会议，研究部署安全生产工作。加强台风期间安全预警预报，发布台风、汛期安全预警短信信息800多条次。加强安全生产检查，按照上级安全生产监管部门要求，派出安全生产检查组对屠宰企业、兽药生产企业和规模养殖场开展安全生产检查，2017年开展安全生产检查9次。进一步落实企业安全生产主体责任，提高企业安全生产意识，提高安全生产水平，确保畜牧业安全生产。

【养殖污染减排】　牵头负责全区畜禽养殖污染综合整治。做好调查摸底、固化、宣传发动工作，2017年全区畜禽禁养区内应关闭、转产的畜禽场（户）共209家，其中规模场、养殖专业户共124家，散养户85家。至年末，全面完成禁养区内畜禽养殖场（户）的关闭、转产，退出养殖行业。根据中央环境督察组第四组督查反馈意思，认真抓好畜禽养殖污染整治和养殖场环保配套设施不健全的整改落实，加强对养殖场养殖废弃物综合利用的指导和服务，全区规模以上畜禽养殖场21家，环保治污设施建设全部配套，实行废弃物综合利用，2017年通过中央环保部门核查、核减的养殖场18家，未通过减排的3家。对未通过减排的3家养殖场，积极督促指导，做好减排相关工作。

【农技学习培训】　精心组织和推进基层农技推广，培训基层农技人员和农技指导专家，2017年，委托省农科院先后举办2期基层农技人员培训班，组织全区农技推广专家、农技指导员、农技示范基地负责人共30多人次赴广州、中山等地学习培训，通过学习开拓农技人员视野，提高业务水平和指导能力。

【落实强农惠农政策】　贯彻落实政策性能繁母猪保险、基层动物防疫补助、品种改良、奶牛补贴等强农惠农政策，同时整理2013年后的相关数据上传梅江区惠民信息公开平台。组织核查组开展入户抽查，对2013年后政策性能繁母猪保险费补贴随机抽查34户（占核查总户数的

47% 以上)，优质后备母牛饲养补贴随机抽查 13 户（占核查总户数的 75% 以上），梅江区扶持精致高效农业发展奖励（2014—2016 年）随机抽查 7 户（占核查户数总数的 41% 以上），均符合政策要求，补贴资金按规定发放到位。

【开展“行风热线”节目】 2017 年 5 月 25 日，区畜牧兽医局局长曾建国、副局长邓广军、梅州市肉类联合加工厂厂长董凯作客梅州市电台新闻台行风热线直播室，就梅江区畜禽生产经营，动物及动物产品检疫，重大动物疫病预防、控制和扑灭，畜禽养殖污染综合整治，兽药经营管理，生猪屠宰管理，畜产品质量安全监督等与广大市民进行沟通、交流。在节目宣传期和上线直播、重播期间，共接听、记录群众咨询电话、手机短信、网络提问 30 件。其中属于区畜牧兽医局的 21 件，全部处理回访，群众满意度 100%。6 月 14 日，完成“行风热线热点追踪”节目，得到群众好评。

【自身建设】 深入开展区直机关作风整治活动和“两学一做”学习教育同时开展“转作风比奉献树形象”主题活动，引导全局党员和干部职工切实转变作风，讲担当、比奉献，定目标，定措施，定责任，着力解决工作中存在问题，共制定 84 条整改措施，承诺完成 84 个项目，单位和个人共签订 28 份承诺书，在活动中始终坚持立行立改，做到边想边查、边改边干，通过开展主题活动，全局机关干部精神面貌明显转变，工作作风明显改进，行政效率和服务质量明显提高，得到群众广泛认同和赞誉。

（李　平）

2017 年区畜牧兽医局领导名录

局　长：曾建国

副局长：麦远志　邓广军

梅江区畜牧局执法人员对养殖场生猪“瘦肉精”进行监测

水产养殖业

【简述】 2017 年，梅江区水产局以“渔业增效、渔民增收”为目标，努力加快精致高效渔业发展步伐，不断提升渔业科技发展水平，有效保障水产品质量和渔业生产安全，全区渔业得到持续、健康发展。全年全区水产养殖面积 557.6 公顷，比上年减少 13.37%；水产品总产量 8195 吨，比上年减少 2.8%；总产值 8382 万元，比上年增长 4.84%；从事渔业生产 1602 户，从事渔业人员 1965 人，渔民年均纯收入 8781 元。

【发展精致高效渔业】 狠抓五大特色渔业基地建设：一是梅江水产良种繁育示范推广基地。2017 年，生产各类优质鱼花鱼苗 3 亿多尾。二是水产健康养殖示范基地。2017 年无公害水产品产品产地认证企业增至 9 家，农业部水产健康养殖示范场企业增至 6 家。三是龟鳖无公害养殖示范基地。加大“九野甲鱼”特色品牌效应的同时，大力引进龟鳖类养殖品种，全年引进养殖品种有黄喉拟水龟、三线闭壳龟（金钱龟）、黄缘盒龟等 1 万多只。全年审核办理水生野生动物驯养繁殖（经营利用）许可证 5 家，全区水生野生动物驯养繁殖养殖企业（户）14 家，年审 14 家。四是休闲渔业示范基地。建成连片观赏、垂钓等休闲渔业带，面积3000多亩，是梅州城区广大垂钓爱好者休闲好去处，丰富城乡居民健康生活，助推乡村振兴和生态文明建设。五是梅江长鳍锦鲤养殖示范基地。全年繁育梅江长鳍锦鲤、锦鲫20万尾。

【技能培训】 加快梅江区渔业产业“供给侧”改革步伐，解决全区渔业技术人员知识更新慢，渔业生产者技术落后、思想僵化的问题，狠抓技术人员岗位继续再教育、知识培训与更新工作。根据不同时期不同需求，采取异地研修、集中办班和现场实训等方式，分层分类分批开展培训。2017年选派专业技术人员参加省、市、区培训4人次，举办区级水产养殖技术讲座32期，培训人员860人次，发放渔业技术宣传资料2000份，技术入户率和到位率100%。2017年3月23—24日、4月25日、7月17日和11月2—3日，分别组织渔业专家、指导员、水产养殖示范基地技术人员、示范户、免疫注射员、各镇（街道）渔业技术人员和分管领导、区水产技术推广站和局机关全体人员到五华县、蕉岭县、兴宁市和梅江区示范基地梅州伟群有限公司，举办水产品质量安全监管、水产苗种产地检疫、渔业技术推广和草鱼出血病免疫注射养殖技术等培训，培训人员260多人次。

【项目实施】 积极争取中央、省、市项目资金扶持，2017年梅江区有4家养殖企业争取市级项目4项，扶持资金155万元。做好草鱼出血病免疫示范区建设项目验收工作，全力推进农业部农技推广体系改革与建设项目的实施。承接广东省水生动物疫病预防控制中心“水产养殖病害耐药性试验项目”，2017年采集病原样本160份，提交有效样本130多份，超额完成省下达任务。

【科技服务】 构建“专家—技术指导员—示范户—辐射带动农户”四级渔业科技推广服务网络，区水生动物防疫检疫实验室，为全区渔民提供水产苗种检疫、药物残留定性检测、水产病害远程专家诊断、病菌实验室培养分析等现代渔业诊治服务。同时，做好技术指导服务和鱼病防治，协助苗种生产养殖做好春季鱼苗繁育指导，结合鱼病发病季节，做好渔业防寒防冻、防台风工作。组织渔业专家、技术指导员到各养殖企业、养殖户服务，帮助养鱼户做好鱼病防治和防寒防冻工作。2017年技术员为养鱼户义务诊治鱼病100例次，接受养鱼户技术咨询330人次。帮助养鱼户做好鱼苗的放养、余缺调剂工作，全年为养鱼户余缺调剂各种鱼苗200万尾，协助免疫注射草鱼种苗102万尾（4—7寸/尾）。草鱼种苗投放100%注射灭活疫苗，有效控制草鱼“四病”（赤皮病、烂鳃病、肠炎病、出血病）的发生，全区草鱼免疫率实现100%。做好水产养殖病情测报和防治，开展水产养殖病情预测预报，全年设立病虫害测报点4个，测报面积6000亩，上报病害测报预报12期。主动做好群众来信来访，全年处理涉渔纠纷5宗，同时引进推广“中科3号”鲫鱼和“百容”草鱼、鲫鱼新品种。

【加强水产品质量安全监督】 建立“分工明确、措施有力、保障有效、运转协调”的水产品质量安全执法监管体系，完善质量安全监督抽查制度，主动介入养殖环节。一是指导建立养殖日志。开展全区水产品质量安全专项整治行动，对辖区养殖企业、养殖户进行实地检查，通过现场检查鱼药、饲料仓库，查阅生产、用药、销售等工作日志，持证养殖企业的养殖日志覆盖率100%。二是加强渔药使用和产品抽检力度。要求企业饲养生产过程规范使用鱼药，严禁经营和使用孔雀石绿、硝酸亚汞、氯霉素等违禁药物和成分不清的渔药、饲料、饲料添加剂等行为，开展水产品质量安全“三鱼两药”（草鱼、鳙鱼和鲢鱼，硝基呋喃类代谢物和孔雀石绿）专项整治和“抗生素、禁用化合物及兽药残留超标专项整治”行动。2017年，组织14次专项执法行动，出动车辆20多车次，执法人员60人次，检查苗种生产基地及养殖（企业）户65户次，快检业务230宗，重点产品抽查率100%，未发现销售使用孔雀石绿、五氯酚钠、硝基呋喃等禁用药行为，全年全区未发生水产品质量安全事故。三是实施水产品质量安全监控。制定《梅江区2017年水产品质量安全监控计划实施方案》，2017年抽检样品118个，其中监督抽检24个、风险监测46个、快速检测48个。全年苗种产地检疫43批，4547万尾。抽检样品和生产环节，合格率100%；外来流入环节，发现1例呋喃唑酮和孔雀石绿超标案例，及时移送区食品药品监督管理局查处。

【强化安全生产监管】 认真贯彻落实国家、省、市、区安全生产工作会议精神，坚决执行“一岗双责”安全生产制度。联合梅州市渔政支队，在各镇（街道）协助下，采取召开座谈会，举办各种培训班，发放宣传材料，充分利用网络、通信等方式，向养殖户、渔民、群众宣传有关渔业安全生产法律法规、渔业安全科普知识、渔业防台风措施等内容的信息，提高广大渔民的安全防范意识。2017年，结合渔船年审工作，举办大型安全生产培训4次，参加人数230人次。全年开展全区渔业船舶安全生产大检查专项行动3次，出动执法人员160人次，车船44辆次，检查捕捞渔船120艘次，检查获证养殖企业8家次，苗种生产企业（户）和养殖户50户次；全年签订安全生产责任书100份，审核捕捞生产许可证58本；全年发送安全生产等各种信息550条次，发放安全生产宣传资料100份。

【加大渔业生态文明建设】 一是严格落实韩江干流支流水域禁渔期制度。根据《梅州市2017年韩江干流支流水域禁渔期制度实施方案》要求，梅江区管辖的梅江河段纳入禁渔范围，禁止所有捕捞作业。2017年3月1日，在渔政码头开展辖区全体捕捞渔船主、市渔政支队执法人员、《民生820》志愿者等100多人参加禁渔期活动，现场发放宣传资料200份。结合禁渔期专项行动，大力开展清理整治无证捕捞、违规捕捞，取缔从事渔业生产的“三无”（无船名船号、无船舶证书、无船籍港的船舶）船舶等行动。通过广泛宣传、日常巡查、严厉打击，确保禁渔期“江河中无违规渔船、水中无违规渔具、市场无违规鱼货”。二是做好禁渔补助发放工作。解决禁渔期间渔民无收入来源问题，弥补渔民执行禁渔制度造成的生计损失，严格按照市农业局、市财政局文件要求做好禁渔补助发放工作，经审核，全区符合禁渔补助的渔船54艘，申请符合条件的船员人数54人，按照每人每年补助标准2200元计算，申请补助金额11.88万元，全部发放到位。三是开展增殖放流，优化和保护水域生态环境。为更好地养护水生生物资源，保护水域生态环境，助推梅江韩江绿色健康文化旅游产业带建设，6月28日，在梅江河渔政码头举行主题为“增殖梅江流域水生生物资源，促进水域生态文明建设”的渔业资源增殖放流活动，放流草鱼、鳙鱼、鲢鱼、青鱼、赤眼鳟、黄颡鱼、鲮鱼等各类鱼苗100多万尾，有效地补充梅江流域水生生物资源，优化和保护水域生态环境，增强公众保护渔业资源与生态环境的意识，助力美丽生态、文明梅江建设。区水产局将放流全过程制作成视频，上传优酷网。

【捕捞渔船主柴油补贴】 贯彻落实中央、省、市关于国内渔业捕捞和养殖业油价补贴政策调整的精神，梅江区政府印发《梅州市梅江区2015—2016年度国内渔业捕捞和养殖业油价补贴政策调整年度实施方案》和《梅州市梅江区2015—2019年度国内渔业捕捞和养殖业油价补贴政策调整实施方案》，严格按照文件要求，2017年1月4日，开始受理捕捞渔船主柴油补贴申请，至2月8日，完成辖区61艘（其中三角镇10艘、江南街道3艘、金山街道12艘、西阳镇18艘、长沙镇12艘、西郊街道6艘）捕捞渔船主柴油补贴申请材料的审核、公示、审批等工作。同时，专门申请一个代发账户，3 月 14 日，渔船柴油补贴资金直接发放到捕捞渔船主的账户，拨付资金合计 14.59 万元。2015 年渔船柴油补助工作经费 5000 元，2017 年 4 月 13 日发放至各镇、街道。7 月 5 日，完成辖区 58 户捕捞渔船主 2016 年度柴油补贴申请材料的审核、公示、审批等工作，应拨付柴油补贴资金合计 24.1 万元，材料上报梅州市渔政支队。

【自身建设】 深入推进学党章党规、学系列讲话，做合格党员“两学一做”学习教育常态化制度化，开展以“转作风、比奉献、树形象”主题活动，认真抓好党员干部党纪、政纪和法纪教育，严格按照主题活动的要求，开展多种形式的学习教育活动。认真学习贯彻中共十九大和习近平总书记系列重要讲话以及对广东工作的重要批示精神，利用现代网络通信创新学习方式，推出“书记手机微信早读课”的学习方式，不分假日，持续不断，区水产局党组书记张浩源每天早晨一条短信发布到全局党员干部手机中，让党员干部不拘时间、地点随时学。同时，充分利用现有办公场地，因地制宜，打造集“楼梯、走廊、会议室”为一体的文化长廊，展示道德文化到鱼文化，廉政文化到文明文化，党的建设到创文工作，突出中共十八大“两学一做”到中共十九大“不忘初心，牢记使命”主题活动内容，体现鱼水关系到党群关系，血肉关系到党群与干群关系，党员干部心中有党，心中有群众，为政清廉，勤政为民，团结共事，和谐相处，助推全区渔业健康发展。加强党员干部队伍建设，选派副科级以上干部参加“2017 年梅江区科级干部学习贯彻中共十九大精神专题研讨班”以及区委组织部和区委党校联合举办为期 12 天的“2017 年梅江区党务干部学习中共十九大精神专题培训班”培训学习，提高党员干部队伍素质。（黄涌元）

2017 年区水产局领导名录

局　长：张浩源

副局长：侯艳芬（女）
张欢平（任至 7 月）
叶苑华（女）（7 月任）

2017 年 6 月 28 日上午，梅江区水产局在梅江河渔政码头举行渔业资源增殖放流活动

水　　务

【简述】 2017 年，梅江区水务局紧紧围绕统筹推进“五位一体”总体布局和协调推进“四个全面”战略布局，深入学习贯彻习近平总书记系列重要讲话精神和治国理政新理念新思想新战略，把思想和行动统一到习近平总书记重要批示精神上，努力为全省落实“四个坚持、三个支撑、两个走在前列”做出积极贡献，认真贯彻落实中央、省、市水务工作部署，积极实践可持续发展治水思路，建设生态精品，提升“三防”能力。

【“三防”工作】 认真贯彻落实中央、省、市政府关于治水兴水的决策部署，坚持“常抓不懈、有备无患”的方针，立足于“防大汛、抗大旱、救大灾”，做到早准备、早检查、早落实。严格落实“行政首长责任制”，坚持以防为主，防抢结合，全面部署，保证重点，统一指挥，统一调度。切实做好汛前检查，由区三防总指挥刘伟球副区长亲自带队，区府办、区水务、国土、各镇（街道）等单位联合组成检查组，对全区 35 座中小型水库、3 处堤防、36 座电站进行安全隐患大检查。加强应急保障体系建设，2017年成立40人编制的梅江区民兵轻舟分队，为防汛抢险救灾提供重要保证，同时加强隐患点监测和管理，并全面完成灾后水利水毁修复工程。

【民生水务】 山区中小河流治理建设 2017年，梅江区列入实施中小河流治理项目有龙坑水、扎田河（干才）2条19.5千米，计划总投资2978万元。至年末，列入2017年第一期实施的扎田河（干才）治理主体工程基本完成，进行扫尾完善工作。列入2017年第二期实施的龙坑水治理工程，10月15日动工建设，工程总进度约40%。2017年梅江区中小河流治理卓有成效，白宫河、白宫水中小河流治理得到水利部、省政府的高度肯定并入选“广东省水生态与水文化结合示范点”名单。

新出险小型水库除险加固 2017年梅江区列入中央新出险小型水库除险加固工程为油坑水库除险加固，总投资299万元。至年末，工程全面完成，进行验收结算。

污水处理设施建设项目 梅江干流沿河污水处理设施建设项目涉及梅江区3个镇（长沙、三角、西阳镇）4个污水处理厂，工程总投资9539万元，通过公开招标，招取PPP社会投资人。人居环境综合整治村级污水处理厂建设项目涉及梅江区6个镇（街道）41个行政村，新建42套污水处理设施，工程总投资5620万元。2017年完成项目可研报告编制，污水处理厂选址基本确定并完成清表、发改立项、环评等工作，一案两报告通过政府常务会议审议，完成监理单位招标及合同签订工作，进行公开招取社会投资人。

村村通自来水工程建设项目 根据省下达梅江区村村通自来水工程，2017年计划完成投资1323万元，2018年计划完成1050万元。至年末，2017年度实施城北镇岭上村、城北镇加压泵站及城北镇干光红光村饮水工程全面完成；西阳镇、长沙镇村村通自来水工程项目完成招标，并在有序施工；2017年累计完成投资约1204万元。2018年度实施城北镇、金山村村通自来水工程项目完成设计招标，进行初步设计编制工作。

农田水利重点县及灌区建设 2013年度、2014年度、2015年度小型农田水利重点县建设项目，黄寨河清淤整治工程，三角镇小密水库、城北镇银营、引扬3宗灌区改造工程等民生水务工程相继完成或验收结算。

小流域综合治理工程 2017年黄塘河（扎田水）小流域综合治理工程，计划治理流域面积82.5平方千米。至年末，除西郊黄塘村段约200多米未完成，主体工程基本完成，工程总进度约95%。

周溪河综合整治项目（十里梅花长廊） 梅江区周溪河综合整治项目，计划对全长4.7公里的周溪河贤母桥至梅江出口两岸进行景观提升，文脉公园、十里梅花长廊建设，连接碧峰庵水库、百岁山公园及潮塘古梅的绿道建设，工程计划总投资11493.44万元。2017年完成可研报告编制，用地选址基本确定并完成清表、发改立项、环评等工作，一案两报告通过政府常务会议审议，完成监理单位招标及合同签订，进行公开招取社会投资人。

其他民生水务工程 2017年，梅江河大密段护岸坍塌修复应急抢险工程，总投资280万元，至年末，工程全部完工并验收结算。周溪河（东山书院段）水毁修复工程，总投资169.6万元，其中省补助100万元，区级以下自筹69.6万元，至年末，工程全部完工，进行工程验收和结算。泮坑水库后湖亭廊工程，总投资681.7万元，其中申请广东省雁洋公益基金会资金500万元，其余100.27万元由2018年区财政资金列支，至年末，完成项目可研报告编制，选址基本确定并完成发改立项、环评及监理单位的选取工作，进行公开招取设计、施工总承包人。2016年度城北镇岭上村“五沿”（沿路、沿江、沿水、沿河、沿线）崩岗水土流失治理工程，总投资90万元，其中省补助51万元，区级以下自筹39万元，进行初步设计编制。

移民项目工程　2017年，完成水库移民后期扶持资金项目计划申报工作，下达水库移民后期扶持资金共11宗，总投资251万元，小项目在顺利推进，至年末，基本完成主体工程建设任务。西阳镇移民新村美丽家园建设项目，总投资205.59万元，为省级补助资金，至年末，初步设计报告已批复，完成发改立项及监理单位选取工作，进行公开招取施工单位。城北镇干光曾坑水整治工程，总投资153.65万元，至年末，完成初步设计编制，上报市水务局审批。

【河长制工作】　根据中央和省、市对河长制管理工作的新要求，2017年，梅江区印发全面推行河长制工作方案和相关制度，成立梅江区“河长制”领导小组，下设办公室。全区7个镇（街道）相继出台镇级工作方案和镇级3项相关制度。按照上级要求，梅江区河长制“一河一策”实施方案和河湖名录电子标绘委托第三方进行，基本完成河流、水库电子地图标绘，一河一策方案编制与第三方进行协商衔接相关事项，至年末，梅江区境内江河湖库全面建立河长制，构成区、镇、村三级河长制组织体系，并申请梅州市进行验收。

【水政执法水土保持】　严格按照梅江区制订出台《严格水资源管理制度实施方案》和考核办法，将市下达控制指标分解到各地段，并进行考核。2017年梅江区“三条红线”（一是确立水资源开发利用控制红线；二是确立用水效率控制红线；三是确立水功能区限制纳污红线）控制指标全面达标。同时，加大查处力度，做到严格执法，依法行政。严格实施取水许可制度，加强水资源费征收管理，2017年，水资源费征收约18万元。水土保持工作，汛期前通过对重点水土保持项目单位进行检查，发现问题，及时整改，全年完成长沙下罗“五沿”崩岗治理。由梅州市水务局统一立项的梅州市革命老区及原中央苏区崩岗治理一期工程（2017—2019）项目，2017年度中央资金45万元的项目，至年末，完成初步设计。

【西阳水电站增效扩容】　西阳水电站运行20年，大部分机电设备陈旧老化，能耗大，效率低，安全可靠性差，发电机冷却系统缺陷，水能利用率低。根据财政部、水利部《关于继续实施农村水电增效扩容改造的通知》规定，该电站是梅江区符合实施农村水电增效扩容改造的唯一电站，2017年工程完成设计、施工的招投工作并已开工。区委、区政府高度重视，成立市西阳水电站增效扩容改造工程协调领导小组，并对项目资金采用国库集中支付进行管理，确保财政奖励资金用在技改机电设备上。同时，联合区纪委派驻农业系统工作组在西阳电站召开廉政工作会议，并与各参建单位签订廉政责任承诺书。

（叶柳樱）

2017年区水务局领导名录

局　长：卢忠南

副局长：李振强　陈欢（女）　温进军

工　业

工 业 企 业

【简述】 2017年，梅江区经济和信息化局适应经济发展新常态，坚持稳中求进总基调，坚持稳增长、调结构，坚持以科学发展战略的总体部署，紧紧围绕区委、区政府建设“诗画梅江、文明客都”总体目标，以供给侧结构性改革为主线，深入实施创新驱动发展战略，加快产业集聚发展，不断壮大实体经济，增强实体发展后劲，工业经济实力不断发展壮大，全区经济实现平稳健康发展。

【规模以上工业总产值】 2017年，梅江区完成工业总产值105.59亿元，比上年增长13.02%；工业增加值25.57亿元，比上年增长8.3%；其中规模以上企业45家，实现工业总产值84.97亿元，比上年增长17.14%；完成规模以上工业增加值18.29亿元，比上年增长9.1%；规模以上轻工业实现工业总产值5.91亿元，比上年下降6.6%；规模以上重工业实现工业总产值79.46亿元，比上年增长19.24%；规模以上工业企业全年实现利润总额5.73亿元，比上年增长17.42%。梅江区以电子信息产业为主导，以博敏电子、志浩电子、线艺通信元件、国威电子、威利邦电子等产值超亿元的企业为龙头，2017年5家企业共完成工业总产值44.89亿元，占规模以上工业总产值的55.78%，占全区工业总产值的44.40%。

【扶持企业做大做强】 认真研究及宣传贯彻《广东省降低制造业企业成本支持实体经济发展若干政策措施》等省、市扶持政策，积极主动将政策落实到位，帮助企业真正获得政策红利。一是做好政策研究工作，准确理解政策意图；二是做好解读宣传工作，通过编印宣传手册、举办宣讲培训等多种方式准确传递政策含义和操作要点；三是做好政策落实工作，通过组织摸查筛选工作，建立企业台账，确保政策措施落实到位。2017年，新上规模企业9家，新开展技术改造项目20个，拟协助企业争取各项资金共2622.87万元，到位资金1803.79万元。

（杨　智　朱定邦　李　苑）

规模以上主要企业

【线艺公司】 美国线艺公司于1990年在广东省梅县（今梅江区）创办第一家独资企业——梅县线艺电子有限公司，2017年整整走过27年的历程。公司经过多次增资，投资额从最初的35万美元增加至2380万美元，公司规模从小到大，公司员工人数从30多人发展到5255人。公司每年缴交增值税、所得税、海关关税、各种地税、个人所得税和实现税后净利润均逐年有较大幅度的增长，取得较好的经济和社会效益。公司在梅江区西阳镇，工厂总面积72570平方米，厂房总面积26476平方米及900平方米的员工福利社、餐厅等附属设施建筑，厂房全部配置冷暖空调，洁净宽敞明亮，厂内四周栽种花草树木，整个厂区环境幽雅宜人。公司拥有专门接送员工上下班的交通车35辆，及小车、货车10多辆用于公司办公及生产运输。公司主要生产高精密度电感、贴片电感、各式线圈和种类繁多的变压器等电子元器件，以质量优良、价格合理、交货准时而著称，深受用户好评，产品畅销国内外，是国际上许多著名大公司的供应商。公司取得ISO 9001：2008、ISO/TS

16949:2009 质量体系认证，ISO 14001 环境管理体系认证，OHSAS 18001 职业健康安全管理体系认证，梅州市安全生产标准化三级企业证书，每年均通过权威认证机构严格的年检。2017 年公司实现产值 8.18 亿元，出口总额 10537 万美元，进口总额 4143 万美元。关税 779 万元、海关增值税 2054 万元，累计上缴税款 13517 万元（含社保 5985 万元）。

【国威电子公司】 梅州国威电子有限公司成立于 2007 年 6 月，隶属香港上市公司新确集团，本公司主要从事数字无绳电话、GSM 手机的研发、生产、加工和销售。公司是梅州市大力实施“乡贤回乡投资兴业工程”的代表项目，为国家级的高新技术企业，梅州市工业双百强企业。公司的主要客户有松下、摩托罗拉、飞利浦、BT、西门子、汤姆逊、意大利及法国电信等。公司建立有 12 万平方米的生产制造中心，包括模具开发、注塑、丝印、贴片、组装等车间，员工 4000 多人，年生产室内无绳电话及手机 1000 多万台。公司拥有所有产品的自主知识产权，产品技术处于国际领先水平。为保持公司的核心竞争力，公司搭建 200 多名研发人员组成的研发团队，特聘一组外籍软件专家作为公司技术指导，同时在香港、英国、德国等地区设置海外研发及销售基地。公司努力探索现代化管理途径，积极寻求国际标准认证，公司先后通过 ISO 9001、ISO 14001、SA 8000 等国际标准体系认证，还获得欧洲 CE 认证、ETS 认证、BABT 认证、TUV 认证，北美 UL 认证、FCC 认证等。2017 年公司完成工业总产值 6.012 亿元，比上年下降 34.49%；完成规模以上工业增加值 0.84 亿元，比上年下降 34%；完成全口径税收 6442.85 万元，比上年下降 14%。

【志浩电子科技有限公司】 梅州市志浩电子科技有限公司是“五株科技股份”投入 5 亿多元巨资，专业制造高端电路板——HDI、电脑主板及高多层板的大型高新技术企业。公司成立于 2007 年 8 月，位于梅州市经济开发区 AD1 区 A 座，厂房占地约 40 亩，建筑面积 3 万平方米，花园式的厂区环境、顺畅合理的流程布局、完善的基础设施为公司的发展奠定坚实基础。公司先后通过 ISO 9001、TS 16949 质量体系认证、ISO 14001 环境认证、OHSAS 18001 职业健康安全体系认证及美国 UL 安全认证等。2011 年公司顺利通过“国家高新技术企业”认定及获得“广东省清洁生产企业”荣誉称号。公司引进一批国际一流的高端高精密生产设备，日本三菱激光钻孔机、台湾大型压合机、自动回流生产线、日本全自动曝光机等。有先进管理、成熟的生产工艺，培养一批有经验技术熟练的员工。公司的技术研发力量雄厚，设立研发中心，对手机电路板、电脑主板、电脑卡板、汽车专用电路板、IC 载板、高阶 HDI 等各类高精密高可靠电路板掌握成熟的工艺技术和批量生产制造经验，以可靠品质、快速响应、周到服务满足广大客户的需求。同时公司不断在技术、工艺及管理上创新，致力打造成国际一流的 HDI 及高多层电路板品牌企业。2017 年公司实现产值 94897.2 万元，比上年增长 24.45%；税收 6056.52 万元，比上年下降 9%。

【博敏电子股份有限公司】 博敏电子股份有限公司成立于 2005 年 3 月，拥有 2 家子公司，分别为深圳市博敏电子有限公司和江苏博敏电子有限公司，公司总数 3000 多人。公司拥有世界先进的 PCB 加工设备，专业从事高精密印制电路板的研发、生产和销售，主要产品为多层（含 HDI）和单/双面印制电路板。公司产品广泛应用于消费电子、通信设备、汽车电子、工控设备、医疗电子、清洁能源及智能安防等领域，主要客户包括百富计算机、沃特沃德、三星电子、格力电器、比亚迪、新大陆电脑、伊顿电气、新国都、华智融和瑞斯康达等国内外知名企业。公司在提供高品质产品的同时，注重企业的文化建设和品牌工程建设，先后获得“中国驰名商标”“国家级高新技术企业”“中国印制电路行业百强企业”“CPCA 第六届理事单位”“广东省知识产权优势企业”“广东省守合同重信用企业”“广东省清洁生产企业”“广东省工程技术研究开发中心”“省级企业技术中心”“纳税大户 100 强”“安全生产先进单位”等荣誉。公司成立后，始终致力于印制电路板生产和销售，并不断提升研发和经营管理的综合实力。同时创建一支以高级工程师为核心，由工程师、技术员和中高层管理人员等组成具有经验丰富、技术过硬和创新意识的专业研发团队。至 2017 年研发并申请专利 121 项，其中发明专利 30 项，实用新型专利 91 项。此外，计算机软件著作权 34 个。公司被评为省级技术中心，同时也是电子薄膜与集成器件国家重点实验室梅州研发中心。公司秉承“创新连接、沟通世界”的企业使命，坚持“诚信、责任、创新、进取、优质、人本、共享”的价值观，旨在立足于高精密印制电路板制造产业巨大发展空间基础上，实施差异化产品竞争战略，尤其是以 HDI 板、挠性电路板、刚挠结合板以及铝基板、高频基板等特殊板为代表的新一代印制电路行业发展技术为主导方向，将公司发展成为最值得信赖的电子电路供应商。

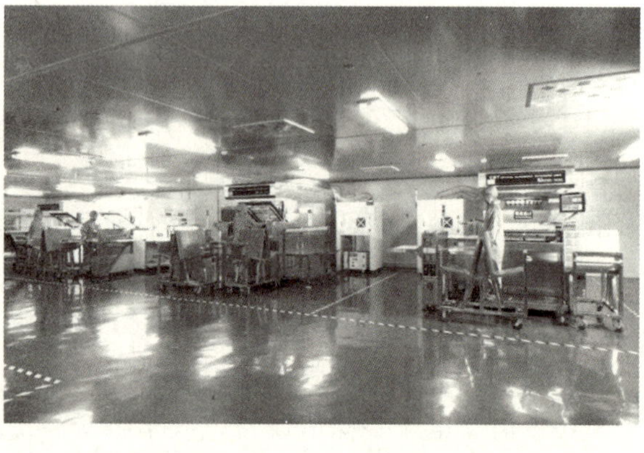

博敏电子股份有限公司生产车间一角

【威利邦电子科技有限公司】　梅州市威利邦电子科技有限公司是广东威华旗下的一家专业生产覆铜板、铜箔和覆铜板专用木浆纸的企业。广东威华成立于 1992 年，位于广东省梅州市梅江区沿江东路滨江新村，现旗下有 30 多家子公司，总资产 36 亿元，员工 4300 多人，是广东省百强民营企业，广东省质量管理先进企业。2008 年 5 月 23 日，威华股份（代码：002240）在深交所成功挂牌上市。

梅州市威利邦电子科技有限公司位于梅州市梅县西阳镇莆田村，注册资本 10000 万元，总投资 5.2 亿元，占地面积 140 余亩，建筑面积 5.98 万平方米，公司员工 500 多人。公司通过 ISO 9001:2008 质量管理体系、ISO 14001:2004 环境管理体系以及职业健康安全管理体系认证；产品通过美国 UL 认证（认证编号：20121025 – E354175），以及 CQC 质量认证和 SGS 环保认证。公司设计产能为年产 8μm、12μm、18μm、35μm ~ 105μm 的高档电解铜箔 3000 吨；环保型纸基覆铜板、阻燃基覆铜板、复合基覆铜板、环氧布基覆铜板 1200 万张；覆铜板专用木浆纸 1.8 万吨。公司从日本引进国际先进的铜箔生产设备和生产工艺，配套国内先进的覆铜板生产设备、回流线设备及检测设备，工艺技术水平先进，设备自动化程度高，清洁生产水平居世界前列，大幅降低人员劳动强度和各项物料消耗。采用溶铜、生箔和表面处理新技术，以及多层复合钛阴极辊、DSA 阳极等关键进口设备，生产的铜箔具有良好的抗高温氧化性能和高抗剥离性能，特别在多层线路板印制过程中，具有优良的抗铜扩散性能。生产的铜箔全部达到欧盟“关于在电气电子设备中限制使用某些有害物质（R0HS）指令”标准，覆铜板达到欧盟环保标准。2017 年公司实现产值 62024.5 万元，比上年增长 12.17%，上缴税款 4670.86 万元，比上年增长 503%。

信　息　产　业

【信息基础设施建设】　2017 年，梅江区按照《梅州市信息基础设施三年建设（2015—2017 年）实施方案》要求，全年新增光纤入户数、新增光纤行政村、公众移动基站建设均按实施方案完成。其中新增光纤接入用户22777户，新增光纤入户行政村0（2016年梅江区实现村村通光纤），公众移动通信基站764座。全区范围4G网络全覆盖，新建小区光纤入户100%，完成旧小区光纤入户改造99.9%，城区宽带接入能力20—100兆，企事业、行政单位接入能力100—500兆；全区行政村通光纤网络，乡镇、农村宽带接入能力基本在4—20兆。

【超高速无线局域网基站建设】 2017年，梅江区认真贯彻落实省有关原中央苏区农村超高速无线局域网应用试点建设工作要求，全年全区完成无线超高速局域网基站建设和应用80个。

【推进农村信息化建设】 2017年梅江区10个贫困村开通光纤网络和安装4K电视。全区有4个行政村被确定为电信普遍服务试点村，由移动公司对行政村进行宽带升级，行政村宽带接入能力提高至50兆以上。2017年梅江区农村信息化先导村建设项目以城北镇岭上村、长沙镇下罗村为试点，年末，完成两个村双向网络改造和定制化视讯终端配置和安装，为498户家庭安装终端定制化视讯，并安装高清视频监控，实现辖区治安监控管理。

【企业综合情况数据采集】 根据《关于开展2017年全市企业情况综合数据采集工作的通知》要求，2017年梅江区企业数据采集任务数1025家（其中制造业479家），完成采集数1279家（其中制造业479家），通过省级审核1263家。

（李惠娣）

2017年区经济和信息化局领导名录

局　　长：邓慧东
系统党委书记：陈振江
系统党委副书记：杨宇虹（女）
主任科员：黄庆威
副局长：陈　璋　熊绮燕（女）　王敬辉

梅江区举办农村超高速无线局域网应用培训班

二轻联社

【简述】 2017年，梅江区二轻集体企业联社认真贯彻落实中共十八届五中、六中、七中全会精神和中共十九大精神，学习习近平总书记对广东工作重要批示精神，深刻领会习近平新时代中国特色社会主义思想的精神实质，紧紧围绕区委、区政府的中心工作，认真履行“指导、协调、监督、服务”管理职能，结合实际，做好联社各项工作。

【信访维稳】 联社干部职工牢固树立全心全意为人民服务的思想，面对二轻系统转制企业多、职工多、历史遗留困难和问题多的实际，逐一梳理，做好各项工作。一是军转干部信访维稳工作。把解决军转干部实际困难问题放在首位，主要领导亲自负责，经常与军转干部电话沟通联系，了解军转干部的新动态，尽力帮助解决军转干部日常生产、生活中遇到的实际困难和问题，让军转干部感受到党和政府的关心，自觉维护党和人民的利益，维护社会的和谐稳定。二是坚持“以人为本、依法依规”的原则，积极为转制企业职工解决历史遗留问题，切实把转制企业职工的矛盾和问题化解在基层，2017年，妥善处理解决转制企业职工的各类历史遗留问题68宗。同时，坚持在工作中做到区二轻联社能解决的问题及时帮助解决，解决不了的问题，积极与有关部门沟通联系，协助解决，确保职工合法权益落到实处，切实维护社会和谐稳定。2017 年，梅江区二轻系统无信访上访事件发生。

【资产管理】 区二轻联社领导高度重视国有资产管理，指定专人负责，落实责任。一是抓好未移交国有资产部门的资产安全维护工作。由于转制企业资产（原梅州电器厂、梅州针织厂厂房）破败不堪，且地处老城居民密集区，街道狭小交通不便，存在较大的安全隐患，区二轻联社分管领导和专职管理人员进行经常性的安全检查，发现问题及时整改，确保资产及周边群众的安全。二是协助区财政国有资产部门做好移交后资产管理工作。对移交后的资产，积极协助区财政国有资产部门在管理过程中遇到资产安全、产权纠纷等实际困难和问题，积极协助解决，确保国有资产安全不流失。

【党风廉政建设】 认真贯彻落实从严治党和党风廉政建设责任制，切实把党风廉政建设落到实处。一是成立由联社主要领导为组长的从严治党和落实党风廉政建设领导小组，实行“一岗双责”。二是党风廉政建设落实到各个股室，并与各股室签订党风廉政建设责任书，强化服务意识，做到廉洁从政，坚决克服门难进、脸难看、事难办的现象，杜绝吃、拿、卡、要等问题。三是领导班子成员严格要求自己，自觉遵守中央、省、市、区关于领导干部廉洁从政的有关规定，自觉遵守各项规章制度。四是组织干部职工认真学习中央、省、市、区有关文件精神，学习有关法律、法规知识，学习《中国共产党廉洁自律准则》《中国共产党纪律处分条例》，通过学习，筑牢全体党员干部的思想防线。五是健全领导班子民主生活会制度，强化民主集中制原则，凡涉及重大事项、重大决策必须通过领导班子集体研究讨论决定。

【服务区委、区政府中心工作】 一是抓好挂钩联系村工作，分管领导经常到挂钩村沟通联系，帮助解决实际困难和问题；二是积极响应区委、区政府的号召，发动联社机关干部职工为梅江区扶贫济困和植树造林捐款；三是做好联社离退休老干部工作，关心慰问老干部的生、老、病、死，让离退休老干部感受到组织的温暖；四是努力完成区委、区政府及各级各部门交办的各项工作任务。 （叶庆英）

2017 年区二轻联社领导名录

主　任： 黄勇平（任至3月）

副主任： 叶庆英　梁洁琼（女）

商　业

商　务

【简述】　2017年，梅江区商务局紧紧围绕商务各项主要任务目标，不忘初心、牢记使命，锐意进取、苦干实干，全年完成外贸进出口总额167350万元人民币，合同利用外资6371万美元，实际利用外资206万美元，社会消费品零售总额109.33亿元人民币。有力推动振兴梅江发展，共创诗画梅江。

【内贸市场展现新气象】　一是鼓励企业聚集发展凝聚合力，初步形成环城路商贸物流板块、江边路电子商务板块、凌风东西路客家特色产品板块。二是加大社会资金新建标准化菜市场扶持力度，满足居民的需求，促进居民生活消费。三是积极开展商贸物流供给侧改革，鼓励企业冷链物流升级改造，支持企业建设食品溯源系统，2017年拨付扶持资金260万元。四是支持万达、客都汇等大型综合体举办周年庆、节日庆等大型促销活动，鼓励举办汽车、服饰、花卉展销会，吸引周边县、区消费。

【吸引外资取得新成效】　2017年涉外经贸交流活动中，积极宣传梅江区优良营商环境，取得外商信任，鼓励外商到梅江区投资兴业。一是落实外商投资管理体制改革，积极做好外商投资企业设立及变更事项由审批改为备案管理，提高外商投资便利化程度。二是继续放宽外资准入，充分发挥梅江区地处中心城区优势，鼓励外资到梅江区设立贸易类企业，提高梅江区进出口水平。三是创新外资监管服务方式，加强事中事后监管，积极做好服务企业工作，鼓励企业尽快出资。

【外贸呈现新常态】　一是加大支持服务企业工作力度，着力解决企业实际困难，深入开展“暖企”活动，树立企业止跌回稳信心。二是区领导亲自带队组织企业到珠三角、长三角、香港、澳门、台湾等地开展经贸交流，鼓励企业转型升级，积极开拓国内市场。三是加强外贸运行监测和调研，及时掌握异常情况，深入企业走访调研，为企业分析市场动态，为企业发展出谋献策。

【电商产业新突破】　经过多年对电商产业的大力培育，梅江区电商产业逐步发展壮大，主要有中梅电商、启赢电商等一批带动力强、辐射范围大的电商企业。中梅电子商务孵化港有限公司被认定为梅州市首批科技企业孵化器，是国家级科技企业孵化器培育单位、广东省众创空间试点单位。启赢公司“村之翼”农电商项目，荣获2017年广东“众创杯”创业创新省级总决赛企业组金奖。指导中梅电子商务孵化港有限公司通过层层选拔正式运营淘宝“特色中国梅州馆”。　（李辉标）

2017年区商务局领导名录

局　长：邓伟民

副局长：钟晓波　杨秀斐（女）

供　销　联　社

【简述】　2017年，梅江区供销合作联社认真贯彻落实中央以及省、市、区关于深化供销社综合改革文件精神，以服务“三农”（农业、农村、农民）为宗旨，大力推进综合改革、基层组织建设和农业社会化服务体系建设，坚持为农服务和加快发展两手抓，较好地完成全年工作目标任务，各项工作取得新成效。全年全系统实现商品购销总额6.13亿元，比上年增长6.2％，其中商品购进总额3.05亿元，比上年增长6.0％；商品销售总额3.07亿元，比上年增长6.4％。

【探索改革发展新路径】 着力打造综合改革的“梅江模式”，积极探索改革新路子，推进3个改造项目：城北供销社八一大道门市改造建成梅江区“农电商＋旅游”展示中心；日杂公司东门塘日杂楼建成集门市和写字楼于一体的“梅江供销”大楼；东郊供销社沿江路东郊办公楼建成集商业、住宿于一体的“公寓楼”。推动资源优化聚集，搭建投融资平台，2017年7月，成立梅州市梅江区合众创业投资有限公司，公司主要负责搭建社有资产经营、社有资本投资等社有资本投融资平台。

【创办农民专业合作社，发展农业特色产业】 发展合作经济组织，培育新型农业经营主体，2017年领办梅州市华鼎新维辣木农民专业合作社，全区供销社系统累计领办创办农民专业合作社60家，其中国家级示范社1家，省级示范社21家，市级示范社24家，累计带动农户5533户。强化为农服务，培养新型农民，联合广东天禾农资梅州公司在西阳镇举办“梅江区西阳镇高山茶种植加工技术培训会”，推动梅江区农业特色产业的健康发展。同时，加强基层社、社有企业的业务指导，强化“三农”服务。

【确保安全生产，维护社会稳定】 区供销联社安全生产领导小组定期召开安全生产工作会议，重要节假日组织人员对基层社、下属公司经营门店、仓库进行检查，及时排除安全隐患，确保安全生产。2017年，区供销联社筹资30多万元，对基层社、联社企业的危房进行修缮，除险加固，在消除安全隐患的同时，确保资产增值保值。对涉稳问题，严格按照区委、区政府要求，以人为本、维护社员职工合法权益，积极做好化解工作，把问题解决在萌芽状态，努力维护大局的稳定，全年实现零上访、零事故。

【党风廉政建设】 区供销联社党支部精心组织、周密安排，扎实推进“两学一做”学习教育，提高党员干部政治素质和理论水平，党性得到全面加强。开展纪律教育学习月活动和“转作风比奉献树形象”主题活动，进一步推进供销合作事业的改革发展，维护供销系统安定团结提供政治和纪律保证。抓好监事会工作，加强财务、审计监督和社有资产监管，提高经营管理水平。发挥工青妇和老干部作用，积极组织参与机关的各项活动，丰富职工文化生活，增强机关干部职工的凝聚力。 （陈 湘）

2017年区供销联社领导名录

主 任：曾千雄

副主任：陈 琳

招 商 引 资

【简述】 2017年，梅江区招商引资工作领导小组办公室紧紧围绕招商引资任务目标，强化项目意识、服务意识、创新意识，整合招商资源，拓展招商渠道，改进招商方式，细化招商服务，梅江区招商引资工作再上新台阶。2017年上报梅州市签约项目11个，计划总投资额184.3亿元，实际投资额46.25亿元；区招商绩效管理项目15个，计划总投资额223.6亿元，实际投资额49.38亿元。引进保利人居文旅等10亿元以上项目6个，计划投资总额183亿元。第五届世界客商大会期间签约、动工、竣工项目计划投资总额480亿元。

【责任落实，沟通协调】 一是明确责任落实。把招商引资责任和任务层层分解落实到区党政领导、各招商责任单位，做到人人有指标、人人有动力。招商责任单位主要领导切实履行“第一责任人、第一实践人、第一推进人”责任，带头招商，带头洽谈推进项目，带头完成招商引资任务，切实增强招商引资工作的自觉性和主动性。二是主动沟通协调。加强与市招商局、嘉应新区管委会以及各对应上级部门的沟通协调，主动参与招商活动，加强双方的支持和配合，争取项目落地投资。三是拓宽信息渠道。及时掌握了解国土、环保、征地中心等各部门的相关政策及动态信息，发挥重点招商引资项目联席会议制度的联动作用，掌握动态，解决问题，精准招商。

【有特色、有效率招商】　梅江区在招商实践中不断总结和完善有效的经验，走出一条有特色、有效率的招商新路。一是“走出去”招商。2017年，区主要领导亲自带队赴珠三角、长三角、香港、澳门、台湾等地外出招商14次，拜访商会及重要企业80家次，获得大量招商信息。二是“请进来”招商。区招商办积极利用现有的客户资源，不断加强与客商联络、沟通，全年共邀请35批次有投资意向的客商来梅江区考察，收集有价值的项目信息，充实项目库资源，不少项目已顺利落户。三是“以商引商”。结合区委八届五次全会，坚持“三城联动”（结合东升园区、江南新城、江北古城现有基础，按照功能定位和发展方向，统筹全区资源要素在全城范围推动发展创新创业智城、建设生态宜居新城、擦亮历史文化名城），发展“三大板块经济”（“医康养”板块、商贸物流板块、农旅板块）的工作部署，积极开展“暖企”活动，推行梅江区党政领导和区直机关干部挂点服务企业制度，进一步营造浓厚的崇商重企，关心、支持实体经济发展的社会氛围；了解企业自身发展需求，搭建沟通桥梁，以商引商，以企引商。四是“产业链招商”。结合江南新城现有产业特点，招商选资过程有重点、有针对性地开展，首次引资大型央企保利地产落户梅州，引进广州佳都集团大数据中心等，为梅江区宜居环境和智慧型城市的发展，取得较明显的成效。同时，区政府把招商经费纳入财政预算，确保各责任单位招商有经费保障。

【加强对外合作交流】　以各种媒介为依托，选取资源优势、产业特色、环境优势、领导魅力等视角，加强招商宣传力度和对外交流。改版全新的项目册，结合主办或参加各项招商活动，制作《诗画梅江》招商指南，采取立体式的宣传形式，进一步提升梅江区招商知名度和影响力。充分发挥第五届世界客商大会的影响力，举行专场招商推介和项目签约活动，大会期间，梅江区签约合同项目10个，计划投资344.95亿元；动工项目7个，计划投资120.8亿元；竣工项目4个，计划投资13.31亿元。依托梅州跨境电商孵化园等企业平台开展招商推介，通过商会、协会的带动作用，以商引商，加大招商宣传力度，与珠三角等地的客商共同筹划新项目。

（潘　适）

2017年区招商办领导名录

主　任：邓伟民

副主任：杨秀斐（女）

交通·旅游业

交 通 运 输

【简述】 2017年，梅江区交通运输局紧紧围绕区委、区政府提出建设“诗画梅江、文明客都”的工作部署和发展思路，深入学习贯彻落实中共十九大精神，重点推进“综合交通、平安交通、智慧交通和绿色交通”体系建设，全面加快优化交通路网，推进重点项目建设，全力打好打赢交通建设大会战，确保交通运输各项工作持续、稳定发展，为逐步把梅江区建设成为粤东沿海向内陆腹地拓展的桥头堡、交通枢纽、门户城市做出积极贡献。全年完成交通基础设施建设投资约5800万元，实施建设和改造项目76个；查处各类交通违法案件306宗，比上年增长34%，罚款金额30.02万元；全年完成旅客周转量56976万人千米，比上年增长6.5%；货物周转量389510万吨千米，比上年增长8.1%。

【农村公路建设】 *新农村新公路新建设取得新进展* 2017年，大力推进新农村公路建设，全年完成农村公路15条17.033千米，总投资1229.499万元的计划任务；完成计划外30公里，总投资1350万元的农村公路建设，2017年继续推进计划外的9公里农村公路建设。实施未通客车行政村公路路面扩宽改造工程，努力实现村村通客运的整体目标任务，完成省委、省政府提出2019年年底前所有行政村客运通达率100%的目标任务，2017年完成计划的7个行政村5条农村公路约40公里窄路基路面拓宽建设任务。

创新养护措施，保障加固工程 2017年，投资约1711万元县乡公路安全生命防护工程14条在建路线共94.879千米，完成7条线路共39.84公里安全生命防护工程建设，其余线路共55.04公里安全生命防护工程建设紧密推进。有序推进县乡公路损毁路面改造工程，全年共投入820多万元，主要对Y298秀竹至清凉段、Y419上黄竹塘至高观音段、Y139线大坑至清凉段、Y357线龙坑至秀村段和X956线井头至梅长桥段等路段进行路面损毁修复和升级改造工程。

扶贫村道建设，落实精准扶贫 2017年，共投入40万元资金，帮助挂点村（西阳镇莆田村、移民新村、阁公岭村）公共服务平台和党员会议室、阁公岭村道路安全防护栏、移民新村居家养老活动中心、莆田村西阳小学分流、预制厂至庵窝里共800多米的水泥硬底化道路等建设工程。

【加大行政执法力度】 *积极开展专项行动* 区交通运输局把治理公路车辆超限超载行动为2017年工作重点。抓好源头治理，坚持联合治超常态化制度化并举，多管齐下联合执法，全年共查处超限超载案件110宗，强制卸载货物1955.15吨。同时，加快推进治超站场建设，加强与各市、县（区）交通局联系，推广治超非现场执法，全面提高执法效能。以打击“成品油”非法运输和非法营运“黑车”为抓手，推进执法工作全面铺开。严厉打击蓝牌车非法营运和客运车辆违规经营行为，不断完善巩固客运市场经营秩序，全年共出动专项行动执法人员168人次，查处“非法成品油”案件11宗，查获非法改装加油车和非法运输油罐车13辆，没收不合格柴油60.32吨；查处非法营运27宗，查处各类违规车辆143宗，罚款金额17.83万元。积极开展水路、公路路政隐患排查和违法违规整治。针对水路运输安全隐患问题，全年查获水路违法案件9宗；加强与公路管理部门和各镇（街道）的沟通协调，重点抓好国道、省道两侧违法广告标牌设施和违法建筑物、构筑物的清拆工作，全年查处路政案件6宗，有效保护路产路权。

围绕中心，服务大局　积极做好“春运”“香港回归二十周年”“中共十九大”“客商大会”等特殊时期道路交通秩序的安全维稳工作，以保障人民群众利益为出发点，不断推动道路运输市场秩序平稳发展，圆满完成“特别防护期”维稳安全的各项工作任务。多举措助力“创文”工作，投入专项资金20多万元，在汽车客运站场等相关领域开展创文宣传，在出租车及长途车等移动载体张贴创文宣传标语和海报，在汽车客运站等公共场所张挂横幅13幅、设置公益广告牌26个、创文宣传栏3个。同时积极配合工商、交警等部门，协助开展打私、打假专项行动，净化交通运输市场环境。

【加强运输市场管理】　抓行业审批监管，提高服务水平　严把市场准入关，规范开展行政许可工作，推进一门式一网式政府服务模式改革。抓好服务窗口管理，以“规范、便民、高效、廉洁”为宗旨，实现“一个窗口受理、一条龙服务、一站式办结”，提高服务质量和办事效率。2017年共许可汽车、摩托维修（含到期换证）企业97家，许可客运更新达标车辆27辆，货运开业许可245宗，完成辖区内审验换证客运车辆209辆、出租车辆249辆、危险品货运车辆182辆和普通货运车辆3060辆。

抓好运输市场管理　抓好客货运市场管理，严格各项制度规定的落实，协助客运站场圆满完成春运等重大节日的客运任务，确保运输安全、有序、畅通。抓好出租汽车行业综合治理，加强行业管理，强化监管、优化服务，引导出租汽车行业健康可持续发展，并稳妥处理出租车司机诉访事件。抓好维修市场管理，规范维修市场行为，建立布局合理、规范有序、服务优质的机动车维修服务保障体系。抓好驾培市场管理，联合公安交警等部门，对辖区8家驾培企业进行整治，规范驾培收费、培训措施。2017年完成客运企业8家、出租汽车企业2家、危货企业5家、驾培机构8家和二类以上机动车维修企业8家的道路运输企业诚信评价工作。

【队伍建设】　深入开展学习中共十九大精神，不断提高队伍思想政治素养和综合素质能力，紧密结合党中央“不忘初心、牢记使命”主题教育，开展多形式、分层次、全覆盖的全员培训，组织全体党员认真学习中共十九大精神。全面提高执法水平，着重从执法人员自身素质和法制意识入手，开展多形式、多层次的学习教育培训活动，定期组织执法人员进行业务知识考试。注重专业技术和政策业务学习，强化队伍建设，组织人员参加公路安全生命防护工程实施技术、上海同济大学综合交通等一系列专业技术培训，提高队伍工作技能和业务水平。加强廉洁执法教育和机关作风建设，营造风清气正的良好政治生态，坚持开展思想政治教育，抓好作风建设，组织全局干部职工学习“转作风、比奉献、树形象”主题活动，在思想上保持与党中央一致；加强反腐倡廉建设，组织收看反腐倡廉纪录片，认真贯彻中央八项规定要求，增强政治辨别力和政治敏锐性，进一步提高干部职工爱岗敬业、廉洁勤政、勇于奉献的意识，树立正确的世界观和人生观。（陈嘉豪）

2017年区交通运输局领导名录

局　长：孙伟华

副局长：黎志勇　黄文辉

综合行政执法局局长：温建雄

旅　游　业

【简述】　2017年，梅江区旅游局紧紧围绕区委、区政府加快推进梅江韩江绿色健康文化旅游产业带建设和创建“国家旅游休闲示范城市”“广东省全域旅游示范区”的部署，推动全区旅游产业提质增效升级，旅游业发展迸发新活力。全年全区接待游客1350.5万人次，比上年增长14.8%；旅游总收入100.36亿元，比上年增长13.1%。

【旅游产业规模】 2017年，梅江区共有国家AAAA级景区1家、国家AAA级景区2家，星级旅游饭店8家（其中五星级饭店2家、四星级饭店1家、三星级饭店5家），旅行社22家、旅行社服务网点（门市部）近40间，旅游汽车公司3家，游船公司1家，持证导游400多人。旅游产业规模、旅游资源和旅游接待服务水平进一步提升。

【重点项目】 2017年，完成客天下旅游观光项目投资9000万元，按照国家AAAAA标准重新规划建设游客服务中心，新建爱缘海、天赐阁等新景区、景点，打造圣山小筑高端客栈，实现景区整体区域提档升级。2017年，该项目为粤东地区投资最大的旅游项目，获国家旅游局颁发“中国旅游业杰出贡献奖”（又称“飞马奖”），为旅游项目最高奖项。创建国家旅游度假区工作，完成省级申报，争取达到省级目标。城北休闲农业观光区努力擦亮“全省农业与乡村旅游示范镇”品牌，形成农旅融合发展新格局，2017年完成投资6000万元，其中樱花谷完成首期30多亩林相改造，铁皮石斛现代农业“五位一体”（融合设施、农艺、科技、质量安全与经营主体一体化）示范基地完成道路基础设施建设。玉水湖生态农业产业园完成土地集约1000多亩，玉水村道改造工程完成立项，省级种植业规模化育苗项目完成土地平整。2017年客家文化产业基地完成投资1.7亿元，建成东山谷美术馆、东山谷展示中心，一期嘉应歌剧院等项目。中山街—仲元路美食一条街建设进展顺利，完成泰康路沿街外立面改造工程、油罗街至中山路修缮保护提升工程。梅江区扎田河（干才）治理工程按年度目标全面完工；鲤溪万山美丽乡村旅游示范区建成3000多亩“华南珍贵树木现代化种植示范基地”，大力发展辣木特色种植，“客家传统农具陈列馆”建成开放。

西阳“云水谣”景点

【产业融合】 新增所染文化产业园、金山文化创意园等文旅融合项目和漫心谷、鸣秀谷、城北石斛基地等农旅融合项目，积极打造金山街道“森林小镇”、东山健康小镇、客天下特色小镇、西阳风眠艺术小镇、客家大观园—“非遗”小镇、时光梅州文旅小镇等特色小镇、旅游小镇项目。客商大会期间，省委书记李希到客天下调研，对客天下特色小镇示范项目给予充分肯定，并指出对好模式、好经验要及时总结推广。2017年，东山健康小镇被列入广东省30个特色小镇创建工作示范点名单，金山街道被认定为首批“广东省森林小镇”。2017年，第五届世界客商大会成功签约保利人居文旅项目、铁汉·客天下足球小镇、江南新城桂芳楼片区古民居活化开发等文化旅游项目，计划投资总额200多亿元。棕榈体育休闲生态小镇、梅州市西阳镇林风眠艺术特色小镇等一批文化旅游意向项目，计划投资总额约100亿元。同时，长沙千叶湾项目列入广东省旅游投融资项目库。

客天下景区

【乡村旅游】 2017年，积极打造城北镇、西阳镇2个旅游特色镇，新联、太平、扎上、鲤溪4个旅游特色村。城北镇围绕现代农业休闲观光区建设，依托区域内花卉、果蔬种植基地以及樱花谷、玉水古村落等特色旅游资源，大力发展观光休闲农业和生态旅游，积极引导高端果品种植、有机农品配送、传统农业体验、中医药保健、现代养生养老与旅游休闲融合发展，积极整合特色农业旅游资源，将兰花基地、石斛养生馆、南药观光园和樱花谷等串珠成链，打造休闲农业与乡村旅游精品线路，提升“全省休闲农业与乡村旅游示范镇”品牌。西阳镇将旅游产业与“精致高效农业、生态文明建设、新型城镇化建设、美丽乡村建设”紧密结合，谋划旅游发展新格局；完成白宫片、万山片和双黄、直坑、新联、太平、鲤溪等10村美丽乡村旅游发展规划，以规划引领推进“旅游强镇”“旅游强村”和白宫河美丽乡村旅游示范带建设；以建设风眠艺术小镇为全镇旅游发展定位，高标准规划打造“一环一心一路一带”；以梅江河西阳段和白宫河为重点，打造风眠文化长廊，整合沿线景点，增加旅游元素，打造生态文化旅游专线；新联村启动国家AAA级乡村旅游景区创建工作，大力实施乡村旅游“八小工程”(旅游厕所、购物商店、停车场、医疗站、垃圾站、旅游标识标牌、A级景区、旅游咨询服务中心)；新联村、太平村游客咨询中心挂牌启用，生态停车场、旅游厕所、旅游休闲驿站和人文公园等项目建设有序推进，漫心谷、鸣秀谷等乡村旅游新亮点建成；黄坑田园综合体以生态、农业为基础，以打造十里梅花长廊为重点，开发农业、文旅、居住三大板块，实现生态与生活协调发展新模式，首期试点部分初具规模。2017年樱花谷、阿鲤廊成功举办“触摸春天，体验农耕”、樱花节、万国南瓜节等活动，吸引众多游客。同时，以乡村旅游促进美丽乡村、精准扶贫等工作。

【城市旅游】 围绕旅游要素，强化城市休闲服务功能，打造滨江文化娱乐区。加快推进东山谷文化孵化区、千佛塔宗教文化景区扩建、芹洋半岛湿地公园等建设，形成东山教育基地梅江休闲娱乐岸线。整合文脉资源，斥资逾亿元，打造集环境整治、河道景观提升、文化休闲设施、历史精神展现建设于一体的梅州梅花主题综合景观带周溪——十里梅花长廊。推出客天下东街美食街、云卷书咖啡吧等夜间休闲项目，打造大型实景演出《天下客家》，每周三至周日晚上演出，丰富市民和游客夜间文化娱乐活动。打造凌风东西路特色休闲街区，完成泰康路沿街外立面改造、油罗街至中山路修缮保护提升工程。

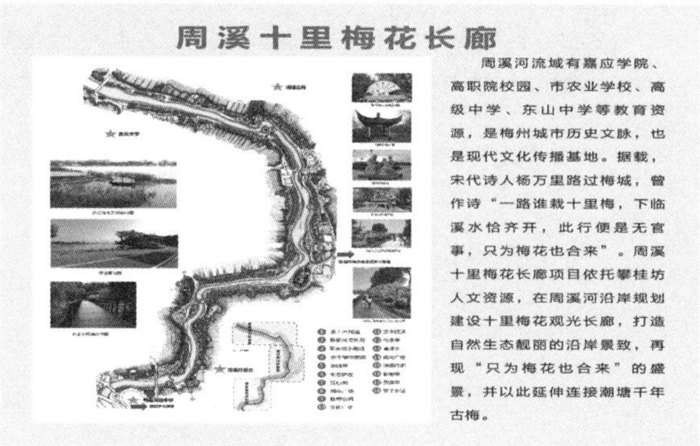

周溪十里梅花长廊

【旅游配套建设】 一是完善旅游标识标牌体系和公共旅游咨询体系。在梅水路、东山教育基地等主要旅游交通沿线建立旅游标识标牌和旅游导览图，建成剑英公园、泮坑公园、院士广场、游船码头共4个旅游咨询点，进一步增强梅江区旅游咨询效应。二是继续实施“厕所革命”。2017年新建、改扩建旅游厕所10座，新建第三卫生间3座，全年共争取省级旅游厕所专项补助资金55万元。三是借力梅江增城对口帮扶，争取对口帮扶资金20万元，用于樱花谷大型停车场建设。

【营销推介】 2017年，成功举办梅江区第三届客家风情文化旅游节，邀请国内50多家旅行社、各地媒体记者和自驾车游客等参加活动，并在新浪、南方、腾讯等主流媒体进行集中宣传，全方位提升“诗画梅江”旅游品牌形象。

（温巨巨）

2017年区旅游局领导名录

局 长：曾思敏（女）

副局长：梁增捷 丘春辉

客家博物馆景点

财税·金融

财　政

【简述】 2017年，梅江区财政局认真贯彻落实财政政策，积极支持创新驱动与供给侧结构性改革，促进经济社会持续健康发展，深入推进财政体制改革，狠抓预算执行管理，提升财政资金使用效能，全年公共财政预算收入7.31亿元，比上年增长4.0%。一般公共预算总收入21.05亿元，为加快梅江振兴发展提供有力的财政保障。

【一般公共预算】 2017年，区级一般公共预算收入加上税收返还8737万元，专款及一次性补助收入94277万元，上年结余7388万元，调入资金19896万元，动用预算稳定调节基金7100万元，收入总计210470万元；一般公共预算支出加上专项上解省支出5435万元，调出资金364万元，支出总计210470万元，全年一般公共预算执行收支平衡。

【政府性基金预算】 2017年，区级政府性基金收入总计183331万元，其中体彩公益金收入209万元、上级补助收入72752万元、债券转贷收入110000万元。全年调入资金364万元，上年结余6万元。政府性基金支出总计183331万元，其中社会保障和就业支出444万元、城乡社区支出110852万元、其他支出1556万元。结转下年使用70006万元，全年政府性基金预算执行收支平衡。

【支持供给侧改革和创新驱动】 一是支持实体经济发展。积极争取上级技改奖补、高新技术企业培育、科技企业孵化器奖励、创业创新平台建设和现代服务业发展资金4668万元，促进产业优化升级。2017年筹集拨付200万元，落实精致高效农业发展奖励政策。全年筹集拨付910万元，对3家“新三板”挂牌新上市企业、3家首次认定高新技术企业和10家首次达到规模以上工业企业给予奖励。引导企业加大科技研发经费投入，全年区财政和企业共投入1.05亿元，加快创新驱动发展。二是降低企业税费负担。进一步清理、规范涉企经营服务性收费，严格执行涉企收费目录清单管理，全面实施营改增、落实经营服务性收费减负、各项惠企减税及研发费用加计扣除政策，切实减轻企业负担，激发企业活力。三是服务重点项目和园区建设。积极拓宽筹资渠道，推进城乡人居环境综合整治，加快黄坑水库田园综合体、中山街历史街区改造和周溪河综合整治项目建设。配合做好市下达新增政府债券安排，推进市级重点项目建设和梅江区学校建设。规范政府与社会资本合作，推动水务3宗项目运用PPP建设，减轻政府的财政压力。2017年筹资500万元，支持招商引资，支持东升工业园区建设，加快产业集聚发展。

【抓好财税收入组织】 2017年，面对经济下行、政策性减收因素增多、重点税源增收乏力等诸多困难，坚持“量质并重、稳中求进”抓好收入。一是强化税收征管。完善综合治税平台，强化对重点行业、重点企业、重大项目纳税情况监控，对税负明显偏低的行业及纳税评估异常户进行重点清查，确保税源不流失；建立健全财税与有关部门和镇（街道）联动合作机制，及时掌握税源变化情况，研究落实有效措施，找准组织收入的切入点和突破口，大力挖掘新的税源、新的增长点。全年通过积极培育稳定税源，做好协税护税工作，加大收入调度，有力促进收入及时入库。二是规范非税管理。贯彻行政事业性收费项目停征、缓征、减征等政策，清理规范收费项目；推进财政票据电子化管理改革，完善“以票控收、以票促缴”的管理机制；加强经营性国有资产的运营和处置监管，实现国有资产保值增值；督促和指导各执收单位的非税收入缴解工作，严格执行“收支两条线”管理规定，确保各项收入应收尽收、及时入库。三是积极向上争取。加强对收入分析测算，加强与梅州市请示汇报，争取支持，提高梅江区财政保障水平。紧抓粤东西北和原中央苏区“两大振兴政策”，及时向上申报符合政策导向的发展项目，争取更多的上级财政扶持资金，全年争取各类补助收入10.30亿元，一般公共预算总收入扩大到21.05亿元，比上年增长9.21%。

【完善财政资金保障机制】 严格控制会议费、培训费、差旅费“三公”经费，严格执行“三公”经费等公务开支管理办法，确保一般性支出只减不增。建立盘活财政存量资金长效机制，对财政存量资金进一步梳理清查，分项目、分年度、分资金性质统计分析存量资金情况，建立财政存量资金任务清单和时间表，对一般公共预算结余资金和连续两年未用完的结转资金，一律由财政收回统筹用于急需支出的重点领域和关键环节，严控结余结转资金规模。及时落实保障资金，提高财政拨款人员住房维修补贴标准及公积金缴存基数和比例。认真做好市城综局划转梅江区管理有关工作，确保划转后有效运转。加快民生资金支出进度，办好民生实事，2017年民生支出15.16亿元，比上年增长9%，占一般公共预算支出的74.06%（其中教育支出5.40亿元，比上年增长18.99%）。提高家庭经济困难学生生活费补助标准，加大对新建、扩建学校投入。2017年社保就业支出4.02亿元，比上年增长13.45%。提高城乡居民基础养老金标准，提高低保、孤儿、残疾人、特困人员供养补助标准，补贴参加技能晋升培训的劳动者。全年医疗卫生支出2.7亿元，推进城市公立医院综合改革，推进公共卫生服务示范镇（街道）建设，升级改造88间村卫生站，支持创建省级慢性病综合防控示范区。同时，累计投入3200万元，全面建成基层公共服务平台。拨付1257万元，推进贫困村扶贫攻坚工作和新农村示范村建设。

【提高财政监管水平】 开展零基预算、支出经济分类科目改革，精编细编预算，确保民生、重点支出需要。开展2018—2020年区级部门中期财政规划编制工作，建立跨年度预算平衡机制。完成2016年政府部门财务报告编制试点工作，探索试编全区权责发生制政府综合财务报告合并报表，推进政府会计改革。建立财政库款目标余额管理制度，加强预算执行动态监控机制建设，推进国库管理改革。启动人大在线联网监督系统建设，按时依规对财政预算和执行情况、预算单位预决算和“三公”经费情况进行网上公开，提高预算透明度。开展专项资金支出绩效评价，对村级建设、环境治理等项目支出进行分析评价，确保专项资金有效使用。规范政府性债务管理，建立债务风险评估、预警、应急处置和问责机制，管好用好债券资金，稳妥化解存量债务，确保债务规模保持在债务限额以下。全面推动集中采购电子化交易，推广实行网上竞价、电商直购、定点采购等采购模式，提高采购效率，开展代理机构专项检查工作，规范采购行为，2017年完成政府采购金额6038万元，节约资金180万元。加强农村集体“三资”和财务监管，开展整治潜入地下公款吃喝工作，维护财经秩序。加强政府投资项目资金预算、竣工决算评审，提高财政投资使用效益，全年完成工程审核项目146宗，工程造价4.91亿元，核减金额6990万元，核减率14.25%。

（张远斌）

2017年区财政局领导名录

局党组书记、局长：梁　旅
系统党委书记：翁学勤
副　局　长：李奋达
蔡雪花（任至3月）
李国浩　梁永锐（9月任）
系统党委副书记：叶　俊
主　任　科　员：黄立明　孙　蔚

国　　税

【简述】　2017年，梅江区国家税务局在区委、区政府正确领导下，全局干部职工艰苦努力下，全局各项工作顺利开展，基本落实年初提出的各项工作目标。

【税收收入】　坚持组织收入为中心，确保提高税收质量。2017年共组织税收收入11.96亿元，比上年增收3.35亿元，增长38.9%；完成区级收入2.92亿元，比上年增收8031万元，增长38.0%；收入规模实现跨越式平稳发展。

【税收征管】　加强税收征管，促进国地税合作工作。着力建设六大体系，统筹推进各项工作，进一步提升治理能力和管理水平。促进服务深度融合，与地税局加强商讨合作事宜。同时，推进征收管理规范化和信息化，全面落实征管规范和出口退税规范，巩固和扩大“三证合一、一照一码”（将企业依次申请的工商营业执照、组织机构代码证和税务登记证三证合一；通过一口受理、并联审理、信息共享、结果互认，实现由一个部门核发加载统一社会信用代码的营业执照）改革成果。此外，舆情、保密、信访和信息网络安全管理扎实有序，圆满完成各个重要时期的安全维稳工作。

梅江区国税局、地税局联合举办企业所得税汇算清缴业务辅导现场

【队伍建设】　全面提升队伍素质，推动税收事业健康发展。通过加强教育培训，提升教育培训工作科学化、制度化、规范化水平。同时，强化行为文化约束激励作用，着重做好修订完善及落实等工作，不断提高干部职工遵章守纪的自觉性。此外，继续深入营造和谐物态文化氛围，发挥文化载体营造氛围、凝聚力量、传播精神、激发热情、塑造形象的功能作用，促进梅江国税“水文化”得以广泛传播。

【廉政建设】　确保梅江国税事业健康、科学发展，认真贯彻落实中央八项规定，反对“四风”；履行“一岗双责”，党廉工作层层“有人抓，有人管，有落实”；强化重点监督，着力推进“两权”（税收执法权、行政管理权）运行依法规范。

（何达凤）

2017年区国税局领导名录

局　　长：张　克
副　局　长：谢统兵　叶维政　吴国华
吴海鸿
纪检组组长：梁伟平

地　　税

【简述】　2017 年，梅江区地方税务局以中共十八届六中全会、中共十九大精神和习近平总书记系列重要讲话精神为指引，围绕“夯实基础年”工作部署，坚持以“抓收入、促改革、优服务、严执法”为主线，突出法治思维，注重地税事业发展质量和效益，各项工作扎实推进，构建地方税费征管新格局，推进法治税务建设和队伍建设，梅江地税再创辉煌。

【税费收入】　2017 年，区地税局累计组织税费收入 40.62 亿元，其中税收收入 20.86 亿元，全面完成预期目标；社保费及其他规费收入 19.76 亿元,比上年增收 1.05 亿元,增长 5.61%。

【税费征管】　坚决落实预算法治要求，严格遵守组织收入原则，依法组织税费征收管理。一是抓好税源摸底调查。全盘分析经济运行与地方税源走势，提高收入预测准确率。二是规范税种管理。完成年所得 12 万元以上个人所得税自行申报工作，个人所得税全员全额扣缴明细申报工作，以及企业所得税汇算清缴任务。三是提升涉税数据应用水平。完善房地产税收一体化管理系统，落实梅江区涉税信息交换与共享机制，加强征管档案电子化。四是进一步加强税源风险监控。开展房土两税清查工作，对辖区内所有企业纳税人自有或承租的房产、土地进行专项清理，2017 年查补房土两税 36.35 万元；做好国税地税数据比对专项评估，对 1644 户纳税人 2016 年 1 月至 2017 年 6 月缴交的地方税费纳税情况进行评估，清缴增值税附征税费 58.43 万元。五是提升规费管理水平。坚持社保费与税“五同”（同征、同管、同查、同服务、同考核）管理机制，强化费源监控，抓好扩面征缴，加大欠费清缴力度，排查征缴风险，确保社保费和其他各项规费收入平稳增长；成功上线机关事业养老保险征收工作，完成 154 户机关事业单位养老保险 2017 年 9—11 月缴费工作，完成率 100%。2017 年，入库社保费 2767 万元。

【税制改革】　紧紧围绕省局、市局深化税制改革和征管体制改革的决策部署，顺应新时期地方税务工作要求，推动各项改革措施落实到位。一是有序推进夯实基础工作。对照省局、市局要求，梳理并制定包括 7 大类 67 项具体工作任务，重点解决征管基础不牢的问题。二是逐步明晰风险管理流程。组建房地产行业企业所得税风险管理工作团队，设置实体化、常态化运作税收风险管理工作领导小组办公室，构建节点清晰、分工明确、运行顺畅的全闭环风险管理模式，由区地税局大企业管理股负责自行识别开展税收风险管理，承接上级风险办推送的税收风险任务进行扎口统筹管理。三是国税地税合作有序推进。主动联合国税部门，将落实国税地税合作事项列入绩效考核和督查督办重点内容，每月定期联合采集、分析和上报；利用多种方式大力宣传国税地税合作进展情况和成效，2017 年《梅州日报》、梅州电视台等新闻媒体采用信息报道 3 篇，扩大宣传辐射面。四是抓好环保税开征准备工作。成立梅江区环保税开征专项工作组，全面统筹环境保护税开征各项准备工作；主动对接财政、环保部门，建立环保税开征协作机制，做好数据传递前期准备工作；把握受众“移动化”趋势，制作新媒体环保税宣传小视频在“广东地税”微信公众号头条推广发布，拓宽宣传辐射面。

【法治税务】　坚持依法治税，积极培养地税人员法治思维习惯和运用法治方式方法处理问题的能力，促进税收执法公平正义。一是扎实推进“三项制度”试点工作。区地税局为各分局及征管部门各配置 4 台执法仪，并在办税服务厅放置“三项制度”（行政执法公示制度、执法全过程记录制度、重大执法决定法制审核制度）意见箱，落实监督制度，自觉接受纳税人检查。

二是落实税收法制员制度。成立税收法制工作小组，负责统筹规划区地税局各类税收法制工作；健全建立法律顾问制度和兼职税收法制员队伍，审核把关税务行政行为，2017年经税收法制员审核并制发对外文书共2019份。三是涉税政务公开力度进一步增强。成立政务信息公开工作领导小组，明确组织协调、指导推进、监督检查本部门政务公开工作职责，主动对接政府信息公开相关部门，及时发布办税指南、机构设置、部门文件等各类信息，有序推动“五公开”（行政决策公开、执法公开、管理公开、服务公开与结果公开）和重点领域信息公开。四是执法督察工作稳步推进。通过组织业务骨干到分局开展集中执法督察，及时发现税收执法问题，完善管理制度。五是督察内审质效持续改进。积极提供内审资料，做好魏少波局长离任审计发现问题核对和整改工作，整改率97.77%；做好谢鸿飞局长离任审计发现问题的核对工作；梳理2015年度执法督察发现问题的整改情况，通过“回头看”，确认全部问题整改完毕。

【纳税服务】　以纳税人合理需求为出发点，全面落实纳税服务规范，认真开展“便民办税春风行动”，优化纳税服务措施，不断提升服务水平。一是认真落实纳税人满意度整改。做好电子税务局、微信办税等办税渠道的宣传推广，积极引导纳税人分流办税；配优配强前台征收员，提高窗口上座率；将前台档案归档、扫描等环节移到后台处理，提高整体办税效率，业务等候时间大为缩短。二是积极做好纳税信用评价工作。联合国税部门开展2016年度纳税信用评价，对符合条件的1838户纳税人资料进行收集、核查评议，共评定25家纳税人为A级纳税信用等次，258家纳税人为D级纳税信用等次；同时持续深化“银税互动”工作，将纳税信用情况与银行共享互认，拓宽小微企业融资渠道，助推守信企业发展。三是全面落实办税服务厅规范建设。区地税局为全市地税系统落实《广东地税办税服务厅规范》先行示范单位，顺利完成对办税大厅环境建设、视觉识别系统建设等项目升级改造，率先实现办税大厅外化环境和内化服务的双提升、双规范。四是认真做好税收宣传工作。围绕纳税人关注的热点难点，采取发放宣传资料、户外户内宣传栏展示、税法进校园、媒体宣传等方式及时传达纳税人应知应会事项，帮助纳税人了解自身的税收权利和义务，扩大税收工作的社会影响力。

2017年8月24日，梅江区地税局召开纳税人座谈会

【队伍建设】　坚持以人为本，不断拓宽干部成长管道和平台，完善干部队伍管理，营造浓厚的干事创业氛围。一是抓好选人用人。坚持党管干部原则，加强干部选拔、培养、使用工作，不断提高人岗契合度。2017年，选拔提任4名正股职干部，其中2名女干部。二是绩效管理持续改进。健全完善绩效管理制度体系，将重点工作任务列入绩效考核，建立“任务分解、重点督促、弥补短板、持续改进”抓落实工作闭环，严格绩效结果运用，促进部门工作效率和执行力进一步提升。三是推进分级分类培训。制订2017年度主体培训计划和各部门业务培训计划，开展各类特色教育和培训活动，推动“岗位大练兵、业务大比武”活动，2017年共举办17期覆盖面广、针对性强、实用性高的培训班，培训人员936人次。四是持续拓宽年轻干部成长和培养平台。组建区地税局微课制作小组、青年文明号创建小组、《梅江税苑》电子

刊物编辑部、土地增值税清算小组、6项减税政策专业团队等各类专业团队小组，充分发挥青年生力军的作用。五是积极组织健康有益的文体活动。组织干部职工参加“三八妇女节户外拓展”“不忘初心重走红军路”“金秋重阳登山”“职工羽毛球比赛”等户外活动，有效提升队伍活力，丰富干部职工的精神文化生活。

【党建工作】 围绕落实全面从严治党的主体责任和监督责任，进一步深化党风廉政建设和反腐败工作。一是落实全面从严治党两个责任。加强班子建设，严格落实“两个责任”（主体责任、监督责任)，促进党建工作和税收业务工作深度融合。二是深入推进基层党组织建设。做好全职能局实施后全体党员组织关系转接工作，促进支部工作规范化管理，以省局第二次系统督查为契机，加强对各党支部执行“三会一课”情况的指导检查，全面强化和规范系统党建工作，提升党务工作和党员管理的科学化、规范化、标准化水平。三是认真开展“转作风比奉献树形象”主题活动。把开展“转作风比奉献树形象”主题活动作为推进“两学一做”学习教育常态化制度化重要载体，通过在办税大厅设置“志愿服务站”“党员先锋模范岗”“文明服务岗”等形式，确保党员干部在各项工作中当先锋、做表率。四是积极开展融合式党建交流活动。以开展税企党建共建、国税地税党建共建等活动为契机，推进融合式党建工作，打造共建创新品牌。五是加强群团组织建设。通过成立工会、共青团、妇女小组，形成以党建带工建、带团建、带妇建的党群共建工作格局。六是狠抓作风建设。成立作风纪律工作督查小组，加强对作风纪律等制度检查，结合通报和谈话提醒等，严格责任追究和处罚；以申办“青年文明号”为契机，进一步改进工作作风，营造风清气正的氛围；坚持明察与暗访、日常督查与重点督查相结合的方式促进工作落实。

（徐 丹）

2017年9月29日，梅江区地税局牵手国税部门、农村信用合作联社举行“银税互动 助力小微”签约仪式

2017年区地税局领导名录

局　　长：谢鸿飞（任至6月）
　　　　　连丹强（6月任）
副 局 长：胡小庆（任至11月） 罗明锋
　　　　　黄　华　陈远槐　蓝　绽
纪检组组长：张苑芳
分局局长：陈志刚　黄秉忠　罗　毅

金　　融

【银行存贷款稳步增长】 2017年，梅江区金融业继续保持稳健发展良好势头。至年末，驻区金融机构存款余额214.49亿元，比上年末增长17.5%；各项贷款余额87.22亿元，比上年末增长27.1％，存贷比为41%。

【普惠金融“村村通”建设】 根据《2017年广东省普惠金融“村村通”建设实施方案》梅江区列为试点区。制定《梅江区普惠金融“村村通”建设实施方案》，依托人民银行梅州市中心支行征信中心建成区级综合征信中心；在全区行政村开展信用户、信用村评定工作，按“有机构、有人员、有制度、有场所、有运作”的要求，完善乡村金融服务站建设，实现行政村全覆盖；组织涉农银行机构优化乡村完善互助取款点建设，加强业务管理，优化服务功能。完善信贷风险分担机制，协助金融机构大力推广特色农业贷款，扩大涉农保险。通过建设“四个基本平台”（综合征信中心、信用村、乡村金融服务站、乡村互助取款点），积极推广惠农信贷、保险业务，农村基础金融服务得到提升，农民金融服务可获得性得到提高。2017 年，普惠金融“村村通”建设，顺利通过省级考核验收。

【银企服务管理】 认真贯彻落实金融支持实体经济政策，着力为小微企业和“三农”服务，充分利用政策性担保机构，缓解企业融资难问题，有效降低企业融资成本。客家融资担保公司通过低保费、免保证金的增信服务和合作银行优惠利率，为企业节约财务费用，减轻企业负担。2017 年年末，在保借款企业 23 户，担保余额 6910 万元。

【农信社改制】 2017 年，按梅州市政府工作要求，积极推进梅江区农信联社合并改制为市农商银行的工作，制订《梅江区农村信用合作联社合并改制工作方案》，筹资解决农信社政府捐赠资产问题，协助解决涉政不良贷款，抵债资产，固定资产权证等历史遗留问题，完善农商行准入监管指标，发展壮大地方金融实力，更好地服务农村、服务小微企业。2017 年合并改制工作通过省级监管部门初审，上报国家银监会审批。

【资本市场利用】 继续做好企业上市培育工作，推动进入多层次资本市场，鼓励中小企业通过资本市场拓宽融资渠道，落实企业扶持资金 400 万元，帮助企业获取市级的企业上市（挂牌）扶持资金 300 万元，支持“新三板”挂牌企业，降低企业挂牌上市成本。“风华环保”“冠锋科技”进入新三板创新层，为培育转向中小板或创业板市场，提高融资能力，打下良好基础。着力挖掘优秀企业，选定“天智实业”为 IPO 上市重点培育对象，联合证券机构，向企业提出规范管理等合理化建议，增强培育上市的信心。

【地方金融监管】 落实小贷公司农业信贷风险补偿金，引导企业加大对“三农”经济的信贷投放。进一步加强贷款风险监控，监督梅江区 2 家小额贷款公司依法依规办理业务，规范经营。

（林　雁）

2017 年区金融服务办公室领导名录

主　任：饶　锐

农行梅州城区支行

【简述】 2017 年，中国农业银行股份有限公司梅州城区支行继续围绕“党建”一个根本、“控险”一个重心、“存款和中收”二项基础工作方针，推动经营管理发展，年末实现本外币各项存款余额 503669 万元、本外币贷款余额 303118 万元、中间业务收入 3501 万元、拨备后利润 9032 万元。

【存款业务】 2017 年年末，各项存款余额 503669 万元、比年初增 40343 万元，其中，对公存款余额 94985 万元、比年初增 24764 万元，储蓄存款余额 310367 万元、比年初增 15783 万元。紧抓核心对公客户关系稳定维护，面对各家银行不断“抢挖”农行优质对公客户，加强服务走访，提高梅州市国土资源局、梅州市烟草公司、梅县东山中学、梅州市土地储备中心等大客户的忠诚度，提高资金在农行归集度，对公存款核心客户贡献度不断提升。加强扩户提质工程，积极抢挖各银行和入梅客户，全年先后拓展梅州市中心血站及工会账户、梅州市妇幼保健院基建账户、入驻梅州企业玖泰投资、汉嘉旅游投资等企业账户，2017 年对公账户 1676 户，比上年增加 183 户。深化“扩户提质”，夯实个人存款基础，加强客户分包和访客工作，对优质个人客户实行行领导、网点负责人、客户经理名单制止分级拓展维护，实现金卡客户大幅增长，全年贵宾客户 1676 户、比上年增加 919 户。做好贷款客户走访，提高信贷客户资金归行占比，拓展信贷客户上下游关系户，加强季节性行业资金归集拓展，保持个人存款稳步增长。

【信贷业务】　2017 年年末，各项贷款余额 303118 万元、比年初增加 44175 万元。面对公贷款业务拓展暂时的困局，继续抓住梅州房地产仍具后发潜力的机遇，加大对住房按揭业务的拓展，积极化解对公信贷业务下降造成资产业务萎缩的局面，紧抓万达地产、恒大御景半岛、客天下碧桂园、正兴地产、鸿艺公司、富力城等龙头地产企业，个人住房贷款投放 7.17 亿元、余额比年初增加 5.24 亿元，继续保持较强的增长势头。加强对信贷存量客户的维护，对嘉兴建材、潜龙贸易、顺兴建筑、俊发物流、春天汽车等企业公司投放 3.5 亿元，支持经营发展。加强项目储备保利“剑英湖”项目、奥园“梅江天韵”、客天下碧桂园二期、东环高速公路、时光梅州文化小镇、梅州妇幼保健中心信息化建设等工程项目，储备信贷资金需求近 30 亿元。

【中间业务】　2017 年，中间业务实现收入 3501 万元，超额完成全年任务。对公中间业务收入方面，加强新老对公客户的维护，将结算套餐、企业网银等作为对公客户拓展的联动指标，夯实对公客户的基础维护，全年实现对公结算收入 112 万元。加大对网银业务宣传推广，优化自助银行用点环境，实施“决胜掌银”战略，抓好柜台手机信息等电子银行业务营销，全年实现电子银行收入 221 万元。认真挑选适合客户的保险产品，加强与前海保险、安帮保险、中国人寿保险等合作，全年实现保险中收 378 万元。充分利用与春天汽车公司、俊诚车行、深业丰田的合作关系，充分利用鸿都支行成立汽车按揭中心发展汽车分期。同时，加大对现金分期、家装分期业务的推广，全年信用卡线条业务收入 1728 万元，成为中间业务收入的重要支柱。

【不良贷款】　加强对关注、逾期、潜在风险贷款、客户的调研，对不良贷款大户进行名单日制管理，对逾期不良考核落地到网点，开好贷后例会加强风险管理部履职能力，加快符合条件不良贷款的核销，特别是通过每月跟踪督导、提前对客户提醒、加强逾期客户催收，2017 年年末，逾期贷款、贷款不良下降，确保全行实现“双降”目标。

【运营管理】　定期召开运营主管例会、运营风险分析会，定期下发运营操作提示，规范网点运营人员操作，提高运营“三化三铁”（标准化、规范化、制度化，铁账、铁款、铁规章）创建能力。强化运营人员技能水平提升，定期组织临柜人员技能培训和技能测试，有效提升柜员业务技能水平。夯实运营基础管理，抓好运营各项规章制度的落实，严格岗位制约，强化运营监管力度，加大对运营主管和柜员履职考核，加大运营相关核心指标考核，持续加强业务培训，推动“三化三铁”创建工作。2017 年申报总行“三铁”的网点 20%，申报总行“良好”的网点 70%，全行各项财务决算、运营管理有序开展。抓好合规基础管理，加强全员反洗钱合规工作培训，高标准做好反洗钱合规管理工作。同时，加强对现金、账户、凭证、印章、印鉴等重点业务的风险管控。

【安全防范】　持续推进网格案防常态化、专职化管理，2017 年制定网格案防 12 项日常工作“施工图”和纪检条线 18 项职能工作“作战图”，确保员工行为风险管控各项措施抓到位。开展“飞行检查”“年末案件风险排查”等以及银监局“三违反”（违法、违规、违章）、

"四不当"（不当创新、不当交易、不当激励、不当收费）、"十大乱象"（股权和对外投资方面、机构及高管方面、规章制度方面、业务方面、产品方面、人员行为方面、行业廉洁风险方面、监管履职方面、内外勾结违法方面、涉及非法金融活动方面）专项治理活动，加强防控基层案件、"飞单"风险和涉众型风险等重点领域，提升全行安全防范意识。持续推进"平安农行"建设，开展安全保卫"三化三达标"（标准化、制度化、精细化，物防达标、技防达标、人防达标）创建工作，对电信诈骗、消防等重点部位和领域深入开展专项治理，尤其是抓好中共十九大期间消防安全、防爆安检、应急处置等工作。做好维稳控负保持稳定，认真执行重大事项报告制度，完善应急处置预案，及时处理客户投诉、信访和其他突发事件，妥善应对各类负面舆情，切实防范声誉风险。

【党建工作】　通过召开领导班子成员深入网点、网点员工参与支部扩大会，加强上下联动，密切联系员工，解决经营管理遇到的困难和问题，发挥党员先锋模范作用和支部战斗堡垒作用。推进党建"书记、委员项目"等活动，继续开展党委书记上党课、党建"一个项目、一条承诺、一场子比拼"活动，提升党建促经营发展能力。制订《城区支行党委班子成员党风廉政建设责任制个性化责任清单》《城区支行分解落实2017年党风廉政建设和案件防控工作任务》等系统文件，加强对党建工作制度保障。开展"迎中共十九大召开"系列活动，组织开展学习省党代会精神、迎党的十九召开党章党规党史知识、习近平总书记系列重要讲话精神、治国理政新理念新思想新战略的学习考试，迎十九大党员宣誓和重温入党誓词活动，开展"庆七一、迎十九大"的"一先两优"（先进基层党组织，优秀共产党员、优秀党务工作者）评选活动。

【队伍建设】　通过构建科学考核制度，加强员工管理，营造公平竞争环境。制订《城区支行问责工作实施细则》《城区支行征求意见建议工作机制》，按照"绩效优先、兼顾公平"的原则，制订完善城区支行《薪酬分配考核办法》《员工季度绩效考核方案》《员工履行岗位职责考评实施办法》，不断完善与岗位价值、绩效贡献、胜任能力的考核体系，推进员工队伍建设。

（余伟云）

2017年农行梅州城区支行领导名录

行　　长：赖　鹏

纪委书记：刘斌泉

副 行 长：李　彬　钟　蕊（8月任）
　　　　　刘斌泉　黄　萍

工行梅江支行

【简述】　2017年，中国工商银行股份有限公司梅州梅江支行认真贯彻落实工行梅州分行的工作部署和管理要求，不断强化"四大标杆"（同业占比、资产质量、经济效益、考核位次），深化"四大理念"（国有银行要支持民营经济，大银行要做小业务，老银行要做新业务，本土银行要有国际化视野），确保各项指标完成时序进度、确保资产质量继续保持优良、确保依法合规经营和安全运营的目标要求，加快推进经营发展，总体经营态势良好。存款业务，至年末，本外币全部存款比年初减少1795万元，其中公司存款比年初增加3626万元、机构存款比年初减少2614万元、储蓄存款比年初减少2807万元。贷款业务，至年末，本外币各项贷款余额比年初净增7390万元，其中个人贷款比年初净增14608万元、公司贷款比年初净减少7217万元。

【努力提升造血功能】　一是加强目标信贷市场拓展。主要是交通、能源、基础设施项目等周期性行业，以上市公司为代表的优质民营企业以及区域、行业龙头企业，优质项目、上市公司的供应链、上下游企业，有优质物业和优质资产的企业，想尽办法拓展这些主流客户和行业，确保主流客户和行业在工行梅江支行主流地位。二是加大负债业务发展力度。认真贯彻落实“存款竞争力提升工作会议”精神，迅速行动，精心组织，制定方案，全行动员，掀起提升存款竞争力劳动竞赛活动高潮。三是加快中间业务发展步伐。一方面，在加强管理基础上，突出重点，继续加大对重点产品营销力度，深入挖掘各类产品的增收潜力，做大做强代理基金、代理保险及理财产品业务规模，提高创收能力。另一方面，坚持问题导向，盯住同行业竞争对手，认真分析自身差距，研究解决“从哪些市场要份额、从哪些客户要增长、从哪些产品要发展、从哪些行业要潜力、从哪些机制要效果”等问题，落实措施，努力打造中间业务多点支撑的增长格局。

【抓风险防控，保安全运营】 继续贯彻落实铁腕治行的要求，全力抓好新增贷款严管控、潜在风险早化解、逾期贷款防劣变、不良贷款快清理等工作，保持资产质量优良稳定，实现利润持续增长。一是强化责任担当，狠抓风险管控，提升信贷经营能力，保持资产质量优良。二是强化履职担当，确保安全运营。2017 年开展多种内控主题活动，完善合规管理基础，进一步推动合规教育长效机制建设，深化合规文化教育活动。加强十大领域和关键环节风险防范，落实各项措施，及时排除风险隐患，确保全年无案件、无重大责任事故，实现安全运营的管控目标，保持“内控评价一类行”地位。

【提升服务效能】 一是继续推荐网点智能化改造，推动投放智能设备。二是推进服务面貌专项整治活动，认真落实总行服务提升六大工程（网点靓化工程、温馨大堂工程、效率提升工程、“O2O”支付精品工程、互联网金融活力工程、优质服务传播工程），切实提升全行整体服务水平，努力打造一个服务效率高、体验佳、口碑好的“客户满意银行”。三是抓好网点竞争力提升重点工作。四是加强检查与督导，落实高效和科学管理机制及考核制度，进一步提升服务管理标准化、长效化，助力全行业务转型发展。

【队伍、作风建设】 一是加强干部队伍、人才队伍、青年员工队伍建设，激发人才创新机制，按照习总书记提出国有企业领导人员 20 字标准（对党忠诚、勇于创新、治企有方、治企有为、清正廉洁），加强各级领导干部党性教育、宗旨教育、警示教育，牢固树立政治意识、大局意识、核心意识、看齐意识，做坚定信念，任事担当的表率。二是坚持常态化、长效化，推进作风建设，树立永远在路上的思想，将作风建设一抓到底，推进党风廉政建设，进一步完善党风廉政和廉洁从业制度，加强对广大党员干部尤其是领导干部廉洁从业教育，进一步严明政治纪律、工作纪律，加大信访检查力度，严肃查处违规违纪行为，切实发挥以查促防、以惩促教作用。改进经营作风和工作作风，大力弘扬“三要三不要”（要搞马克思主义，不要搞修正主义；要团结，不要分裂；要光明正大，不要搞阴谋诡计）的作风，挺身而出，敢于担当，履职尽职、奋发有为，求真务实，促进业务新发展。

（黄镇芳）

2017 年工行梅江支行领导名录

行　长：余　奋

副行长：黄镇芳　陈　玲（女）　熊远明

农　信　联　社

【简述】 2017 年，梅江区农村信用合作联社按照农信社改制工作要求，切实增强工作责任感和紧迫感，坚持问题导向、重点突破，强化风险防控，各项业务实现稳健发展。

【增强改革责任感】　根据省农信联社和梅州市委、市政府关于梅江、梅县两区农信联社合并改制农村商业银行的工作要求，区信用联社切实增强改革的责任感、紧迫感和使命感，充分发挥改制的主体作用，全体干部员工紧紧围绕改制验收标准和改制方案，发挥各自职责，全面清理完善产权手续，完成确权办证；全力清收压降不良贷款，努力处置和变现抵债资产，完成原股金处置工作。全面解决捐赠资产遗留问题，实现1.48亿元捐赠资产无附加条件变现的目标，通过监管部门验收并完成整改。2017年，已按照农村商业银行组建审批要求完成筹建各项准备工作，达到农村商业银行的准入标准，向银监会提出筹建申请。

【切实转变经营理念】　一是积极拓宽筹资渠道，加大组织资金力度。2017年，区信用联社由“经营业务”向“经营客户”转变，强化领导层、机关、网点三位一体的考核机制，改善服务，提高服务质量，以客户金融服务需求为依据，开展客户评估分析，并以提高客户体验满意度为目标，以提高客户产品黏度为抓手，着力推动具有潜力的基础客户向中高级别迁徙。年末，各项存款余额366532万元，比年初增加30733万元，增幅9.15%。二是主动适应市场，积极推动信贷转型，提升信贷资产质量。积极推进信贷业务转型，成效显著，新增业务以小额分散、符合国家产业政策的小微、“三农”、新能源光伏贷款为主。2017年，区农信联社贷款余额170738万元，比年初减少5023万元，减幅2.86%（负增长主要原因是清收压降不良贷款34103万元）；全年累计发放各项贷款金额157417万元，实现利息收入12791万元。三是加快电子银行及中间业务的发展。在新业务营销推广过程中，注重手机银行、鲜特汇、扫码支付等产品进行联动营销，开展对客户需求的分析挖掘，加大客户营销拓展。同时，大力发展代收电费、有线电视费，代开发票代征税款等中间业务，调整收入来源结构。四是进一步加快网点转型。加大社区银行建设，设立自助银行，满足客户分层服务需求，将柜面渠道与网点自助渠道、电子渠道、网络渠道等进行有效整合，为广大客户提供优质、快捷的金融服务，促进网点管理、服务、营销、绩效等模式全方位转型。

【加强信贷管理】　加大清收压降不良贷款力度。建立新账不良贷款清收压降台账，指定具体人员针对借款人的经营现状、担保人及担保物等具体情况，逐笔制订压降计划并根据实际情况，及时调整和完善清收措施。2017年通过积极催收、依法起诉、债权转让、呆账核销和股东置换等多种方式共压降不良贷款34103万元，其中现金收回3916万元、呆账核销3381万元、以物抵债4251万元、股东置换22555万元。

【精化细化管理】　转变经营理念，健全财务管理制度，加强财务目标管理，制订切合梅江区农信联社实际的年度经营目标考核方案。狠抓财务收入，拓宽资金运营渠道，灵活运营杠杆工具增强资金流动性及营运效益。2017年，实现财务收入19871万元，比上年增加2394万元，增幅13.7%；财务支出17030万元，比上年增加1900万元，增幅12.56%；实现利润总额2841万元，比上年增加494万元，增幅21.04%；实现经营利润5021万元，比上年增加1616万元，增幅47.46%。

【队伍建设】　一是注重加强学习培训，提高员工整体素质。2017年3次组织员工参加持证上岗考试，参加人次197人，业务各条线总持证率94.59%，其中财务管理、信贷初级等11条线持证率100%。9—10月，区农信联社组织全区50名中层干部分4期到浙江大学、西南财经大学进行提升培训，有效拓宽员工的学习视野。选派1名优秀青年干部到区团委挂职，全年通过外请及内部培训共举办37期，培训人员1865人次。有针对性地对各岗位进行培训，提升员工的营销能力及增进团队意识。二是积极组织开展各类企业文化活动。2017年，组织开展“浓浓社区情、欢乐闹元宵”社区活动、“浓情三月、魅力绽放”“三八”妇女节活动、“农情书画，墨香致远”联谊活动，“梅江农信、真情十里”徒步活动，组织员工观看电影《建军大业》；参加第三届梅江区职工3人篮球赛并荣获冠军，通过举办各类文化活动，激发员工的活力和团队凝聚力。

【党廉建设】 一是抓好中心组理论学习计划和学习贯彻宣传中共十九大精神、习近平总书记系列重要讲话以及对广东工作的重要指示批示精神。二是抓廉洁自律，按照党风廉政建设责任制的要求，把党风廉政建设和反腐败的各项任务分解落实到领导班子成员，切实履行一岗双责职责。三是落实从严治党主体责任，进一步明晰管党治党的工作职责，坚持“党管大事、党管战略、党管干部”，将党建工作总体要求写入区农信联社总则，党组织成为法人治理结构的有机组成部分，重大事项先由党委会提出建议，并按程序办理；有关经营发展的大政方针、干部任免、重大决议必须经过党委会研究决定。

（钟小铎）

2017年7月7日，梅江区农信联社举行“助力扶贫、普惠金融”战略合作签约仪式

2017年区农信联社领导名录

理 事 长：林光平
副书记、主任：杨新亮（任至10月）
纪委书记、监事长：黄育英（任至1月）
黄尚文（1月任）
副 主 任：黄新明（任至1月）
张敏燕（女）
丘瑞祥（2月任）

人保财险梅江支公司

【简述】 2017年，中国人民财产保险股份有限公司梅州市梅江支公司紧紧围绕区委、区政府的工作部署，认真学习中共十九大精神，政治坚定，守纪律，讲规矩，全力推动公司实现科学发展，推动梅江振兴发展。实现保险费收入2106.2万元，比上年同期1759.2万元增长19.7%。其中车险保费收入1329.1万元，比上年同期1127.4万元增长17.9%；商业非车险保费收404万元，比上年同期324.8万元增长24.4%；农险保费收入373万元，比上年同期307万元增长21.5%。全年实现利润总额649.8万元。

【保险服务】 一是继续以机构网络和专业优质的保险服务。全力办好梅江区自然灾害责任保险“保费低、覆盖广、保障高”的惠民保险，并将梅江区城镇户籍人口及常住人口纳入承保范围，覆盖范围由全区农业人口扩大至辖区常住户籍居民和外来常住居民。二是积极开展严重精神障碍患者监护人责任保险。以梅江区社会治安综合治理委员会办公室为投保单位，将梅江区严重精神障碍患者纳入承保范围，有效避免严重精神障碍患者肇事肇祸产生的风险，保障人民群众的合法权益，社会治安进一步好转。三是贯彻落实政策性保险承保与理赔工作，促进农业稳定发展和农民持续增收。2017年，人保财险梅江支公司承保农房38813户，累计提供农房保险保障金额3.88亿元；承保能繁母猪8689头，提供能繁母猪保险保障金额86.89万元；承保生猪38298头，提供生猪保险保障金额76.6万元；承保果树300亩、蔬菜1600亩、水稻22989亩，承保公益林494300亩。同时做好查勘理赔工作，在接到出险报案的第一时间，迅速派出人员赶赴现场查勘，并自觉维护受损群众权益，维护社会公众利益，让群众尽快得到相应的经济补偿。2017年，全区政策性保险接到农房保险报损12户、38间；能繁母猪保险报案322宗，理赔能繁母猪335头；生猪保险报案612宗，理赔生猪1363头；蔬菜种植保险报案2宗；水稻报案1宗。

【理赔管控】 加强理赔队伍培训，定期组织学习，提高理赔人员素质。对大案、疑案实行跟踪服务制度，特别是2017年受台风、病虫害影响，导致水稻、农房遭受较大的损失，人保财险梅江支公司员工积极配合理赔中心，第一时间赶赴现场，不分昼夜和节假日，加班加点，以最快的速度查勘完毕，对案件做到不惜赔、不滥赔。理赔工作中，坚持实事求是，本着“迅速、及时、准确、合理”的原则，严格按照赔付规程，坚持双人查勘，双人定损。同时，不断加强对查勘人员的考核、督查。

【廉政建设】 认真贯彻执行《中国共产党党员领导干部廉洁从政若干准则》《国有企业领导人廉洁从业若干规定》，带头遵守中央八项规定，坚决反对“四风”把党风廉政建设各项工作落到实处。认真开展“两学一做”专题教育活动，坚持党要管党、从严治党的方针，以共产党员标准严格要求公司员工。同时与各团队（部室）签订2017年《党风廉政建设责任状》《依法合规承诺书》，确保依法合规经营保险业务。

【团队建设】 把培养展业人员的业务素质作为团队建设的一项重要内容，实施有针对性的培训计划，利用晨会开展业务培训活动，反洗钱、手机APP销售、微店销售等。组织员工学习业务知识、找经验，查不足，提高员工的素质。通过，促进各个团队自身素质不断提高，为公司持续、稳定发展打下扎实的基础。（陈晨通）

2017年人保财险梅江支公司领导名录

经　理：刘　丽（女）

城建·环保

住房和城乡规划建设

【简述】 2017年，梅江区住房和城乡规划建设局（以下简称区住建局），紧紧围绕区委、区政府各项决策部署，依法行政，认真履职，着力推动人居环境进一步优化、城乡面貌逐步改善，为加快中心城区扩容提质、促进新型城镇化、助推梅江振兴发展做出积极贡献。

【重点工程项目建设】 区住建局抽调精干力量，组建区危房鉴定专家组，服务江南新城、江北宜居城乡建设、芹洋半岛、海吉星现代农产品商贸物流中心、客都大桥连接线等市、区重点工程项目土地房屋征拆工作顺利开展。加强施工扬尘整治，采取有效措施，督促区属建筑工地规范围挡，发布公益广告，有效控制工地扬尘污染现象，合力共建国家模范环保城市、全国文明城市。抓好城区丽都、八一临时市场和美食街的日常卫生管理，协助挂钩帮扶村、居委开展环境卫生整治，营造干净整洁、文明有序的城乡环境。推进梅江区《区域乡村建设规划》和总规划范围外31个村《村庄规划》编制及地形图测绘工作，2017年完成全区10个省定贫困村创建社会主义新农村示范村整治创建规划编制。配合推进总投资3.86亿元的区城乡人居环境综合整治项目，完成泰康路、中山街、油罗街等历史街区店铺外立面更新改造。2017年完成第二批市级历史建筑建档20栋，完成43个行政村农村人居环境调查和系统信息录用工作。进一步规范农村建房，依法发放乡村建设规划许可证、建设用地规划条件、建设工程规划许可证，免费发放客家民居建筑图集供村民建房作参考，引导村民连片建设客家风情民居建筑。顺利完成省下达2017年35户农村危房改造任务，着力改善一批贫困户的居住环境。

【房地产业健康有序发展】 努力完成年度招商引资任务，帮促落户项目加快投产增效。积极引导房地产企业把握市场需求，在发展经济适用住宅小区的同时，适当开发档次较高、风格独特、环境优雅、功能齐全的宜居品牌住宅小区。同时，做好房地产企业资质审核，加强房地产领域不稳定因素排查和维稳工作，维护房地产市场健康有序运行。2017年，梅江区完成房地产开发投资22.50亿元，比上年增长15%；销售面积60.14万平方米，比上年增长81%；销售金额40.18亿元，比上年增长107%。

【严把工程建设各道关口】 严格基本建设程序管理，认真做好施工图设计文件审查、招标投标、施工许可、工程质量监督、竣工验收备案等各个法定建设程序把关。2017年，依法办理施工报建34宗，面积53.66万平方米；备案工程29项，面积约36.05万平方米；招标工程39项，应招标工程招标率100%；区属建筑施工企业完成建安产值31.63亿元，比上年增长0.09%。同时，严格贯彻执行工程建设强制性条文，坚决整改不按规范、规程施工的行为，通过深入开展打非治违专项行动、“安全生产月”、安全隐患排查整治等活动，全面消除安全隐患，有效防范安全事故发生，切实保障人民群众生命财产安全。2017年，区监管工程项目获评省“双优”工地1个，获评市“双优”工地2个，获评市“优质结构奖工程”1个。

【住房公积金运行平稳】 围绕“便民、高效、廉洁、规范”的服务宗旨，健全内部管理制度，加大归集力度，强化依法促缴，优化贷款服务，加强监督管理，住房公积金运行保持稳定，较好地完成年度各项业务指标。2017 年全区住房公积金运行情况总体良好，各项业务指标保持稳定，全年正常缴存单位 212 个，参缴职工 10147 人；归集总额 15698.25 万元；累计发放贷款 1771 笔、共计 3.6 亿元；审批各类支取住房公积金 8038.82 万元；审批、发放职工购房贷款 249 笔、共计 7686 万元。同时，及时调整提高住房公积金缴存比例，从 7 月起，按工资总额的 12% 执行。

【营造风清气正、干净干事氛围】 坚持“作风建设永远在路上”的理念，以机关作风建设和党风廉政建设为抓手，以纪律教育学习月、“转作风比奉献树形象”等主题教育实践活动为载体，切实加强班子和队伍建设，牢固树立为民务实清廉作风，以优良的党风带政风促民风，营造风清气正、干净干事的良好氛围。

（高　彬）

2017 年 6 月 6 日，区住建局指导建筑工地开展应急演练

2017 年区住建局领导成员名录

局　　　　长：冯志强

系统党委书记：王汉标

系统党委副书记：王思惠（女）

副　局　长：吴　鹏　黄振宁

城　　管

【简述】 梅州市梅江区城市管理和综合执法局从 2017 年 7 月 1 日起，管理体制隶属梅江区政府后，紧紧围绕建设“一区两带六组团”发展思路，以召开第五届世界客商大会为契机，凝心聚力，攻坚克难，锐意进取，扎实推进城市管理各项工作，为加快推进“诗画梅江，文明客都”建设做出积极贡献。

【市容环境综合整治】 坚持以问题为导向，大力推进城乡环境综合整治，以创建“全国文明城市”和第五届世界客商大会为契机，2017 年投入 800 多万元全面开展各项综合治理。

抓城区主要出入口整治　联合交警、工商、交通和镇（街道）等部门，对机场出口圆盘至湾下隧道、城北出入口、省道 333 线等城区主要出入口进行“六乱”（乱搭乱建、乱摆乱卖、乱拉乱挂、乱扔乱倒、乱停乱放、乱贴乱画）整治，清洗公路路面、绿化带，排查清理沿路两旁乱停放的车辆和乱堆放的物品等，建立健全日常管护的长效机制，坚持每周集中整治一次，进一步提升城市整体形象。

抓市容“六乱”整治　集中开展沿街门店乱堆放、洗车场沿街占道洗车及废品店沿街乱堆放、重点场所流动摊贩乱摆乱卖、违规店牌及户外广告、夜排档、清理斜坡等专项整治，完成省道 333 线梅江区段、客天下路段市容环境强化整治工作。2017 年 7—12 月，共处理市容“六乱”问题 10.6 万宗。

抓违章违建整治　加大对辖区违章违建巡查监管力度，集中排查整治违章违建、乱搭乱建等违法行为，做到发现一宗清除一宗。2017 年 7—12 月，成功拆除客天下、壹江南、奥园等违法搭建物，共拆除违法建筑 142 宗、1.6 万平方米，拆除临时建筑 72 宗、7000 平方米。

抓建筑工地管理　落实“一工地一守点”管理，严格要求建筑企业落实建筑工地围挡、抑尘、余泥运输车辆出场冲洗等文明施工措施，张贴公益广告和悬挂文明宣传标语，重点加强江南新城、芹洋半岛等重点地段在建工地的监管。2017 年 7—12 月，共出动车辆 580 辆次、执法人员 1300 多人次，当场整改违规运输车辆 60 辆次，约谈违规建筑企业 10 家，作出行政处罚案件 31 宗、罚款 59540 元。

梅州市城市建设管理监察支队梅江大队执法队队员对占道经营烧烤户主进行加强教育引导

【市政公用服务水平上台阶】 持续抓好城区的美化、净化、绿化、亮化管理工程。

实施亮化提升工程 完成对德龙桥、东山桥、秀兰桥、梅江桥、人行浮桥、滨江公园、梅江桥至东山桥河段、东山桥至人行浮桥、清水公园全线护栏、江边路楼灯等夜景景观维修、更换、安装等工程，进一步提升城区整体亮化水平。2017 年，共维修路灯 8300 盏次，抢险抢修线路故障 130 多起，保证路灯设施完好率 97% 以上，城区主干道装灯率 100%，亮灯率≥98%；城区背街小巷装灯率 93%，亮灯率≥95%。大力推进节能减排，通过改造更换 LED 灯，改造安装三遥稳压箱等措施，比上年总功率减少 4. 15 %。

实施绿化提升工程 客商大会期间，对进城大道、归读公园、院士广场、客商中心、秀兰大桥东端、广州大桥两端的周边空地进行增绿补绿，种植各类应节时花共 16 万盆（株），完成各大公园、广场维护提升，公园、广场服务水平进一步优化。督促管养单位做好城区公共绿地补苗、增绿清理枯叶和杂草等养护工作，进一步提升城区整体面貌。2017 年梅州城区行道路树乔木 2. 6 万株，灌木 2400 多株管养良好。

加强市政设施检测维护 2017 年修复城区道路混凝土路面、沥青路面、人行道路面合计 8 万平方米，城区路面完好率保持在 90%。完成城区道路中间隔离栏杆维修更换 3500 米，组织对梅江桥、秋云桥、金利来大桥、黄塘桥、客都大道人行天桥和车行天桥等维修和翻新改造。加强对市政设施、城市路树、户外大型广告等巡查，加强城区燃气销售点安全隐患排查整治，确保市政设施安全稳定运行。

梅州城区实施亮化提升工程。图为城市照明养护中心夜间维修城市路灯

保障城市管理安全 2017 年，照明养护中心整治私接乱接及路灯偷盗现象取得实效，市场物业总站科学优化市场资源结构配置，提高经济效益；落实农贸市场安全消杀措施，所辖市场全年无疫情发生；建成小型生鲜市场 1 个，解决归读一品等小区居民“买菜难”问题，得到周边群众好评。园林绿化中心对超高超大、倾斜易造成倒伏的 600 多株行道树进行截顶减负，对枯死树枝和悬挂物进行清除。剑英公园积极配合做好公园整体移交工作，认真做好国有资产清点造册移交，11 月，全面移交汉嘉公司。文化公园全力支持足球文化公园建设项目，保证项目所涉公园范围的各项节点工作顺利推进，保障公园正常开放。嘉应桥头公园加强游乐设施安全监管，为市民提供优质服务。不断

完善应急预案，公园、广场、道路、桥梁、路灯等市政公用设施安全稳定运行，台风防御和救灾复产工作取得良好效果。

【推进城市管理和综合执法体制改革】 2017年下半年，按照省、市深入推进城市执法体制改革改进城市管理工作部署和城市管理体制改革工作相关会议精神，积极稳妥地推进改革各项工作，实现改革平稳过渡、管理有效衔接，工作扎实推进，凝聚改革正能量。

保障办公设施 对原梅州市城市建设管理监察支队江北大队办公大楼进行修缮，并要求各镇（街道）解决城市建设管理监察支队梅江大队各中队办公用房。2017年，办公大楼的修缮基本完成，各中队办公业务用房、办公设施全面落实到位。

保障工作经费 梅江区财政经费紧张的情况下，拨出900多万元给区城市管理执法体制改革工作领导小组办公室，解决相关工作经费，各中队临时工作经费由镇（街道）负责解决，确保城管改革工作经费保障到位。

加强执法队伍建设 为更好地开展城市管理和执法工作，区政府向社会公开招聘城管协管员40名，充实到各镇（街道）中队，保证城市管理力量。同时，积极与市城市管理和综合执法局市容科沟通协调，统一执法制式服装、标志标识等工作有序推进。

落实数字化城市管理 2017年下半年，梅江大队按照数字化城市管理指挥中心要求，有序对接相关数字化管理，实现与市数字化城市管理指挥中心的无缝对接联动。7—12月，应结案5276件，结案数5012件，结案率95%。同时，主动与市城市管理和综合执法局的对接协调，顺利完成市政养护、园林绿化等7个事业单位的交接工作。

【加强自身建设】 抓党风、正作风、促行风，严格执行中央八项规定，持之以恒纠正“四风”，深入开展“两学一做”学习教育活动，落实全面从严治党、依法行政的各项要求，促进机关作风和行政效能全面提升。全力推进“强转树”专项行动，严明工作纪律，2017年10月24日，组织全区城监执法人员在区委党校进行素质能力提升培训，进一步增强执法人员素质，切实做到严格规范、公正文明执法。组织全体党员干部开展“两学一做”、中共十九大会议精神、党章内容考学，考学成绩满分率100%。党员档案管理、党费收缴全面规范，党建、工青妇、精神文明和精准扶贫等各项工作卓有成效。

在取得成绩的同时，也存在一些问题，城市管理服务水平与人民对美好生活需求存在一定差距，公用服务水平滞后，城市脏乱差时有存在，特别是城管审批执法仍未理顺，权责不明确，未形成“大城管”的架构和体制。今后工作中，将积极争取上级支持，坚定信心、锐意进取、真抓实干，奋力开创“诗画梅江、文明客都”新格局。　　（俞金梅）

梅州城区实施绿化提升工程

2017年区城综局领导名录

主要负责人：谢德颂
负　责　人：谢锡明

梅州市剑英公园管理处

主　　　任：侯锦添
副　主　任：熊晓勇　陈石勇　彭海坚
　　　　　　吴县清（女）
支部副书记：钟乐萍（女）

梅州市园林绿化中心

主　　任：陈新伟

副 主 任：林　新　黄小飞　陈红东
谢志平　刘文锦

梅州市市政工程维护中心

主　　任：刘　春

副 主 任：凌珍青　黄　欢　黄慰慰（女）

梅州市市场物业总站

站　　长：廖君明

副 站 长：杨玉荣（女）　梁　锋

梅州市城市照明养护中心

主　　任：凌达伟

副 主 任：杨依平　罗慎勇　黄伟均

梅州市城市建设管理监察支队梅江大队

主任科员：宁湘鹏　温和美　陈满球
蔡周华

副 科 长：余荣昌　何德盛　魏智勇
俞金梅（女）　温亮文

梅州市文化公园

主　　任：曾可夫

副 主 任：侯传志　房维群　陈华英（女）
罗森昌

房　　管

【中低收入家庭住房保障】 2017 年，梅江区房地产管理局对全区 55 户申请住房保障的家庭进行调查核实，有 51 户困难家庭符合住房保障条件，列入住房保障轮候名册。以抽签的方式，为困难家庭安排公共租赁住房 91 户，对困难家庭准时发放住房租赁补贴 193 户。

【房屋租赁管理】 区房管局把安全管理作为管理公房的重点工作，坚持每星期对公房巡查一次，发现问题，及时整改，实现直管公房住用安全的目标。做好安全管理工作的同时，认真做好房租收缴工作，2017 年房租收缴率 100%。

【物业服务监督管理】 正视梅江区物业管理中存在的问题和矛盾，依法依规开展物业监督管理工作。2017 年，指导业主委员会成立和备案 18 宗，物业服务企业备案 1 宗，物业服务合同备案 6 宗，调处各类物业纠纷 63 宗，评定物业服务类别 7 宗，配合消防部门每月到物业小区进行消防安全检查 2 次。（田秀霞）

2017 年区房地产管理局领导名录

局　长：李庆芳

副局长：廖翠娟

环　　卫

【简述】 2017 年，梅州市环境卫生管理局认真做好梅州城区环境卫生监督管理和城乡环境卫生整治工作，每天坚持主干道保洁不少于 16 小时，卫生巡查不少于 10 小时，洒水降尘不少于 4 次，定期组织开展城区道路冲洗、护栏清洗和雾炮抑尘作业。全年共办结数字化城管案件 1300 多宗，办结率 100%；余泥渣土管理中心规范排放受纳各类建筑余泥渣土约 17.55 万立方米，共督促整改乱倒乱堆行为 1091 宗，督促整改扬洒漏行为 472 宗，发送整改通知书 32 份。全区每天 460 吨生活垃圾保持日产日清，无害化处理率、有效处理率 100%。

【积极做好“创文”工作】 2017 年，努力做好“创文”“创模”美丽乡村、旅游示范区、城乡环境综合整治、农村生活垃圾治理、世界客商大会等工作保障，结合环境建设存在的难点问题，从机关到一线生产班组，全员出动，以网格为单位抓作业落实。2017 年，投入工作力量8000多人次，派出生产车辆3800多车次，配合市、区重点工作开展，累计投入工作经费119万多元。世界客商大会期间，环卫干部职工全员出动，开展联合整治和卫生突击，加班加点、积极主动、尽心尽力做好环境卫生保障，为客商大会胜利召开提供干净整洁的城市环境。

做好世界客商大会环境卫生工作保障，市环卫局组织200多名志愿者到重点街道清扫保洁、冲洗大行动

【基础设施改造升级】　2017年，共投入资金近1500万元，重点项目归读公园南端中转站顺利开工，学院路、虹桥、金三角等中转站改造有序进行，垃圾处置水平进一步提升。结合旅游公厕标准，完成百岁山、秀兰桥等8座公厕改造。加快废旧设备更新，新增大型垃圾收运车辆11辆，配套箱斗73个，黄标车淘汰稳步推进，11辆环卫黄标车更替资金落实到位，确保完成淘汰任务。积极开展新能源小型纯电动三轮车推广应用，2017年电动三轮车数量增至154辆，主干道保洁队伍使用率66%。积极探索果皮箱美化工程，进城大道、华南大道、机场和剑英体育馆周边宣传灯箱式果皮箱逐步投入使用，义化路、沿江西路、沿江河堤绿植花卉式果皮箱按时养护更新，实用性、观赏性大幅提升。努力解决环卫车辆停车难问题，修缮改造局机关停车场、车队停车场、火车站中转站、梅兴路店铺用于车辆和设备停放，新增可停放面积700多平方米。四轮作业车辆全部完成GPS定位安装，行车动态掌握、运力调度科学高效。

【夯实环境卫生公众意识】　认真落实全域推进农村人居环境综合整治、新农村示范村等工作，以提高公众意识为重点，积极宣传贯彻《广东省城乡生活垃圾处理条例》，2017年设置城区电子宣传栏20多个，农村宣传栏100多个，发放《条例》1000份。加强垃圾分类宣传，印发《生活垃圾分类指导手册》6万份，全区126个村（社区）和4.8万名中小学生人手一册。充分利用报纸、网站、电视民生栏目等传播媒介，将“创文”“垃圾分类”“门前三包”（包卫生、包绿化、包秩序）内容相互融合，大力宣传推广，坚持进商户、进校园、进工厂，延伸宣传触角，走街串巷发放“门前三包”倡议书1万多份。对条件成熟的小区进行垃圾分类和委托管理试点，派发分类垃圾桶，签发使用承诺书，城区金港花园、陶然居和西阳镇直坑村、长沙镇小密村等试点成效获省检查组认可，农村保洁覆盖率保持100%、生活垃圾分类减量率50%以上，城乡环境卫生共享共建氛围日益浓厚。（刘　莹）

2017年10月26日环卫工人节，区委书记朱国城（中）到环卫一线，看望慰问基层环卫干部及环卫工作者

2017年市环卫局领导名录：

党委书记、局长： 丘斯斌

副　局　长： 刘东红　黄兴国　钟政生　吴　文

党委副书记： 邓志耀

环 保

【简述】 2017年，梅江区环境保护局深入贯彻落实中共十八届六、七中全会和中共十九大会议精神，按区委第八次党代会的部署，全面落实区委工作会议要求，扎实开展环境保护工作，牢固树立“绿水青山就是金山银山”生态发展理念，全力服务梅江区社会经济发展。2017年，梅江区城区环境空气质量年度优良率97.8%；清凉山水库、梅江饮用水源地和主要江段水质达标率100%；区域噪声、道路交通噪声保持稳定，声环境质量较好，环境质量保持稳定，环保工作取得一定成效。全年梅州城区工业废水排放量　　万吨，工业废气排放量　　万标立方米，工业（烟）粉尘排放量　　吨。

【环境整治】 积极开展创建国家环保模范城市工作　结合“创模”工作开展“创文”工作，2017年在创建国家环保模范城市的26项考核指标中，有6项指标梅江区无法单独考核与梅州市共享外，梅江区达标19项。

积极推动城乡环境综合整治　督促沿河镇加快推进污水处理项目建设，积极配合区水务部门加快推进42个村级污水处理厂建设，加快推进省环保专项资金扶助项目小密河、大密河水环境治理工程建设进度，积极支持禁养区内畜禽养殖污染综合整治项目、沿河镇污水处理厂项目、农村生活污水设施及配套管网建设5个项目，申报2018年省级环保专项资金支持。

全力查处中央环保督察移交案件　2017年，中央环保督察组在广东督察期间，梅江区共办理督察组移交案件40宗，下达行政责令改正通知书企业9家，责令限期整改企业1家，停产整治企业6家，立案调查企业9家，移送公安机关治安拘留1人。同时，全力做好环保督察后督查工作。

【污染减排】 制定“梅江区2017年主要污染物总量减排计划”，关闭梅州金三角新型建筑材料厂和梅江区规划区外4家轮窑砖瓦厂，2017年实现减少排放二氧化硫74.175吨、氮氧化物26.587吨。强化监管减排，加强造纸、印染、线路板等重污染行业的治理，督促粤海水务第一、二污水处理厂完善城区污水处理厂配套管网建设，落实年度减排任务。加强规模化畜禽养殖场污染治理工程建设管理，推行标准化治污设施养殖场建设，关闭马鞍山、宫前七队等养殖场9家，督促完成梅江水源保护区周边6家养猪专业户搬迁，对梅江区3家规模化养殖场进行现场调查并整理污染减排台账，实现污染物减排目标。

【监督管理】 强化源头控制　树立红线意识，不碰生态红线，守住环保底线，严格落实项目审批负面清单，严把项目环评准入关，做好排污许可证审批发放工作。2017年梅江区共审批项目77个，项目竣工验收46个，核发排污许可证50个，核发建筑施工噪声排放许可证22个。

强化服务　一是优化建设项目审批管理。所有审批项目承诺办结时间比法定办结时间缩短一半以上，2017年2月1日起，对环境影响登记表项目实施网上备案，建设单位在网上可自行备案；二是实行专人服务重点项目制度。对重大项目、民生项目提前介入，全程跟踪，专人对接，加快推进项目落地；三是强化信息公开。全面加强行政许可和行政处罚信用信息公示工作。

强化污染治理　一是深入实施大气污染防治，全面开展高污染燃料锅炉的清理和整治，强化抓好工业企业废气污染治理，积极开展餐饮业油烟污染治理，2017年共责令餐饮单位安装油烟净化器68台；全力抓好黄标车整治，全年向上级申请大气污染专项资金170万元。二是大力实施南粤水更清行动计划，加强水源保护区执法巡查，组织开展畜禽养殖业污染防治专项执法检查。三是大力开展城区噪声污染防治，加强对建筑施工工地的巡查力度，同时结合信访投诉，强化对噪声扰民案件的查处力度，为市民创造“清静”的生产、生活环境。四是继续强化固体废物、土壤污染防治，加强进口废物、危险废物、严控废物的监管，对24家危废产生单位进行规范化管理抽查，配合国家环保部专项督查，对梅江区13家进口废物加工利用单位，开展严格的环境检查，立案查处并下发整改通知书企业13家，移送公安机关处理1宗；组织编制区土壤污染防治实施方案，开展农用地土壤污染状况详查，区环保局与省重点单位签订土壤污染防治责任书，大力开展土壤污染防治。

强化环境监测　做好城区大气环境质量、地表水环境质量、城区区域环境噪声、建成区环境噪声和农村环境质量现状监测，取得有效监测数据1560多个。2017年，完成污染源总量监测任务181家（次），完成建设项目环保设施竣工验收监测22家，共取得有效监测数据2260多个。

【监管执法】　细化环境监管责任　实施网格化监察管理，积极开展环境监管双随机抽查工作。

依法征收排污费　严格执行国务院《排污费征收使用管理条例》有关规定，做到不漏收、不多收、不错收，积极配合税务部门，做好2018年排污费改税的初步测算工作，为环境保护税的顺利征收打牢基础。

扎实开展环境安全隐患大排查　重点排查饮用水源保护区域和工业聚集区，对水泥、化工、冶炼、造纸、印染、电镀等重点企业及矿山采选企业、危险废物产生企业进行重点排查，指导重点企业编制《突发环境事件应急预案》，规范突发环境事件的应对程序，完善应急物资和应急设施，并在梅州市华禹污水处理有限公司开展有机废水泄漏事件进行实战应急演练，提高环境应急能力建设水平。

全面开展东升工业园环境监管　在东升工业园管委会设立环保办公室，2017年1月接管园区环境监管工作后，对园区内8家企业实施行政处罚，其中2宗涉嫌环境污染罪行为，移送公安机关调查处理。

全力调处环境信访案件　2017年，受理环境信访案件844宗，调查处理802宗，调查处理率95%。全年接待群众来访25批33人次。对反复投诉的重点环境信访问题，万象江山、梅江碧桂园等区域夜间气味扰民问题等，成立专门工作领导小组，采取突击检查、夜间驻点巡查、第三方监测、新闻媒体跟踪调查等方式，妥善调处环境信访案件，发放责令改正通知书20份，配合执法机关对违法企业实施立案查处3宗。

全力打击环境违法行为　2017年，出动执法人员1026人次，检查排污企业301家，发出《责令改正违法行为决定书》31份，立案查处32宗，移送公安机关处理3宗。

2017年，区环保局在梅州市华禹污水处理有限公司开展有机废水泄漏事件进行实战应急演练

【环保宣传】　2017年，加强与邮政部门合作，制作创模视频宣传片，在邮政视频机进行轮番播放，设置大型户外宣传牌6块，发布“梅江环保”微信公众号。订制2000只创模环保袋发至各单位，发放2000多本环境法律法规宣传册至各镇（街道）和学校，提高全民的环保意识。在梅江区各中小学举办环保主题手抄报和手工艺作品比赛，开展“梅江区创建环保模范城市志愿者形象大使”比赛，并成立“梅江区创建环保模范城市志愿者服务队”，举办“汇聚青春

力量，共创环保模范城市”环保主题晚会，2017 年 10 月 27 日晚，在院士广场成功举办梅江区创建国家环境保护模范城市专题晚会。

【队伍建设】 推进“两学一做”学习教育常态化制度化，严格执行中央有关规定，狠抓“四风”整治，积极开展“转作风比奉献树形象”主题活动，扎实开展纪律教育学习月活动，学习《廉政准则》和《中国共产党党员纪律处分条例》，同时建立健全重点岗位廉政风险防范和行政权力运行监督机制，大力加强机关作风建设，注重提升干部队伍业务素质和能力，2017 年组织参加省、市、区各类培训 80 多人次。同时积极开展活力机关活动，组织干部职工参加各种文体活动，凝聚干部职工的团结力，锤炼一支廉洁高效的环保队伍。 （张秀文）

2017 年区环保局领导名录

局　长：曾炜剑

副局长：黄素平（女）

熊莲娜（女，任至 12 月）

徐碧辉（12 月任）

2017 年 10 月 27 日晚，区环保局在院士广场举办梅江区创建国家环保模范城市专题文艺晚会

科教文体

教　　育

【简述】 2017年，梅江区教育局认真贯彻落实中共十八届五中、六中和七中全会精神，以争创“广东省推进教育现代先进区”为统领，加大资金投入，完善办学条件；深化教育改革，促进各类教育均衡协调发展；扎实开展教育纪律活动，加强作风建设，提升服务质量和水平；落实教育惠民政策，切实解决群众关心的热点和难点问题；强化内涵发展，促进教育教学质量提高，推动教育事业快速健康发展，取得显著的成绩。

【教育基础】 2017年梅江区现有各级各类学校131所，其中幼儿园81所、完全小学28所、教学点4个、初级中学6所、九年一贯制学校3所、完全中学4所、职业中学3所、教师进修学校1所、特殊教育学校1所。各级各类在校学生66831人，其中民办学校在校学生16200多人；全区教职工5157人，其中公办教职工3187人，民办学校教职工1970人。中、小学适龄儿童少年入学率100%，小学巩固率107.31%、初中巩固率99.51%，高中阶段毛入学率100.89%。

【保障教育经费足额到位】 2017年，梅江区共投入1.23亿元资金，其中争取省级专项资金8803万元，发动社会各界捐资278万元。按标准下拨义务教育公用经费5374万元，下拨家庭经济困难学生补助金138万元。同时，落实中等职业学校和普通高中国家助学金，资助特殊困难学生免费饮用学生饮用奶，实施农村义务教育学生营养改善计划，学前教育资助金和高中阶段残疾学生免学费政策全部落实到位。

【全市率先通过“争先”验收】 2017年，梅江区共投入争创广东省推进教育现代化先进区专项资金5587万元，强势推进“争先”工作，新购计算机2825台、电子白板166套，新装校园网2个，全区中小学校带宽均达到标准，新购学生课桌6438套、图书11.84万册，新增常规教仪设备1260万元。4月12日，梅江区在全市率先通过“广东省推进教育现代化先进区验收”。7月6日，梅江区被省政府授予“广东省推进教育现代化先进区”称号。区教育局被评为“促进义务教育均衡发展先进集体”。

2017年4月12日，梅江区在全市率先通过“广东省推进教育现代化先进区验收”

【学校基础建设】 2017年9月1日，特殊教育学校正式投入使用，风眠小学主体工程基本完成，芹洋学校全面开工建设，人民小学乒乓球馆、实验中学运动场和金山小学迁建征地工作正在顺利推进，城北中学和会文小学扩建设计方案基本完成。

【教育教学质量稳步提高】 一是加强业务培训。2017年投入资金180多万元用于教师业务培训，组织参加公需科目、省市级骨干教师、新课程新教法等培训活动7531人次。二是提高队伍整体素质，鼓励教师进修提高学历层次，全年全区328名教师参加学历提升，其中参加研究生学历提升29人、本科学历提升267人、大专学历提升32人。三是积极解决教师缺员问题，全年新招录教师10人（其中研究生学历3人），区外调入39人，从中学抽调176名教师到小学支教，争取嘉应学院派出100名毕业生到小学顶岗实习。2017年梅江区教育教学工作取得显著成效，共立省级课题4项，市级课题20项，教育教学论文85篇在市级以上刊物发表，金山小学郭苑雅老师代表全市参加广东省心理健康技能大赛获二等奖。2017年全区中考900分以上643人，约占全市的40%，进入全市前十名5人；高考本科上线1066人，其中重点本科上线165人，比上年增加29人；特色办学取得显著成效，体育、美术、音乐本科上线321人，比上年增加92人，重点率、本科率均居梅州市第一。

【特色办学】 2017年梅江区被评为全省唯一的“全国青少年校园足球试点区”，全年新增3所“全国青少年校园足球特色学校”（乐育中学、乐育小学、光远小学），全区7所学校评为“广东省青少年校园足球特色学校”（联合中学、嘉应中学、水白中学、作新小学、西街小学、美华小学、龙坪小学），2017年向国家队和省级俱乐部输送运动员温浩军等8名。全年全区师生参加各级比赛取得突出成绩，获市级以上奖励共502项，其中光远小学足球队参加全省“2017U互动足球争霸赛”获总决赛少儿组季军，参加市第八届运动会取得团体综合总分第一名和五项球类第一名的优异成绩。2017年“市长杯”足球联赛中，梅江区分别获得高中组、初中组男子冠军和小学组女子冠军。

【认真解决教育热点和难点】 一是认真落实教育公平。依法保障非梅江区户籍学生平等接受义务教育的权利，2017年非梅江区户籍学生18565名享受同等待遇；坚持执行阳光招生制度，实行小学就近免试入学，小学升初中电脑派位；严格按上级要求，示范性高中“指标生”直接分配到初级中学；开展扶困助学活动，各学校积极争取海外侨胞、社会各界的关心支持，全年共筹资65.02万元扶困助学金，惠及学生1737人次。二是积极解答热点和难点问题。积极配合市、区人大和政协调研教育工作，做好市、区政协有关教育提案办理。2017年承办市、区政协有关教育提案6件，建议和提案均落到实处，提案者和提案单位对办理结果100%满意。

【党建、精准扶贫工作】 一是加强党建工作。加强学习教育，提高政治思想认识，认真抓好学党章党规、学系列讲话，做合格党员“两学一做”和“转作风、比奉献、树形象”教育活动，提高广大党员干部政治思想素质。2017年，全区教育系统共上交党费92.773万元，完成11个党支部换届选举工作，发展党员16名，批准23名预备党员转正；新增1个“两新”（新经济组织、新社会组织）组织党支部（东山教育培训中心）。二是做好挂钩帮扶工作。做好精准扶贫工作，深入精准扶贫帮扶点西阳镇双黄村，挂钩帮扶点长沙镇长沙村、澄滩村，解决群众关注的热点和难点问题。2017年，全区教育系统扶贫济困活动共捐资350.8万元。

【保障校园安全】 一是完善安全硬件设施。充实相关学校的安全视频设备，加强学校食堂硬件建设，梅江区学校食堂均建成阳光厨房，2017年全区91间学校（幼儿园）食堂，其中A级示范食堂9间、B级食堂81间、C级食堂1间。全区44所公办学校均安装一键式报警装置，按要求配备保安人员148名。二是强化安全工作责任。落实安全工作职责，及时排查安全隐患，区教育局与各学校签订安全责任书，把安全工作列入学校年度工作考评的重要内容。全年投入34.2万元，清理卫生死角1408处，清运垃圾125吨，新装防蚊闸87个。2017年，鸿都小学被评为“广东省文明校园”，梅州中学、梅师附小等5间学校获得全省“健康学校”称号。三是提高师生的安全意识和防患能力。通过开展专题讲座、主题班会、法制安全课程和应急演练，提高师生安全意识和防患能力。2017年，梅江区教育系统安全、和谐、稳定。

（丘传州）

2017年区教育局领导名录

局　　长：卢波明（任至12月）
陈启泰（12月任）

教育系统党委书记：丘瑞强

主任科员：张　志

副局长：刘智强　谢　芳（女）
巫振荣

教育系统党委副书记：刘　星

科　　技

【简述】　2017年，梅江区科技部门紧紧围绕落实省创新发展“八大抓手”（支持高新技术企业培育、支持孵化育成体系建设、支持企业技术改造、支持自主核心技术攻关、支持新型研发机构建设、支持高水平大学建设、支持创新人才队伍、支持科技金融结合）工作，实施创业主体培育、科技成果转化、创新能力提升“三大工程”，着力营造创新发展良好环境，为全区经济社会健康发展提供科技支持。

【科技成果】　2017年，梅江区科技部门认真做好项目结题验收工作，组织梅州市第二中医医院等科技计划项目结题验收，项目顺利通过专家组答辩，验收合格。梅州市乐得鲜农业开发有限公司“安全蔬菜产销全程溯源关键技术研究与应用”项目通过梅江区科技成果鉴定，获得2017年度梅州市梅江区科技进步一等奖；“设施蔬菜病虫害绿色防控技术研究与示范推广”“中药辩证治疗手足口病113例临床观察”“放养鸡无抗养殖技术的研究及示范推广”“醒脑静联合脑蛋白水解物治疗急性脑梗死临床观察”4项科学技术成果获得2017年梅江区科学技术进步奖二等奖；“放养鸡饲料中添加麦芽和中草药增香剂改善鸡肉品质的研究”“鲜柚茶及其制作方法”2项科学技术成果获得2017年梅江区科学技术奖三等奖。

【科技计划】　2017年，区科技部门坚持以企业为主体，主动帮助企业谋划，争取项目。组织申报2017年度省、市科技计划项目11项，其中省级科技专项扶持资金项目1项（待省厅立项审批）、市级项目10项，10项市级医研类项目全部获得立项。同时，组织申报创新券2项。

【高新技术】　梅江区高新技术企业申请认定第一批申报5家，第二批申报17家，2017年申请通过认定15家，超额完成年度计划。高新技术企业培育入库第一批申报15家，第二批申报21家，全年共申报认定36家，超额完成年度计划。

【知识产权】　知识产权工作，专利申请量：发明52件，实用新型308件，外观设计44件；授权量：发明32件，实用新型185件，外观设计23件。

【防震抗震】　结合全省开展“创建地震安全示范社区”活动，区科技部门把地震安全示范社区建设纳入社区发展规划。一是做好梅江区中小学校预警台站和预警信息服务系统试点建设选址工作，选取试点为鸿都小学。二是梅江区西阳镇移民新村社区被评为2017年省级地震安全示范社区，2017年，梅州市创建成功的8个省级地震安全示范社区，梅江区3个。三是积极配合省、市地震局在富乐花园百岁山顶规划地震监测台站、重力机站的选址工作。

（李斐苑　叶梅玲　罗奕远）

文　化

【完善公共文化设施】　2017 年，梅江区文化广电新闻出版局下属文化馆优化公共文化场室 6 个，区图书馆依托 APP 打造移动图书馆、汇雅图书平台、读秀搜索平台、立法决策等服务平台，西阳、长沙、三角镇和江南街道试行图书馆总分馆制并实现通借通还等功能服务。全年梅江区新建文化驿站 10 个，农村（社区）文化俱乐部 13 个，补充更新 40 个农家书屋（含文化俱乐部）图书、文化用品或音响设备。

【群众文化丰富多彩】　2017 年区文广新局以“三百工程”（百场展览、百场讲座、百场演出送基层活动）、“魅力客都·梅江欢歌”、文化下乡、粤读越精彩、优秀影片展播、非遗活动周、惠民演出、农村公益电影和特定人群免费观影活动等为载体，精心组织群众喜闻乐见的各类文化活动 1000 多场次。坚持公共文化设施免费开放，艺术门类培训辅导、外来务工人员子女舞蹈免费培训班、少儿手工（绘画）免费兴趣班、农家书屋周末辅导员活动等公共文化服务常态化、日常化，全年接待和服务群众 35 万人次以上。小戏《选歌王》群文作品评选荣获省三等奖和市二等奖，小品《怎么会这样》《试卷》、相声《家和万事兴》、小戏《请茶神》荣获市三等奖，歌曲《小喜鹊》《君生我未生》《乡恋》分别荣获市一、二、三等奖。区文化馆创作排演的山歌剧《墙》，参加市“非遗艺术周”活动荣获优秀剧目奖、优秀表演奖和编剧、导演、编曲、舞台美术一等奖；舞蹈《阿妹采茶喽》入选省文联、省舞协主办的 2017 年“认真学习贯彻中共十九大精神 广东岭南舞蹈精品巡礼”表演节目；舞蹈《疯狂原始人》荣获广东省第四届少儿舞蹈大赛作品金奖、表演金奖和全国“锦绣之花”少儿舞蹈大赛金奖。

【保护活化文化遗产】　2017 年梅江区成功申报市级文保单位 4 处，省级“非遗”名录 1 个，省级“非遗”基地 1 个，推荐围龙屋申遗单位 65 处，群落 4 处。完成第三次全国文物普查登录文物挂牌全覆盖，完成罗衣塔、八角亭除草工程和林风眠故居屋面修缮工程。利用古民居打造的农村文化俱乐部增至 46 个，桂芳楼片区古民居活化综合开发项目正式启动，“非遗”产品“屐”及其衍生品在“非遗”乐园玉庭楼展示并为旅游纪念品销售，国家级“非遗”项目席狮舞、省级“非遗”项目饶钹花和市级“非遗”项目对山歌、五句板等活跃在各类文艺演出舞台。

2017 年，梅江区利用古民居打造的农村文化俱乐部

【强化文化市场监管】　2017 年，发放（送）安全生产、政策法规等宣传资料、信息 1200 多份（条），依法依规审批文化经营准入 15 家，开展日常巡查和查处无证照经营、网吧违规接纳未成年人、扫黄打非等各类专项检查行动 200 多次，出动检查人员 2000 多人次，检查文化经营单位 800 多家次，查处案件 2 宗，发出责令停止违规经营行为通知 5 份，责令整改 33 处，收缴非法出版物一批。

【服务文化企业】　2017 年梅江区完成文化企

业申报专项发展补助资金9家和省、市级文化产业示范园申报2家，为文化企业争取各类发展补助资金100多万元。同时，组织辖区文化企业参加十三届中国（深圳）国际文博会和市五届客家文博会。（李远安）

2017年区文广新局领导名录

局　长：李育新

副局长：巫宗呈　黄凤明

文　　联

【简述】 2017年，梅江区文学艺术界联合会带领全区文艺工作者认真学习宣传中共十八大六中全会、中共十九大精神和习近平总书记系列重要讲话精神，紧紧围绕区委、区政府的决策部署，以开展“两学一做”为契机，开拓创新，务求实效，围绕中心，服务大局，坚持“二为”（文艺为人民服务、为社会主义服务）方向和“双百”（百花齐放、百家争鸣）方针，服务文艺家协会和文艺家，联络、协调、指导团体会员，策划、组织各种文学艺术活动，促进梅江区精神文明建设。

【文化梅江活动】 2017年1月，联合梅州电视台《民生820》在江北文化公园广场举办“庆元旦·迎新春”义务挥春活动，10多位书法家为群众义务书写2000多副春联。

2月，联合梅州书画院在梅州学宫举办“梅江古韵——郭惠明美术作品展”，展览借瓷画艺术活化梅江古韵，展现客家民居建筑特色和秀美恬静的乡村风貌，共展出77幅油画、水粉画作品和52件青花陶瓷作品，把梅江区厚重的历史文化、淳朴的客家乡村风貌，用独特的手法在釉面之下实现古朴风韵与青花的完美结合，展览期间观展群众1000多人。社会各界人士，对艺术展给予高度的评价。

3月，举办“多彩梅江”摄影图片展，图片主要展示梅江区境内优良的自然生态、秀美的山水风光、洁净的空气蓝天、美丽的城市乡村，展现梅江区丰富的文化底蕴、独特的自然风光以及多彩的客家民俗。同时，编印《多彩梅江》摄影作品选集，并做好作品选集宣传分发。并将“多彩梅江”摄影作品装框整理，在区域内摄影家协会创作基地进行宣传展示。

6月，联合区妇联、区教育局、区文明办开展“画说好家风”美术征稿活动，共征集书画作品130多幅，经过评委会评审，其中8幅作品获评优秀。

8月，联合金山街道办和西阳镇政府分别举办“文学艺术进祠堂”“文学艺术进社区”活动，组织文艺家深入到金山街道办事处张家围、西阳镇移民社区开展剪纸、书法、诗词、山歌、摄影、绘画等系列文艺志愿服务活动，以实际行动贯彻落实习近平总书记重要讲话精神。

9月，由区纪委主办、区文联承办“梅江墨香扬家风”书法作品展在梅州学宫举行，是区纪委深入贯彻落实习近平总书记关于家风建设的重要讲话精神，弘扬中华传统美德和优秀文化，积极培育和践行社会主义核心价值观，助推梅江振兴发展和“全国文明城市”创建的一项重要举措，梅江区纪律教育学习月的一项重要内容。活动历时三个半月，共收到全区参赛作品160多件，经专家评审，评出一等奖作品3件、二等奖作品5件、三等奖作品12件，入展作品80件。同时，联合区教育局、梅州电视台、梅州学习网等单位举办“奥园杯”中小学生金笔作文大赛，共收到参赛作品3000多件，评选出一、二、三等奖，在梅州电视台演播大厅举行隆重的颁奖仪式。为创建“广东中华诗词之乡”，开展诗词“六进”（进机关、进村组、进学校、进企业、进门店、进家庭）活动，分任务、定措施，到镇（街道）、机关、企业、学校义务举办诗词文化讲座。在鸿都小学举行“歌声诗意满鸿都”山歌、诗词成果展示活动，得到学校师生、社会群众的高度认可。开展改革开放四十年藏品征集工作，“新梅江”“梅江之声”等报刊稿件征集，并协助做好梅江电视、报刊的收视订阅宣传推介，助推文化梅江的宣传开展。

【文学艺术活动】 作家协会 2017年，组织大型笔会、采风活动3次，在《梅州日报》文学版专版载笔会采风文友作品3次。在西阳镇北联村蕉板排设立“梅江区作家驿站”，并举行驿站挂牌揭幕仪式。举办“诗画梅江·林风眠故乡行”，开展“诗画梅江·美丽金山行”采风活动，激发作家创作灵感，《那一弯江水，亘古流芳》等10多篇散文、诗词等描写梅江区文学作品，陆续在《南方日报》《梅州日报》等报刊登载。区作家协会在梅城举行换届大会，选举以朱红娜为主席的新一届领导班子，完善协会章程和管理制度，聘请5位资深省作协会会员作顾问。举办“金秋诗文朗诵会”，让文学艺术爱好者在活动中得到心灵滋养，激发创作热情，主办“我与一本书的故事”阅读分享活动。

书法家协会 2017年1月，区书法家参加江北文化公园广场举办“庆元旦·迎新春”义务挥春活动。利用学宫古雅浓厚的儒家氛围和良好的学习环境，常年邀请书法名家在学宫举办书法培训，中国书法家协会会员黄天胜在学宫举办书法培训班，培养大批优秀书法爱好者。9月，区书法家协会协助举办“梅江墨香扬家风”书法作品展。

美术家协会 2017年举办展览、采风活动6项。举办“梅江古韵·郭惠明美术作品展”，联合区妇联、区教育局、区文明办开展“画说好家风”美术征稿活动，参加“梅江颂·海丝情”大型画卷创作活动启动仪式，组织“送艺术进企业”活动，组织美术家协会骨干会员一行23人到西阳镇白宫河开展采风写生活动，在梅江区西阳镇将军阁村开展《十月金秋柿子红》写生活动，组织会员常年在学宫进行美术创作交流活动。

摄影家协会 举办摄影公益大讲堂，向摄影家协会会员讲授摄影知识和技巧，参加人数约500人。2017年组织摄影采风10余次，组织慰问抗战老兵活动2场。同时协助举办“多彩梅江”摄影图片展及编印《多彩梅江》摄影作品选集，在西阳镇和城北镇分别成立摄影创作基地。

民间文艺家协会 组织会员在梅县区麓湖山举行“迎春赏杏麓湖行”采风活动。市、区民协、文联、梅州日报社、《客都旅游》《侨乡月报》等单位相关人员20多人参加活动。

诗词学会 2017年组织编辑出版诗集《梅江风情诗影荟萃》，共收集诗词400多首，主要以梅江区及梅州市比较著名的风景区、历史文物为主题。组织会员参加东山书院举行“纪念叶剑英元帅诞辰120周年”的诗词吟唱会，组织50多名会员到平远进行采风，组织会员参加“端午雅集诗词赏析”活动，组织会员创作以创建全国文明城市为主题的诗文，编印“创文”诗词专集。

【精品作品】 2017年，区属各文艺家协会6人9件作品在省级以上展评获奖，2人加入省作家协会，彭胜华加入省书法家协会，张文祥加入省摄影家协会，蒋向华获评省委宣传部2017年广东省基层宣传文化能人。

文　学 2017年作家协会会员朱红娜、唐梦、葛成石、张秋兰等的20多篇作品，在省级以上各类报纸杂志发表，其中朱红娜的小小说《在山旮旯那边》获《中国检察日报》“反腐小小说”二等奖、小小说《以牙还牙》获上海北虹桥微小说大赛三等奖、小小说《你为什么骗我》获梅县客家村镇银行杯全国小小说大赛优秀奖，丘晓玲的小戏《选歌王》《请茶神》、小品《说不清》为梅州市群文获奖作品，会员黄慧良、廖世添、张秋兰、周华景、黄婉芳、李智、陈华、蔡巧玲、杨丽君、林欢、黄翠、邓春娣、葛成石、王晓燕、罗建勋、王广平、陈萍、汪琴、王秋招、林迪斐、杜小珍、李洪生、曾春梅等200多篇文学作品在《南方日报》《梅州日报》等各地市级以上报纸、杂志、文艺刊物发表。

书　法　2017年书法家协会会员彭胜华书法作品获第七届广东省新人新作书法展优秀作品奖；会员黄一欣等25幅书法作品在市级以上展评中获奖，其中5幅书法作品获优秀奖；会员黄天胜、麻爱民书法作品参加2017梅州文博会“国家级会员作品展”。

美　术　2017年美术家协会会员谢秀珠的作品《喜庆满堂》获省妇联、省文明办主办的“画说好家风”二等奖，会员林勉油画《家》作品获优秀奖、水彩画作品《家乡的味道》入选2017广东省第十四届美术书法摄影作品联展。

摄　影　2017年摄影家协会会员罗新梅的作品《快乐的童年》在“家园·广东省第二届女摄影家协会作品展”获纪实类优秀奖、《迷人的线条》入选2017“荷兰花海”杯中国花卉摄影大展，会员王毓博、李智等27幅摄影作品在市级以上展评中获奖。

民间文艺　2017年民间艺术家协会会员谢秀珠剪纸作品获《首届纪念国际劳动妇女节中国华夏艺术家优秀作品网络展》优秀奖，会员蒋向华石雕作品《百年风眠》获2017年广东省民间工艺精品展金奖，会员刘沅声作品《客家风情·家教系列》获“2017年中国民间工艺博览会”银奖，蒋向华、刘沅声作品在2017梅州文博会大师馆展出。

【服务中心工作】　按照区委、区政府的工作部署，要求设计制定梅江区城市“LOGO”，树立梅江意识，塑造梅江品牌，区文联积极开展创作征稿等协调活动，发动美术工作者参与设计制作，积极投稿，通过3个月的努力，完成梅江区区徽的设计。组织诗词学会、民间文艺家协会、曲艺家协会等参与“2017年岭南童谣节”作品征集，共征集童谣作品30多篇上送区委宣传部文明办。做好习近平总书记对广东重要批示精神及社会主义核心价值观的宣传，利用学宫长廊空地，张贴布置相关宣传标语，利用学宫书画艺术培训场室，宣传“创文”工作，装贴“创文”标语，同时给市民、学生派发“创文”100问宣传手册。联合光远小学等单位开展崇文重教、尊老爱幼的中华优秀传统文化传承活动，在学宫举办“入学礼”“祭孔”“敬老”等活动。支持区文化部门在学宫进行“文化驿站”建设，全力支持区委、区政府在学宫举办“十九大宣传图片展”。2017年9月，市文联党组书记、主席陈锐锋率队来梅江区开展文学艺术调研，参观考察梅州学宫各文艺家协会活动场所、肩一小学艺术进校园活动开展情况、西阳镇阿鲤廊摄影家协会创作基地情况等。协助做好挂钩村（社区）“两委”换届选举工作，给困难党员、群众送温暖，慰问挂点居委凌东社区困难群众10名，给10名社区困难党员送去慰问金和温暖。（李绮琼　冯秀梅）

2017年区文联领导名录

主　席：李绮琼（女）

体　育

【简述】　2017年，梅江区体育局牢固树立体育为民、体育惠民理念，深入贯彻全民健身实施计划，协调推进群众体育、竞技体育、体育产业等各项工作，推动梅江区体育全面发展。2017年，梅江区被确定为“全国群众体育先进单位”、“全国校园足球试点县（区）”，梅江区体育局被省体育局评为“2017年广东省第八届体育节活动先进单位”。

【群众体育】　体育设施建设　2017年，完成社区建设体育公园1个，完善村（社区）体育小广场健身设施16个。推进足球文化公园和启动梅江区全民健身中心项目建设，同时，鼓励机关、学校、企业等单位内部文化体育设施向公众开放，缓解群众体育健身场地不足。

群众体育活动　2017年举办“梅州义乌

杯”羽毛球赛、“中燃杯”机关干部职工乒乓球赛、第三届“志浩杯”职工篮球赛、“体彩杯”机关干部足球赛、首届“新飞腾”国际象棋棋王争霸赛、“体彩杯大乐透”广场舞大赛、第26届老年人运动会、“俊诚杯”乒乓球赛、“自家人”杯羽毛球赛、“寻梦风眠故里、情醉诗画梅江”徒步活动、自驾游足球赛等活动，各单项体育协会举办各类健身展示活动，全年参加各类活动人数共计4万多人。

培育体育协会　梅江区举办瑜伽三级社会体育指导员和毽球三级社会体育指导员培训班，提升指导员业务水平。江南、城北、长沙、金山4个镇（街道）建设社会体育指导服务站，在江南街道梅南、红光社区开展“体育社工进社区”试点活动。2017年全区单项体育协会15个，社会体育指导员1589名，晨晚练点约110多个，每周参加1次以上体育健身人数达20万人，经常性参加体育锻炼人数达16.5万人。

【竞技体育】　坚持“体教结合”，在全区各中小学校科学设立足球、羽毛球、乒乓球等项目业余训练网点，将各训练网点和传统项目学校的训练管理直接纳入区体校的目标管理，形成以区业余体校为龙头，各训练网点为基础的训练网络；拳击、高尔夫球等项目通过政府购买服务形式，委托社会培训机构代训。抓好各项目训练的同时，重点加强各项目教练队伍建设，提高教练员专业技能水平和执教素质。2017年梅州市第八届运动会，梅江区体育代表团共参加竞技组10个大项、170多个小项比赛，学校组5个项目，参加运动员共有406人，教练员70人，通过角逐，梅江区代表团获得综合团体总分第一名，五项球类第一名，金牌总数第二名，田径团体总分第二名，破两项市纪录的好成绩。2017年，参加广东省青少年羽毛球锦标赛获得丙组男子团体、单打第一名，“市长杯”校园足球赛，城北小学获得女子足球冠军、梅州中学获得男子足球冠军，梅江选手候文龙夺得广东省第一届拳王杯争霸赛49公斤组金腰带，光远小学、誉诚轩足球队分别获得“2017U互动广东省五人足球争霸赛”少儿组和成人组季军。2017年输送市体校各项目运动员70人、省体校14人。全年参加省、市各项比赛获得冠军28项，亚军16项。

2017年5—9月，区体育局、区直工委、区总工会、团区委联合举办梅江区“体彩杯”机关干部足球赛在市职校举行，区直机关16支代表队参加

【体育产业】　不断扩大体育产品服务供给，体育消费明显增加，体育服务业比重稳步增长，体育与文化、旅游、医疗、互联网等领域的相互融合日益加深，体育产业成为新的经济增长点。2017年审批游泳项目1个，同时做好游泳场等安全生产监管，定期进行抢险演练。全年全区体育彩票销售网点50个，销售总额6000多万元。

2017年9月19日，梅江区召开全区体育工作暨参加市八运会总结表彰大会

【振兴足球】　组织体系建设　2017年出台“振兴足球三年行动计划”，完善区级足办、足协机构，成立镇（街道）足办，足球工作逐步做到有组织、有人员、有经费、有场地，为全区足球事业有序开展奠定了基础。

足球场地建设　根据足改方案要求，落实镇（街道）和相关单位责任，逐年推进场地建设，2017年梅江区足球场地共72块。同时全力配合市足球文化公园建设，至年末，完成征地拆迁工作。

举办足球赛事　积极组织各类足球赛事，2017年形成校园、镇（街道）、职工、草根联赛以及“体彩杯”、“区长杯”等品牌赛事，教育、共青团、镇（街道）等单位结合部门实际，组织举办本系统的足球赛事，全年共组织各类足球赛事约1300场，参加人数约2.3万人。

人才队伍建设　制订人才培训和储备计划，加强足球教练和学校足球指导员的培训，提高教练员队伍整体素质。制订新一轮训练计划，分别组建2005—2011年龄组男女足球队，先后将梅州中学、人民小学等13个学校确定为男子足球训练学校，城北镇中心小学、普育小学等9个学校确定为女子足球训练学校；将足球传统项目学校和校园足球业务管理直接纳入区体校的目标管理，形成以区业余体校为龙头，各训练网点大力配合的足球训练网络。保障足球人才培养和输送，打通从校园足球、业余体校向省专业队、职业俱乐部、嘉应教育学院的人才培养路径。2017年区政府对优秀运动员在小学升初中、初中升高中给予倾斜，解决运动员后顾之忧。　（黄　榕）

2017年区体育局领导名录

局　长：刘冠松

副局长：李文琼（女）　刘佛云

2017年11月16日，国际足联理事、中国足协常务副主席兼秘书长张剑（左三）到梅江区调研青少年足训工作，梅州市副市长张晨（左二）陪同调研

社会科学

党史研究·地方志编修

【简述】 中共梅江区委党史研究室和梅江区人民政府地方志办公室实行一套人马、两块牌子、两室合一的体制（以下简称区史志办）。2017年，区史志办认真学习贯彻中共十八届六中、七中全会精神和中共十九大会议精神，习近平总书记系列重要讲话精神和对广东工作重要批示精神，紧紧围绕区委、区政府建设“首善之区、幸福梅江”总体目标，坚持以“资政、存史、育人”为根本任务，努力做好史志各项工作。

【党史研究】 *做好朱云卿故居修缮项目* 根据省、市委要求，原中央苏区县进一步加强对革命旧址和纪念设施的有效保护及充分利用，1987年定为县级文物保护单位的朱云卿故居（百福堂），原为三堂四横土木结构建筑，现仅剩上、中、下三堂。2017年，区委决定对朱云卿故居进行修缮，由区史志办牵头，西郊街道为主体实施单位。10月，进场动工，12月，完成主体工程修缮。

历史丛书编纂 认真做好《广东中央苏区历史丛书》（梅江卷）编纂工作，2017年丛书文稿反复修改后，报送省委党史研究室复审。同时做好《梅州市革命遗址通览》文稿修改和补充照片的相关工作，按要求报送省、市党史研究室审定出版。

挖掘红色资源 2017年10月，西阳镇北联村被定为“省红色村庄”建设候选村，积极配合区委组织部，认真挖掘该村的红色资源，充分利用自然村落历史人文普查成果，查找红色资源，深入村中调研，拜访年长者口述该村的红色事件和革命先烈；同时组织人员到梅县区委党史研究室查找有关北联村的红色史料，并组织撰写历史事件和革命先烈的生平事迹。通过挖掘和整理北联村红色资源，2017年西阳镇北联村入选“省红色村庄”建设。

保护革命古迹 梅江区三角镇新塘村古民居“朝锡第”是早期革命先驱熊锐的故居，属江南新城扩容提质拆迁范围，为保护革命古迹，区史志办及时向江南新城拆迁办反映情况并书面向区委书记报告，要求市政府保留故居，通过多方协调，熊锐的故居暂保留。

做好红四军梅城战役史料馆（室）筹建工作 红四军梅城战役史料馆（室）建设是梅江区委的主要任务，由区史志办制定馆（室）建设实施方案，通过调研和有关专家的指导，方案报送区委、区政府同意，确定把梅州学宫的西庑作为红四军梅城战役史料陈列馆（室），打造成梅江区红色教育基地和党史教育基地，2017年制订馆（室）建设实施方案，预计在2018年建党79周年前夕完成馆（室）建设。

配合梅州电视台讲好红色故事 2017年9月，梅州电视台《梅江新闻》正式开播，为丰富节目内容，区史志办主动与电视台配合制作“铭记光辉历史、传承红色基因”专题报道，分上、中、下三集，分期报道红四军攻打梅城的红色革命历史。

【地方志编修】 *自然村落历史人文普查* 梅江区自然村落历史人文普查工作于2017年全面铺开，在区委、区政府的重视下，各有关部门通力合作和社会各界的大力支持，区史志办主动作为，积极开展普查工作，全区4镇2街道共确认197个自然村，年末，基本完成自然村简介文稿初审，紧接着进入“专家组复审”阶段，确保2018年6月完成《全粤村情》（梅江卷）的编纂任务。主要做法：一是领导重视。成立梅江区自然村落历史人文普查工作领导小组，由分管常委、组织部部长任组长，普查工作启动后，区委、区政府主要领导经常询问并作出指示，保障普查工作经费，同时市方志办领导先后两次到梅江区指导普查工作。二是加强业务指导。聘请4名退休老干部担任镇（街道）普查指导员，深入各镇（街道）自然村落指导和督促普查工作，自然村落历史人文调查是一项新课题，普查指导员必须把握工作规范，为普查工作有序开展，区普查办印发普查实施方案和指导性资料，如梅县区茶山自然村、台山市斗门镇一坊自然村和梅江区金山街道张家围自然村的《简介》范文、《自然村落历史人文普查表》填报范例等。同时根据各自职责、范围，到各镇（街道）召开动员会、业务培训会，为各村的填报人、撰写人进行现场指导，与自然村的填报人、撰写人一道进村走访、查阅资料，掌握第一手情况；并对各镇（街道）、村普查工作存在的疑虑，进行详细解释，鼓励填报人、撰写人从纪念先人、传承文明的角度积极参与；为普查工作少走弯路，组织区普查工作人员到平远普查办学习借鉴兄弟县的普查工作经验，交流普查工作中的疑惑，遇到的问题，积极探讨普查工作操作规程。三是加强督促检查，严把质量关。由各镇（街道）指导员督促镇（街道）对自然村落简介进行真实性、全面性和规范性的审查把关，再送区普查办审查小组进行复审。

稳步推进年鉴编纂　编辑《梅江年鉴》工作是区史志办的主要业务，年初及早做出方案，以区委、区政府办公室文件下发至全区各镇（街道）、各单位、市属驻区各有关单位。按照中国地方志指导小组关于《地方综合年鉴编纂出版规定》的通知要求，认真总结年鉴编辑工作，严格按照行业门类进行类目分解，兼顾地方、年度特色，调整目录，框架设计更加科学合理。由于人员少，任务重，年鉴编辑部边收集文稿边进行修改，做到认真编修，四易其稿，确保年鉴资料真实可靠，年鉴质量进一步提升；对公共版的内容，认真编辑、精心设计，实现常编常新。按照省方志办要求，做到一年一鉴、公开出版、当年出版，《梅江年鉴（2017）》文稿于2017年8月送广东人民出版社终审，12月出版发行。同时，积极完成《广东年鉴（2017）》、《梅州年鉴（2017）》梅江区部分的组稿任务。

扎实开展地方志资料年报工作　根据中华人民共和国《规划纲要》要求，继续做好地方志资料年报，为下一轮修志积累资料。一是制订印发《关于做好报送〈地方志资料年报〉工作的通知》的方案，发至全区各镇（街道）、各单位、市属驻区各有关单位。二是创新工作模式，建立网络工作联系平台，通过网上审查、分类指导、解决各单位的疑惑，促进年报工作顺利进行。三是严格审查验收，提升质量，要求各单位全面搜集、规范编报、严格审查年报资料，防止漏报错报。区史志办专人负责各承报单位的年报资料进行审查把关、验收，不合格的资料发回重新补报。

【信息化建设】　一是加强信息人员培训。二是根据梅州市政府网站考评方案指标、扣分细化内容单项否决事项和扣分细则，按照区信息办要求，对梅江区地情网开展自查，发现问题及时整改。三是建立梅江区地方志办公室门户网站系统信息系统安全等级保护定级报告和信息系统安全等级保护备案表。梅江区地情网分为六大板块，为最新动态、理论研讨、法律法规、步入梅江、图说梅江及信息公开。2017年，最新动态发布文章12篇、步入梅江1篇、信息公开4篇。最新动态等各类基本信息按时间要求及时更新，杜绝空栏目、无效链接。

【队伍建设】　区史志办把加强干部队伍建设作为推动史志各项工作顺利开展的有力保证，强化内部管理，树立文明机关形象，增强史志工作的活力。一是组织理论学习，组织全办干部认真学习贯彻中共十九大精神、习近平总书记系列重要讲话精神和治国理政新理念新思想新战略以及区委全会精神，牢固树立正确的理想信念，增强宗旨意识和提升自身党性修养，严格执行党的纪律。二是结合“两学一做”学习教育常态化制度化开展“转作风比奉献树形象”主题活动。通过活动全办党员干部切实转变作风，在工作中讲担当、比奉献，营造良好的干事创业氛围。三是班子成员清正廉洁，认真抓好分管的工作，自觉发挥表率作用，班子团结，形成合力，有力地保证各项工作的开展。

（江文秀）

2017 年区委党史研究室区地方志办公室领导名录

主　任：江文秀

副主任：邹红香（女）

档　　案

【简述】 2017 年，梅江区档案局对全区档案事业进行统筹规划和宏观管理，组织、监督指导、协调全区范围党政机关、群众团体、学校、企业事业单位的档案工作，推动全区档案资料的征集、管理和利用，开发档案信息资源，向社会提供档案服务。年末，馆藏 81 个全宗档案，共 18066 卷又 43775 件，其中文书档案 12819 卷又 43647 件，专门档案 5247 卷又 128 件，照片档案 1357 张，光盘 43 张，收集各种汇编和报刊资料 7235 册。

【基础设施建设】 积极开展数字化建设，数字档案馆取得新进展。一是继续加快档案数字化建设进程，2017 年全面完成档案数字化机房、档案管理系统、目录数据库、档案微平台建设。二是以馆藏档案数字化为重点，继续做好档案数字化加工工作，完成档案扫描及数据库对接，提高管理和利用水平，按照国家和省统一部署，确保至 2018 年馆藏档案数字化完成目标，建成数字档案馆，全面提升档案信息化水平。

【征集、服务与利用】 2017 年共接收 6 个全宗档案，其中文书档案 4508 件，专门档案 439 卷。至年末共收集各种汇编和报纸杂志 7235 册，进一步丰富馆藏资料。区档案局始终把提供利用档案为宣传档案工作，让人民群众了解、支持档案工作的重要机遇，不断提高服务水平，并充分利用网络资源优势，不断更新和丰富信息网站内容，全年发布消息 26 条，接待和服务群众 177 人次，提供利用档案资料 270 卷。

【监督指导】 继续做好档案整理与接收，提高档案管理服务水平，积极开展档案监督指导工作。一是督促做好机关文件归档整理工作。对区政法委、统战部、西阳镇等单位归档工作进行业务指导，对区民政局、区司法局、江南街道、西郊街道等单位档案管理系统进行升级完善。同时对到进馆年限而未移交进馆的档案进行梳理，敦促各单位各部门依时整理移交档案。二是加大对民生档案工作指导力度。认真做好征地拆迁档案、农村土地承包经营权确权档案、精准扶贫档案的业务指导，以西阳镇桃坪村精准扶贫档案收集整理为示范点，开展档案收集整理现场培训，带动全区精准扶贫档案收集整理工作顺利开展。

【依法治档】 继续加强档案法律法规宣传和档案执法检查工作。2017 年 6 月 9 日“国际档案日”，联合梅州市档案局以及嘉应学院档案馆等专业档案馆在百花洲影剧院广场举办主题为“档案——我们共同的记忆”的宣传和咨询活动，让公众了解档案知识，增强档案意识。继续以学习宣传贯彻《中华人民共和国档案法》《中华人民共和国档案法实施办法》《广东省档案管理条例》为重点，加强档案行政执法检查，对辖区内各单位档案保管保护工作和《广东省文件材料归档方案改革方案》的落实情况进行

检查，发现问题，及时提出整改意见，有效提高依法行政水平。（宋好婷）

梅江区档案局联合全市各档案局举办2017年“6·9国际档案日”宣传活动

2017年区档案局领导名录

局　长：黄　瑛

副局长：李红梅（女）

科　　协

【简述】 2017年，梅江区科学技术协会深入学习中共十九大会议精神，在习近平新时代中国特色社会主义思想指引下，紧紧围绕全区工作大局，发挥科协自身特点和优势，努力把科协工作推上新台阶。

【学会工作】 2017年区科协着力培养服务经济发展、保障民生改善、参与社会治理、维护社会和谐有显著效果的单位群体成立、完善打造学协会，其中有较大社会效益的有梅江区水产协会、梅江区青年互联网创业协会、梅江区西阳茶叶协会。同时培养发展三角镇梅塘杨桃协会、樱花谷生物科学学会，积极调动人民群众和社会各阶层力量，形成创新、协调、绿色、开放、共享发展合力。

【科普工作】 2017年，深入全区各学校了解情况，结合实际进行指导，确保科普工作主动、有创造性。4月25日，梅州师范附属小学举行“广东省青少年科学教育特色学校”挂牌仪式。7月，在区发改和科技局的配合下，牵头打造西阳移民社区为广东省“防震减灾示范社区”。7月26日，市科协钟立强副主席、区科协侯海岸主席等一行前往西阳茶叶基地调研，并与茶农学习交流，充分肯定茶农的创新思维，希望茶农发挥生态环境优势，确保名茶品质，建立技术创新体系，促进科学发展。8月16日上午，西阳镇召开茶叶协会会员大会，区科协为西阳镇茶叶协会颁发“先进科普示范基地”牌匾。9月15日，在西阳镇阿鲤廊举行“诗画田园，生态农业”全国科普日活动仪式暨“广东省青少年科技教育基地”挂牌揭幕活动，由市科协、市科技局、市教育局、区科协、区科技局等单位联合主办，活动以“大力弘扬科学精神，大力普及传播发展理念，大力倡导创新创造创业，大力促进公众理解高新科技”为主题，宣传自然教育和农业科普及其他传统科普活动常态开展，梅江区“大众创业、万众创新”绿色生态科普宣传活动氛围形成。（胡小媚）

2017年区科协领导名录

主　席：侯海岸

社会生活

民政

【简述】 2017年，梅江区民政局认真贯彻落实中共十八届六中全会和中共十九大会议精神，习近平总书记系列重要讲话，省、市、区委全会和省、市民政工作会议精神，紧紧围绕区委、区政府中心工作、振兴发展主题和民政事业的核心任务，认真落实粤东西北和原中央苏区"两大振兴政策"，加快民政项目实施，主动争取新作为，不断深化改革，凝心聚力，真抓实干，全面完成民政民生重点工作任务，促进梅江振兴发展。

【社会救助管理】 低保标准 提高城乡低保标准（补助水平），实现城乡一体化发放，城市低保每人每月由600元提高至620元（人均月补差由420元提高至460元），农村低保每人每月由420元提高至620元（人均月补差由220元提高至360元），2017年梅江区城乡低保1903户3447人，累计支出低保金1874.31万元。

特困人员 2017年1月起，梅江区提高城乡特困人员供养标准，城乡特困人员基本生活标准从每人每月800元提高至1000元。同时，给予集中供养对象护理费补贴，城乡特困人员589人，累计支出特困供养金额700.01万元。

护理补贴 在梅州市率先实行集中供养对象照料护理补贴，按有生活自理能力、部分丧失生活自理能力、完全丧失生活自理能力3个标准，分别给予800元、1000元、1300元护理费补贴；加强敬老院日常管理，不断规范低保、特困申请审批制度，推进特困人员供养服务机构——梅江区老人公寓运营相关准备工作。

医疗救助 在梅州市率先开通市级医疗机构的医疗救助"一站式"结算服务，不断完善医疗救助政策。印发《关于进一步完善我区城乡医疗救助制度的通知》，2017年梅江区城乡医疗救助总人数723人，累计支出一站式医疗救助金405.84万元。城乡医疗救助住院补助平均标准从每人每年2178元提高至2828元，低保对象在住院期间个人自付部分给予80%救助，特困供养人员给予100%救助，城乡医疗救助住院补助水平人均5603元。全年为困难群众3982人做好医保参保工作，医疗保险费59.73万元，参保率100%；对因病、因残、因灾等各种特殊原因造成暂时困难的家庭，给予非定期、非定量的临时救助，全年累计发放临时救助344人次，救济金132.04万元。

规范管理 完善全国低保系统低保家庭数据采集工作，实现低保对象管理与核对信息化。结合精准扶贫工作，健全社会救助管理服务机制，不断完善社会救助相关制度，2017年组织镇村两级社会救助业务培训学习，参加人员287人。

专项治理 开展涉农领域腐败问题专项治理，制定专项治理方案，2017年对全区城乡低保户2126户3564人、五保户480人和医疗救助对象619户进行全面核查，未发现村（居）干部私自扣押保管发放存折（卡），截留、套取、冒领、克扣救助金和向救助对象索要"好处费"的现象。通过核查，全年全区正常动态清退城乡低保对象432户671人，新纳入城乡低保对象222户526人。

敬老院建设 2017年完成金山敬老院改造，推进长沙、城北、西阳3个敬老院建设，城北敬老院已立项，西阳敬老院已立项并动工，长沙敬老院已办理搬迁新建土地划拨手续，进行项目规划设计等工作。

【双拥优抚安置】 双拥创建 全力支持驻区部队建设，2017年筹资120多万元，帮助驻区军警部队实施营房设施环境改造建设，送上节日慰问金40万元；组织开展拥军优属走访慰问、关爱功臣“送医送药”、双拥共建等活动；组织开展退役士兵就业培训，解决退伍军人后顾之忧。

抚恤优待 全面落实各项双拥优抚安置政策，按规定分别调整提高优抚对象的抚恤补助和优待标准，2017年财政投入总额1667.1万元，平均增幅10%；落实义务兵家庭优待政策，2017年实发12080元，比上年增加974元，增幅8%；经费实行社会化按时足额发放到位。

退伍安置 做好复退军人接收登记，2017年共接收自主就业退役士兵114人，为自主就业退役士兵共发放一次性补助资金367.98万元；接收符合由政府安排工作条件的退役士兵9人，实际安置6人，有2人选择自谋职业，1人考取单位而自愿放弃安排；投入资金9.8万元对暂未安排就业的13名随军家属发放待业生活补助，并对失业下岗军转干部发放生活补贴。

涉军维稳 组织各镇（街道）开展走访慰问活动，2017年共对523人次送上慰问金5.35万元及价值8286元的慰问品；区、镇（街道）两级党政领导与复退军人结对交友25人，做好涉军人员信访维稳工作，有力维护社会和谐稳定。

军休管理 梅江区军休所全面落实军休干部“两个待遇”（政治待遇和经济待遇），建立和完善军休干部服务管理社会化，做好“军休干部社工、医疗保健服务”项目中期评估工作，组织开展丰富多彩的娱乐活动，2017年累计走访365人次以上。2017年，梅江区民政局被省民政厅评定为“四星级军休服务管理机构”。

复退管理 梅江区复退中心严格按广东省人民政府办公厅文件“五有”（有专职人员、有专项工作经费、有专用办公场所、有专门工作制度、有规范牌子）标准的要求，落实镇、街道专职人员管理和培训，全区7个镇（街道）、136个村（社区）委全部挂牌运作，区级复退中心通过招考增加事业编制2名，招聘镇级工作人员14名；追加区镇两级专项工作经费，区级30万元，镇（街道）级共计70万元（每个镇、街道各10万元），有力维护梅江区涉军人员稳定。

纪念园区建设 加强纪念碑管理，2017年筹资200多万元，完善长沙、西阳烈士纪念碑设施，进行系统改造和绿化建设，整修纪念碑瞻仰平台，修建长沙烈士纪念碑陈列室等。同时，不断完善光荣院设施设备和服务管理。

【防灾减灾管理】 预防灾害 2017年积极申报省级资助应急避护场所项目2处，健全区、镇、村三级应急避护体系，梅江区避险场所69处，有效面积24.82万平方米。完成金山街道、长沙镇2个应急避险场所建设，做好救灾应急物资储备，落实定点采购，健全救灾应急储备物资日常管理。组织参加基层灾害信息员培训，进一步提高灾害信息员业务能力。

救助群众 2017年梅江区受灾人口4098人，紧急转移安置55人，房屋倒损12间，发放上级自然灾害生活救助资金75万元，区级调拨价值5649元救灾应急物资大米、方便面等，解决受灾群众的基本生活。

防灾宣传 围绕“减轻社区灾害风险，提升基层减灾能力”的主题，开展全国防灾减灾日宣传活动，全面提高社区居民防灾减灾意识和自救互救能力。2017年，积极推荐城北社区申报创建全国综合减灾示范社区。

救灾保障 2017年梅江区政府出资83447.95元，为全区38813户农户购买“政策性农村住房保险”，出资286240元，为全区11万多农业人口统一投保“自然灾害公众责任保险”。

【福利事务】 市福利院 梅州市福利院，集光荣院、儿童福利院、老人院于一体，是一所设施齐全、管理规范综合性多功能福利院，是梅州市唯一的省二级福利机构。2017年，着力抓好项目建设，优化服务环境，强化康复训练，提高孤残儿童、孤寡老人生活保障水平，努力提高养老服务质量。福利院共有工作人员98人，其中编制内职工28人、聘用人员70人；院民114人，其中盲人26人、弃婴33人、孤老复员军人1人、特困人员8人、其他类型残疾人40人、自费养老6人；长者床位90张，儿童床位80张。

市殡仪馆　梅州市殡仪馆与梅江区殡葬管理监察队合署办公，共有工作人员54人，其中编制内职工26人、聘用人员28人。不断完善内部管理和设备设施，积极筹集资金，解决原址升级改造扩建。2017年，获评“省二级殡仪馆”、“市文明窗口”、“市民政系统先进单位”。为群众提供优质殡仪服务，全年共减免2000宗辖区居民殡葬基本服务费约200万元；组织60多人参加殡仪馆公众开放日活动，清明节期间开展树葬活动，将16位遗体骨灰实行免费树葬；全年火化遗体7000具，上缴行政事业性收费286万元，经营服务性总收入约1300万元。

殡葬管理　制订印发《梅江区“十三五”殡葬事业发展规划》，与各镇（街道）签订2017年殡葬管理目标责任书；规范公益性骨灰存放设施建设管理，建成区级树葬区1处，占地面积1100平方米；西阳镇积极推进公益性公墓建设，经区发改立项3座公益性公墓（镇级1个、村级2个）正在进行筹建、申报。殡葬管理监察队扎实开展“五沿”（沿路、沿江、沿水、沿河、沿线）坟墓专项整治工作，依法拆除5宗违规建坟，筹集植树绿化捐款62270元，落实“三道两区”（铁道、国道、省道公路两侧及城市周边区域、风景名胜区）可视范围和“五沿”地区山坟整治和复绿，同时依法规范民办殡仪服务机构管理。

孤儿救助　2017年梅江区孤儿基本生活最低养育标准调整为集中供养从每人每月1340元提高至1450元，分散供养孤儿基本生活最低养育标准从每人每月820元提高至880元，全年全区孤儿经费125.4万元。全区孤儿总人数58人，其中散居11人、福利机构集中供养47人。及时调整孤儿基本生活最低养育标准，按时足额发放生活保障金。发放事实无人抚养儿童每人每月500元生活保障金，全年全区共有51人，发放金额31.2万元。

登记管理　婚姻登记处依法依规办理婚姻登记，做好免费婚姻辅导服务和颁证工作，引导群众进行免费婚检，婚检率80%以上。2017年梅江区共办理婚姻登记业务5536宗，其中结婚登记2828对，离婚登记938对，补领婚姻登记证696宗，出具婚姻登记记录证明1宗，查阅婚姻档案1073宗，婚姻登记合格率100%。依法依规办理收养登记业务2宗，全年接受群众咨询120多人次。

社工建设　做好三角镇、西阳镇、江南街道、西郊街道、金山街道5个镇（街道）“双百”镇（街道）社工服务站申报、选点和运营等建设，2017年招聘22名社工，推进梅江区专业社工发展。积极参与广东社工“双百计划”［双百镇（街道）社会工作服务五年计划］示范点创建工作，2017年经省社工办确定江南、金山街道两个示范建设点。

残疾人补贴　落实发放残疾人两项补贴，做好享受残疾人两项补贴对象录入信息工作，及时发放符合条件享受困难残疾人生活津贴、重度残疾人护理补贴。2017年梅江区享受两项补贴共4009人，其中困难残疾人1217人、重度残疾人2792人；困难残疾人生活补贴从每人每年1200元提高至1800元，重度残疾人护理补贴从每人每年1800元提高至2400元，全年共发放补贴资金877.315万元。

留守儿童　加强留守儿童的关爱管理，建立健全留守儿童关爱保护联席会议制度，2017年招聘4名专职工作人员，做好172名留守儿童信息录入工作，落实10名农村留守儿童原无监护人的问题，解决4名农村留守儿童无户口问题。

【养老服务】 惠民政策　落实高龄老人补（津）贴和百岁老人长寿保健金两项惠民政策，年需经费355万元，列入财政预算，进行社会化发放，进一步提高高龄老人保障水平。2017年1月起，提高高龄老人补（津）贴标准，由每人每年80—89周岁高龄老人120元、90—99周岁高龄老人200元的标准统一提高至每人每年300元；1月起，提高百岁老人长寿保健金标准，每人每月由200元提高至300元，全年经费12.96万元。

关爱老人　开展百岁老年人慰问活动，落实普惠型惠民政策，2017年投入79.85万元，为60周岁以上67178人购买“老年人意外伤害综合保险”。同时，积极发动5789名60周岁以上老年人自费购买意外伤害综合保险。2017年，爱馨老年公寓林素兰被评为“2017广东优秀养老院院长”。

养老机构　2017年通过床位补助、运营补贴等形式给予大力支持养老机构，为养老机构鸿福老年公寓、润通养老院发放“一次性建设资金补贴”共59.4万元。同时，扎实加强民办养老机构日常安全管理，每月组织消防、区食药鉴局、镇（街道）相关部门对11家民办养老机构进行安全生产检查，全年发现隐患27项，督促整改27项，确保养老机构安全有序运转。

老年公寓建设　梅江区老年公寓总投资2872万元，新增床位380张，2017年完成验收工作；梅江区养老护理中心项目总投资788万元，新增床位150张，2017年3月动工兴建，年末完成工程总量的80%；投入100万元，用于鸿福老年公寓提升改造，加装电梯、视频监控等设备，完善多功能活动室、社工站等设施；区居家养老服务中心完成立项，在报批用地规划；三角居家养老服务中心完成设计、立项、公开招标等工作，进入施工阶段；西郊居家养老服务中心进行筹办相关手续；其余5家镇级居家养老服务中心建设在立项实施；2017年投入资金520万元，建成龙岗、桃西等10个村级居家养老服务站并投入使用，推进龙丰、蒲田等5个村级居家养老服务站建设；落实养老机构消防安全责任，全年投入资金120万元，推进3家民办养老机构消防设施升级改造。

【基层政权建设】 换届选举　依法依规完成2017年梅江区村、社区“两委”（支委、村委）换届选举工作任务，全区81个村委会依法选举产生“两委”干部352名，45个社区居委会依法选举产生“两委”干部207名。全区村、社区书记主任“一肩挑”119人，“一肩挑”比例94.4%，村、社区“两委”交叉任职359人，交叉任职率93%。

村务监督　开展村（居）务公开“五化”（设施建设标准化、内容规范化、时间经常化、形式多样化、地点公开化）创建活动，完成村务监督委员会换届选举工作，全区共推选产生新一届村监委成员243名。为增强新一届村监委的履职能力，组织全区81名村监委主任进行集中培训，足额社会化发放村监委成员补贴每人每月600元，2017年共计发放金额184.68万元。

社区建设　2017年做好省资助建设城乡社区公共服务站示范项目西阳镇西阳社区、移民新村社区公共服务站建设，分别获省福彩公益金资助30万元，合计60万元。

经费保障　2017年梅江区每个村工作经费7万元，每个社区工作经费11万元，比上年各增加1万元，全年共计拨付工作经费1062万元。

赋码工作　2017年采集完善村（居）基础信息，发放“基层群众性自治组织特别法人统一社会信用代码证书”，年末，全面完成村（居）民委员会特别法人统一赋码工作。

平台建设　推进全区7个镇（街道）、126个村（社区）公共服务综合平台建设，按照“五个统一”（机构人员统一、场所标识统一、流程内容统一、信息系统统一、经费保障统一）要求，达到“八有”（有机构、有牌子、有办公场所、有办公设备、有制度、有人员、有系统、有经费），实现基层公共服务便利化、统一化、网络化。

【区划地名】　2017年，全面完成第二次全国地名普查数据上报，共编制地名调查目录、填写登记表5309张，地名标志登记表422张，成果图37幅，完成区级自查、市级核查，接受省普查办检查验收和国务院抽检，做好地名普查成果转化。同时，认真做好地名命名更名、镇村界线划定和补充设置地名标志，与梅县区、丰顺县、大埔县开展平安边界创建，建立平安边界“五项制度”（建立健全联席会议制度、建立界线管理联系员制度、建立界线管理情况通报制度、建立边界纠纷应急处理机制、全面落实界线界桩联合检查制度）。

【福利销售】　福利彩票发行中心不断加大福彩营销宣传力度，加强福彩队伍、网点建设和服务管理，做好专营化、形象化建设，拓宽销售市场，提升福彩发行效益，2017年设“快乐十分”销售点36个、电脑票投注站98个，完成销售7800多万元，筹集福彩公益金300多万元。

【社会组织】　依法依规做好社会组织登记、年检工作，培育发展社区社会组织，完善扶持社会组织发展措施，完成区慈善会慈善组织登记认定和公益性捐赠税前扣除资格确认；推进社会组织统一信用代码转换，推进社会组织自律体系建设，积极推进“三社联动”（通过社区建设、社会组织培育和社会工作现代化体制，形成资源共享、优势互补、相互促进的良好局面，加快形成政府与社会互联、互动、互补的社会治理新格局）工作。2017年梅江区共有社会组织185家（其中社会团体52家、民办非企业单位133家），年检率93%。扎实推进社会组织党建工作，组建党支部14个，选派党建工作指导员91名。

【民政经费】　积极主动争取上级资金支持，大力改善民生，做好扶贫济困、优抚保障、双拥建设、基层政权、社会福利等工作，推动民政事业的发展。2017年梅江区投入民政事业经费10559.9万元，其中争取省、市民政部门支持资金6516.5万元，比上年增加2513.4万元；投入社会救助和社会福利事业5684.3万元，优抚保障经费3162.6万元，安置经费786.4万元。

【服务中心工作】　扶贫济困　发动全区干部职工积极参与扶贫济困日活动，2017年梅江区共捐赠4039822.7元，捐赠款70%用于挂钩帮扶村的精准扶贫脱贫；积极开展“姚金辉”慈善救助项目，2017年追加捐赠20万元用于救助“三瘫”（脑瘫、肢瘫和截瘫）患者康复，共救助对象115人，救助金额31.47万元。

信访维稳　把涉军人员信访维稳工作摆在重要议事日程，定期召开专题研判会，研究部署民政对象涉军人员的信访维稳工作，成立信访专班组，落实维稳责任，加强隐患排查，落实稳控措施，及时解决涉军人员反映的问题，同时做好全国“两会”、“八一”、中共十九大、世界客商大会等重大敏感时期涉军信访维稳工作。

安全生产　2017年每月定期组织人员对直属单位、敬老院、民办养老机构和福彩销售点等开展安全生产检查；同时，加强消防灭火疏散、食品卫生等培训、演练，确保食品、卫生、消防、行车等安全。

“创文”工作　积极配合开展创建全国文明城市活动，认真做好民政牵头4项工作，加强社区民主建设管理，深入开展关爱特殊群体，创建有利于青少年健康成长的社会文化环境，扎实开展保护残疾儿童老年人残疾人工作。

【自身建设】　切实抓好每月学习政治、法治教育，组织学习贯彻习近平总书记系列重要讲话、中共十八届六中全会和中共十九大会议精神，积极开展“转作风比奉献树形象”主题活动，牢记为人民服务的宗旨，提高民政干部自身素质。加强党风廉政建设，筑牢拒腐防变的思想防线，做合格党员，严守纪律，弘扬“坚定信念、求真务实、一心为民、清正廉洁、艰苦奋斗、争创一流、无私奉献”的“中央苏区”精神，始终保持奋发向上、争当第一的干事激情和工作态度，转变工作作风，优化服务水平，提高服务能力，形成促进民政事业跨越发展的强大推力。（练尚思）

2017 年 2 月，梅江区举行军政迎春茶话会

2017 年区民政局领导名录

局　长： 丘颂霞（女）

副局长： 陈筱玲（女，任至 12 月）

刘攸慎　杨　锋

吴伟贤（女，12 月任）

人力资源和社会保障

【简述】　2017 年，梅江区人力资源和社会保障局深入贯彻中共十八大六中、七中全会和中共十九大精神，围绕和服务区委战略决策，贯彻落实新发展理念，适应把握引领新常态，坚持促改革、补短板、兜底线、防风险，着力落实区政府民生实事、人社惠民政策、深化改革举措，全年全面完成市下达社保扩面征缴和培训就业指标任务。

【就业培训】　2017 年梅江区城镇新增就业 3000 人，城镇失业人员再就业 2900 人，城镇登记失业率 2.45%，全区就业形势保持基本稳定。

切实抓好高校毕业生就业创业政策落实　实施离校未就业高校毕业生就业促进计划和大学生创业引领计划，2017 年，区人社局为高校毕业生发放就业见习、创业资助等各类补贴 16.2 万元，提供小额贷款 13 万元。开展高校毕业生就业服务月活动，密集宣传梅江区高校毕业生就业、培训、见习政策。举办高校毕业生专场招聘会，全区 108 家企业为高校毕业生提供岗位 5000 多个，达成就业意向近 2000 人。

大力推动创新创业　加快创业孵化体系建设，支持引导梅州市围龙广告有限公司“青创谷”孵化基地建设，审核认定“梅江区青创谷创业孵化基地”为区级创业孵化基地。加大对梅江区中梅创业孵化基地扶持力度，全面提高创业孵化能力和服务水平，打造区级示范性创业孵化基地。2017 年，开展创业培训 21 期，参培人员 630 人；发放创业（小额）担保贷款 27 笔共计资金 301 万元，贴息 46.65 万元，扶持创业人员 386 人，创业带动就业 1890 人；对享受各类就业扶持政策的企业和个人发放社保补贴 48.6 万元、岗位补贴 15 万元。

有序开展劳动力技能晋升培训　调整就业专项资金支出结构，深化职业培训模式改革，落实培训补贴政策，增强培训针对性和有效性。2017 年梅江区共组织城乡劳动力技能培训 8123 人，开展劳动力技能晋升培训 36 期，培训 1780 人；发放劳动技能晋升培训补贴 611 人，补贴金额 142.5 万元；劳动力新增转移就业 4510 人次。

开展各类就业招聘和就业援助活动　2017 年，举办就业招聘会 44 场，进场单位 1502 家，提供就业岗位 32760 个，成功介绍就业 10950 人，就业登记备案 3004 人。规范就业困难人员认定，健全“一对一帮扶”就业援助制度，帮助就业困难人员实现就业 300 人，零就业家庭实现动态归零。

落实灵活就业人员社保补贴工作　开展灵活就业人员申领社保补贴政策宣传和业务经办培训，制作灵活就业人员社保补贴软件，录入需申领补贴人员的相关信息。2017年为326名灵活就业人员发放贴补资金88万余元，减轻就业困难人员养老保险缴费负担。

推进就业扶贫和稳岗扶企工作　依托公共就业服务平台，摸清全区贫困人口基本信息情况，建立贫困人口基础台账，动态掌握劳动年龄段内贫困劳动力的就业失业状况、培训需求和就业创业意愿。统一印制并为困难群众发放“就业技能社保扶贫服务卡”，为困难群众享受就业服务开辟绿色通道。根据各企业和用人单位用工需求和空岗情况，结合贫困人口基本技能，有针对性地进行推荐就业，提高贫困户的求职意愿，2017年成功推荐多名困难群众到企业和农庄就业。加大支持服务工业企业力度，挂点帮扶6家工业企业解决用工难题。

【社会保险】　2017年，梅江区参加社会保险各险种综合人数44万人次，社保基金收入5.914亿元，支出5.573亿元，社会保障卡持卡人数22.6万人。

完善制度体系　推进机关事业单位养老保险制度改革，实施灵活就业人员企业养老保险政策，优化基本医保付费方式，实施建筑业工伤保险，社保制度更加完善。

狠抓扩面征缴　以全民参保登记、灵活就业人员参保新政策出台等契机，组建扩面征缴行动小组，深入开展参保宣传稽核进园区、进企业、进商户行动，实施全民参保登记，进一步摸清底数，实现企业和个人应保尽保。组织全区四镇三街道300多名调查员参加培训，严格落实周报制度，2017年9月完成省下达的登记工作任务，2018年度城乡居民医保参保缴费人数21.56万人。

调整降低费率　落实供给侧改革任务，生育保险费率下调至0.5%，失业保险单位费率下调至0.8%，工伤保险费率下调至0.2%、0.4%、0.5%（分行业），企业职工基本养老保险缴费基数下限降至2489元/月，单位缴费比率降至14%，2017年为企业减负454万元。

落实提高待遇惠民政策　2017年，梅江区城乡居民养老基础金从110元调整至120元，企业职工养老按定额增加55元的基础上加增基本养老金月标准的3.2%，人均增加106.03元，人均达到1533元。城乡居民基本医疗保险补助标准从每人每年420元提高至不低于450元，城镇职工基本医疗保险基金年度累计最高支付限额提高至9万元，城乡居民基本医疗保险基金年度累计最高支付限额提高至50万元，职工医保门诊特定病种报销比例统一调整为75%，城乡居民医保门诊特定病种报销比提高至70%，普通门诊人日次最高支付限额提高至100元，年度累计最高支付限额提高至500元，报销比例提高至60%，城乡居民大病保险起付标准降为1万元，报销比例统一调整为70%，年度最高支付限额提高至16万元，公立医院门诊诊查费按人日次定额5元的标准纳入基本医疗保险支付范围。2017年城乡居民大病保险基金支付867万元，涉及大病人员2170人次。异地就医联网结算，省内定点医院增加为536家。

加强基金管理　加强基金风险分析，抓好征收收入“三方”（劳动保障行政部门、工会组织、企业组织）对账。加强基本医疗保险医疗服务监管，对基层卫生医疗机构进行抽查评审，发现问题及时进行处罚整改，2017年依规核销基层卫生院（社区卫生服务中心）违规医疗费87.16万元。开展养老保险重点指标专项检查，强化稽核内控，推进业务财务一体化。

全面兜底助力精准扶贫　2017年梅江区1618名精准扶贫对象纳入城乡居民养老保险，60周岁以上贫困群众599名领取待遇，月人均140元。开通绿色通道，为1671名建档立卡人员办理基本医疗保险，精准扶贫对象100%参加基本医疗保险。城乡五保供养对象、建档立卡贫困人员大病保险起付标准下调至2000元，报销比例提高至80%，不设年度最高支付限额，五保供养对象区内医院住院免付住院起付金，住院医保基金支付比例增加10个百分点。2017年建档立卡贫困人员基本医疗保险合计报销921

人次，报销金额315万元；大病报销72人次，报销金额179万元。

提升经办水平　2017年投入省级财政资金360万元，基本完成社保经办服务大厅标准化建设及硬件设施更新，大厅设有大型液晶显示宣传栏、等候休息区，办事窗口增至8个并统一实行取号办理，为参保群众提供方便快捷的一站式办公、一条龙服务。

2017年，梅江区在市剑英体育馆开展社会保险全民参保登记工作大培训

【人事人才工作】　推进职称制度改革和工资制度改革　落实国家和省改革意见精神，卫生系统职称评审，全面实行事业单位岗位管理的单位，岗位结构比例内开展职称评审，基层医疗卫生机构人员申报基层或非基层卫生专业评审，根据事业单位核定的岗位结构比例等额推荐评审。基层医疗卫生机构召开评价会议前对本年度可使用高级专业技术岗位职数进行公告，推荐评审总人数不得超过本年度可使用高级专业技术岗位职数。教育系统，教师系列职称评审增设中小学正高级教师职称评审，严格评选条件和工作程序，在本单位正高级教师岗位空缺数内进行申报推荐。

全面规范机关事业单位津贴补贴　开展机关事业单位违规发放津贴补贴问题的综合治理，协助机关养老部门做好养老保险并轨的数据审核工作，提高梅江区住房维修补贴标准。

公务员招录、事业单位招聘和专业技术资格考试　各类人事考试工作保持公平公正，2017年全区共招录公务员7人，事业单位人员25人。干部调动、任免、年度考核，事业单位岗位设置、管理人员聘用、“三支一扶”（大学生在毕业后到农村基层从事支农、支教、支医和扶贫工作）服务人员招募、人事信息采集规统、机关事业单位工勤人员调配、编外聘用人员审核备案等人事工作有序推进。

推进人才服务机构“放管服”工作　进一步简政放权，优化服务管理，梳理公开公共服务事项目录，简化证明材料和手续，实行流动人员人事档案接收告知承诺制，取消初次就业流动人员转正定级手续，取消人事关系和档案报关费，区人才档案室和人才公共服务平台完成改造升级，流动人员人事档案基础信息库建设稳步推进。

围绕创新发展“八大抓手”，加强创新人才队伍建设　联合市委人才工作宣传活动组到东升园区开展“人才工作宣传周活动”，在全区范围特别是面向园区企业宣传解读省、市人才工作新政策，广泛发动各界人才参与省“珠江人才计划”“广东特支计划”“扬帆计划”，申报急需紧缺人才。2017年共有4家企业申报急需紧缺硕士以上紧缺人才12人；落实创客人才培养任务，全年培养创客人才400人。

重视引进招录人才　2017年共组织教育、卫生等事业单位公开招聘3批，招聘岗位74个，办理聘用25人。其中，教育系统组织进校园（华师大）招聘教师，录用10人，硕士学历3人。

积极发掘培养本土人才　开展专业技术人员继续教育，2017年聘任各级专业技术人员449人；做好专业职称资格评审，审核高级职称资格133人、中级90人、初级79人。同时，做好梅江区4名优秀人才享受市千人计划经济待遇审批和服务工作。全年全区新增副高级以上职称的专业技术人员13人。

2017 年，梅江区在市剑英体育馆举办高校毕业生现场招聘会

【劳动保障】 2017 年，劳动保障监察综合行政执法体制改革全面完成。全区劳动合同签订率 95%，建立工会企业集体合同签订率 84%。劳动人事仲裁法定审限内结案率保持 100%。

完善构建和谐劳动关系的制度机制 落实《关于构建和谐劳动关系工作分工方案》《2017 年梅江区劳资领域社会矛盾专项治理工作方案》，大力推进工资支付分账管理、工资保证金、风险防范预警、欠薪周转金机制，建立解决企业拖欠工资问题部门联席会议制度，并召开联席会议。完善工程项目主管单位治欠保支体系，深化严重违反劳动保障法律法规案件行政执法和刑事司法“两法衔接”。2017 年指导、审查企业集体合同、工资集体协商和女职工权益保护专项合同 11 宗，涉及职工 2726 人次。

深入开展欠薪综合治理 开展劳资纠纷隐患排查化解，连续性、拉网式开展遵守劳动用工和社保法律法规专项检查，中共十九大防护期企业欠薪隐患排查，农民工工资支付专项行动。2017 年处理投诉案件 212 宗，涉及 1113 人，金额 2228. 59 万元。涉嫌恶意欠薪案件 3 宗移交公安机关，涉及民工 23 人，金额 40. 33 万元。开展就业招聘会、消费者权益保护日、人社政策解读进园区、劳动监察部门“送法上门”等活动，劳动保障法律法规宣传取得明显成效。

大力提高仲裁效能建设 不断改革仲裁办案方式、优化仲裁办案程序，2017 年调解仲裁机构处理案件 166 宗，涉案金额 364. 12 万元。

（李立智）

2017 年人力资源和社会保障局领导名录

局　长：李东发

副局长：丘庆平　罗秋娟（女）　徐涤清

陈　曙（女）

区社会保险基金管理局局长：黄文庆

区就业服务管理局局长：罗伟昌

区人才服务局局长：陈莉冬（女）

卫生和计划生育

【简述】 2017 年，梅江区卫生和计划生育局认真贯彻落实中共十九大精神，奋力践行习近平新时代中国特色社会主义思想，立足卫计实际，全面实施健康中国战略，不断深化医药卫生体制改革，继续落实全面二孩政策，着力构建居民健康服务体系，扎实推进“健康梅江”建设。2017 年梅江区有医疗卫生机构 12 个，其中县级医院 1 个（梅州市第二中医医院），专科医院 1 个（深梅眼科医院），公共卫生事业单位 2 个（妇幼保健计划生育服务中心、慢病站），基层医疗卫生机构 8 个（镇卫生院 4 个、社区卫生服务中心 4 个）；病床 893 张，卫生和计划生育工作人员 1752 人，其中执业医师 296 人、执业助理医师 104 人、注册护士 451 人、药剂人员 134 人、技师（士）54 人、其他 270 人。

【深化医药卫生体制改革】 一是建立强有力的领导体制，为深化医改提供组织保障。2017 年梅江区调整深化医改领导小组，由区委书记担任小组组长，制订《梅州市梅江区深化医药卫生体制综合改革实施方案》，出台《梅州市梅江区城市公立医院综合改革实施方案》和印发政策性文件，全面深化医药卫生体制改革提供有力保障。二是破除以药补医，建立健全公立医院运行新机制。2017 年 7 月 8 日零时起，梅江区公立医疗卫生机构（基层卫生院、社区卫生服务中心除外），启动公立医院综合改革，全面取消药品（中药饮片除外）加成，将挂号费并入诊查费，社会各界反响良好。三是以家庭医生签约服务和医疗联合体为抓手，加快分级诊疗制度建设。组建以家庭医生为核心、专科医师提供技术支持的签约服务团队，推进家庭医生签约服务。2017 年，梅江区家庭医生签约全人群签约率30.61%，重点人群签约率60.24%，全面完成上级下达的工作任务。2017 年梅州市第二中医医院与区属镇（街道）卫生院、社区卫生服务中心签订医联体协议，通过建立技术帮扶、双向转诊、业务指导和培训，把区级医技资源下沉基层医疗单位。四是推进政事分开、管办分开，建立现代医院管理制度。按照政事分开、管办分开、简政放权、提高效率的原则，加快建立“回归公益性、调动积极性、保障可持续性”的管理体制和运行机制。五是基本公共卫生服务均等化水平不断提高。加强基本公共卫生服务项目工作管理，落实项目经费的投入，强化项目工作的组织协调、监督和考核，2017 年梅江区人均基本公共卫生服务经费标准提高至 50 元。

【创建“卫生强区”建设】　一是梅州市第二中医医院成功通过“三甲”现场评审。评审结果将由省中医药管理局报请国家中医药管理局备案审核公示后进行挂牌，将成为梅州首家三级甲等中医医院。二是全面启动村卫生站公建规范化建设。2017 年梅江区 87 个村卫生站公建规范化建设项目全面启动，投入 750 万元，用于基建和购买医疗设备，年末，完成改造 70 个，剩余 17 个按市政府要求 2018 年全面完成。三是扩建江南社区卫生服务中心。按照卫生强区建设标准，江南社区卫生服务中心业务用房面积缺少 1100 平方米，租赁与卫生服务中心相连 1700 平方米的楼房进行改造，预计投入资金 150 万元。四是迁建妇幼保健计划生育服务中心。梅江区妇幼保健计划生育服务中心，现有用房功能设计及使用面积远远不能满足人民群众的医疗需求和医院的发展，区卫计局积极筹划迁建工作，基本确定选址，预计投资 1.2 亿元，总建筑面积约 1.2 万平方米，新增住院床位 100 张。五是创建“两基”示范镇。2016 年三角镇、城北镇成功创建“基本医疗和基本公共卫生服务示范镇”达标镇的基础上，2017 年金山街道、江南街道、西郊街道、西阳镇积极推进创建“两基”示范镇的工作，争取通过市考核验收。

2017 年，梅江区成功创建“省级慢性病综合防控示范区”

【提升妇幼健康服务水平】　一是加强妇幼健康服务体系建设，推广使用《母子健康手册》，为妇女儿童提供系统规范的优生优育全程服务。二是落实妇幼公共卫生服务项目，扩大农村妇女“两癌”（宫颈癌、乳腺癌）免费筛查覆盖面。三是实施妇幼安康工程，2017 年，投入 750 万元建立出生缺陷防控服务中心，目标人群免费孕前优生健康检查覆盖率 100%，孕产妇艾滋病、梅毒和乙肝筛查率 99.88%，地中海贫血防控初筛率 95% 以上。四是落实计划生育免费基本技术服务，加强再生育咨询服务和技术指导，开展免费婚前孕前优生健康检查，全年完成孕前优生健康检查 1203 对。五是加快推进全区医疗机构母婴设施建设，梅江区二级及以上医疗机构经常有较多母婴滞留场所，均按要求建立独立母婴室，并配备基本设施。

【强基固本工程】 一是科学做好重大疾病防控。2017 年 9 月，梅江区通过省慢性病综合防控示范区建设复核，成为全省成功通过验收的 8 个县（市、区）之一。全年全区无登革热、寨卡病毒病等重点传染病发生，传染病发病率控制在规定范围内。全面开展严重精神障碍患者排查工作，有效地预防和减少肇事肇祸案发生。二是进一步加强新时期爱国卫生。长沙镇、西阳镇在上年成功创建市级卫生镇的基础上，巩固和提升创建成果，8 月，成功创建“广东省卫生镇”，为全市率先创建省级的卫生镇；11 月，梅江区在全市率先实现省级卫生村全覆盖；同时认真开展病媒生物防制工作，有效控制病媒生物密度，梅州城区是全省唯一连续 4 年未发生登革热疫情的地级城市。三是深入开展卫生计生宣传和健康教育。充分利用春节、元宵、“3·8”妇女节、“5·29”计生协会活动日、家庭发展促进月、全国爱国卫生月、世界卫生日等节日，开展形式多样、丰富多彩的群众性宣传服务活动。四是逐步完善中医药服务体系。2017 年，梅江区全面实施基层中医药服务能力提升工程“十三五”行动计划，以梅州市第二中医医院为龙头，大力推行中医药综合服务模式，广泛推广运用中医药实用技术。五是加强卫生技术人才队伍建设。2017 年，开展医疗卫生人才公开招聘工作，通过笔试、面试、体检、公示，招录人才 29 人；计划订单定向本（专）科医生 9 人，实际落实 8 人；聘用基层卫生专业技术人员，高级 4 人、中级 41 人、初级 37 人。2017 年，梅江区连续 18 年获评“广东省人口与计划生育工作先进单位”，成功创建“省级慢性病综合防控示范区”，江南社区卫生服务中心被国家卫计委授予“优质服务示范社区卫生服务中心”荣誉称号。 （邹 蕊）

2017 年区卫计局领导名录

局 长：何庆昌
系统党委书记：彭文峰
系统党委副书记：曾锦红
副 局 长：王丙俊（任至 12 月）
钟战平 温桂芳
陈筱玲（12 月任）
党 组 成 员：曾江林

民 族 宗 教

【简述】 2017 年，梅江区民族宗教事务局深入贯彻落实中共十八届六中全会和中共十九大会议精神，习近平总书记重要批示精神，紧紧围绕区委、区政府的中心工作，不断加强和创新民族宗教事务管理，维护全区民族宗教领域和谐稳定。

【推进民族团结】 以贯彻落实中央民族工作会议、全国城市民族工作会议精神为主线，按照梅江区关于创建全国文明城市工作的部署要求，认真完成“创文”工作任务，积极推进民族团结进步创建活动。深入开展民族团结进步宣传教育，广泛宣传马克思主义民族观和党的民族政策，增强对民族团结重要性的认识，增进相互之间的了解和尊重，促进各民族的交往交流交融。指导相关单位深入开展民族团结进步“六进”活动，通过宣传栏、宣传横幅、宣传牌等形式，宣传有关民族法律法规共 40 多处，推进民族团结。

【依法管理宗教】 一是抓好宗教场所安全规范。开展以“安全规范”为主题的和谐寺观教堂创建活动，把依法管理宗教事务和推进宗教活动场所规范化管理结合起来，促进宗教活动场所安全规范、管理规范、行为规范。做好春节、“五一”、国庆等节假日节前消防安全大检查，确保重大节假日期间宗教活动正常开展和寺庙、信众的人身财产安全。结合汛期、干燥天气，及时通过短信、会议等形式，要求各宗教场所切实做好防洪防火等安全工作。局领导带队定期到宗教场所进行建筑、消防、食品、大型活动等的安全检查，2017 年发出安全隐患整改通知书2份，均整改到位，确保宗教活动场所的安全稳定。二是做好抵御境外宗教渗透。扎实开展境外宗教渗透专项整治，通过加强宣传教育，开展重点摸排，完善工作机制，巩固工作成果，有效遏制境外宗教渗透。2017年3月开始，通过加强与公安国保等部门信息互通和联合执法，开展境外宗教渗透排查摸底活动30多次，依法取缔私设聚会点2处，查缴境内外散发性宗教类书籍刊物100多本，训诫境内宗教活动骨干及非法宗教活动参与者6人。三是推进民间信仰场所管理。民间信仰管理为新的一项工作，区民宗局在2016年初步调查摸底的基础上，2017年对梅江区民间信仰场所基本情况进行核实和推进。积极探索加强民间信仰工作的新举措，按照依法管理、分类管理、属地管理、重在基层的要求，妥善处理涉国家利益和社会公共利益以及社会公共活动涉民间信仰方面的事务。初步统计，梅江区有大小民间信仰点100多处，其中具有一定规模或影响力的近20处。2017年，引导2处佛教特征明显的民间信仰场所申请登记开放为佛教活动场所，按照《宗教事务条例》进一步规范管理。四是开展宗教信息采集核改工作。做好宗教组织统一社会信用代码赋码工作，贯彻落实全国宗教工作会议和习近平总书记重要讲话精神，规范宗教组织管理，推动宗教事务管理纳入社会信用体系和社会法治治理体系。根据上级工作部署，区民宗局完成全区69处登记开放宗教活动场所、宗教团体和宗教教职人员信息的采集核准、补全工作，为做好梅江区宗教工作信息化建设和宗教组织统一社会信用代码赋码及“宗教活动场所登记证”换发工作奠定基础。

【加强民族宗教重点工作】　一是提高民族宗教工作的分析研判。2017年，围绕梅江区民族宗教领域存在的问题，特别是新形势下出现的新情况新问题，开展以行政执法、流动少数民族、清真食品、民间信仰等为主题的民族宗教专题调研，并向市民宗局、区委统战部等部门提交5篇调研报告，为各级领导正确决策提供参考和依据，进一步做好民族宗教工作提供指导和保障。二是规范宗教活动场所的规划建设。推动宗教场所建设纳入城乡规划，争取区委、区政府和市民宗局等部门的重视支持，将千年古刹阳东岩寺保留并纳入芹洋半岛总体规划，将汉帝宫保留并纳入江南新城总体规划，指导市佛教香花文化传承基地慈云宫大雄宝殿等的拆建改造等，避免乱搭乱建和盲目建设。三是做好民宗领域的信访维稳工作。认真贯彻落实《广东省信访条例》，抓好矛盾纠纷排查，明确责任主体，承办人员能运用法治方式，积极化解民族宗教领域出现的问题，2017年，有效化解涉少数民族和宗教信访案3宗。确保梅江区民族宗教领域的和谐稳定。

【自身建设】　2017年，根据《中共广东省委广东省人民政府关于加强和改进新形势下宗教工作的实施意见》有关精神，区民宗局向区委申请设立党组，11月，区委批准“同意设立中共梅州市梅江区民族宗教事务局党组”的批复。通过健全党组机构，充分发挥党组织的战斗堡垒作用，进一步加强梅江区民族宗教管理工作。认真贯彻落实省、市关于开展转变政府职能，深化行政审批制度改革，大力推进简政放权、放管结合、优化服务的要求，推进依法行政和行政服务工作，做好行政许可事项和公共服务事项标准化工作，2017年，编制完成7项行政许可事项和9项公共服务事项的办事指南、业务手册及网上办理流程图、窗口办理流程图、量化表等，提升政务服务效能和行政审批服务水平。深入开展“转作风、比奉献、树形象”主题活动，全局干部职工积极参与，认真对照合格党员和“好干部”标准，扎实开展专题讨论和剖析检查，按要求写出对照检查材料，参与率100%。加强党风廉政教育和纪律教育，对党员干部和职工出现的苗头性、倾向性问题经常进行“咬耳扯袖”“红脸出汗”等谈话提醒。坚持每周例会学习制度，结合“三会一课”、专题讨论等形式，组织全局干部职工系统学习中共十九大、习近平总书记系列重要讲话精神。

（邹桂萌　邱浩浩）

2017 年区民宗局领导名录

局　长：刘伟金

副局长：邹桂萌（女）

残　　联

【社会保障】　2017 年，梅江区残疾人联合会积极配合区民政局做好残疾人两项补贴发放和提标工作，贫困残疾人津贴补助标准从 2016 年每人每月 100 元提高至每人每月 150 元，重度残疾人护理补贴补助标准从 2016 年每人每月 150 元提高至每人每月 200 元，至年末，全区有 1217 名贫困残疾人享受最低生活保障金和困难残疾人生活补助，2832 名享受重度残疾人护理补贴，701 名临近低保的贫困残疾人享受梅江区贫困残疾人生活补贴。2017 年为 1653 名符合条件的残疾人购买养老保险，为 1544 名重度残疾人免费购买 2018 年城乡居民医保。完善梅江区残疾人生活补贴制度，重新修改《梅州市梅江区贫困残疾人生活补助实施办法》，对处于贫困边缘，又没有享受其他政府补贴的残疾人，给予每月 150 元的生活补助，2017 年 9 月 30 日提交区政府常务会议讨论通过，从 2018 年 1 月起执行。

【康复服务】　认真落实残疾人居家康复服务和居家环境无障碍改造，抓好残疾儿童抢救性康复救助项目，巩固白内障无障碍区创建成果，做好辅具按需发放和适配服务，认真配合区卫计局做好贫困精神病患者救助工作。2017 年安排 43 名贫困精神病人、贫困重度残疾人到大埔民康精神病院、梅县区残疾人康复医院进行治疗并给予住院补助，全年为 42 名精神病人住院、贫困和重度残疾人托养进行补助，补助金额 18.05 万元；为 280 多名白内障患者提供手术，其中免费手术 60 名；投入 9 万元，完成居家康复服务 15 人，每人补助 6000 元；投入 20 多万元，发放各类辅助器具约 457 件（辆），其中轮椅 127 辆、座便椅 51 张、沐浴椅 3 张、拐杖 52 支、助行架 21 支、听力辅具 22 副、视力辅具 177 副、医疗病床 4 张。残疾人康复中心 2017 学年新收训 3 名智障儿童，0—7 岁康复训练儿童 30 人，8—15 岁特教班 7 人；2017 年有 3 人转入幼儿园就读。制定残疾人精准康复服务行动实施方案，成立区政府统一领导，区残联、区卫计局、区扶贫办、区民政局、区人社局、区教育局、区财政局等有关部门负责人组成梅江区残疾人精准康复服务行动领导小组和专家技术指导组，确定康复服务定点评估机构和服务机构。

【扶残助残】　开展扶残助学项目，为 2017 度考入大中专院校或高中的 21 名贫困残疾家庭子女和残疾学生（其中 15 名考入大中专院校、6 名考入高中及职中）发放助学金，共发放金额 3.15 万元。2017 年，完成居家无障碍改造 7 户，发放改造补助金 3.5 万元；发放燃油补助 134 人次，每人补助 260 元，共计发放金额 3.484 万元。积极争取区委、区政府的支持，调整《梅州市梅江区扶助残疾人实施办法》中扶残助学补助标准，2017 年由原来高中、大专、大学的 500 元、1000 元、2000 元分别提高至 1000 元、3000 元、5000 元，从 2018 年起列入区级财政预算。完成省、市、区三级民生实事社区康园中心建设任务，2017 年新建社区康园中心 3 个，规范运行 4 个。年末，梅江区 7 个镇（街道）全部建成残疾人社区康园中心并形成网络，为 148 名智力、精神和重度残疾人提供职业康复、文体康复、日间照料、辅助性就业等社区服务。

【保障金征收与就业培训】　以残疾人按比例就业为主线，开展残疾人就业保障金征收工作。

2017年，梅江区残疾人就业保障金征收入库205万元。大力扶持残疾人自主创业，鼓励残疾人多种形式就业创业。2017年投入资金2万多元，扶持8名残疾人自主创业就业；全年举办培训班2期，培训残疾人70多人次；全年参加市、区举办残疾人招聘会3场，累计18名残疾人实现就业再就业。

【专项调查】 2017年，全国残疾人基本服务状况和需求专项调查，7月1日起，采用入户核查的方式，调查了解残疾人在生活救助、社会保障、康复服务、接受教育、就业帮扶、权益维护等方面的服务状况、托底服务需求等内容。至9月，顺利完成调查任务，接受第三方机构的验收。

【组织建设】 2017年，区残联增加副理事长职位，解决梅江区残联长期无副职设置的状况；结合村级换届选举，调整不符合条件的村级残疾人专职委员63人。10月，全区7个镇（街道）完成残联系统换届选举工作；12月28日，梅江区残疾人联合会第六次代表大会顺利召开，大会总结过去五年残疾人事业取得的成就和经验，规划今后五年发展蓝图，同时选举产生新一届残联主席团、执行理事会和各专门协会。

【关注、关爱残疾人】 认真贯彻落实国务院《残疾人教育条例》《广东省特殊教育提升计划》，积极配合区教育部门筹建梅江区特殊学校，在教师和生源上给予大力支持和配合，2017年9月梅江区特殊教育学校开学，在校就读智障残疾学生31名，普通学校随班就读68名，送教上门61人；组织36名残疾人组成梅江区代表队参加（2017）梅州市第七届残疾人运动会，获得金牌17枚、银牌11枚、铜牌5枚；全市参赛的8个代表团中，梅江区取得金牌数和团体总分第二名的好成绩，同事获得梅州市残疾人运动会组织奖和道德风尚奖。发动社会组织开展助残活动，增强全社会扶残助残意识，利用“助残日”“国际残疾人日”“残疾预防日”，联合嘉城义工、鼎和社工、华南康复集团等社会团体，开展下乡慰问、社区宣传等活动，倡导全社会共同关注、关爱残疾人，维护残疾人合法权益。2017年，全国助残日系列活动共发放辅助器具110多件（辆）；现场新办（换发）第二代残疾人证7份，登记残疾人就业需求信息8条，发放宣传资料200多份。　（刘者辉）

2017年5月17日，由梅江区残联主办，西阳镇政府、西阳镇白宫卫生院、梅州华南康复医院协办在西阳镇白宫卫生院开展全国助残日系列助残活动，活动内容包括白内障筛查、义诊、假肢装配、政策咨询、现场办证等服务

2017年区残联领导名录

理 事 长：丘学勤

副理事长：张忠权（12月任）

镇·街道

长 沙 镇

【简述】 长沙镇位于梅江区南部，镇域总面积94.76平方公里，其中山地面积11.6万亩、耕地面积712.38公顷。2017年，全镇年末总户数有3854户，总人口12790人，其中男6322人、女6468人。长沙镇认真贯彻落实区委、区政府决策部署，学习贯彻中共十九大精神，坚定不移把发展作为第一要务，团结带领全镇广大党员、干部和人民群众，实现全镇经济平稳发展，社会政治和谐稳定，民生福祉全面提升，为建设“诗画梅江、文明客都”添砖加瓦。全年镇级财政收入1383.73万元。

【经济建设】 持续深入开展“暖企行动”，积极对接企业技术和人才需求，依托生态环境和资源优势吸引更多优质项目落户长沙。2017年，规模以上工业产值3287万元，比上年减少31.7%；固定资产投资1.59亿元，比上年增长40.7%；引进招商引资项目4个，计划总投资额20.6亿元，其中中信幼儿园项目，总投资8000万元；广州产业园项目，总投资1.8亿元；上罗新型环保建筑材料项目，总投资3亿元；澄滩新农开发项目，总投资15亿元。全镇列入市、区重点建设项目库项目8个，至12月，“六个一”(一个符合实际、能落地的规划项目，一批交通、学校、医院、公园等公共设施建设项目，一片产业发展的建设用地储备项目，一个有品质、能聚人的住宅小区建设项目，一条有特色、聚人气的商业街区建设项目，一个便民利商的政务服务中心建设项目)项目投资1.35亿元。

【现代农业】 发展一村一品特色农业。小密村发展茶叶、兰花基地，大密村推行观赏鱼产业带和“渔家乐”产业带，长沙村、澄滩村建设畜牧示范基地，上罗村建设养蜂基地，下罗村推行精品花卉种植等。积极拓展服务领域，以小密村为试点，建设农产品展销中心和农产品电商平台，扩大长沙镇农产品推广渠道。2017年，全镇粮食种植面积988.27公顷，总产量6168吨；花生种植面积47公顷，总产量1380吨；甘蔗种植面积2.07公顷，总产量94吨；蔬菜种植面积550.33公顷，总产量1.5万吨。

【美丽城乡】 2017年，自筹300多万元对圩镇老国道沿路排水管道进行一期改造、道路绿化亮化美化工程。全年全镇环境整治统一行动20次，清除卫生死角60处、蚊虫滋生地26处，清理垃圾100多吨。联合区公路、城建、交通等部门及各行政村对辖区内主要公路、铁路沿线环境进行集中整治，全年开展专项联合检查10次，现场处置各类问题35件。继续开展日常环境保洁、“六乱”整治、畜禽圈养等，全力推动人居环境综合整治工作，人居环境得到明显改善。2017年，长沙镇被授予“广东省卫生镇”荣誉称号。

2017年长沙镇创建省级卫生镇顺利通过省考核鉴定

【民生实事】　一是进一步健全和完善农村救助体系。2017年全镇有低保户132户257人，五保户61户61人，基本实现应保尽保、动态管理。投入8万余元兴建长沙镇康园中心民生工程，帮助辖区内成年残障人自身康复，为2425名60周岁以上老人统一购买银龄安康保险，实现银龄安康保险全覆盖。全镇有精准扶贫户100户165人，其中有劳动能力的25户76人，对无劳动能力的贫困户，采取政策性兜底措施进行帮扶；对有劳动能力、有土地的贫困户，采取就业帮扶、产业帮扶、入股分红等措施进行帮扶，千方百计打好脱贫攻坚战。二是科教文卫事业稳步发展。长沙村、澄滩村修建农村文化俱乐部，大密村、上罗村打造两个省级行政村综合性文化服务中心（示范点），进一步满足广大群众的文化需求。加强对文物遗产的保护和隐患排查，发动罗衣塔周边群众协助监督，开展不定期巡查，排除安全隐患。投入100多万元对长沙镇革命烈士纪念园进行二期升级改造，完善纪念园周边配套设施，打造长沙纪念碑红色公园。加大教育和卫生投入，推进村卫生站标准化建设和家庭医生签约服务。2017年长沙镇6个村卫生站完成区级验收并交付使用，7个村（居）委开展家庭医生上门签约服务，签约群众3357多人，方便居民首诊在社区。积极开展职工医疗互助和“金秋助学”活动，借助各级各部门及社会各界力量，全力资助、帮扶贫困学生。结合区疾控、畜牧、工商等部门，抓好一月一休市工作，做好登革热、手足口等防疫。三是计划生育工作得到加强。2017年全镇户籍人口出生195人，其中一孩出生87人、二孩出生13人、三孩出生13人；政策生育率96.92%，自然增长率6.92‰，完成优生健康检查50对。

【平安建设】　一是加大矛盾纠纷排查和调处力度，2017年全镇共受理群众来信来访案件35宗，及时答复网访15宗，办理9宗，上级转交11宗，及时调处35宗，调处率100%。二是推动“平安细胞”工程建设，巩固深化“无邪教示范镇”工作成效，2017年，长沙镇被国务院防范和处理邪教问题办公室评为“全国创建无邪教示范镇”荣誉称号。全年全镇共发生各类民事纠纷148宗，调结148宗，调解成功率100%。其中司法所立案处理19宗，成功调处19宗，调解成功率100%；村（居）委、村小组调解129宗，无民转刑案件。三是利用驻点联系群众制度、党代表接访室、人大代表联络室等场室，全面开展综合治理工作，帮助群众解决生产生活难题，反映群众合理诉求。四是全面铺开“一村（社区）一律师”制度，利用新建圩镇居委和小密村法制文化广场，做好群众普法知识宣传，2017年驻点律师累计服务总数111件次，其中法律咨询83件、法治宣传28次；服务人群111人次。五是扎实开展驻点联系工作，全年定点接访群众144人，走（回）访群众6341户20013人，召开座谈会327场次，群众反映问题132件，解决130件，其中化解矛盾纠纷12件，累计投入资金约45万元。

【自身建设】　全面深入开展“转作风比奉献树形象”主题活动，结合“两学一做”学习教育，以党小组活动为载体，开展形式多样、内容丰富的活动。开展“两学一做”学习教育，充分利用党委中心学习组、现代远程教育等载体，对领导干部、党员群众进行专题教育培训，开展以“感受红色情怀，追忆革命精神”为主题的红色景点现场教学，积极组织“两学一做”网上考学，全体在职党员参与率和满分率100%，形成比学赶超的活动氛围。

【党廉建设】　一是制定《长沙镇领导班子成员党风廉政建设岗位职责》《党风廉政建设主体责任清单》《长沙镇领导班子成员党风廉政建设和反腐败工作责任范围》，对重点任务和工作责任分解细化，责任到人，领导干部“一岗双责”（既要抓好分管业务工作、又要抓好党风廉政建设）制度化、科学化。二是镇领导班子成员、部门负责人签订党风廉政建设责任书，推动全镇党风廉政建设和反腐败工作深入开展，认真落实“一岗双责”，推动全镇党风廉政建设。三是抓好纪律教育学习月活动，组织党员干部学习习近平总书记系列重要讲话精神、《中国共产党廉洁自律准则》、《中国共产党纪律处分条例》、《中国共产党巡视工作条例》等党规党纪，从源头上杜绝腐败现象的发生。四是建立健全和完善工作制度，对机关作风建设的重点问题和薄弱环节，修订《梅江区长沙镇机关管理制度》，切实抓好执纪、监督、问责工作，用制度管人，用制度理事。五是强化案件排查，加大违纪违法案件查处力度，利用镇、村、村小组三级信访网络，积极拓宽线索来源，多渠道了解、掌握、挖掘镇村党员干部的违纪违法行为。2017年，上报线索10宗，其中初核10宗，线索转立案2宗。（李真珍　彭旭香）

2017年梅江区长沙镇领导名录

党委书记：古孟青（任至12月）
　　　　　杨艳红（女，12月任）
副书记：胡谢伟　叶如欢（女）
委员：曾勇　李继贤　张振江
　　　钟镜辉　杨海璐（女）　李志东
　　　吴焕雄
人大主席：李广兴
人大副主席：李艺城
镇长：杨艳红（女）
副镇长：曾勇　黎棋祥　李昌友
　　　　钟匡英（挂职，任至12月）
纪委书记：杨海璐（女）

三角镇

【简述】 梅江区三角镇地处梅州市区南郊城乡接合部，镇域总面积38.01平方千米。2017年，三角镇下辖13个村、4个社区，200个村民小组，年末全镇总户数12227户，总人口40968人，其中男19305人、女21663人。三角镇深入学习贯彻中共十九大精神，坚持新发展理念，以城市扩容提质为契机，以重点项目建设为抓手，以保障和改善民生为目的，以加强和改进作风建设为保障，围绕区委、区政府建设“诗画梅江、文明客都”的目标任务，结合三角镇地处交通位置和发展实际，创新提出“城市客厅、文明三角”的发展思路，创新求进、奋勇向前，顺利完成上级交办的各项任务，全年全镇经济稳中有升。

【经济建设】 加强对经济工作的领导，集中精力谋大事、抓大事、解难事，主动适应经济发展新常态，力促经济持续健康平稳发展。2017年全镇规模以上工业企业共19家，完成工业总产值35.40亿元，比上年增长3.6%；固定资产投资51.29亿元，比上年增长52.4%。依托江南新城、东升工业园等平台和城市扩容提质的机遇，狠抓招商引资，成功引进计划投资10亿元的佳都智慧绿洲和2.0亿元的皇马水泥项目，招商考核全区第二。跟踪服务时光梅州、义务、万达、保利地产等落地项目，力促早日投产见效。扎实开展暖企行动，全年帮助企业解决问题22件。依托客天下农产品电商平台、文博会综合体等载体，加快推动草莓、杨桃、莲藕、兰花等农产品实现基地化、集约化发展，打造特色农产品品牌，带动农民增收致富。全年全镇有耕地面积278.56公顷，全镇粮食种植面积534.87公顷，总产量3011吨，其中水稻种植面积422.93公顷，总产量2591吨；蔬菜种植面积561.6公顷，总产量1.43万吨；水果种植面积81.33公顷，总产量1474吨；水产养殖面积86.13公顷，总产量1289吨；全年生猪饲养量19901头，年末出栏量2800头，全年家禽饲养量21.5万羽。宫前村蔬菜经济收入超过20万元，湾下村莲藕连片种植规模300多亩，泮坑村农家乐发展至30多家。全年全镇农村经济总收入15.85亿元，比上年增长6%；村级集体经济收入1653万元（其中生产性纯收入968万元)；农村人均纯收入10989元，比上年增长6%；全年全镇旅游接待总人数200多万人次。

【重点项目建设】 2017年，三角镇全力以赴，主动作为、真抓实干，强力推进江南新城、客都大桥东端连接线、中环路跨线桥等重点项目的征地拆迁工作。至年末，江南新城首期集体土地征收完美收官，房屋征收99.6%以上；客连线道路正线范围内集体土地签约100%，房屋征收96%，进入最后扫尾阶段；中环路跨线桥、紫合医院加征、水白中学扩建等项目征地拆迁有序推进，确保项目无障碍施工；扎实推进江南新城基础设施配套建设，满足人民群众的公共服务需求，36条市政道路、11条地下综合管廊、4个安置区加快建设，剑英湖、社会主义核心价值观主题公园马鞍山公园建成并对外开放，两馆一场、儿童乐园、风情街建设快速推进；时光梅州、江南和府、林风眠小学、飞翔云计算等项目正在建设，客天下微商小镇、足球小镇和康养小镇，游客中心、佳都智慧绿洲、桂芳楼等项目陆续启动，高标准的城市框架逐步拉开，城市品位迅速提升，三角镇成为梅州城市发展的城市新秀。

【美丽乡村建设】 结合城乡环境综合整治，三角镇以“创文”、美丽城乡建设为契机，切实加强镇村和部门联动、执法。突出抓好主干道、背街小巷、市场周边“六乱”、“三清三拆三整治”(清理房前屋后和村巷道杂草杂物、积存垃圾，清理沟渠池塘溪河淤泥、漂浮物和障碍物；拆除危旧房屋、废旧猪牛栏及露天厕所茅房，拆除乱搭乱建违章建筑，拆除非法违规商业广告、招牌等；整治生活垃圾、生活污水、水体污染) 专项治理，2017年共投入资金300多万元，组建镇志愿服务队11支共1000多人，开展联合行动、志愿服务共300多场次，清运垃圾2万多吨，拆除违章建筑近2万平方米，购买环保桶2500个，发放宣传资料5万多份。完成泮坑村17组至佛子高观音道路扩宽、Y118线梅塘段2.5公里亮化工程，2017年全镇13个村均成功创建省级“卫生村”。高位推进河长制，有效整治梅江河三龙水电站段水浮莲，成效显著，三角镇在全省河长制工作月推进会上代表全市作典型发言。加快推进泮坑村田园综合体示范点和泮坑水治理工程建设，全面完成禽畜禁养区内110户养殖场整治任务，生态环境质量得到极大改善。深入开展绿满梅州大行动，强化应急队伍和护林员队伍建设，大气污染防治有效制止和管控，森林资源得到有效管护。2017年，三角镇有关经验做法在中国新闻网、《南方日报》《新梅江》等报刊媒体相继发表。

2017年10月27日，三角镇开展“三清三拆三整治”行动

【民生实事】 认真落实各项惠民政策，推动民生事业出新出彩出成效，更好地让发展成果惠及广大民众。2017年共投入资金300多万元，加大对低保、五保、孤儿、残疾、优抚对象等弱势困难群体的帮扶救助力度，底线民生保障水平不断提高。农村合作医疗实现全覆盖，城乡居民养老保险实现应保尽保，失地农民养老保险工作扎实推进，镇康园中心临时点建成并投入使用，精准扶贫21户政府兜底保障对象如期实现脱贫。城镇新增就业、下岗再就业、农村新增转移就业“三就”问题有效解决，组织技能培训、劳资纠纷化解等工作有力推进。大力发展慈善事业，积极参与区爱心教育基金经费捐赠，共筹集善款70多万元。

【平安建设】 维护社会稳定，创新社会治理，强化发展保障，不断提升群众的幸福安全指数。严格执行安全生产“党政同责、一岗双责”制度，全镇安全生产形势持续稳定。以社会治安综合治理整治为重点，以“中心+网格化+信息化”建设为抓手，强化纠纷排查化解，全力做好十九大、世界客商大会等重要防护期的信访维稳工作，构建平安三角，实现如期“摘牌”。2017年共办结各类纠纷259宗，办结网上信访案件60宗，未出现越级上访和群体性事件。深入开展“七五”普法，不断提高群众法制意识。全年三角派出所接警数2532宗，立刑事案件343宗，行政受理案件537宗，严厉惩治打击违法犯罪行为，民众安全感不断增强。

【党廉建设】 深入贯彻落实从严治党要求，着力加强基层党组织建设，以“两学一做”、换届选举为抓手，开创党建工作新局面。选好配强村“两委”班子，完成村级“两委”换届工作，并做好工作交接、建章立制、业务培训等后续工作。深入推进驻点直联，注重活动的延续性和实效性，2017年共走访群众6783户，定点接访群众3054人，召开座谈会358场次，累计投入资金230多万元，收集意见建议374件，全部予以解决。认真抓好宫前村软弱涣散村整顿转化，制定整顿措施6条，解决问题和民生实事66件。全面落实党风廉政建设责任制，严格执行中央八项规定、廉洁自律准则和纪律处分条例，加强镇村党员干部纪律学习教育，加大执纪检查和惩戒问责力度，推动两个责任落实到位，有效整治党员干部违反“四风”、惠农扶贫资金、村级“三资”管理以及损害群众利益等不正之风。深入开展涉农领域专项治理，全面清理核查低保五保、医疗救助、种粮直补、生态林补贴、危房补助户等资金的实施情况，保障群众权益。强势推进反腐倡廉、农村基层党员干部违法违纪问题线索排查，全年排查线索16宗、办结15宗，立案3宗、结案2宗，处分党员2名，进一步营造风清气正的政治生态。

（刘玲玲）

2017年梅江区三角镇领导名录

党委书记： 郭敏谋（任至8月）
陈　科（8月任）

副书记： 张贤亮（12月任）
谢文斌　熊栢兴
孙一新（挂职，任至5月）
王华勋（挂职，任至12月）

委　员： 黄　琦（女）　刘瑞敏
余坤朋　黄　磊　曾　科
罗慧丹（女）　刘雨锋
田景春　梁　锋

人大主席： 古继旋

人大副主席： 朱维文

镇　长： 陈　科

副镇长： 刘瑞敏　叶国栋　叶怀仁
邹玉心（女）

纪委书记： 黄　琦（女）

2017年7月20日，三角镇“创文”志愿者上街发放倡议书等宣传资料

城　北　镇

【简述】 梅江区城北镇地处梅州城区北面，境域面积117.78平方千米，2017年，镇下辖20个村、5个社区；全镇有总户数18330户，总人

口56227人，其中男27969人、女28256人。城北镇紧紧围绕区委、区政府“加快建设首善之区、率先实现振兴发展”的目标要求，认真谋划发展思路，抢抓重大发展机遇，全力以赴促发展、惠民生、保稳定，推动梅江区经济社会事业全面协调发展。全年全镇财政收入2216.54万元，村委集体经济总收入663.7万元，农村人均纯收入8554元。

【经济建设】 始终把加快经济发展作为第一要务，紧紧围绕市委、市政府构建“一区两带六组团”发展新格局，用足用活粤东西北和原中央苏区“两大振兴政策”，促进全镇经济稳步健康发展。一是城郊农业特色突出。深入开展“暖企行动”，帮助绿道兰花、樱花谷、铁皮石斛等企业解决土地集约、手续办理等实际问题，促进特色农业做大做强。2017年，樱花谷获评国家AAA级旅游景区。全镇有耕地面积1604公顷，全年粮食种植面积1125公顷，总产量7233吨，其中水稻种植面积677.87公顷，总产量4124吨；蔬菜种植面积1353.4公顷，总产量3.58万吨；水果种植面积709.2公顷，总产量1.28万吨；水产养殖面积215.99公顷，总产量2894吨；生猪全年饲养量10.92万头，年末存栏量3.85万头，其中能繁母猪3444头，出栏肥猪7.07万头；家禽全年饲养量114.5万羽。二是工业经济稳步发展。认真落实企业上市挂牌扶持激励政策，服务“新三板”上市企业裕丰食品发展壮大，支持企业扩建凤凰岭养殖基地，进一步完善企业产业体系，增强发展后劲。三是物流产业提质增效。发挥区位交通优势，引导运兴批发市场、海吉星物流园等企业做大做强。2017年，海吉星水果交易区正式开业，并成功举办梅州市首届水果节，农产品物流集聚效应初步显现。全年规模以上工业产值35.40亿元，比上年增长3.6%；固定资产投资51.29亿元，比上年增长52.4%。

2017年8月28日，梅州海吉星水果市场正式开业

【民生福祉】 积极争取上级支持，集中全镇有限财力，大力保障和改善重点民生。一是精准扶贫稳步推进。按照中央“六个精准”（扶贫对象精准、项目安排精准、资金使用精准、措施到户精准、因村派人精准、脱贫成效精准）和省“八大工程”（产业发展扶贫工程、劳动力就业扶贫工程，社会保障扶贫工程、教育文化扶贫工程、医疗保险和医疗救助保障扶贫工程、农村危房改造扶贫工程、基础设施建设扶贫工程和人居环境扶贫工程）的部署，积极开展贫困户精准识贫和建档立卡工作。通过入户走访，充分尊重群众意愿的基础上，按照“一户一策”的原则，逐户制定帮扶措施，并由100多名镇干部包户帮扶。2017年，通过实施教育扶贫、产业扶贫、安居扶贫、救助扶贫、社会保障扶贫等形式，140名贫困人口（含政策性保障兜底）实现脱贫。二是城乡环境优化提升。完善环境卫生网格化管理机制，确保环境保洁工作有人抓、有人管。研究出台《村级环境卫生督察考核办法》，进一步激活干部工作热情。大力开展野外焚烧垃圾、秸秆燃烧、建筑工地扬尘、规划区外砖瓦厂整治等工作，有效防治大气污染问题。协助做好畜禽养殖场排查整治、扎田河河道清淤护堤、程江河水体污染防治以及平远路口至城北高速出口“六乱”整治工作，不断优化城乡宜居环境。三是平安建设扎实有效。深入推进“平安梅江”建设，进一步完善社会

治安防控体系，扎实开展“一村（社区）一法律顾问”工作，积极排查化解群众矛盾纠纷，切实维护群众合法权益。严格落实安全生产“党政同责、一岗双责、失职追责”要求，大力推进道路交通、烟花爆竹、工矿企业、食品卫生、消防安全、燃气用电、建筑施工等重点领域和人员聚集场所的安全管控工作，全镇安全生产形势持续稳定。同时，严格按照时间节点和任务要求，举全镇之力推进辖区内重点工程项目建设。2017年，梅江区现代农产品物流中心、梅平高速梅江段征地拆迁工作进入扫尾阶段。

【党廉建设】 牢固树立党建意识，抓好党建作为提升基层党员干部素质、激活基层组织生动力的根本措施。一是基层基础得到夯实。2017年完成镇党委、人大、政府换届工作，班子战斗力和凝聚力得到提升。注重补齐基层党建短板，抓好玉水、岭上村软弱涣散党组织整顿工作。积极谋划村级换届选举工作，指导各村（社区）从返乡大学生、复退军人、致富能手中选择培养后备干部。二是基层治理得到优化。全面落实上级关于加强基层治理的系列要求，结合实际提出了牢牢把握“真、实”二字，做到“三个注重”（注重掌握社情民意、注重建立深厚感情、注重学习质朴语言）、“四个结合”（与维护社会稳定相结合、与推进重点项目相结合、与解决群众实际困难相结合、与开展日常工作相结合）的工作思路，推动全镇驻点直联工作制度化、常态化。三是队伍管理得到强化。以“两学一做”学习教育为契机，较好地解决干部队伍特别是班子成员中存在“四风”和“不严不实”问题，增强党员干部党性观念，提升队伍战斗力和凝聚力。加强乡镇干部管理，严格执行干部考勤、值班应急等制度，对上班迟到早退、无故缺勤等违纪行为进行查处。四是党风政风得到改善。全面落实从严治党、依规管党要求，通过挂点领导带头讲党课等形式，认真开展《中国共产党廉洁自律准则》《中国共产党纪律处分条例》《中国共产党问责条例》等学习教育活动，引导镇、村干部主动了解新常态、适应新常态。强化执纪问责，狠抓农村党员干部违纪违法线索排查工作，引导村（社区）从严执行廉洁镇村、“三资”监管、“三会一课”和党务村务公开等制度，提升基层干部依法履职能力和水平。 （张文波、刘国华）

2017年梅江区城北镇领导名录

党委书记： 李军明
副书记： 钟信文
黄钢宏（任至6月）
黄　艳（女　6月任）
池利梅（6月任）
委　员： 黄　艳（女　任至6月）
侯志玉　张文波　李　烽
李国怀　田伟东　郭永欣
张俊辉　曾令煌　温惠婷（女）
邱晓华（任至6月）
人大主席： 李军明（任至6月）
黄钢宏（6月任）
人大副主席： 杨静玲（女）
镇　长： 钟信文
副镇长： 张文波（6月任）
胡晓燕（女）　林雁强
邱晓华（6月任）
赖维纲（挂职，5月任）

2017年8月31日，梅平高速公路建设工程土地房屋听证会在城北镇召开

西　阳　镇

【简述】 西阳镇位于梅江区东南部，东面与梅县区雁洋镇及大埔县银江镇为邻，西面连接梅州市东升工业园区，东北部与梅县区丙村镇接壤，东南部与丰顺县交界，全镇总面积272.64平方千米。2017年，西阳镇辖27个行政村、3个居民委员会；年末全镇有总户数11146户，总人口36217人，其中男17848人、女18369人。西阳镇全面贯彻中共十九大精神和习近平总书记系列重要讲话精神，以及市第七次党代会和区委第八次党代会精神，按照区委、区政府建设“商旅中心、宜居家园、文化名城、和谐之区”的要求，充分发挥西阳人文厚重、生态优美和广东省电子专业镇、广东省十大茶乡、台创园核心区的优势，抢抓机遇、团结奋斗，努力做大经济、做美城乡、做实民生、做强队伍，全镇经济社会发展取得新成效。全年全镇规模以上工业总产值完成38.77亿元，比上年增长12.14%；限额以上批发零售商品销售额完成3.04亿元，比上年增长2.92%；农村社会总产值30亿元，农村经济总收入25亿元；农村人均收入9625元，比上年增长7%。

【经济建设】 重点工程项目扎实推进　认真落实镇领导班子成员挂钩服务企业和重点项目制度，主动联系，真情服务企业，助推企业转型升级、提质增效。全力保障市环保能源发电项目、罗乐大桥建设等项目后续工作。积极争取资金5000多万元，采取扩大有效投资，全力推进重点镇“六个一”项目的建设。大力开展乡贤回乡创业和外出招商活动，以真情、友情、热情感动乡贤企业家回乡投资兴业。

招商引资力度持续加大　2017年先后引进梅州市睿爱环球医疗投资有限公司、广东鑫通休闲农业发展有限公司、紫杉（梅州）资产管理有限公司、梅州市新蓝天缆车旅游投资有限公司、梅州客家缘生态文化旅游产业有限公司5个企业，计划总投资25亿元以上。继续跟进风眠特色小镇、银隆度假村、丽源欢乐谷、客家艺术村、风眠艺术园、金湖旅游等15个项目建设。

重点行业企业做强做大　抢抓广东梅兴华丰产业集聚带建设机遇，做大做强电子信息产业。对线艺集团、威利邦、嘉应制药、稻丰实业等15家规模以上工业企业，落实领导成员挂钩服务制度，及时协调解决企业困难，助推企业转型升级、提质增效。

精致高效农业发展迅速　2017年建成优质稻、茶叶、蔬菜、兰花、名贵树木、樱花、辣木、梅片树、鹰嘴桃、火龙果、三红柚等一批特色农业基地，清凉山茶、客都稻米取得国家农产品地理标志。全年全镇优质稻播种面积占水稻面积的95%以上，全镇获农产品和产地“三品”（有机产品、绿色产品、无公害产品）认证的企业有梅州市荷灵农业发展有限公司、广东万斛源生态农业发展有限公司、梅州市英帅茶叶有限公司、广东银隆山有机茶科技园有限公司、梅县梅岭果品有限公司、梅州市梅江区文惠蔬菜专业合作社、梅州市自己人农电商有限公司7家，省级农业龙头企业有梅州市稻丰实业有限公司和梅州市润起文化科技发展有限公司2家，市级农业龙头企业有梅州市稻丰实业有限公司、梅县梅岭果品有限公司、梅县清凉山蜂蜜茶厂、梅州市自己人农电商有限公司、广东苏记祥实业有限公司等11家，农民专业合作社有梅州市梅江区清凉山茶叶专业合作社、梅州市白宫茶叶专业合作社、梅州市水木雨有机农业专业合作社、梅州市梅江区文惠蔬菜专业合作社等38家；梅州市山之韵生态农业有限公司、梅州市集益生态农业发展有限公司、梅州市润起文化科技发展有限公司、梅州市清凉山家家发茶叶有限公司、广东万斛源生态农业发展有限公司5家茶叶企业申请“无公害”认证审核验收；梅州市自己人农电商有限公司、梅州市梅江区文惠蔬菜专业合作社等16家企业、合作社、专业户成功申报区政府扶持精致高效农业发展金 83.65 万元。

【中心工作】 依法依规开展土地征收 严格按照征收标准，完成罗乐城镇建设用地第二十一批次集体土地签约 420 多亩，莆田城镇建设用地项目全力推进，群众合法利益得到有效保障。

铁腕整治土地“三乱”现象 严格落实土地动态巡查报告制度，以城管中队下放到乡镇为契机，整合执法力量，对 S223 线、S333 线沿线、基本农田等区域的重点巡查监控。2017 年共处理违规占用破坏林地资源行为 45 宗，整治农村土地“三乱”52 宗，发出责令停工通知书 72 份，责令自行拆除通知书 25 份，联合相关职能部门依法拆除违章建筑 12 宗，面积 3000 多平方米。全年共有申请私人建房农户 130 户，审核上报 79 户，发证 43 户。

努力规范农村“三资” 督促全镇 30 个村（居）委建立健全财务管理和财务公开制度，充实村账镇管力量，村民小组实行组账村管，严格执行廉洁镇村相关规章制度，严格把关村、组级每一笔财务收支和资产处置，不断规范农村“三资”管理。

稳步推进土地经营权确权登记 制定实施方案，组织做好西阳镇农村土地经营权确权登记颁证工作，2017 年全镇 28 个村 289 个经济合作社 7109 户约 15820 亩确权任务，颁证率完成 100%，确权数据修改 3910 户以上，数据成果汇交率 55% 以上。

扎实推进“公建民营”村卫生站规范化建设 充分发挥主导和统筹协调作用，2017 年全镇 24 个村卫生站基本完成，确保年末全面完成升级改造任务。

按时保质完成“三农普”工作 2017 年全体镇村干部下沉到各农户和经营户，坚持实事求是，依法普查，如期完成普通农户 7479 户、规模户 52 户、农业经营单位 97 个的普查任务。

优化提升公共服务水平 以强基创优为抓手，完成基本医疗和基本公共卫生服务规范化建设。加强妇幼健康服务，提升流动人口基本公共服务均等化服务水平。开展各项全民健康生活方式行动，2017 年西阳镇政府和莆田、莆蔚、龙坑、双黄等村分别获评健康单位和健康社区。

综合治理畜禽养殖污染 加大宣传教育，严格对新田、溪田村等 5 个村实行畜禽禁养整治，积极引导群众转型转产，确保全面完成整治任务，保障库区水源饮用水安全。

全面加强西阳镇专职消防队建设 面向社会招收一批政府专职消防员，强化特别防护期安全生产检查监管，确保安全生产持续稳定。

推行“河长制”管理全覆盖 建立镇村两级河长体系，由镇党政主要领导任总河长、镇相关责任领导为副总河长，全镇 22 个村（社区）支部书记、主任为河段长，加强对梅江河西阳段、白宫河全段、龙坑河段的巡查管护，开展专项整治，及时处理污染河流等违法行为，联合相关职能部门综合执法，保护水资源。

【民生实事】 继续做好社会救助和保障工作 2017 年，争取民政资金 50 多万元，对敬老院进行升级改造、添置设备，为 15 名供养老人提供舒适环境；继续开展低保核查行动，取消不符合低保 66 户 97 人，新增 53 户 88 人，保留 352 户 732 人。全年共发放低保金 308.4 万元，为 125 名困难群众申请医疗和临时救助金 52.4 万元，为 230 名优抚对象和 24 名义务兵家属发放优抚金、优待金共 40.9 万元，为 1500 名五保户、低保户、贫困户和优抚对象等购买城乡居民医保 27 万元，为 1255 名 80 周岁以上老人购买高龄津贴 39.2 万元。成立复退军人服务站，为 230 名抚恤优待对象提供优待保障、宣传服务等工作。开展“双百”（两百个站点）镇社区服务站建设，解决社区群众相关民政民事难题。及时发布就业信息，全年共培训各类劳动力 450 多人，转移就业 380 多人。全年发动村民缴交城乡居民养老保险 4600 多人，城乡居民医疗保险 26971 人。为村民 434 人报送报销医疗费用 170 多万元，新型农村合作医疗和农村社会养老保险实现全覆盖。

着力解决群众困难　争取上级政策资金支持，2017年完成24户危房改造工程，全部竣工验收，有效解决困难群众住房难问题。全年投入850万元，新铺筑水泥硬底化道路19条16.5公里；投入135多万元，治理水毁公路6处，修复新联、秀竹等5个村共23.5公里破损路面。全年争取资金860万元，对17个村实施“村村通”自来水工程，受益群众约2万多人，有效解决各村饮水难饮水不安全问题。

稳步推进基础设施建设　2017年在全区率先开展公益性生态公墓建设，1个镇级、2个村级生态公墓完成立项。全年争取上级高标准基本农田建设资金540万元，对太平、四平、莆田、新田村3600亩基本农田，进行配套建设和改造水渠、道路15千米，年末，进入施工阶段。西阳、白宫污水处理厂和18个村的农村污水处理项目进入施工阶段。投入1000多万元，对21个村实施水利建设项目竣工并通过验收。投入760万元，龙坑水治理工程4.5公里进场施工。积极争取上级资金支持，购置森林运兵车、无人机等设备，有效提升森林管护能力；80名护林员管理不断加强，全镇实现全年无山火目标；全年完成营林造林约2500亩，实施北联、新联、江子上、太平至鲤溪长19.8公里的生物防火林带。全年争取资金963万，全镇11个村的“一事一议”项目建设，按照相关程序实施。计划投资381.59万元的镇级森林公园已争取大部分资金支持，年末，完成项目规划立项程序并进入实施阶段。全年投入110多万元，建设图书馆，新建龙坑、北联农村文化俱乐部，以新联村示范带动其他19个行政村建立基层综合性文化服务中心。全年完成80个自然村落人文普查，进一步挖掘保护历史文化遗产。

【宜居建设】　*全民动员全域整治城乡人居环境*　2017年，以创建省卫生镇村为抓手，多方筹资2800多万元，升级改造农贸市场2个、公厕4个、西氮福利区和圩镇道路、排水管网、市政设施，全力整治“六乱”行动，结合治理建筑垃圾和生活垃圾，大力推进生态治水工程、病媒生物防治、防登革热行动和爱国卫生宣传，全民动员、全域整治、全力推进城乡人居环境。2017年西阳镇30个村（居）成功创建市级卫生村，28个村（居）被评为省级卫生村（居）。2017年，西阳镇获评梅州市首批“广东省卫生镇”荣誉称号。

扎实推进新农村示范村建设　委托东方园林、铁汉生态专业团队，对全镇10条贫困村进行规划设计，点线面齐头并进，共同描绘新农村建设“蓝图”。成立130多个村民理事会，鼓励村民共谋共建共管共享，引导村民积极参与建设。2017年，十条省定贫困村62个自然村中45个自然村基本完成“三清三拆三整治”，全年共清理卫生死角900多处，垃圾3000多吨，美化绿化村道、公共场地300处2万多平方米，拆除危旧房200多座，完成危房改造50多户。全年全镇新建硬底化道路30多公里，新建标准垃圾屋23座、收集点150个，配备保洁员60多人，建设10个村级生活污水处理设施，改进9个村的供水系统，建设村卫生站10个等项目，累计投入资金1000多万元。通过直坑、双黄村示范带动全镇建设社会主义新农村，扎实推进沿白宫河美丽乡村带、太平新联龙岗直坑美丽乡村示范片和鲤溪龙岗中央苏区县幸福村居示范片建设。同时，落实镇为主体、村级创建实施的负责机制，以严格的奖惩问责制度，浓厚的干事创业氛围，强力推动工作的落实。

狠抓辖区安全稳定工作　2017年，西阳镇综治信访维稳中心共接访92宗，及时调处92宗；接收上级信访部门交办案件45宗，按时答复41宗；调处网访案件43宗，及时答复43宗。全年全镇未发生大规模群体性上访事件，有效维护社会稳定。层层落实责任，在重点行业和领域开展安全生产专项整治，全年共排查各类场所1197个，发现隐患210处，责令整改210处，全镇安全生产持续稳定。联合食安所对全镇137家餐饮、食品经营单位，16家小作坊和

38家农村宴席经营户实行登记监管，确保食品安全。全年全镇律师顾问共接受群众各种法律咨询360人次，调处矛盾纠纷35宗，参与调解各类矛盾纠纷22宗，开展法制课堂107次，群众法制意识明显提升。

西阳镇社会主义新农村建设

【精准扶贫】 坚持“真扶贫、扶真贫”，灵活采取发展产业、培训就业、鼓励创业、入股企业等帮扶措施，用好每一笔扶贫资金，扎实推进精准脱贫精准扶贫工作。

机制完善 积极加强广州市人民防空办公室、广州市统计局、广州市旅游局、广州市知识产权局、广州市委党校等10个挂钩帮扶单位的沟通协调，统筹推动“两不愁、三保障、一相当”（稳定实现农村贫困人口不愁吃、不愁穿，义务教育、基本医疗和住房安全有保障，基本公共服务主要指标相当于全省平均水平）各项目标任务；加强镇干部结对帮扶贫困户工作机制的完善，确保结对帮扶工作机制和工作措施落到实处。

项目推进 引进“光伏发电”等一批造血式扶贫项目，2017年统筹扶贫资金1400多万元，投入风险小、收益稳定的农业龙头企业，用于发展农业产业，预算每年将帮助贫困户增收140多万元。通过“公司+基地+合作社+农户”的形式，大力发展灵芝、铁皮石斛种植与旅游产业，脱贫效果逐渐形成。全年全镇扶贫项目1200多个，户均项目4.8个，参与产业扶贫316户，参与股份合作258户，十条省定贫困村集体收入增加2万元以上，贫困户可支配收入增加2000元以上。

精准脱贫 2017年西阳镇共筹集各类帮扶资金3800多万元，通过实施大病救助、危房改造、助学扶贫等项目，为贫困户实现基本医疗、义务教育、住房安全“三保障”工程。全年全镇完成减贫任务467人，脱贫率44.3%，超额完成上级下达的40%的脱贫任务。

资金使用 10个相对贫困村均开设扶贫资金三方共管账户，要求各村按照各级扶贫资金管理办法和项目管理，严格按照资金使用范围，严守资金使用程序，切实管好用好扶贫资金，确保扶贫资金安全规范使用，发挥最大效率，力促贫困村、贫困户稳定脱贫。

【基层建设】 圆满完成乡镇换届选举 2017年组织村“两委”签订《严守换届纪律承诺书》，集中观看警示教育片和开展谈心谈话，要求村干部严肃遵守换届纪律，正确看待进退，圆满完成村级换届选举，村干部老中青年龄结构进一步优化，村干部整体文化水平和综合素质进一步提高。村书记主任“一肩挑”83.3%，村“两委”干部交叉任职率81.4%。全年开展村“两委”干部培训13场次，制订完善村级管理制度20多项。同时加大对制度落实情况的检查考核，增强村干部的履职能力和依法办事水平。

持续推进驻点直接联系群众工作 2017年驻点联系群众工作室共接访群众2986人次，走访群众8790户34197人，入户率95.42%，全年召开各类型座谈会1082场次，解决群众反映的问题473件。驻点联系群众工作室每月召开2次专题研判会，研究解决村级上报的问题，把问题解决在基层。

认真抓好党建工作 2017年认真做好全镇42个党支部1581名党员信息采集工作，全镇24家非公有制企业、9个社会组织选派17名党建指导员，实现党建工作全覆盖，全年发展新党员15名。积极开展“红色村”党建示范工程，

2017年北联村列为广东省第一批“红色村”示范点。千方百计帮助莆蔚、直坑村2个软弱涣散党组织加强组织建设、干部建设和解决民生实事，投入290多万元，实施民生工程9件，有效增强2个村党支部核心地位和战斗堡垒作用，实现如期“脱帽”。

【党廉建设】　坚持不懈抓好作风建设　开展“转作风、比奉献、树形象”主题活动，通过专题讨论、对照检查、承诺整改，切实转变工作作风。自觉接受人大监督，主动听取社会各界人士意见建议，依法行政，严格按照法定权限和程序行使权力、履行责任，严格执行中央八项规定，坚决纠正“四风”问题，全镇“三公”经费支出大幅下降。对各村每周进行1次业务培训，每月1次村级支部书记座谈，每季度1次工作约谈，年终举行“互看互比互学”现场会和支部书记党建述职及综合考核。

认真落实党风廉政建设　严格执行各项法律法规，以零容忍态度坚决查处违纪违法和违反中央八项规定行为，2017年，共开展谈话提醒120人次，排查农村基层党员、干部违纪违法线索12条，依法查处违法违纪党员2名。

（吴友维　杨铭嘉　朱利华　蔡秋丹）

2017年梅江区西阳镇领导名录

党委书记：廖乾金

党委副书记：胡先锋　廖荣盛　潘远森

党委委员：李荣辉　李龙庆　刘清耀　李新苑（女）　赵立勤　魏胜洪　李立方　吴伟贤（女）　余苑梅（女）

人大主席：谢建基

人大副主席：罗锡芳

镇长：胡先锋

副镇长：李荣辉　李永杰　翁智华　卢美玲（女，9月任）

纪委书记：李龙庆

江南街道

【简述】　梅江区江南街道办事处地处梅州城区南部，是梅州市政治、经济、文化中心，区域总面积5.68平方千米，街道办事处位于嘉应东路秀兰大桥侧。2017年，江南街道辖14个社区居民委员会，年末街道有总户数40995户，总人口107526人，其中男54109人、女53417人。2017年街道综治“中心+网格化+信息化”经验做法获省充分肯定，承办全市、粤东片“中心+网格化+信息化”现场会；精神文明建设成效凸显，“益动江南”公益创投活动获评“梅州市最佳志愿服务项目”，红光社区获评“梅州市最美志愿服务社区”。

【经济建设】　深化“重实体、兴实业”理念，大力培育“互联网+”新业态，商贸物流、科技信息、文化创意、健康养生等现代服务业，客都汇综合体、梅水路商业圈效应不断放大；以第五届世界客商大会为契机，持续优化营商环境和投资服务体系，城市经济更加繁荣。2017年完成固定资产投资20.34亿元，规模以上住餐业1.15亿元，规模以上工业产值0.86亿元，规模以上批发和零售贸易13亿元。2017年引进欢盛酒店、锦发商务2个项目，总投资11亿元。

【宜居环境】　扎实推进红光社区宜居环境提升工程，修建龙坪路、内梅龙2个社区文体小广场，新建路心社区毓生楼文体俱乐部，升级改造街道文体中心。2017年，清理卫生死角3580余处，清运垃圾850吨；开展“三清三复”（清杂复绿、清障复畅、清违复序）综合环境整治行动，清除被占公共用地约1.2万平方米；同时大力整治富奇路、梅新路、低坝路“六乱”现象。开展安全生产大检查，排查各类单位场所4164家（其中“三小”场所421家）；开展午托培训场所火灾隐患整治“回头看”，整改安全隐患23处。圆满完成中共十九大、第五届世界客商大会等重要防护期和重大节假日期间的信访维稳工作，综治维稳中心矛盾纠纷案件实现100%调处；全年新成立小区业主委员会6个，累计57个；设立全市示范项目“心家园”社区戒毒康复工作站，全年开展主题性禁毒宣传活动30多场次，受益群众6000多人。

【文明城市创建】 2017年，主动参与全国文明城市创建，举办“同创文明梅州·共建幸福江南”创文志愿系列活动启动仪式，发动24支志愿服务队全面铺开城市志愿服务大行动；“江南壹家”义工协会顺利完成换届选举，注册志愿者逾6500人，全年开展志愿活动189场，服务工时超过1.5万小时。率先在全市启动“益动江南”公益创投项目，引导社会力量参与公益事业，2017年入选12个公益项目，以6.3万元投入撬动社会资金约45万元，全年开展活动90多场次。“壹家”公益超市持续募集爱心礼包帮助困难群众，推动省“双百”[指双百镇（街道）社会工作服务五年计划]社工示范点创建，6名“双百”社工进驻梅南社区党群服务中心。家庭综合服务中心拓宽服务范围，全年开展活动132场，服务社区居民1.85万人。2017年街道、社区干部职工考取助理社工师36人，考取中级社工师10人。深化综治“中心+网格化+信息化”体系建设，创新全市实行网格员“一格一员、一员一码”管理模式，全年巡查上报网格事件1278宗，办结1268宗。“江南街道”政务微信公众号坚持每周更新，广获好评和肯定。设计出炉江南街道“橙心点赞”标识，“江哥”“南妹”卡通形象。组织举办“益动江南”杯中、小学生绘画大赛，单项活动关注度新增2.43万人。

江南街道“创文”志愿服务队

【民生实事】 2017年，江南街道全面落实各项优抚政策和提标工作，为213名优抚对象购买医保，为2799名80周岁以上老人、60—79周岁低保户、“三无”（无生活来源、无劳动能力、无法定抚养义务人或法定抚养义务人丧失劳动能力而无力抚养的公民）人员、优抚对象购买意外伤害综合保险，为1.29万名60周岁以上非困难群体投保老人意外伤害保险，为60周岁以上企业退管人员提供免费体检及家庭医生服务计划，完成城乡居民养老保险、医保缴费、培训劳动力、劳动力转移就业、再就业等任务，完善街道残疾人康园中心，为签约会员出资购买集体意外保险。筹集资金推动慢性病综合防控工作，获评“广东省无烟单位”。全年“家庭医生”服务签约人数9041户、39724人，为459对待孕夫妇提供免费孕前优生健康检查。辖内32支社区文艺团队“一队一特色”文化品牌成新亮点，全年开展社区群众文艺会演12场，街道合唱团代表梅江区参加市“我的中国梦·庆国庆颂祖国”歌咏活动获好评。同时，全面完成基层妇代会改建妇联工作。

【党建工作】 深入开展“转作风比奉献树形象”主题活动，查找问题100%落实整改措施。2017年驻点联系群众工作走访群众2.4万户，解决热点难点问题410多宗。圆满完成社区“两委”（支委、村委）换届选举，14个社区书记、主任“交叉任职”比例100%，妇女委员占70%。整顿软弱涣散白马社区党支部，班子队伍凝聚力、战斗力明显提升。实施“五强书记建设工程”，划拨专项培训经费，加强基层党组织建设，落实党建工作经费，完善保障机制，为社区“两委”干部缴交住房公积金。组织广大党员深入学习中共十九大精神，参与省、市、区宣讲活动10多场，开展“集中学”50多场，发布“推送学”39篇，服务“上门送学”500多人次。建立党建服务站，57名非户籍常住党员参与到社区党支部组织生活。成立街道党员志愿服务队，2017年开展志愿服务100多场次。开展“讲政治、强党性、严纪律、守规矩”纪律教育月活动。大力排查党员干部违法违纪线索，完成自办案件任务。组织开展机关作风明察暗访，严格按照上级要求开展扶贫政策落实情况和涉农领域腐败问题专项治理入户核查。

（张琼华　张展晖）

2017年梅江区江南街道领导名录

党工委书记：周章勇
副　书　记：叶志明　林人为　朱惠媛（女）
党工委委员：何春永　徐伟权　陈　锐
李　柯（女）　朱金发
杨　舒（女）　春　红（女）
侯　袁　涛　钟　玲（女）
办事处主任：叶志明
副　主　任：徐伟权　刘志辉　潘云华（女）
丘　妍（女）
人大工委主任：钟世茹（女）
副　主　任：廖小静（女）
纪工委书记：何春永

金山街道

【简述】　梅江区金山街道办事处地处东郊盘龙桥侧，区域总面积35.21平方千米。2017年，金山街道辖10个村民委员会、11个社区居民委员会，年末，街道有总户数18708户、总人口66999人，其中男3453人、女32469人；全年街道规模以上工业增加值15863万元，固定资产投资总额399283万元，社会消费品零售总额完成41461万元；全年街道有耕地面积3396亩，其中：水田2349.9亩、旱地527.4亩，水浇地518.7亩；全年街道粮食种植面积53.13公顷，总产量319吨；花生种植面积1.33公顷，总产量4吨；蔬菜种植面积537.33公顷，总产量1.37万吨。

【经济建设】　2017年，金山街道以优质服务推进在谈、在建招商项目落地、建设、见效，加快培育新的经济增长点，招商引资工作在全区综合考核排名第一。恒大御景半岛二期项目，全年完成投资16亿元；奥园养生园项目，全年完成投资10亿元；海丝珠宝园项目，全年完成投资3.2亿元；东山谷文化孵化区（碧桂园），全年完成投资7.6亿元；客家文化产业基地（东山谷文化孵化区），全年完成投资10亿元。同时，积极配合相关部门，扎实推进计划投资约50亿元的东山健康小镇项目落地建设。全年规范以上工业增加值1.59亿元，固定资产投资总额39.93亿元，社会消费品零售总额完成4.15亿元。

【重点项目】　2017年，金山街道按照市、区对城区扩容提质进度目标的要求，全力做好梅州市足球文化公园、高职院校、东山医院、金山片区中小学建设用地项目等重点项目征收工作，确保征收工作“一把尺子量到底”，加快落地项目建设。至年末，梅州市足球文化公园建设项目全面完成私人房屋征收、国有资产收回搬迁拆除工作，一期项目进入实施建设阶段，市政道路、广场和地下室停车场等相关建设顺利推进。市高职院校签约房屋158座，占59%，签约土地215.19亩，占44.4%。金山医疗用地项目房屋累计签约95座，占96%，附着物累计完成225.08亩，占78.2%；金山片区中小学建设用地项目签约32户，占比72.73%。

【宜居建设】 2017年，金山街道重点围绕群众反映强烈、迫切需要解决的民生问题进行环境整治和规划建设，全面完成楼下塘人居环境综合整治、月梅草塘“美丽乡村”示范点、黄坑田园综合体首期示范点、历史文化街区改造等一批人居环境整治示范点和“美丽乡村”示范点建设，不断提升城乡宜居环境和人文内涵。

以“文化”添亮色，再现古韵新风 借助周溪河流域的文化底蕴和地理优势，立足敞开式公园定位，以梅花为主体多元化搭配，充分整合项目范围内状元桥、饶公桥等古桥、东山书院、嘉应学院等人文资源，打造十里梅花长廊，至年末，梅花长廊初现雏形；大力推进江北老城区升级改造，积极筹集资金用于江北街区建筑修缮和改善基础设施，对泰康路、中山路至油罗街等历史文化街区进行“修旧如故”，打造富有浓郁岭南特色骑楼式传统的商业街建筑群。

以“绿色”为底色，绘制山水画卷 坚守生态底线，以城区和乡村绿化美化为核心，以水岸绿化为骨架，以森林公园、街心公园、湿地公园等生态休闲场所等为亮点；大力推动山体、水体、林网、路网、公园、广场的生态化和景观化建设，辖区森林面积1874.8公顷，森林覆盖率53.21%，绿化覆盖率达到33.58%，形成城乡一体、稳定健康的森林生态系统新格局。2017年11月，经省人民政府批准，省林业厅正式授予金山街道“森林小镇”牌匾。

以“产业”绘彩色，打造宜居家园 依托黄坑村优美田园风光和茂密山林，以田园度假为主线，以亲子自然教育为亮点，以文化创意为特色，引进梅雅文创公司，通过“公司+合作社+创业团队”的合作方式，盘活荒地荒山，打造梅雅三谷、一米农场、魔法乐园、廊桥梅溪等文旅项目，推动农旅产业加快成形。2017年完成首期示范点建设，完成民居改造工程4座，融入“白墙、灰瓦、山墙”等客家元素，同时建成河边栈道180米，沿线搭配种植柚树、紫薇、鸡蛋花、美丽异木棉等树种100余株。第二阶段工程480米栈道以及5座民居外立面改造进行施工，一米农场项目建成开园，梅雅三谷项目进行土地平整。此外，倾力打造“广东首批特色小镇创建示范点”——东山健康小镇，依托自然生态资源及交通网络，建设药、医、养、文“四大”产业集群，打造具有鲜明特色的城市型“健康医疗综合体”，提升宜居宜业生活环境，促进实体产业与文化旅游的深度融合，提升城市品牌形象。

【民生实事】 完善就业公共服务 积极开展城乡劳动力培训和引导转移就业，重点抓好失地农民转移就业工作，2017年发布招工信息30次，张贴招聘信息12期；建立健全劳资双方沟通协调机制，全面开展企业欠薪隐患排查，全年调处劳资纠纷11宗。

完善卫生公共服务 积极创建“卫生两基示范镇”，促进优质医疗资源上下贯通。2017年，街道被评为健康单位，有6个社区被评为健康社区，并建成7个健康指标自助式检测点的建设；全年升级改造村级卫生站11个，投入社区卫生服务中心建设资金近2万元；大力推广家庭签约服务，签约率85%；实施全面两孩政策，加强计生医疗保健服务，全年开展集中宣传服务14场次，接受生育和健康咨询3000多人次；扩大城乡居民医保覆盖面，全年参保人数39458人，超额完成参保任务。

完善立体公共服务平台建设 依托“金山街道”微信公众号，创新设置“资讯纵览”“服务一线”“印象金山”等栏目，推送涉及惠民政策解读、服务指南、工作动态、在线答疑等内容信息，为辖区居民提供最新、最全面的服务咨询。同时，着力构建微信平台服务“矩阵”，浓缩社保、医疗、国土、民政、计育、劳动力资源6项服务，通过微信公众平台提供“指尖”服务，打造便民服务“指尖窗口”，并与金山街道公共服务中心形成“一主一次、一大一小、线上线下”的立体服务平台体系，辖区居民“办小事不出门，办大事不出街”的高效服务，得到群众一致好评。

【文化建设】　2017年，金山街道以“创建全国文明城市”为契机，全面加强精神文明宣传阵地建设，全年共建成社会主义核心价值观宣传栏30余处，新建和改建公益性文体设施12处；培育志愿服务，引领文明风尚，全年开展志愿者服务16次，参与人员900人次；大力实施文化惠民工程，以农村文化俱乐部和综合文化社区示范点建设为契机，创新开设“围龙讲坛”，开展“艺术讲座进祠堂”“老少齐画围龙故事”“月满祖屋，齐乐中秋”大型传统文化宣传等社区活动，活跃基层文化氛围。

【平安建设】　构建“中心+网格化+信息化”社会治理体系　积极构建以综治信访维稳中心为枢纽，以网格为基本单元，以综治维稳力量为主导，以信息化为支撑的“中心+网格化+信息化”社会治理工作新体系，扎实做好综治信访源头性基础性工作。2017年共受理信访案件106宗，调处矛盾纠纷228件，办结率100%；同时，完成9个村（社区）省“民主法治村（社区）”申报工作。

完善应急管理机制　加强24小时值班制度和信息报送制度，不断完善主要领导靠前指挥，部门密切配合的应急管理机制，全面提高应急管理工作水平。充分发挥属地责任主体作用，及时介入调处多起劳资纠纷和第五届客商大会期间应急维稳安保等突发事件，避免事态的扩散和升级，维护社会和谐稳定。

强化安全生产监督管理　按照“横向到边、纵向到底”的要求，着力加大安全生产和消防安全非法违法行为查处力度，完善事故隐患排查治理制度，加强执法能力建设，规范各类生产经营建设行为，督促企业严格落实安全生产和消防安全主体责任，防范和遏制事故的发生，2017年共检查辖区各类场所129家，发现隐患87处，整改隐患72处。

【党建工作】　金山街道全力夯实基层党建工作基础，提高基层党组织的服务水平，着力打造服务型党建品牌。

强化核心力量夯实基层基础　按照“坚持党的领导、充分发扬民主、严格依法依规”要求，依法圆满村（社区）“两委”换届选举，并组织新任干部开展业务培训和纪律教育，进一步强化村级组织核心力量，夯实基层基础。

探索“党建+社工”模式提升基层服务水平　积极探索党建服务与本土社工服务“双结合”模式，依托双百社工服务站，积极开展党员“服务认领”活动，发动辖区党员加入志愿者队伍，由社工站发布服务任务，党员志愿者到社工站自主选择认领，为街道困境人群和社区，提供精神慰藉、资源链接、能力提升、关系调适、社会融入等社工服务。2017年开展各类社工服务8次，有120多名志愿者党员认领服务任务。

抓机制立规矩促进工作作风转变　以“转作风比奉献树形象”主题活动为抓手，围绕转变作风、服务发展方面开展自查自纠，深入摆问题、查原因、定措施，做好“一想二看”、“三问三查找”、“三定三承诺”、“三评三公开”四个步骤的动作，推动基层党建工作新局面。

（赖女苗）

2017年梅江区金山街道领导名录

党工委书记：叶国铭

党工委副书记：陈利春　蔡影秋（女）
杨祥军

党工委委员：侯曾伟　丘志新　杨宝善
陈庆宗　王　洪　杨立祥
梁　军　温志文
范辉平（女，任至1月）
朱永腾（8月任）

办事处主任：陈利春

办事处副主任：丘志新　张　新　谢昱新
李潜锐
邓延安（挂职，任至6月）

人大工委主任：谢梅玉（女）

人大工委副主任：张小燕（女，任至9月）

人大工委副主任：刘伟军（12 月任）
纪 工 委 书 记：侯曾伟

2017 年 6 月，区委书记朱国城（左一）率队到金山街道招商项目建设现场调研

西 郊 街 道

【简述】 2017 年，梅江区西郊街道办事处地处梅州市西部，总面积 6.53 平方千米，街道辖 5 个村民委员会、7 个社区居民委员会。年末，街道有总户数 11400 户，总人口 35864 人，其中男 18199 人、女 17665 人。西郊街道不断强化服务意识，突出工作重点，抢抓机遇、主动作为，破难攻坚、砥砺奋进，街道经济社会实现平稳发展。

【经济建设】 认真贯彻落实区招商引资工作会议、区经济工作会议精神，围绕招商引资有突破、本级税收突破增长的目标，加快转变经济发展方式，推进经济结构调整，经济建设稳步推进。

积极完成各项经济指标 2017 年固定资产投资完成 67718 万元，占全年任务的 97.9%，比上年增长 27.3% ；规模以上工业总产值 22879.5 万元，占全年任务的 69.2%，比上年 –25.1% ；批发零售业 96310.6 万元，占全年任务的 105.8%，比上年增长 7.4% ；限上住宿和餐饮业营业额完成 2168.4 万元，占全年任务的 104.2%，比上年增长 14.6%。

认真做好招商引资工作 2017 年完成实际投资 3 亿元。新引进“嘉和人家”房地产项目，建设用地 135 亩，计划投资总额 13.5 亿元，项目建设预计 3 年完成。首期建设用地 22.6 亩，拟建设高端酒店公寓和商品房 800 多套、二层店铺。2017 年实际投资 1.5 亿元，项目建成后，可实现销售总收入约 10 亿元，可实现税收 9550 多万元，提供就业岗位 1000 多个。

全力抓好重点项目建设工 调动有效资源，主动服务项目，以项目建设拉动经济持续增长，融创地产融创城项目扎实推进，项目总投资 28 亿元，用地 268.5 亩，建设大型商住小区，配套建设幼儿园和商贸城，2017 年完成投资 5.5 亿元。加快建设龙腾一品城市综合体项目，总投资 12.5 亿元，建设用地 67 亩。推进西郊街道居家养老服务中心建设前期准备工作，该项目建设用地约 8 亩，其中居家养老中心建筑面积 3000 平方米，老年大学建筑面积 3000 平方米，总投资约 2000 万元，该项目已立项，2017 年 12 月 12 日，市规划局审查通过“建设工程修建性详细规划审查”。

【民生实事】 以创建“首善之区”为核心任务，牢固树立“着力民生”的基本理念，完善社会保障，加强重点民生建设，群众幸福感和获得感显著提高。

认真落实社会保障服务 全力推进落实城乡居民养老、医保、就业服务等社保工作，2017 年，西郊街道城乡养老保险参保 6825 人，社保扩面征缴 502 人，城乡医疗保险参保 21385 人，参保率均为 100%。特殊门诊申请 342 人，转移城乡劳动力就业 800 多人，申请就业困难人员社保补贴 100 多人，办理企业职工养老金异地领取确认 22 人，城乡居民养老金领取采集 6309 人。街道成立劳动人事争议调解委员会，维护劳资双方合法权益。

积极做好优抚安置、救灾救济、殡葬改革、扶残助困等工作 2017 年申请医疗救助金 132020 元，发放临时救助金 421237 元，发放老年人高龄津贴352200元，为街道8000多位60周岁以上老人购买银龄安康意外险，为14名义务兵家庭发放优待金175160元，慰问困难优抚对象14人、3200元。

提升公共文化服务，扩大文化惠民力度，全面免费开放文化活动中心　在寨中草庐李屋、西郊村竹蓬谢屋、桃西莲塘唇蔡屋、黄塘滞头李屋原有基础上，筹建2处农村文化俱乐部，免费开放，为村民提供优质的文化服务。

扎实做好新时期精准扶贫精准脱贫工作　2017年纳入精准扶贫建档立卡贫困户共17户21人，均无劳动能力或部分丧失劳动能力，于2016年全部纳入社会保障政策性兜底脱贫，完成区下达脱贫任务。全面落实医疗保险和义务教育"两免一补"(免杂费、免书本费,逐步补助寄宿生生活费)等扶持政策，协助60周岁以上建档立卡贫困对象参加城乡居民社会养老保险。

2017年9月29日，西郊街道在鸿福老人公寓开展关爱长者，博爱善行志愿活动

【平安建设】　以"强综治、保平安、促发展"为目标，继续实行"一岗双责"和网格化管理制度，创新党建、自治、服务"三位"一体的管理，努力创建平安街道。

强化司法所规范化建设　做好法律服务、普法宣传、人民调解、社区矫正、安置帮教、法律援助、"一村（社区）一法律顾问"等工作，2017年，街道三级人民调解组织排查调处民事纠纷223件，比上年下降41件，调解成功219件，调成率98%；其中司法所调解37宗，调解成功36宗，调成率98%；达成书面协议30宗，口头协议6宗，涉及金额约80多万元。没有发生因调处不及时、不得当而酿成的恶性案件，维护辖区社会稳定。2017年帮教刑释解教人员149人，其中新收转28人，比上年多接收4人，无重新违法犯罪。利用刑释解教人员信息管理系统和街道三级帮教组织网络，开展临释人员基本信息核实工作42人，核查成功率100%。驻村法律顾问全年为群众提供服务312人次，参与人民调解30多宗，审查合同8件，提供法律意见170多条，举办法制讲座48场，上报信息50多条。加大普法宣传力度，开展法制培训宣传活动，全年组织集中培训2场次，集中户外宣传2场次，走村入户宣传1场次，发放宣传资料5000余份。大力创建"民主法治村（社区)"，把桃西村、寨中村、黄塘村、更楼下社区、长巷社区、黄泥墩社区6个村（社区）为创建示范点，并通过区级联合考核组检查考核，2017年被评为区级民主法治村（社区)。

做好信访维稳工作　2017年4月，召开"中心+网格化+信息化"建设升级改造会议，严格按照中心"四个一"（即一个窗口服务群众、一个平台受理反馈、一个流程调解到底、一个机制考核监督）的运作方式，投入资金约30万元，对办事处一楼进行硬件改造，面积100多平方米，改造后设受理总台、联勤指挥室、调解工作室、档案室等，提高群众来信来访接待水平；加强平台软件建设，对街道及12个村（社区）共49名网格人员进行集中培训，在12个公共服务站建设基础上，细化"中心+网格化+信息化"平台工作，全年形成网格+信息化管理工作格局49个。据统计，2017年，办理来信来访案件60宗、接待175人次，调处率100%，其中处理市信访局、区信访局、区人大等部门转送的信访案件35宗，宗宗有回复。上报网格事件19宗，街道三级人民调解组织排查调处民事纠纷223件，比上年减少41件，调解成功219件，调成率98%，其中司法所调解37宗，调解成功36宗，达成书面协议30宗，口头协议6宗，涉及金额80多万元。

安全生产保障有力 2017年共出动执法人员549人次，检查重点企业（单位）342家次，并与170家重点监管企业签订《安全生产责任书》，清理清查“三小场所”（小档口、小作坊、小娱乐场所）1434家次。深入开展隐患排查治理、专项整治与集中整治，严格执行隐患排查治理自查自改制度和每月工作上报制度，消除各类安全隐患，建立隐患排查治理长效机制，安全生产形势稳定向好。

【环境卫生】 加大重点地段清扫保洁力度 着力解决公共场所、城乡接合部、城中村、背街小巷、个别居民小区以及餐馆、早点区、夜市区的卫生问题，保持市容环境干净整洁。

加大不文明行为查处力度 加大公共场所乱倒垃圾、乱排污水、随地吐痰、乱扔烟头等不文明行为的查处力度，全力确保公共场所干净整洁。同时成立整治督查、巡查考核组，加强督促检查，确保整改落实到位。

铁腕整治“六乱”行为 针对集贸市场秩序，积极与市城监支队、市环卫局、交警、工商等相关部门进行联合整治，加强清扫保洁工作和“六乱”的整治力度，大力整治占道经营、占道堆放等行为，着力提升公共秩序水平。2017年，西郊街道投入专项整治城乡环境卫生工作经费200多万元，其中投入美丽乡村示范点建设130多万元。

2017年8月6日上午，西郊街道志愿者服务队在瓜园市场开展环境整治宣传行动

【卫计工作】 提升卫生服务水平 2017年，通过多方筹集资金30多万元，升级1个卫生院和5个村级卫生站医疗设施。依托西郊社区卫生服务中心，辖区内进行家庭医生签约活动，综治排查和管理严重精神病患者148人，其中13人送院进行治疗。按规定发放精神病患者监护补助，为严重精神障碍患者监护人购买责任险，并做好H7N9禽流感防控工作。

做好计划生育工作 2017年出生496人，比上年同期增长36人，出生率13.12‰，自然增长率4.36‰，政策生育率97.98%，出生人口性别比100∶103.28，二孩生育登记220人。全年登记流入人口信息396人，流出人口信息735人。为农村纯二女、特别扶助对象购买城镇居民医疗保险共计6.93万元。全年完成免费孕前优生健康检查165对，春节送温暖等专项活动慰问26户，金额1.1万元。

【党建工作】 加强学习教育 党工委坚持每月一次中心组学习，建立班子成员每周一碰头会制度和有关学习制度，形成常态化的学习交流。结合“两学一做”学习教育，认真执行落实“三会一课”制度、组织生活会制度、两个联席会议制度、民主评议党员等工作，各党支部按时召开专题党员大会，自觉加强学习，开通微信公众号、党员微信群，设立专题网站。2017年，共推送党建方面文章32篇，更新信息36条，组织开展中共十九大精神、“两学一做”、“贯彻习总书记对广东工作批示精神”等传达宣讲会5场次，开展换届新当选“两委”干部学习培训3场次。同时，做好街道全体党员“迎十九大党的知识”及“学报告学党章”考学工作。

扎实推进作风建设 深入开展“转作风比奉献树形象”主题活动，认真对照“一想二看”的要求，通过自己查、干部帮、领导点、群众提等形式，专题查摆问题，按照“三问三查找”的要求，科学剖析存在问题及原因，做到立行立改。2017年，全体党员干部共查摆出问题

409条，制订整改项目409条，签订个人承诺书104份。加强纪律监察工作，以主题活动为抓手，引导干部作风进一步转变，努力营造风清气正干事创业环境。严格上班纪律入手，健全完善各项规章制度，建立党政主要领导督查作风值日制度，健全班子成员带班值班制度。积极开展谈话提醒活动，推进明察暗访工作，健全作风问题定期通报和责任追究制度。严厉打击损害群众利益的不正之风和腐败行为，严肃查处街道和村、社区党员干部违纪违法问题。

强化软弱涣散党组织整顿　2017年西郊村为街道软弱涣散党组织，通过整顿，实现如期“摘帽”，班子同心合力，有效地解决信访矛盾纠纷集中、信访案件较多的问题，信访案件属于中央环保督察案件3宗，全部顺利解决。通过推进有效整顿转化，规范制度管理，畅通诉求渠道，全年解决问题和民生实事27宗，发展集体经济项目2个。

完善换届选举后续工作　高标准完成村（社区）两委换届选举工作，实现100%“一肩挑”与交叉任职，村级班子结构和整体素质得到优化和提升。深入开展谈心谈话，增进班子团结。注重培养后备干部，提供平台培养锻炼。同时，深入推进基层治理，做好直联工作，2017年街道12个村（社区）共走访群众10229户约3万多人；街道各村（社区）驻点团队100%走访群众，召开联席会议研究解决问题20场次，座谈会144场次，共收集群众意见建议42条，解决群众反映的问题38件，其中化解矛盾纠纷8宗，办结率100%。　　（曾祥丰）

2017年梅江区西郊街道领导名录

党工委书记：陈建群
副　书　记：饶彩婷（女，任至12月）
邓煜钧（任至12月）
潘伟康
张　聪（12月任）
委　　员：江　斌　徐小波（女）
侯晓君（女）　陈启荣
古焕青
钟小明（任至6月）
余怀林　余春莲
办事处主任：饶彩婷（女，任至12月）
张　聪（12月任）
副　主　任：陈启荣　叶小铭　李　政
人大工委主任：叶云煌
副　主　任：陈善彝（任至6月）
何小霞（女）（12月任）
纪工委书记：古焕青

社会经济统计资料

国民经济和社会发展主要指标

项目	单位	2017 年	2016 年	2015 年	2014 年	2013 年
一、人口与就业						
年末总人口	万人	35.66	35.52	35.75	35.64	35.83
乡村人口	万人			11.24	11.05	10.96
城镇人口	万人	35.66	35.52	24.51	24.59	24.87
男性人口	万人	17.83	17.91	18.20	18.18	18.26
女性人口	万人	17.83	17.61	17.55	17.46	17.57
年末从业人员数	万人	15.57	14.74	14.27	14.19	13.94
#在岗职工人数	万人	3.19	2.70	2.29	2.40	2.13
二、国民经济核算						
地区生产总值（当年价）	万元	834474	752665	607060	559546	525604
第一产业	万元	89463	91204	91123	85995	84300
第二产业	万元	314096	293920	204806	199998	182309
第三产业	万元	430915	367541	311131	273553	258995
人均 GDP（含市值）	元	54795	51564	49346	46251	42635
三、固定资产投资						
完成固定资产投资总额	万元	1369460	1073676	688524	454124	313710
#国有经济	万元	197929	38793	19063	4802	2675
集体经济	万元					
其他经济	万元	1171531	1034883	669461	449322	306935
四、财政						
公共财政预算收入	万元	73090	70293	90028	72567	58025
公共财政预算支出	万元	204632	181448	180705	144849	112216
五、物价总指数						
（上年＝100）						
居民消费价格总指数	%	101.5	102.3	101.6	102.4	101.8

续上表

项　　目	单位	2017 年	2016 年	2015 年	2014 年	2013 年
六、农业						
耕地面积	亩	60396.9	61035	61310	61624	61847
农业总产值（当年价）	万元	168077	171160	154160	145547	141680
主要农产品产量						
粮食	吨	27908	24873	24604	21265	24205
花生	吨	906	1042	1011	979	997
水果	吨	42305	40652	39473	46628	46628
蔬菜	吨	131932	124993	122277	118130	148056
肉类	吨	18956	20113	21361	21387	21396
水产品	吨	8195	8431	7447	6898	8214
造林面积	亩	17625	5000	9270	9000	4395
七、工业						
全部工业总产值（现行价）	万元	1055871	934391	586152	555566	557663
规模以上工业总产值	万元	849671	725391	442552	418866	431363
#轻工业	万元	55085	58979	45153	37072	30609
重工业	万元	794586	666412	397399	381794	400754
主要工业产品产量						
发电量	万千瓦时	8330.22	12116.01	6079.98	6957.87	19095.89
水泥	万吨	12.3	17.3	16.5	17.5	33.1
电路板	万平方米	870.82	758.04	260.2	331.4	345.8
规模以上工业企业财务指标						
固定资产原值	万元	464999	392701	258637	236739	231480
固定资产净值	万元	274615	220488	136513	140846	137024
利润和税金总额	万元	82368	64298	38852	50261	42512
八、建筑业						
计算建筑业劳动生产率平均人数	人	16372	16380	17546	17695	18499
建筑业总产值（当年价）	万元	363050	396776	381806	396680	413195
施工房屋面积	万平方米	467	482	575	606	564
竣工房屋面积	万平方米	127	127	151	106	120

续上表

项　　目	单位	2017 年	2016 年	2015 年	2014 年	2013 年
九、交通运输邮电						
货运量	万吨	1855	1716	2380	1950	2374
客运量	万人	259	243	266	213	1684
十、商业						
社会消费品零售总额	万元	1091636	1022647	928753	823365	747088
#批发零售贸易业	万元	1013128	951410	861383	759810	684501
住宿餐饮业	万元	78508	71237	67370	63555	62587
十一、对外经济贸易						
实际利用外资	万美元	206	234	113	1324	1686
十二、金融保险						
银行存款余额	万元	2144868	1825109	1645511	1552433	1434099
银行贷款余额	万元	872213	686500	565952	558344	461528
十三、人民生活						
在岗职工工资总额	万元	187160	150902	124243. 8	109174. 2	85049. 2
在岗职工年平均工资	元	58903	55628	53570	46026	40300
全体常住居民人均可支配收入	元	31743	29139	26800	24503	22235
城镇常住居民人均可支配收入	元	33071	30340	28051	25641	23502
农村常住居民人均可支配收入	元	18568	17257	15866	14556	13008
十四、教育、文化、卫生						
在校学生数	人	49086	47769	46713	45576	44864
普通中学	人	15754	15944	16507	17111	17679
小学	人	33332	31825	30206	28465	27185
卫生机构数	个	12	12	21	21	21
医院床位数	张	893	907	856	544	534
卫生技术人员	人	1309	1201	1253	1157	1058
#医生	人	400	370	408	396	414

生 产 总 值

（当年价）　　单位：万元

年　份	生产总值	其中				
		第一产业	第二产业			第三产业
				工　业	建筑业	
1988	14091	4553	5749			3789
1989	17006	4762	6134			6110
1990	16901	4895	6294			5712
1991	18767	4993	6959			6815
1992	23830	6822	10774	9364	1410	6234
1993	35680	8114	19095	16562	2533	8471
1994	45727	12751	21446	17695	3751	11530
1995	58320	14091	25392	20347	5045	18837
1996	57747	15884	23506	20302	3204	18357
1997	59237	16004	23144	20032	3112	20089
1998	62993	16948	23307	20076	3231	22738
1999	64286	17501	20687	17849	2838	26098
2000	70924	18029	21944	18936	3008	30951
2001	79645	18855	23900	19477	4423	36890
2002	89199	19416	25008	20208	4800	44775
2003	101276	20100	27606	22200	5406	53570
2004	117549	22686	31363	25199	6164	63501
2005	131248	24482	37280	30367	6913	69486
2006	147956	26812	45851	37440	8411	75293
2007	175050	33170	51835	40526	11309	90045
2008	206958	42307	58412	45956	12456	106239
2009	222343	41945	61077	46884	14193	119321
2010	263828	47648	79014	58907	20107	137166
2011	321728	55785	98373	74849	23524	167570
2012	359316	60381	109499	85589	23910	189436
2013	525604	84300	182309	149423	32886	258995
2014	559546	85995	199998	162209	38312	273553
2015	607060	91123	204806	164238	41108	311131
2016	752665	91204	293920	248607	45835	367541
2017	834474	89463	314096	270669	44002	430915

说明：表中1992—2004年为“一经普”调整数，2006年为“农普”调整数；2009—2014年为“三经普”调整数；2014年三次产业按新划分标准；2016年、2017年含R&D及“三农普”调整

生产总值指数

上年=100

年 份	生产总值	其中				
		第一产业	第二产业			第三产业
				工 业	建筑业	
1988	100	100	100			100
1989	102.4	93.6	101.8			116.6
1990	101.3	105.7	89.5			114.8
1991	111.2	102.0	110.4			122.4
1992	114.8	122.0	142.2			77.4
1993	134.1	112.7	156.7	160.4	128.2	119.3
1994	108.5	106.5	106.6	103.3	138.6	116.3
1995	110.2	105.1	106.9	105.2	118.6	124.8
1996	99.7	109.42	93.4	95.6	79.6	102.88
1997	105.1	102.6	104.8	106.6	91.5	108.2
1998	107.4	108.2	103.0	102.6	106.2	114.6
1999	103.0	107.3	93.2	93.9	87.0	115.0
2000	107.0	101.9	105.7	105.7	105.5	113.5
2001	110.4	102.5	106.8	100.9	144.2	117.5
2002	113.0	103.0	106.9	106.3	109.6	122.1
2003	112.6	102.0	109.2	109.3	108.8	119.1
2004	110.6	103.8	105.2	105.5	103.8	115.8
2005	108.5	104.3	113.7	118.3	93.37	107.4
2006	111.0	104.3	120.4	119.8	122.8	108.3
2007	112.1	105.0	110.9	106.9	128.0	115.4
2008	110.5	107.2	109.5	110.0	107.7	112.1
2009	110.4	106.2	107.9	104.5	121.6	113.1
2010	115.4	106.4	129.3	121.0	157.7	110.9
2011	115.8	104.0	122.7	121.6	125.8	116.0
2012	111.5	105.0	117.9	112.1	134.2	109.6
2013	111.0	103.1	111.6	111.7	111.2	113.0
2014	107.6	101.0	112.3	111.9	114.1	105.2
2015	108.0	102.5	104.6	103.5	109.0	112.5
2016	106.8	101.6	107.3	106.4	112.4	107.6
2017	107.0	102.3	105.4	108.3	89.4	109.4

说明：表中1992—2004年为“一经普”调整数；2009—2014年为“三经普”调整数；2016年、2017年含R&D及“三农普”调整

各行业增加值

单位：万元

项　目	当年价		按可比价计算（即按2015年价格计算）		
	2017年	2016年	2015年	2016年	2017年增长速度(%)
地区生产总值	834474	752665	784825	733655	7.0
农林牧渔业	90193	91858	86568	84540	2.4
工业	270669	248607	270310	249562	8.3
建筑业	44002	45835	41315	46200	-10.6
批发和零售业	93103	84267	88921	82439	7.9
交通运输、仓储和邮政业	11767	10922	11710	11355	3.1
住宿和餐饮业	31707	30006	30277	29203	3.7
金融业	18811	17041	18280	17261	5.9
房地产业	147837	113300	117983	103121	14.4
其他服务行业	126385	110829	119461	109974	8.6
第一产业增加值	89463	91204	85835	83874	2.3
第二产业增加值	314096	293920	311050	295237	5.4
第三产业增加值	430915	367541	387940	354544	9.4

说明：2014年开始三次产业划分按新划分标准（一产中农林牧渔服务业、二产工业中开采辅助活动及金属制品、机械和设备修理业划分到三产业）；2016年、2017年GDP数据含R&D及“三农普”调整

全区总户数、总人口（户籍人口）

镇（街道）	总户数（户）	总人口（人）	其中（人）		城镇人口（人）
			男（人）	女（人）	
总　计	116660	356591	178282	178309	356591
一、街道合计	71103	210389	106838	103551	210389
金　山	18708	66999	34530	32469	66999
西　郊	11400	35864	18199	17665	35864
江　南	40995	107526	54109	53417	107526
二、镇合计	45557	146202	71444	74758	146202
城　北	18330	56227	27969	28258	56227
三　角	12227	40968	19305	21663	40968
长　沙	3854	12790	6322	6468	12790
西　阳	11146	36217	17848	18369	36217

说明：2015 年起年末总人口分组由农业人口和非农业人口调整为乡村人口和城镇人口。本表数据由梅州市公安局梅江分局提供

各镇农村基本情况

项　目	单位	合计	城北	三角	长沙	西阳
村民委员会	个	66	20	13	6	27
村民小组	个	858	278	193	106	281
总户数	户	45557	18330	12227	3854	11146
总人口	人	146202	56227	40968	12790	36217
乡镇从业人员	人	61709	15524	20066	6326	19793
耕地面积	亩	55724.7	24059.7	4178.4	10685.7	16800.9
其中：水旱田	亩					

农林牧渔业产值及构成

单位：万元

项　目	按当年价计算		按可比价计算		发展速度%
	构成（%）	产值	构成（%）	产值	
农林牧渔业总产值	168077	100	173862	100	101.6
一、农业	102856	61.2	105014	60.4	104.3
其中：稻谷	6227.2				
蔬菜	50816				
水果	16369				
二、林业	4939	2.9	4646.1	2.7	122.8
其中：造林	1486.8		1534.8		
三、牧业	48974	29.1	53188	30.6	94.9
其中：生猪	33264		37342		
家禽	12670		12876		
四、渔业	8382	5.0	8087.5	4.7	101.2
五、农林牧渔服务业	2926	1.7	2926.1	1.7	110.0

农林牧渔业增加值

单位：万元%

项目	2017年		2016年	
	增加值	发展速度	增加值	发展速度
农林牧渔业增加值	101537	102.0	102543	102.0
一、农业	70467	104.3	68984	103.9
二、林业	1860	121.5	1424	118.9
三、牧业	22709	94.7	25981	94.3
四、渔业	5427	101.2	5177	112.4
五、农林牧渔服务业	1074	110.0	977	110.2

主要农作物面积、产量

单位：面积：亩　亩产：公斤　总产量：吨

项目	2017年		
	播种面积	亩产	总产量
农作物总播种面积	158186		
一、粮食作物合计	65489	426	27908
其中：1. 水稻	49102	409	20085
2. 旱粮			
其中：玉米	7936	280	2226
蚕豌豆			
3. 薯类	4292	2198	9434
4. 大豆	3322	211	701
二、经济作物	6013		
其中：1. 甘蔗	31	3032	94
2. 花生	5171	175	906
3. 木薯	607	634	385
三、其他作物	86684		
其中：蔬菜	75504	1747	131932

工业企业单位数

单位：个

项　　目	数　　量
一、规模以上工业企业数	51
按企业规模分：	
1. 大型企业	4
2. 中型企业	9
3. 小型企业	38
其中：1. 纯小型企业	38
2. 微小型企业	
按轻重工业分：	
1. 轻工业	7
2. 重工业	44
按登记注册类型分：	
1. 内资企业	42
2. 港澳台商投资企业	4
3. 外商投资企业	5

工 业 总 产 值

单位：万元

项　　目	当　年　价
全部工业总产值	1055871
一、规模以上工业总产值	849671
按企业规模分：	
1. 大中型企业	386917
2. 中型企业	219746
3. 小型企业	243008
按轻重工业分：	
1. 轻工业	55085
2. 重工业	794586
按登记注册类型分：	
1. 内资企业	542578
2. 港澳台商投资企业	107013
3. 外商投资企业	200080
二、规模以下工业总产值	206200

说明：1. 规模以上工业指年主营业务收入2000万元及以上的工业法人企业；

2. 2011年起工业总产值按新规定计算

规模以上工业企业主要经济指标（一）

单位：万元

项目	总计	其中		
		内资企业	港澳台商投资企业	外商投资企业
1. 企业个数（个）	51	42	4	5
其中：亏损企业（个）	9	8	0	1
2. 年底固定资产原值	464999	317688	30329	116982
3. 累计折旧	190384	144687	8248	37449
4. 本年折旧	31624	22088	1631	7905
5. 固定资产合计	244907	152979	23178	68750
6. 流动资产合计	525502	358444	49831	117227
7. 主营业务收入	830168	532645	104286	193237
其中：主营业务成本	683405	445259	83469	154677
主营业务税金及附加	5756	3128	670	1958
8. 利润和税金总额	82368	49472	7526	25370
其中：利润总额	57347	30172	5009	22166
9. 亏损企业亏损额	3444	3417	0	27
10. 应交增值税	19265	16172	1848	1245
11. 资产总计	970851	680009	79075	211767
12. 负债总计	520588	359188	53360	108040
13. 管理费用	58717	39847	8936	9934
14. 财务费用	11159	5800	1890	3469

规模以上工业企业主要经济指标（二）

项目名称	计算单位	2017年
总资产贡献率	%	9.17
资产负债率	%	53.62
流动资产周转率	次	1.62
成本费用利润率	%	7.27
全员劳动生产率	元/人	117617
产品销售率	%	99.25

规模以上工业企业主要产品、产量

产品名称	计算单位	2017年	2016年
发电量	万千瓦时	8330.22	12116.01
中成药	吨	1825.62	1667.67
水泥	万吨	12.3	17.3
电子元件	万只	161865	226663
电路板	万平方米	870.82	758.04
大米	万吨	4.4	4.2
自来水生产量	万立方米	7008.15	7036.25
电话单机	万部	576.3	748.6

公共财政预算收支情况（一）

项 目 名 称	单 位	2017 年
一、公共财政预算收入	万元	73090
（一）增值税	万元	15740
（二）营业税	万元	96
（三）企业所得税	万元	4787
（四）个人所得税	万元	2007
（五）资源税	万元	173
（六）城市维护建设税	万元	8042
（七）房产税	万元	2270
（八）印花税	万元	1205
（九）城镇土地使用税	万元	1386
（十）土地增值税	万元	4932
（十一）车船税	万元	1861
（十二）耕地占用税	万元	0
（十三）契税	万元	5141
（十四）非税收入	万元	25450

说明：此表数据由区财政局提供

公共财政预算收支情况（二）

项　目　名　称	单　位	2017 年
二、公共财政预算支出	万元	204632
（一）一般公共服务	万元	27584
（二）外交支出	万元	0
（三）国防支出	万元	0
（四）公共安全支出	万元	2732
（五）教育支出	万元	53958
（六）科学技术支出	万元	3174
（七）文化体育与传媒支出	万元	2309
（八）社会保障和就业支出	万元	40222
（九）医疗卫生支出	万元	26993
（十）节能环保支出	万元	704
（十一）城乡社区支出	万元	22744
（十二）农林水事务支出	万元	15155
（十三）交通运输支出	万元	963
（十四）资源勘探电力信息等事务支出	万元	2119
（十五）商业服务业等事务支出	万元	374
（十六）金融监管的事务支出	万元	35
（十七）援助其他地区支出	万元	0
（十八）国土资源气象等事务支出	万元	438
（十九）住房保障支出	万元	4876
（二十）粮油物资储备事务支出	万元	0
（二十一）债务付息支出	万元	250
（二十二）其他支出	万元	2

说明：此表数据由区财政局提供

城乡居民收支结构

项　目　名　称	全体居民	收入占比%	城镇常住居民	收入占比%	农村常住居民	收入占比%
一、人均可支配收入（元）	31742.6	100	33071	100	18568.1	100
人均可支配收入增长速度（%）	8.9		9.0		7.6	
1. 工资性收入	19684.5	62.0	20641.6	62.4	10193.0	54.9
2. 经营净收入	3483.8	11.0	3461.4	10.5	3706.3	20.0
3. 财产净收入	2712.0	8.5	2954.6	8.9	306.0	1.6
4. 转移净收入	5862.2	18.5	6013.4	18.2	4362.8	23.5
二、人均生活消费支出（元）	19788.3		20307.5		14639.1	
1. 食品烟酒	7730.9		7919.9		5856.1	
2. 衣着	673.9		699.6		419.6	
3. 居住	5177.8		5358.9		3381.9	
4. 生活用品及服务	1040.6		1067.7		771.9	
5. 交通通信	2072.4		2104.7		1751.4	
6. 教育文化娱乐	1878.9		1968.7		989.1	
7. 医疗保健	1009.9		999.1		1116.8	
8. 其他用品和服务	203.9		188.9		352.3	
三、生活消费支出占收入比重（%）	62.3		61.4		78.8	
四、恩格尔系数（%）	39.1		39.0		40.0	
五、文娱支出占生活消费支出比重（%）	9.5		9.7		6.8	

说明：根据城乡一体化住户调查方式制度的改革，从2014年开始，正式对外发布居民人均可支配收入以及分城乡的城镇常住居民人均可支配收入和农村常住居民人均可支配收入，新指标在统计范围和统计口径上与原有城镇居民人均可支配收入和农村居民纯收入有较大差异

城区物价指数

项　　　目	单　位	2017 年
一、物价指数		
商品零售价格总指数	%	101.5
居民消费价格总指数	%	101.5
1. 食品烟酒	%	98.8
2. 衣着	%	100.6
3. 居住	%	104.5
#水电燃料	%	106.1
4. 生活用品及服务	%	100.6
5. 交通和通信	%	101.6
6. 教育文化和娱乐	%	102.4
#教育类	%	102.1
7. 医疗保健	%	107.1
8. 其他用品和服务	%	100.5

说明：此表数据由国家统计局梅州调查队提供，指数上年＝100

各类学校情况

项目名称	学校数（所）	班数（个）	在校学生数（人）	招生数（人）	毕业生数（人）	教职工数（人）	其中:专任教师（人）
一、普通教育	45	1143	49086	11166	10642	3280	3154
1. 普通中学	13	357	15754	5412	5782	1494	1418
初中		210	9083	3227	4188		
高中		147	6671	2185	1594		
2. 小学	32	786	33332	5754	4860	1788	1736
二、职业教育	4	66	2874	1032		183	168
1. 职业高中	3	66	2874	1032		159	147
2. 教师进修学校	1					24	21
三、学前(幼儿)教育	81	528	14861	6124		1889	1088
四、特殊教育学校	1	3	10	10		6	6

说明：此表数据由区教育局提供

文献辑存

关于成立梅州市梅江区创建全国文明城市工作指挥部的通知

各镇、街道,区直局以上单位、市属驻区各单位:

为切实加强对创建全国文明城市工作的组织领导，扎实做好“创文”工作，经区委、区政府研究，决定成立梅州市梅江区创建全国文明城市工作指挥部，同时，成立指挥部综合协调办公室、督查督办办公室、问责追责办公室和12个创建工作部。

一、创建全国文明城市指挥部组成人员

总 指 挥：朱国城（区委书记）

指 挥 长：肖卫华（区委副书记、区政府区长）

副总指挥：巫繁星（区人大常委会主任）

赖经烈（区政协主席）

钟　明（区委副书记、政法委书记）

常务副指挥长：古　熠（区委常委、宣传部部长）

副指挥长：李思平（区委常委、区政府副区长）

曾繁伟（区委常委、纪委书记）

罗红葆（区委常委、统战部部长）

丘　炀（区委常委、组织部部长）

姚文东（区委常委）

王增文（区委常委、区委区政府办公室主任）

刘力良（区委常委、区政府副区长）

贺有才（区人民武装部政委）

钟小清（区人大常委会副主任）

杜延生（区人大常委会副主任）

程成芳（区人大常委会副主任）

罗尚君（区人大常委会副主任、总工会主席）

朱国涛（区人大常委会副主任）

管文杰（区人大常委会副主任）

谢益民（区政府副区长、公安分局局长）

罗涤权（区政府副区长）

李明华（区政府副区长）

刘伟球（区政府副区长）

郭敏谋（区政府副区长、三角镇党委书记）

丘元强（区政协副主席）

葛雅玲（区政协副主席）

张海辉（区政协副主席）

孙伟华（区政协副主席、交通运输局局长）

徐　莉（区政协副主席）

赖昌仁（区人民法院院长）

黄明仰（区人民检察院检察长）

叶怀忠(区纪委副书记、监察局局长)

谢文梅（区纪委副书记）

成　　员：丘斯斌（市环卫局局长）

钟　文（区人大常委会办公室主任）

刘明方（区政协办公室主任）

杨艳红（长沙镇镇长）

陈　科（三角镇镇长）

钟信文（城北镇镇长）

胡先锋（西阳镇镇长）

陈利春（金山街道办事处主任）

饶彩婷（西郊街道办事处主任）
叶志明（江南街道办事处主任）
谢德颂（区委区府办副主任、信访局局长）
曾仕谦（区委区政府办公室副主任）
危永新（区委组织部常务副部长）
徐友德（区委宣传部常务副部长）
杨慧芳（区委统战部常务副部长）
侯伟文（区委政法委常务副书记）
李尚凌（区委宣传部副部长、文明办主任）
欧阳雨燕（区委宣传部副部长）
杨学彝（区委宣传部主任科员、区社科联主席）
陈勇文（区委调研室主任）
姚海欢（区直机关工委书记）
肖健媚（区公安分局政委）
张　明（区司法局局长）
温永红（区法制局副局长）
周煊戈（区发改和科技局局长）
梁 旅（区财政局局长）
邹仕铭（区安监局局长）
卢波明（区教育局局长）
何庆昌（区卫计局局长）
陈战苏（区统计局局长）
丘颂霞（区民政局局长）
李东发（区人社局局长）
李育新（区文广新局局长）
邓慧东（区经信局局长）
卢小敬〔区委党校(开放大学)校长〕
刘冠松（区体育局局长）
冯志强（区住建局局长）
陈孙鹏（区农业局局长）
丘惠玲（区林业局局长）
卢忠南（区水务局局长）
黄　瑛（区档案局局长）
曾炜剑（区环保局局长）
曾小基（区工商分局局长）
张宝鸿(区食品药品监督管理局局长)
曾思敏（区旅游局局长）
邓伟民（区商务局局长）
李绮琼（区文联主席）
肖　丹（区总工会常务副主席）
张贤亮（团区委书记）
黄琼琼（区妇联主席）
侯海岸（区科协主席）
丘学勤（区残联理事长）
饶　锐（区金融办主任）
詹　燕（区爱卫办主任）

二、指挥部下设综合协调办公室、督查督办办公室、问责追责办公室和12个创建工作部

综合协调办公室、督查督办办公室、问责追责办公室和各创建工作部的责任领导、牵头单位、责任单位及工作职能如下：

（一）综合协调办公室：

主　任：古　熠（区委常委、宣传部部长）
副主任：李思平（区委常委、区政府副区长）
叶怀忠（区纪委副书记、监察局局长）
成　员：罗健泉（区监察局副局长）
谢德颂（区委区政府办公室副主任、信访局局长）
曾仕谦（区委区政府办公室副主任）
危永新（区委组织部常务副部长）
徐友德（区委宣传部常务副部长）
陈勇文（区委调研室主任）
李尚凌（区委宣传部副部长、文明办主任）
黎志勇（区交通运输局副局长）
曾小基（区工商分局局长）
冯志强（区住建局局长）
张宝鸿（区食品药品监督管理局局长）
何庆昌（区卫计局局长）
李育新（区文广新局局长）
李绮琼（区文联主席）
陈战苏（区统计局局长）
侯海岸（区科协主席）
责任单位：区委宣传部、区文明办
联 系 人：李尚凌（区委宣传部副部长、区文

明办主任）

主要职责： 负责指挥部日常工作。具体事务由办公室内设七个工作组完成（区“创文办”内设机构人员组成及工作职责见附件）。

（二）督查督办办公室：

主　任： 李思平（区委常委、区政府副区长）

副主任： 曾繁伟（区委常委、纪委书记）

罗红葆（区委常委、统战部部长）

丘　炀（区委常委、组织部部长）

古　熠（区委常委、宣传部部长）

王增文（区委常委、区委区政府办公室主任）

刘力良（区委常委、区政府副区长）

钟小清（区人大常委会副主任）

杜延生（区人大常委会副主任）

程成芳（区人大常委会副主任）

罗尚君（区人大常委会副主任、总工会主席）

朱国涛（区人大常委会副主任）

管文杰（区人大常委会副主任）

谢益民（区政府副区长、公安分局局长）

罗涤权（区政府副区长）

李明华（区政府副区长）

刘伟球（区政府副区长）

郭敏谋（区政府副区长、三角镇党委书记）

丘元强（区政协副主席）

葛雅玲（区政协副主席）

张海辉（区政协副主席）

孙伟华（区政协副主席、交通运输局局长）

徐　莉（区政协副主席）

赖昌仁（区人民法院院长）

黄明仰（区人民检察院检察长）

叶怀忠（区纪委副书记、监察局局长）

谢文梅（区纪委副书记）

责任单位： 区委区府办、区人大办、区政协办、区委宣传部、区文明办。

联 系 人： 叶文婷（区委区政府督查室）

主要职责： 对照区委、区政府工作部署，各地各单位对文明创建工作的重视情况，主要举措；对照《测评体系》，查找各地各单位文明创建工作中存在的问题；督查各单位对发现的问题及时进行整改。

（三）问责追责办公室：

主　任： 曾繁伟（区委常委、区纪委书记）

副主任： 王增文（区委常委、区委区政府办公室主任）

叶怀忠（区纪委副书记、区监察局局长）

夏淡华（区委组织部副部长）

罗健泉（区监察局副局长）

责任单位： 区纪委、区监察局

联 系 人： 罗健泉（区监察局副局长）

主要职责： 根据体系要求，对创文工作中不履行职责或履职不力，而影响创建和测评工作顺利进行造成不良影响和后果的行为，制定问责办法对责任单位的主要、分管负责人和股室负责人、直接责任人进行问责，确保不折不扣落实创建任务。

（四）理想信念工作部，负责组织实施“坚定的理想信念教育”创建工作。

责任领导： 古　熠（区委常委、宣传部部长）

统筹单位： 区委宣传部

项目牵头单位： 区委宣传部

牵头单位责任人： 杨学彝（区委宣传部主任科员、区社科联主席）

责任单位： 区委区政府办公室、区委组织部、团区委、区直属机关工委、区司法局、区总工会、区委党校、区委宣传部讲师团、区教育局、区妇联，各镇、街道。

工作任务： 组织学习宣传贯彻习近平总书记系列重要讲话精神；组织学习宣传贯彻“四个全面”战略布局；组织中国特色社会主义和中国梦学习宣传

教育（详见测评标准）。

（五）核心价值观工作部，负责组织实施“社会主义核心价值观建设”创建工作

责任领导： 古　熠（区委常委、宣传部部长）

统筹单位： 区委宣传部

项目牵头单位： 区委宣传部、区文明办、区文广新局、区妇联。

牵头单位责任人： 李尚凌（区委宣传部副部长、文明办主任）
李育新（区文广新局局长）
黄琼琼（区妇联主席）

责任单位： 区委区政府办公室、团区委、区教育局、区文广新局、区民政局、区社科联、区发改和科技局、区科协、区体育局、区妇联、区工商联、区食品药品监管局、区旅游局、工商分局、区住建局、区机关事务服务中心信息股、区文联、区文明办、区史志办、区总工会、区文明委各成员单位、区家庭教育工作成员单位，各镇、街道。

工作任务： 做好社会主义核心价值观建设的组织实施、教育实践、文化培训等。（详见测评标准）

（六）文明风尚工作部，负责组织实施“培育文明道德风尚”创建工作

责任领导： 古　熠（区委常委、宣传部部长）

统筹单位： 区精神文明建设委员会办公室

项目牵头单位： 区委宣传部、区文明办、区旅游局。

牵头单位责任人： 徐友德（区委宣传部常务副部长）
李尚凌（区委宣传部副部长、文明办主任）
曾思敏（区旅游局局长）

责任单位： 区委宣传部、团区委、公安分局、区财政局、区住建局、区经信局、区民政局、区卫计局、区旅游局、区交通运输局、区文广新局、区司法局、消防大队、区文明办、工商分局、区妇联、区残联、区总工会、区机关事务服务中心信息股，各镇、街道。

工作任务： 做好道德模范评选表彰和学习宣传；搞好志愿服务制度化建设；开展文明旅游教育培训；做好“讲文明树新风”公益广告宣传；做好中国文明网联盟网站建设；开展网上精神文明建设（详见测评标准）。

（七）政务环境工作部，负责组织实施“廉洁高效的政务环境”创建工作

责任领导： 李思平（区委常委、区政府副区长）

统筹单位： 区委区政府办公室

项目牵头单位： 区纪委、区委区政府办公室、区委组织部。

牵头单位责任人： 王增文（区委常委、区委区政府办公室主任）
叶怀忠（区纪委副书记、监察局局长）
危永新（区委组织部常务副部长）

责任单位： 区委区政府办公室、区纪委、区委组织部、区委宣传部、区监察局、区法制局、区编办、区政府组成部门、区机关事务服务中心信息股、各镇、街道。

工作任务： 组织做好党风廉政建设和政务行为规范（详见测评标准）。

（八）法治环境工作部，负责组织实施“公平正义的法治环境”创建工作

责任领导： 钟　明（区委副书记、政法委书记）

统筹单位： 区委政法委

项目牵头单位： 区委组织部、区司法局、区民政局、区妇联。

牵头单位责任人： 危永新（区委组织部常务副部长）
张　明（区司法局局长）
丘颂霞（区民政局局长）

黄琼琼（区妇联主席）

责任单位： 区委组织部、区委宣传部、团区委、区委党校（开放大学）、区委宣传部讲师团、区直属机关工委、区人社局、区财政局、工商分局、区民政局、区卫计局、区住建局、区教育局、区工商联、区妇联、区残联、区总工会、区普法办，各镇、街道。

工作任务： 做好法治宣传教育、维护公民权益、基层民主政治建设(详见测评标准)。

（九）市场环境工作部，负责组织实施“诚信守法的市场环境”创建工作

责任领导： 郭敏谋（区政府副区长、三角镇党委书记）

统筹单位： 工商分局

项目牵头单位： 区发改和科技局、区工商分局、区直属机关工委。

牵头单位责任人： 周煊戈(区发改和科技局局长)
曾小基(区工商分局局长)
姚海欢(区直属机关工委书记)

责任单位： 区委组织部、区委宣传部、区法院、公安分局、工商分局、区金融办、区经信局、区国税局、区地税局、区机关事务服务中心信息股、区人社局、区环保局、区安监局、区食品药品监管局、区商务局、区交通运输局、区监察局、区卫计局、区文广新局、区旅游局、区文明办，各镇、街道。

工作任务： 推进诚信建设制度化建设、加强市场监管力度、开展文明诚信服务(详见测评标准)。

（十）人文环境工作部，负责组织实施“健康向上的人文环境”创建工作

责任领导： 古　熠（区委常委、宣传部部长）

统筹单位： 区文广新局

项目牵头单位： 区委政法委、区委统战部、团区委、公安分局、区财政局、区教育局、区民政局、区文广新局、区科协、区文明办。

牵头单位责任人： 谢益民（区政府副区长、梅江公安分局局长）
侯伟文（区委政法委常务副书记）
杨慧芳（区委统战部常务副部长）
张贤亮（团区委书记）
梁　旅（区财政局局长）
卢波明（区教育局局长）
丘颂霞（区民政局局长）
李育新（区文广新局局长）
李尚凌（区委宣传部副部长、文明办主任）
侯海岸（区科协主席）

责任单位： 区委组织部、区委宣传部、团区委、区监察局、区司法局、公安分局、区财政局、区发改和科技局、区教育局、区民宗局、工商分局、区体育局、区住建局、区民政局、区卫计局、区文广新局、区交通运输局、区旅游局、区扶贫办、区机关事务服务中心信息股、区文明办、区残联、区科协、区全民科学素质领导小组成员单位、区爱国卫生运动委员会办公室、区红十字会、区总工会，各镇、街道。

工作任务： 做好国民教育、科学普及、民族团结进步、现代公共文化服务体系建设和市民文明素质教育等（详见测评标准）。

（十一）未成年人思想道德工作部，负责组织实施“营造有利于青少年健康成长的社会文化环境”创建工作

责任领导： 罗涤权（区政府副区长）

统筹单位： 区教育局

项目牵头单位： 区委宣传部、区教育局、区民政局、区文广新局、区妇联。

牵头单位责任人： 李尚凌（区委宣传部副部长、

文明办主任）
卢波明（区教育局局长）
丘颂霞（区民政局局长）
李育新（区文广新局局长）
黄琼琼（区妇联主席）

责任单位： 区委宣传部、团区委、区教育局、区民政局、区住建局、区人社局、区体育局、区卫计局、区经信局、公安分局、工商分局、区食品药品监管局、区财政局、区文明办、区文广新局、区妇联、区残联、区关心下一代工作委员会、区史志办、区总工会，各镇、街道。

工作任务： 做好未成年人思想道德建设工作（详见未成年人思想道德建设工作测评标准）。

（十二）生活环境工作部，负责组织实施“舒适便利的生活环境”创建工作

责任领导： 姚文东（区委常委）

统筹单位： 市环卫局

项目牵头单位： 区发改和科技局、区人社局、区交通运输局、区卫计局

牵头单位责任人： 周煊戈（区发改和科技局长）
李东发（区人社局局长）
孙伟华（区交通运输局局长）
丘斯斌（市环卫局局长）
何庆昌（区卫计局局长）

责任单位： 团区委、公安分局、区财政局、区人社局、区交通运输局、区商务局、区民政局、区扶贫办、区统计局、区环保局、区经信局、区农业局、区住建局、区机关事务服务中心、区卫计局、工商分局、区水务局、区文明办、区爱卫办、区残联，各镇、街道。

工作任务： 提高经济发展水平，提高公共服务、医疗与公共卫生水平，提高人口与生活质量，发展社会保障事业（详见测评标准）。

（十三）社会环境工作部，负责组织实施“安全稳定的社会环境”创建工作

责任领导： 钟　明（区委副书记、政法委书记）

统筹单位： 区委政法委

项目牵头单位： 区委政法委、公安分局、区食品药品监管局、区水务局、区安监局、区应急办。

牵头单位责任人： 谢益民（区政府副区长、公安分局局长）
侯伟文（区委政法委常务副书记）
张宝鸿（区食品药品监管局局长）
卢忠南（区水务局局长）
邹仕铭（区安监局局长）
邹增锋（区应急办主任）

责任单位： 区委政法委、区公安分局、区检察院、区法院、区司法局、工商分局、区教育局、区交通运输局、消防大队、区综治办、区卫计局、区食品药品监管局、区经信局、区环保局、区机关事务中心信息股、区文明办、区应急委成员单位、区减灾委成员单位、区禁毒办，各镇、街道。

工作任务： 搞好公共安全体系建设、维护社会治安（详见测评标准）。

（十四）生态环境工作部，负责组织实施“可持续发展的生态环境”创建工作

责任领导： 李明华（区政府副区长）

统筹单位： 区环保局

牵头单位： 区委宣传部、区住建局、国土分局、区环保局、区水务局

牵头单位责任人： 李尚凌（区委宣传部副部长、文明办主任）
冯志强（区住建局局长）
刘锦辉（市国土资源局直属分局局长）
曾炜剑（区环境保护局局长）
卢忠南（区水务局局长）

责任单位：团区委、区住建局、区林业局、区水务局、区经信局、区发改和科技局、区环保局、区食品药品监管局、区文明办，各镇、街道。

工作任务：加大城市绿化建设力度，加大环境管理力度、提升环境质量，加强土地资源管理（详见测评标准）。

（十五）创建活动工作部，负责组织实施“长效常态的创建工作机制”工作

责任领导：古　熠（区委常委、宣传部部长）

统筹单位：区委宣传部

项目牵头单位：区委区府办、区委宣传部、区文明办、区住建局。

牵头单位责任人：王增文（区委常委、区委区政府办公室主任）

徐友德（区委宣传部常务副部长）

李尚凌（区委宣传部副部长、文明办主任）

冯志强（区住建局局长）

责任单位：区委组织部、区委宣传部、公安分局、区财政局、区编办、区文明办、区文广新局、区卫计局、区农业局、区扶贫办、区环保局、区交通运输局、区水务局、国土分局、区民政局、区住建局、区档案局，各镇、街道。

工作任务：完善创建活动组织领导体制；广泛发动群众参与创建活动；扩大文明单位创建覆盖面；推进以城带乡、城乡共建；加强创建活动动态管理；完善创建活动保障机制（详见测评标准）。

中共梅州市梅江区委
梅州市梅江区人民政府 办公室

2017年7月5日

关于印发梅江区创建国家环境保护模范城市2017年实施方案的通知

各镇、街道,区直局以上单位,市属驻区各单位:

《梅江区创建国家环境保护模范城市2017年实施方案》已经区委、区政府同意,现印发给你们,请认真抓好贯彻落实。工作中遇到的问题请径向区创模办(设在区环境保护局)反映。

中共梅州市梅江区委
梅州市梅江区人民政府　办公室
2017年7月5日

梅江区创建国家环境保护模范城市2017年实施方案

根据《梅州市创建国家环保模范城市2017年实施方案》(梅市府办〔2017〕10号)有关要求,结合我区实际,特制定我区方案,各镇、街道、区直各部门应根据责任分工,认真履行部门职能,深入开展创建国家环境保护模范城市工作(以下简称创模),采取有效措施,狠抓落实,做到责任、资金、措施、人员“四到位”,保证创模工作的顺利进行。

一、进一步完善、落实环境保护目标责任制

(一)进一步完善创模目标考核及检查制度。(责任单位:区创模办)

(二)对上一年度的创模工作情况进行自评和总结,完善创模基础档案及相关资料,推动各项工作任务完成和考核指标达标。(责任单位:区创模办)

(三)按照创模考核指标要求,继续执行党政领导干部环保考核制度。(责任单位:区环保目标责任考核成员单位)

二、继续深入推进创模宣传工作

开展创模宣传,提高市民对创模知晓率、支持率和满意率。

(一)制订全区年度创模宣传计划,全面开展创模宣传。(责任单位:区委宣传部)

(二)利用网络、电视、广播、报纸、宣传橱窗、大型广告宣传牌、手机短信等各种平台,以及开展各种活动,大力宣传创模目的意义,宣传创模基本知识、创模工作动态等,营造我区创模的良好社会氛围。(相关责任单位:区直各有关部门,各镇政府、街道办事处)

(三)继续在我区旅游活动中宣传创模,将开展创建环保模范城市,倡导绿色生态旅游深入到旅客旅游行为中。(责任单位:区旅游局)

(四)开展“六五”世界环境日、地球日、世界水日、中国水周、土地日、植树节等环保重要节日的创模宣传活动。(相关责任单位:区环保局、市国土资源局直属分局、水务局、林业局、教育局,各镇政府、街道办事处)

(五)开展“公众满意率”调查工作。(责任单位:区委宣传部、区环保局、区统计局)

(六)继续在全区中小学推广环境教育。全区中小学使用统一的环保教材,环保教育课纳入学校课程安排,每学年不少于12课时。举办丰富多彩的学校创模宣传教育活动。(责任单位:区教育局)

(七)继续深入开展“绿色”创建系列工作,全面开展创建绿色学校、环境教育基地工作。(责任单位:区环保局、区教育局)

(八)充分利用广播、电视、报纸等相关媒体,加强“限塑令”宣传教育,严格监管,进一步巩固“限塑令”成果。(责任单位:区发改和科技局、市工商局梅江分局、区环保局、区

经信局、区教育局）

三、继续实施优化发展工程

（一）淘汰落后产能、调整产业结构。督促有关企业，根据国务院、省政府、市政府有关规定，坚决淘汰落后生产能力，优化产业结构（相关责任单位：区经信局、区淘汰落后产能成员单位）

（二）继续推进节能工程。继续组织推进各项节能工程，达到创模指标关于“规模以上单位工业增加值能耗近三年逐年降低，或小于全国平均水平”。（相关责任单位：区经信局、园区服务中心，各镇政府、街道办事处）

（三）继续推进节水工程。继续加强工业企业节水技术改造，提高生产用水循环利用率和减少用水量。达到创模指标关于“单位 GDP 用水量＜全国平均水平，或考核连续三年逐年下降”的要求。（相关责任单位：区水务局、区经信局、园区服务中心，各镇政府、街道办事处）

（四）继续加大生活节水力度，降低城市综合生活用水量和居民生活用水量。通过合理调整水价，改革水费收缴制度，运用经济手段推动节水工作（相关责任单位：区水务局、区发改和科技局、区住建局、区经信局，各镇政府、街道办事处）

（五）促进工业企业稳定达标排放。

1. 突出规划引领，强化规划科学性。根据《环境影响评价法》和《规划环境影响评价条例》，继续配合市相关部门落实“一地、三域、十个专项”规划开展规划环境影响评价工作，规划文本及审批材料中要有环境影响篇章（或说明）或环境影响报告书及其审查意见。（相关责任单位：区环保局，区财政局）

2. 严格环保准入，落实环评制度。继续督促落实建设项目环境影响评价和“三同时”制度，从源头上控制污染转移。严禁引进不符合产业政策的淘汰类项目，严格控制引进限制类项目，严防在产业转移中造成污染转移。（相关责任单位：区环保局、园区服务中心，各镇政府、街道办事处）

3. 加强污染源监督管理，提高企业治污水平。进一步加强环保监督性监察和监测。依据《国家重点监控企业污染源自动监测设备监督考核规程》，定期开展国控重点企业污染源自动监测数据的有效性审核工作。

深入开展环保专项活动。针对存在环境问题的电镀、电路板、铅蓄电池、矿山开采、重金属污染等重点行业、重点区域进行环境污染综合整治。加大执法监管力度，对环境违法行为实行“零容忍”，严厉打击企业违法排污行为。督促企业完善环保档案，按照“一源一档”的标准执行，包括企业概况、环境影响评价文件、报批申请和批复文件、“三同时”执行、“排污许可证”执行、企业“三废”治理设施运行情况、企业内部例行监测数据等内容。

严格落实《企业环境信用评价办法（试行）》（环发〔2013〕150 号），深入开展国控重点源、省控重点源、水泥、采矿业、制药等重污染企业环境信用评价工作。（相关责任单位：区环保局、园区服务中心，各镇政府、街道办事处）

4. 强化重点企业清洁生产审核。严格按照国家、省、市有关要求，扎实推进重点企业清洁生产审核工作。每年定期公布需审核的企业名单。（相关责任单位：区环保局、园区服务中心）

5. 严格实施排污许可证制度。强化对持证排污者的监管，排污者必须根据排污许可证的允许排放污染物，禁止无排污许可证或者违反排污许可证的规定排放污染物。（责任单位：区环保局、园区服务中心）

四、实施综合整治，改善环境质量

（一）加强集中式饮用水源地污染防治，确保饮用水安全。

1. 进一步加强水源地防护建设和违章整治。完成清凉山水库水源保护区防护措施建设工程，建设生态公益林、绿化带等隔离设施、农村居民聚集区污水处理设施，清除清凉山水库水源保护区违章建筑。（责任单位：西阳镇政府，区

林业局、区住建局、市清凉山供水公司）

2. 继续开展清凉山水库水源保护区一级、二级保护区内小水电站清理工作。（责任单位：区水务局，西阳镇政府，市清凉山供水公司）

3. 规范饮用水源保护区日常管理。进一步加强清凉山饮用水源和梅江备用饮用水源保护区监管，落实《梅州市饮用水水源保护区巡查制度》，严禁在饮用水水源一级保护区内建设与供水设施和保护水源无关的建设项目，全面清理梅江河一级、二级水源保护区内所有水上饮食企业和污水直排水源保护区的饮食企业。一级保护区内严禁从事网箱养殖、旅游、游泳、垂钓或者其他可能污染饮用水水体的活动，严禁向水源保护区内倾倒、丢弃垃圾等行为。按规定开展集中式饮用水源地水质监测。进一步加强饮用水源地风险防范，提高水源保护应急处置能力，确保饮用水源安全。（责任单位：区水务局、区环保局，长沙镇政府、西阳镇政府、江南街道办事处，市清凉山供水公司）

4. 继续排查排向梅江一级保护区水域的排污口、雨水口。封堵梅江保护区沿岸及梅州、嘉应大桥两侧污水、雨水排放口，在梅江两岸及梅州大桥、嘉应大桥两侧铺设截污管网，收集水源地周边排放污水、雨水并进行集中处理。（责任单位：区水务局、沿河的镇政府、街道办事处）

5. 不断提高水源保护应急处置能力。加强对水源地周边及上游的风险企业监管，按照“一源一档”建立水源保护风险源档案。继续开展饮用水源突发事件实战演练，磨合应急队伍，完善防范体系漏洞，提高饮用水源突发事故防范和处置能力。（责任单位：区环保局，区水务局，区应急办，各镇政府、街道办事处）

（二）提升区域水环境质量。

1. 进一步加强水环境功能区水质监测。继续根据市监测站分解任务要求对所有已划定水环境功能区的水体开展常规水质监测。继续对市区范围内未划定功能区的河涌，每年定期开展一次主要水体的水质调查，对市区局部污染较集中的黄塘河等河涌开展一年两次常规监测，具体监测指标及频率根据调查发现的污染特点确定并进行相应调整。（责任单位：区环保局）

2. 进一步加强污染源治理。重点监督造纸、纺织印染、电镀等重污染行业污染治理工作，对重点工业企业要求稳定排放达标，提升工业污染治理水平。继续督促推进规模化养殖场污染处理设施建设。（责任单位：区环保局、园区服务中心，各镇政府、街道办事处）

（三）持续改善大气环境质量

1. 继续组织对重点大气污染企业进行治理。配合执行国家统一的机动排放标准和旧车淘汰标准，削减全区大气污染物排放总量，进一步改善环境空气质量。（责任单位：区环保局、市公安局梅江分局）

2. 进一步加强扬尘控制和管理。开展城市扬尘综合整治，控制施工扬尘，加强对渣土运输车辆管理，防止渣土遗撒，加强城市道路保洁。（责任单位：市环卫局、区住建局）

3. 继续配合落实梅州市区高污染燃料禁燃区规定，以促进清洁能源利用，加强大气污染防治和改善梅州市区的空气环境质量。（责任单位：区环保局、区发改和科技局、区经信局）

4. 推广使用清洁能源，落实市政府《关于加快梅州城区管道燃气发展的若干意见》，全市域内清洁能源使用量占终端能源消费总量之比≥50%。（责任单位：区发改和科技局，各镇政府、街道办事处）

5. 强化机动车污染防治

（1）完善简易工况法检测，提高机动车环保检测率，全面推进机动车环保标志核发工作，减少机动车辆排气污染。（责任单位：区环保局、市公安局梅江分局）

（2）配合落实完成大气污染防治责任书中的2017年黄标车淘汰任务数。（责任单位：市公安局梅江分局、区环保局）

6. 加强环境监测，不断完善空气质量在线管理系统。规范梅州市区空气自动监测点优化布点。（责任单位：区环保局）

（四）降低噪声污染

1. 配合市相关单位进一步强化交通噪声污染防治，完善交通噪声管理规定，严格执行机动车禁鸣规定，控制交通噪声污染。（责任单位：区环保局、市公安局梅江分局）

2. 继续抓好建筑施工噪声控制。加强监督管理，严格遵守建筑施工作业时间规定。未经批准，不得在夜间使用产生严重噪声污染的大型施工机械。（责任单位：区住建局、区环保局）

3. 进一步加强社会生活噪声管理

（1）监督经营管理者在商业经营活动中使用空调器、冷却塔等固定设备时，噪声不得超过国家规定的环境噪声排放标准。（责任单位：区环保局）

（2）禁止在商业经营活动中使用高音广播喇叭或者采用其他发出高噪声的方法招揽顾客。禁止任何单位、个人在城市市区噪声敏感建设物集中区域内使用高音广播喇叭。在城市市区街道、广场、公园等公共场所组织娱乐、集会等活动，使用音响器材可能产生干扰周围生活环境的过大音量的，必须遵守当地公安机关的规定。使用家用电器、乐器或者进行其他家庭室内娱乐活动时，应当控制音量或者采取其他有效措施，避免对周围居民造成环境噪声污染。在已竣工交付使用的住宅楼进行室内装修活动，应当限制作业时间，并采取其他有效措施，以减轻、避免对周围居民造成环境噪声污染。（责任单位：市公安局梅江分局、区环保局）

（3）禁止营业性文化娱乐场所边界噪声污染扰民。（责任单位：区文广新局、市公安局梅江分局、区环保局）

4. 继续整治工业噪声源。严禁在居民楼内兴建有噪声污染的加工生产项目，对噪声超标排放、严重扰民的工业噪声源限期整改，对整改达不到要求又严重扰民的固定噪声源责令关停、搬迁。（责任单位：区环保局，各镇政府、街道办事处）

5. 配合市相关单位加强环境噪声监测体系建设。不断调整增加监测范围，确保达到建成区覆盖面积的 85% 以上。（责任单位：区环保局）

（五）改善土壤环境

贯彻落实《广东省土壤污染防治行动计划实施方案》，按照方案有关要求，切实加强土壤污染防治，逐步改善土壤环境质量。（责任单位：区环保局、区农业局、市国土资源局直属分局、区财政局，各镇政府、街道办事处）

（六）进一步加强固体废物污染防治。

1. 不断完善申报登记制度。督促产生工业固体废物的所有企业，严格按照相关规定，开展工业固体废物申报登记。加强对企业相关责任人的培训与指导，要求企业建立固体废物的专门档案。督促各相关企业制定工业固体废物的管理计划，并报区环保部门备案。定期发布工业固体废物污染防治信息。（责任单位：区环保局、园区服务中心）

2. 加强固体废物贮存场所管理

（1）贯彻执行《一般工业固体废物贮存、处置场污染控制标准》（GB18599—2001）的相关要求，做好贮存、处置场运行的环保管理，污染物排放和环境质量监测等。按照相关标准布设采样点，定期对处理后的排放水、地下水、大气等进行监测。落实广东省环境保护厅《关于进一步加强尾矿库环境监管防范环境风险的通知》（粤环函〔2013〕1405 号）的相关要求，建立尾矿库环保档案及电子文档动态长效管理机制。（责任单位：区环保局）

（2）深入开展尾矿库隐患综合治理工作。（责任单位：区安监局）

五、完善城市环境基础设施

（一）不断提高城市生活污水处理水平

1. 进一步完善城区污水收集管网。开展城区污水、雨水收集管网及排污口排查工作，逐步对建成区进行雨污分流改造，在重点河段、河涌铺设截污管网，完善城市污水收集系统。按照粤东西北新一轮环保基础设施建设要求，完成周溪河污水处理厂、黄塘河污水处理厂建设年度任务。新城区建设按照雨污分流的要求同步推进管网建设，城市生活污水收集率符合创模要求。（责任单位：区水务局，各镇政府、街道办事处）

2. 加快镇（街道）污水处理设施建设。（责任单位：区水务局、区住建局，各镇政府、街道办事处）

3. 进一步规范污泥处置管理。督促污水处理厂建立完善的污泥管理台账，从产生、运输、处置进行全过程管理，对污泥产生量、含水率、处置方式、运送车次、重量、最终去向进行详细记录，定期将记录结果上报区环保部门，相关资料保留5年以上。推动梅州市城市污水处理厂污泥处理中心建设，改变目前全部运往垃圾场填埋的现状。（责任单位：区水务局、区环保局）

（二）进一步提高城市生活垃圾处理水平

1. 不断完善梅州市区垃圾收运体系。建立健全市容卫生管理机构，建立严格的保洁责任制，根据城市化发展需要，不断地增加垃圾清运覆盖面。继续推进开展生活垃圾分类试点小区建设，形成成熟模式，面向全区推广。（责任单位：市环卫局、区住建局，各镇政府、街道办事处）

2. 梅州市区生活垃圾处理设施符合城市化发展需求。根据城市化发展需求，推进城区生活垃圾处理设施建设，在用和新建的垃圾填埋场要全部达到无害化处理标准。完善生活垃圾无害化处理场，对城区库容不能满足要求以及未实现无害化处理的生活垃圾处理厂进行扩建、改造，符合生活垃圾无害化处理要求。（责任单位：市环卫局、区住建局，各镇政府、街道办事处）

3. 进一步完善城市生活垃圾处理处置长效机制。配合市相关单位严格按照《生活垃圾填埋场污染控制标准》（GB16889—2008）对填埋场进一步进行规范化整治，解决历史遗留问题。严格执行《梅州市垃圾填埋作业管理制度》、《梅州市垃圾场安全生产管理制度》，按照《生活垃圾填埋场污染控制标准》规范日常作业，减少现状作业面，及时覆土覆盖。渗滤液收集池、处理站满足渗滤液处理需求，确保渗滤液全部按要求处置，达到《生活垃圾填埋场污染控制标准》排放标准。渗滤液在线监测系统正常运行和联网报送。维护门禁系统正常运行，对进场生活垃圾称重、登记建档，确保垃圾收运记录准确齐备。完善检查监督员队伍，强化督查措施，开展定期检查和不定期暗访，确保生活垃圾集中收集处理工作落实到位。继续配合市相关单位实施龙丰老垃圾场封场整治项目。按规范完成气体导排层、防渗层、雨水导排层、覆土层、植被层封场系统建设，加强封场后的环境管理，确保环境安全。（责任单位：市环卫局，各镇政府、街道办事处）

4. 继续加大对生活垃圾处置的监督力度。配合市相关单位严格按照国家《生活垃圾填埋厂污染控制标准》等相关要求进行管理、运行和监测，严格按照填埋废物的入场要求进行控制，不满足要求的禁止入场。废水、废气和噪声均应达到排放标准要求，并定期组织例行监测。加强垃圾处理厂生产设施的维修维护，保障稳定正常运转，并规范开展设备运行和维护记录。加强环保档案规范化管理，将生产设施运行记录，环境监测记录等环保档案妥善保存3年以上。加大对生活垃圾处置设施的定期现场检查力度，强化垃圾填埋场监督管理。（责任单位：市环卫局、区环保局，各镇政府、街道办事处）

（三）规范危险废物和医疗废物依法安全处置

1. 规范实施危险废物规范化管理。完善危险废物监管体制机制，严格执行危险废物经营许可证管理制度和危险废物转移联单管理制度。建立健全完善危险废物管理信息系统，建立反映危险废物产生、贮存、转移、利用和处置全面情况的台账资料，提高危险废物产生单位规范化管理水平，危险废物产生单位规范化管理抽查合格率达到90%以上，经营单位危险废物规范化管理抽查合格率达到95%以上。督促收集、运输、贮存、利用、处置危险废物的单位制定意外事故的防范措施和应急预案，加强对医疗废物集中处置单位的监督性监测。督促医疗废物集中处置单位严格按照《梅州市医疗废物集中处置实施办法》的有关规定收运处置医疗废物。(责任单位：区环保局、区卫计局)

2. 加强对城镇生活污水处理厂污泥、覆铜板边角料等主要严控废物的产生源管理，督促相关企业开展严控废物产生源的申报登记工作。根据环境保护部办公厅《关于加强城镇污水处理厂污泥污染防治工作的通知》(环办〔2010〕157号)要求，督促污泥产生单位转出污泥时应如实填写转移联单，禁止许可证单位接收无转移联单污泥。加大日常巡查、核查力度，将严控废物转移、流向和处理设施运行情况作为日常监管重点，增强防范环境风险的意识。(责任单位：区环保局、园区服务中心，各镇政府、街道办事处)

(四) 进一步加强生态保护和绿地建设

1. 加强生态管护能力建设。加强生态功能区划管控，严守生态红线。坚持“保护优先、适度开发、永续利用”的原则，加强旅游区生态环境监管，不断完善旅游区环境基础设施。加强自然保护区巡查、管理工作。(责任单位：区环保局、区旅游局、区林业局)

2. 进一步加强重点区矿山地质环境保护和治理修复。组织继续实施2015年、2016年未完成的矿区生态治理项目。(责任单位：市国土资源局直属分局，各镇政府、街道办事处)

3. 进一步加强城市生态绿化体系建设。配合市相关部门继续推动“森林围城、森林进城”等城市森林生态建设工程，积极推进以城区绿地、森林公园、拆围建绿为重点的城区绿化一体化建设，建成区范围内新增绿地面积1平方公里以上。因地制宜，科学选择，合理配置，形成功能稳定、景观优美、独具特色的多层次、多色彩、多效益的城市森林生态体系。(责任单位：区林业局、区住建局，各镇政府、街道办事处)

六、维护城市环境安全

(一) 建立完善全防全控的环境风险防范体系。

1. 完善环境风险管理措施。开展环境风险调查与评估。以重金属排放企业、危险废物产生、利用、处置企业和生产使用危险化学品的企业为重点，全面调查与综合评估重点环境风险源和环境敏感点，摸清环境风险的高发区域和敏感行业。对数据库进行动态更新和分类管理。把环境风险防范纳入环境管理体系，将环境风险防范作为环评审批和环保“三同时”验收的重要内容。开展集中式饮用水源地和自然保护区等敏感保护目标区域环境风险调查，做好区域内环境风险源登记，建立和完善敏感保护目标档案库。(责任单位：区环保局、园区服务中心，各镇政府、街道办事处)

2. 进一步强化环境风险监管。全面排查重点风险源。做好重金属排放企业的排查整治，对东升工业园区等重点区域及线路板、金属制品等重点行业，加强现场监察和监督性监测，依法查处各种环境违法行为。全面排查危险废物产生、利用、处置企业，督促企业制定危险废物意外事故防范措施。加强对加油站、油库、危化品仓库等单位风险防范大检查。全面监测尾矿库污染治理设施运行情况，落实风险防范责任单位和责任人。(责任单位：区环保局、区经信局、区安监局、园区服务中心)

3. 完善环境应急预案，定期开展环境事故应急演练。完善企业环境应急预案，实现预案动态管理，建立企业、部门预案报备制度，规范预案编制、修订和执行工作。完善突发环境事件应急救援体系。推进环境应急管理专门机构的建设，充实和完善专职应急管理人员队伍。按照国家环境应急标准化建设的要求，加强应急设备、装备器材、办公设施等的配备。构建政府引导、部门协调、分级负责、社会参与的环境应急救援机制，依法科学妥善处置突发环境事件。(责任单位：区环保局、区应急办、园

区服务中心、各镇政府、街道办事处）

（二）加强重金属污染防治

继续严格重金属项目环境准入，严格审批排放重金属污染物的项目，做好电镀等重污染行业的统一规划、统一定点工作，进一步强化重金属污染企业监管。督促污水处理厂的污泥进行无害化处置、生活垃圾填埋场的渗滤液实现达标排放。（责任单位：区环保局、区水务局、园区服务中心）

（三）进一步加强危险化学品风险防控

根据国家、省、市危险化学品管理有关规定，督促落实生产、储存、使用危险化学品的单位规范管理。（责任单位：区安监局）

（四）加强放射性物质污染防治

加强电离辐射环境安全监管，建立放射源信息数据库，利用信息化手段加强放射源监管，杜绝违法违规行为。做好闲置、废弃放射源的安全监管和收贮工作。（责任单位：区环保局、园区服务中心）

七、加强环境保护能力建设

（一）规范健全环境保护行政机构。

加强环境保护能力建设，按照上级改革部署，规范健全我区环境保护行政机构，并落实职能、编制和经费。（责任单位：区编办、区环保局、区人社局）

（二）继续加强我区环境监管能力建设

不断加强我区环境监察机构、环境监测机构规范化和环境应急、环境信息、环境宣教能力建设，全面达到相应的建设标准要求。（责任单位：区编办、区环保局、区人社局、区财政局）

八、落实工作责任，开展督促检查

各有关单位和各镇政府、街道办事处要根据责任分工，认真履行职责，采取有效措施，狠抓落实，做到责任、资金、措施、人员“四到位”，保证创模各项工作的顺利完成。各指标的牵头工作继续按《2016年梅州市创建国家环境保护模范城市工作要点》中的分工狠抓落实。

区创模办要对各部门创模工作完成情况进行督促检查，及时沟通协调解决各单位在创模工作中遇到的困难和问题，保证创模各项工作的顺利推进。

附件：梅江区创建国家环境保护模范城市2017年任务表

附件：

梅江区创建国家环境保护模范城市2017年任务表

序号	任务内容	相关责任单位
1	进一步完善创模目标考核及检查制度	区创模办
2	对上一年度的创模工作情况进行总结、测评，完善创模基础档案及相关资料，推动各项工作任务完成和考核目标达标	区创模办
3	按照创模考核指标要求，继续执行党政干部环保考核制度	区环保目标责任考核成员单位
4	制订全区年度创模宣传计划，全面开展创模宣传	区委宣传部
5	利用网络、电视、广播、报纸、宣传橱窗、大型广告宣传牌、手机短信等各种平台，以及开展各种活动，大力宣传创模目的意义，宣传创模基本知识、创模工作动态等，营造我区创模的良好社会氛围	区直各有关单位，各镇政府、街道办事处
6	继续在我区旅游活动中宣传创模，将我区开展创建环保模范城市，倡导绿色生态旅游深入到旅客旅游行为中	区旅游局
7	开展“六五”世界环境日、地球日、世界水日、中国水周、土地日、植树节等环保重要节日的创模宣传活动	区环保局、市国土资源局直属分局、区水务局、区林业局、区教育局，各镇政府、街道办事处
8	组织开展“公众满意率”调查工作	区委宣传部、区环保局、区统计局
9	继续在全区中小学推广环境教育。全区所有中小学使用统一的环保教材，环保教育课纳入学校课程安排，每学年不少于12课时	区教育局
10	继续深入开展“绿色”创建系列工作，全面开展创建绿色学校、环境教育基地工作	区环保局、区教育局
11	充分利用广播、电视、报纸等相关媒体，加强“限塑令”宣传教育，严格监管，进一步巩固“限塑令”成果	区发改和科技局、市工商局梅江分局、区环保局、区经信局、区教育局
12	淘汰落后产能、调整产业结构。督促有关企业，根据国务院、省政府、市政府有关规定，淘汰落后生产能力，优化产业结构	区经信局等区淘汰落后产能成员单位
13	继续推进节能工程。继续组织推进各项节能工程，达到创模指标关于“规模以上单位工业增加值能耗<全国平均水平，或考核连续三年逐年下降”的要求	区经信局，各镇政府、街道办事处

续上表

序号	任务内容	相关责任单位
14	继续推进节水工程。继续加强工业企业节水技术改造，提高生产用水循环利用率和减少用水量。达到创模指标关于“单位 GDP 用水量”	区水务局、区经信局、园区服务中心，各镇政府、街道办事处
15	继续加大生活节水力度，降低城市综合生活用水量和居民生活用水量。通过合理调整水价，改革水费收缴制度，运用经济手段推动节水工作	区水务局、区发改和科技局、区住建局、区经信局，各镇政府、街道办事处
16	突出规划引领，强化规划科学性。根据《环境影响评价法》和《规划环境影响评价条例》的要求，继续落实“一地、三域、十个专项”规划开展规划环境影响评价工作，规划文本及审批材料中要有环境影响篇章（或说明）或环境影响报告书及其审查意见	区环保局、区财政局
17	提供规划环境影响评价经费核拨凭证	区财政局
18	严格环保准入，落实环评制度。继续督促落实建设项目环境影响评价和“三同时”制度，从源头上控制污染转移。严禁引进不符合产业政策的淘汰类项目，严格控制引进限制类项目，严防在产业转移中造成污染转移	区环保局、园区服务中心，各镇政府、街道办事处
19	加强污染源监督管理，提高企业治污水平。进一步加强环保监督性监察和监测。依据《国家重点监控企业污染源自动监测设备监督考核规程》，定期开展国控重点企业污染源自动监测数据的有效性审核工作。深入开展环保专项活动	区环保局
20	严格按照国家、省、市有关要求，扎实推进重点企业清洁生产审核工作	区环保局，园区服务中心
21	严格实施排污许可证制度。强化对排污者的监管，排污者必须根据排污许可证的允许排放污染物，禁止无排污许可证或者违反排污许可证的规定排放污染物	区环保局、园区服务中心
22	加强集中式饮用水源地污染防治，确保饮用水安全。进一步加强水源地防护建设和违章整治。完成清凉山水库水源保护区防护措施建设工程，建设生态公益林、绿化带等隔离设施，清除清凉山水库水源保护区违章建筑	西阳镇政府、区林业局、区住建局、市清凉山供水公司
23	继续开展清凉山水库水源保护区一级、二级保护区内小水电站清理工作	区水务局，西阳镇政府，市清凉山供水公司
24	规范饮用水源保护区日常管理，进一步加强清凉山饮用水源和梅江备用饮用水源保护区监管，完善《梅州市饮用水水源保护区巡查制度》。	区环保局、区水务局

续上表

序号	任务内容	相关责任单位
25	封堵梅江一级保护区水域沿岸及梅州大桥、嘉应大桥两侧污水、雨水排放口，完善梅江两岸 及梅州大桥、嘉应大桥两侧截污管网	区水务局，沿河镇政府、街道办事处
26	加强对水源地周边及上游的风险企业监管，按照“一源一档”建立水源保护风险源档案。继续开展饮用水源突发事件实战演练，磨合应急队伍，完善防范体系漏洞，提高饮用水源突发事故防范和处置能力	区环保局，各镇政府、街道办事处
27	进一步加强水环境功能区水质监测。继续组织对所有已划定水环境功能区的水体开展常规水质监测。继续对市区范围内未划定功能区的河涌，每年定期开展一次主要水体的水质调查，对市区局部污染较集中的黄塘河等河涌开展一年两次常规监测，具体监测指标及频率根据调查发现的污染特点确定并进行相应调整	区环保局
28	进一步加强污染源治理。重点监督造纸、纺织印染、电镀等重污染行业污染治理工作，对重点工业企业要求稳定排放达标，提升工业污染治理水平。继续督促推进规模化养殖场污染处理设施建设。提升区域水环境质量	区环保局、园区服务中心，各镇政府、街道办事处
29	继续对重点大气污染企业进行治理，执行国家统一的机动排放标准和老旧车淘汰标准，削减全市大气污染物排放总量，进一步改善环境空气质量	区环保局、市公安局梅江分局
30	进一步加强扬尘控制和管理，开展城市扬尘综合整治，控制施工扬尘，加强对渣土运输车辆管理，防止渣土遗撒，加强城市道路保洁	市环卫局、区住建局
31	继续落实高污染燃料禁燃区有关规定，促进清洁能源利用，加强大气污染防治和改善梅州市区的空气环境质量	区环保局、区发改和科技局、区经信局
32	推广使用清洁能源，落实市政府《关于加快梅州城区管道燃气发展的若干意见》，全市域内清洁能源使用量占终端能源消费总量之比≥50%	区发改和科技局各镇政府、街道办事处
33	强化机动车污染防治，完善简易工况法检测，提高机动车环保检测率，推进机动车环保标志核发，减少机动车辆排气污染	市公安局梅江分局、区环保局
34	落实完成2017年黄标车淘汰任务	市公安局梅江分局、区环保局
35	加强环境监测，不断完善空气质量在线管理系统。规范梅州市区空气自动监测点优化布点	区环保局
36	进一步强化交通噪声污染防治，完善交通噪声管理规定，严格执行机动车禁鸣规定，控制交通噪声污染	区环保局、市公安局梅江分局

续上表

序号	任务内容	相关责任单位
37	继续抓好建筑施工噪声控制。加强监督管理，严格遵守建筑施工作业时间规定。未经批准，不得在夜间使用产生严重噪声污染的大型施工机械	区住建局、区环保局
38	监督经营管理者在商业经营活动中使用空调器、冷却塔等固定设备时，噪声不得超过国家规定的环境噪声排放标准	区环保局
39	禁止在商业经营活动中使用高音广播喇叭或者采用其他发出高噪声的方法招揽顾客。禁止任何单位、个人在城市市区噪声敏感建设物集中区域内使用高音广播喇叭。住宅楼室内装修应当限制作业时间，并采取其他有效措施减轻对周围居民造成环境噪声污染	区环保局、市公安局梅江分局
40	禁止营业性文化娱乐场所边界噪声污染扰民	区文广局、市公安局梅江分局、区环保局
41	整治工业噪声源，严禁在居民楼内兴建有噪声污染的加工生产项目	区环保局，各镇政府、街道办事处
42	进一步加强环境噪声监测体系建设，不断调整增加监测范围，确保达到建成区覆盖面积的85%以上	区环保局
43	贯彻落实《广东省土壤污染防治行动计划实施方案》有关要求，切实加强土壤污染防治，逐步改善土壤环境质量	区环保局、区农业局、市国土资源局直属分局、区财政局 各镇政府、街道办事处
44	进一步加强固体废物污染防治，不断完善申报登记制度	区环保局、园区服务中心
45	加强固体废物贮存场所管理，贯彻执行《一般工业固体废物贮存、处置场污染控制标准》（GB18599—2001）的相关要求，做好贮存、处置场运行的环保管理，污染物排放和环境质量监测等	区环保局
46	深入开展尾矿库隐患综合治理工作	区安监局
47	进一步完善城区污水收集管网，逐步对建成区进行雨污分流改造，完善城市污水收集系统。按照粤东西北新一轮环保基础设施建设要求，完成周溪河污水处理厂、黄塘河污水处理厂建设年度任务。新城区建设按照雨污分流的要求同步推进管网建设，城市生活污水收集率符合创模要求	区水务局，各镇政府、街道办事处
48	加快镇（街道）污水处理设施建设	区水务局、区住建局，各镇政府、街道办事处

续上表

序号	任务内容	相关责任单位
49	进一步规范污泥处置管理，督促污水处理厂建立完善的污泥管理台账，推动污水处理厂污泥处理中心建设，改变目前全部运往垃圾场填埋的现状	区水务局、区环保局，
50	进一步提高城市生活垃圾处理水平，不断完善梅州市区垃圾收运体系。建立健全市容卫生管理机构，建立严格的保洁责任制，根据城市化发展需要，不断地增加垃圾清运覆盖面。开展生活垃圾分类试点小区建设，形成成熟模式，面向全区推广	市环卫局、区住建局，各镇政府、街道办事处
51	梅州市区生活垃圾处理设施符合城市化发展需求，在用和新建的垃圾处理场所要全部达到无害化处理标准	市环卫局、区住建局，各镇政府、街道办事处
52	垃圾填埋场渗滤液收集池、处理站满足渗滤液处理需求，确保渗滤液全部按要求处置，达到《生活垃圾填埋场污染控制标准》排放标准。渗滤液在线监测系统正常运行和联网报送。废水、废气和噪声均应达到排放标准要求，并定期组织例行监测	市环卫局、区环保局，各镇政府、街道办事处
53	规范实施危险废物规范化管理，危险废物产生单位规范化管理抽查合格率达到90%以上，经营单位危险废物规范化管理抽查合格率达到95%以上。督促收集、运输、贮存、利用、处置危险废物的单位制定意外事故的防范措施和应急预案，加强对医疗废物集中处置单位的监督性监测	区环保局、区卫计局，
54	加强严控废物的产生源管理，督促相关企业开展严控废物产生源的申报登记工作	区环保局、园区服务中心，各镇政府、街道办事处
55	加强生态功能区划管控，严守生态红线	区环保局，区林业局，各镇政府、街道办事处
56	进一步加强重点区矿山保护和治理修复，继续实施2015年、2016年未完成的矿区生态治理等重点项目	市国土资源局直属分局，各镇政府、街道办事处
57	加强城市生态绿化体系建设。继续推动梅江区“森林围城、森林进城”等城市森林生态建设工程，积极推进以城区绿地、森林公园、拆围建绿为重点的城区绿化一体化建设	区林业局、区住建局，各镇政府、街道办事处
58	完善环境风险管理措施，开展环境风险调查与评估，全面排查重点风险源	区环保局、园区服务中心 各镇政府、街道办事处

续上表

序号	任务内容	相关责任单位
59	完善环境应急预案，定期开展环境事故应急演练。推进环境应急管理专门机构的建设，充实和完善专职应急管理人员队伍，依法科学妥善处置突发环境事件	区环保局、园区服务中心，各镇政府、街道办事处
60	继续严格重金属项目环境准入，严格审批排放重金属污染物的项目，做好电镀等重污染行业的统一规划、统一定点工作。督促污水处理厂的污泥进行无害化处置、生活垃圾填埋场的渗滤液实现达标排放	区环保局、区水务局、市环卫局、园区服务中心
61	进一步加强危险化学品风险防控，根据国家、省危险化学品管理有关规定，督促落实生产、储存、使用危险化学品的单位规范管理	区安监局
62	加强放射性物质污染防治，加强电离辐射环境安全监管，建立放射源信息数据库，利用信息化手段加强放射源监管，杜绝违法违规行为。做好闲置、废弃放射源的安全监管和收贮工作	区环保局、园区服务中心
63	加强环境保护能力建设，按照上级改革部署，规范健全区、镇（街）两级环境保护行政机构，并落实经费	区编办、区环保局、区财政局、区人社局
64	不断加强区、镇（街）两级环境监察机构、环境监测机构规范化和环境应急、环境信息、环境宣教 能力建设，全面达到相应的建设标准要求	区编办、区环保局、区财政局

关于印发《梅江区创建“广东省全域旅游示范区”实施方案（2017—2018)》的通知

各镇、街道,区直局以上单位,市属驻区各单位:

经区委、区政府同意，现将《梅江区创建“广东省全域旅游示范区”实施方案（2017—2018)》印发给你们，请认真组织实施。实施过程中遇到的问题，请径向梅江区创建广东省全域旅游示范区工作领导小组办公室（设在区旅游局）反映。

中共梅州市梅江区委
梅州市梅江区人民政府　办公室
2017 年 10 月 10 日

梅江区创建“广东省全域旅游示范区”实施方案（2017—2018)

根据《广东省旅游局关于公布第二批广东省全域旅游示范区创建单位的通知》（粤旅办〔2017〕123 号)、《梅州市人民政府关于印发梅州市创建“国家全域旅游示范市”工作方案的通知》（梅市府函〔2017〕64 号）精神，为加快我区旅游产业转型升级，推动旅游业由“景区旅游”向“全域旅游”发展模式转变，构建新型旅游发展格局，实现全域共建、全域共融、全域共享，区委、区政府决定开展“广东省全域旅游示范区”创建工作，现结合我区实际，制定如下实施方案。

一、指导思想

坚持以“四个全面”战略布局和“创新、协调、绿色、开放、共享”五大发展理念为指导，牢固树立“绿水青山就是金山银山”的理念；坚持全域化引领，加强旅游与相关产业融合发展，深入实施“旅游资源社会化、社会资源旅游化”发展战略，完善旅游基础设施和公共服务配套设施；坚持以“国家旅游休闲示范城市”品牌创建为抓手，以梅江韩江绿色健康文化旅游产业带建设为平台，培育壮大旅游新业态，推动旅游产业提档升级，将旅游资源富集优势转化为产业经济优势，提升我区“幸福之都，诗画梅江”旅游知名度和影响力，助推梅江振兴发展。

二、创建目标

围绕国家旅游局印发的《全域旅游示范区创建工作导则》（旅发〔2017〕79 号)、广东省旅游局印发的《广东省全域旅游示范创建重点工作指引》（粤旅办〔2017〕204 号)，进一步加大资源整合，扩大产业融合，大力发展特色旅游小镇、乡村旅游示范村等，通过旅游业带动和促进我区经济社会协调发展，形成旅游治理规范化、旅游发展全域化、旅游供给品质化、旅游参与全民化、旅游效应最大化。到 2018 年下半年，各项指标全部达到“广东省全域旅游示范区”创建标准，并顺利通过验收。

三、创建重点

（一）创新机制体制，构建现代化旅游治理体系。

1. 完善组织领导机制。建立区党政主要领导挂帅的全域旅游创建工作领导小组，设立创建工作办公室，加强部门联动，合力推进全域旅游创建工作。

2. 建立综合管理机构。成立梅江区旅游发展委员会，旅游资源丰富的镇明确承担相关工作的机构。建立区旅游联席会议制度，定期召开会议。

3. 强化规划引领。做好系统科学谋划，结合《梅江韩江绿色健康文化旅游产业带发展规划》《梅州市全域旅游规划》《梅江区旅游发展总体规划》等，编制《梅江区全域旅游发展规划》，并加强旅游规划实施管理。

4. 推动政策创新。加大财政支持力度，2017年起每年安排1000万元旅游发展专项资金并逐年增加。鼓励统筹各部门资金支持全域旅游建设。出台支持全域旅游发展的综合性政策文件。强化旅游用地保障。对旅游重点项目及体现全域旅游理念的“+旅游”项目，新增建设用地纳入地方政府《土地利用年度计划》，优先安排土地计划指标。

5. 创新投融资体制机制。建立旅游投融资项目库，把引进重大旅游项目作为重要抓手，每年招商引资总额达到一定规模。鼓励设立旅游产业基金，引导各类资金参与全域旅游建设。设立梅江区文化旅游投资公司，参与旅游基础设施和公共服务建设。

6. 创新执法模式：创新旅游综合执法模式，推动设立旅游派出所、旅游巡回法庭、旅游市场监督管理所。

（二）加强旅游基础设施和公共服务体系建设，打造和谐旅游环境。

1. 完善集散咨询服务体系。依托我区交通客运站场，建立服务功能齐全的梅江区旅游集散中心。同时，不断完善和提升城区原有泮坑公园、剑英公园、院士广场、游船码头等多个旅游咨询服务中心（点）的建设，并促进各旅游咨询服务中心（点）可持续运营。协调我区辖区内高速公路服务区配置旅游咨询服务功能。

2. 提升交通服务。加快推进全区旅游交通公路规划建设，切实解决进入景区“最后一公里”交通问题。完善旅游基础设施服务，加强城市与旅游景区景点之间交通建设，形成旅游道路环线，构建“快进慢游”旅游交通网络系统。推动绿道慢行系统建设，绿道慢行系统贯穿主要城镇（街道）、村（居委）和景区，并完善驿站、标识系统等旅游功能。建设与游客承载量相适应的大型停车场。在高速公路、国省道、城市道路及连接景区主要道路规划设置或增设符合国家标准的旅游交通标识标牌。

3. 大力实施“厕所革命”。推动主要旅游景区、旅游场所、旅游线路和乡村旅游点的厕所全部达到A级标准，并保障数量充足、干净无味、实用免费、管理有效；引导第三卫生间的建设；鼓励临街、临景的单位厕所对游客开放；推进市场多元供给和以商建厕、以商管厕、以商养厕。引导游客爱护设施、文明如厕，营造健康文明的厕所文化。认真落实《梅江区旅游厕所建设管理三年（2015—2017年）行动计划实施方案》，全面完成2017年7座旅游厕所新建改扩建任务。

4. 提升信息服务。建立能够全面反映旅游对当地经济社会发展综合贡献率的新型统计体系；建立省、市、县互联共享的旅游大数据体系；重点旅游场所实现WiFi信号全覆盖；创办梅江区旅游信息资讯网站，应用旅游网站、手机App客户端、优化提升“诗画梅江”旅游官方微信号，规范旅游公共服务信息发布，及时向游客发布气象、地质等灾害风险提示信息；编印自助游服务手册等。落实旅游目的地风险安全警示制度。

5. 保障卫生医疗。改善居民生活环境，优化旅游环境。深入开展城乡环境卫生整治，城乡垃圾集中无害化处理，主要涉旅场所干净卫生整洁，无乱堆乱放乱建乱摆现象；规范风貌管理，加强历史文化街区、历史建筑和其他历史记忆区保护，加快推进梅江区历史文化街区人居环境综合整治项目建设。整治乡村“脏、乱、差”，实现乡村建筑从无序建设到有序建设，突出客家传统文化特色。涉旅路边、河边、湖边、村边、厂边达到美化、绿化、洁化；延伸医疗服务，在客天下、樱花谷、千佛塔、新联村乡村旅游景区等AAA级及以上景区设置医疗急救点。

（三）坚持融合发展、创新发展，丰富旅游产品，增加有效供给。

1. 丰富旅游产品。以重点项目为抓手，构建全域旅游格局。加快推进客天下旅游观光项目、客家文化产业基地（东山谷文化孵化区）、城北现代农业观光区、鲤溪万山美丽乡村旅游示范区、中山街—仲元路美食一条街、扎田河（干才）治理工程等6个梅江韩江绿色健康文化旅游特色产业带重点项目建设，切实发挥重点项目的示范带动作用；以创建国家旅游休闲度假区为目标，重点打造客天下旅游产业园。大力发展婚庆产业，打造为粤东地区婚庆旅游首选地；加快建设引擎园区：梅江区文化创意产业园（文化创客小镇），对攀桂坊老街区进行修复整改，打造梅州首个创客空间，远期推动创建国家AAAA级旅游景区。加快时光梅州文旅基地、风眠文化艺术小镇、客家大观园——“非遗”小镇等一批亮点项目建设。同时，强化客天下、樱花谷、泮坑公园、百岁山公园等园区型旅游产品设施配套。

2. 优化旅游业态。繁荣城市商业休闲，完善商业区旅游服务功能，增强万达广场、万象江山等旅游商圈吸引力；打造泰康路、凌风东西路等旅游特色休闲街区；进一步提升星级酒店品质，发展特色文化主题酒店、精品酒店、特色民宿或汽车营地；打造梅江特色餐饮品牌，根据实际情况举办饮食文化节庆活动；开发梅江特色文化旅游商品，提升文化内涵，重点支持客家红、四三草堂等企业，打造体现梅江特色的旅游商品品牌及梅江特色“旅游手信”，扩大旅游购物消费。升级梅江夜游，升级“梅江欢歌”。

3. 推动“旅游+”产业融合。发展“旅游+”模式，创新全域旅游新业态，新增一批旅游产业融合项目。大力发展“旅游+城镇化、工业化和商贸”，推动客天下创建“2511”新型城镇化试点，加快建设城北玉水古村落、泮坑村等美丽乡村示范试点，建设梅州城区文化创意产业园（文化创客小镇）、长沙文创小镇、风眠文化艺术小镇、客家大观园——“非遗”小镇、凌风东西路历史文化街区，建设梅江两岸滨江绿道，芹洋半岛湿地公园等慢行系统；利用工业园区，因地制宜开展工业旅游，鼓励发展旅游用品，户外休闲用品和旅游装备制造业，重点支持梅台文化创意园打造工业旅游示范园区；依托客商中心、嘉应歌剧院、文博会综合体等载体及客商大会、文博会、农博会等活动平台，积极发展商务会展旅游。大力发展“旅游+农业、林业、水利”，发展观光农业、休闲农业、现代农业庄园，规划建设一批农业休闲综合体、农业休闲与乡村旅游示范点，加快农产品向旅游商品、农业基地向休闲度假基地转化步伐。提升和推进城北现代农业休闲观光区、玉水湖生态农业产业园、阿鲤廊等项目建设；发展生态休闲旅游，将良好生态资源优势转化为产业经济效益，打造生态旅游示范区，积极推进天鹅山、泮坑、明阳寨等6个森林公园建设；依托水域和水利设施，开发水利旅游。提升白宫水周边的环境配套，加快推进“十里梅花”长廊综合景观带建设。大力发展“旅游+科技、教育、文化、卫生和体育”，充分发挥红色文化、客家文化、名人文化等优势，发展文化体验旅游，积极打造客家文化产业基地（东山谷文化孵化区）、剑英湖文博会综合体、客家姓氏文化中心、林风眠文化艺术小镇等项目；创新文化旅游产品，依托互联网+，推动旅游+创意，建设一批文化创意园，重点推动纯然文化创意产业园、金山文化创意园、时光梅州文旅基地等建设；对接原中央苏区的定位和规划，建设陈公坪、梅州学宫等红色旅游精品景区、爱国主义教育基地、研学基地；依托区内康养资源，开发医疗健康旅游、养生养老旅游等健康旅游业态，建设健康养生产业示范园区；积极发展体育旅游，加快推进足球文化公园建设，加强与有关机构的对接合作，办好梅江—蕉岭国际马拉松、自驾游足球比赛等体育赛事，成为拉动旅游经济的新增长点；大力发展“旅游+交通、环保和国土”，建设自驾车房车营地，打造旅游风景道和铁路遗产、大型交通工程等特色交通旅游产品，开发多类型、多功能的低空旅游产品和线路。

（四）发展乡村旅游，创建示范品牌。

1. 打造新联村AAA级乡村旅游景区、黄坑田园综合体和泮坑美丽乡村示范点。打造城北、西阳2个旅游特色镇，西阳新联村、鲤溪村、城北镇玉水村、扎上村4个旅游特色村，建设乡村旅游连片开发示范区，加强乡村地标美食的整合和宣传推介。

2. 积极创建国家级、省级休闲农业与乡村旅游示范镇、点，打造乡村旅游精品线路；鼓励特色旅游商品开发，建设中国乡村旅游创客示范基地。

3. 出台梅江区乡村民宿管理政策措施，支持特色民宿发展。

4. 培育乡村旅游新业态。

5. 保护和利用古建筑、古村落、古驿道等历史文化遗迹和非物质文化遗产，适度开展旅游活动。

6. 实施乡村旅游“八小工程”（建设旅游厕所、购物商店、停车场、医疗站、垃圾站、旅游标牌标识、旅游咨询服务中心、A级景区）；强化新联村、太平村旅游扶贫重点村对口帮扶和精准脱贫。

（五）推进共建共享，构筑旅游发展新模式。

1. 开展文明旅游宣传教育活动，成立旅游志愿者队伍，引导游客文明旅游，完善旅游业标准体系，开展以游客评价为主的旅游目的地评价。

2. 强化安全保障。出台《旅游突发事件应急预案》并定期演练，开展旅游安全教育和培训，成立旅游安全监管队伍，加强节假日旅游安全督查。

3. 建立良好的旅游开发利益共享机制（增加就业岗位、门票收入分配等），促进旅游创业就业与旅游扶贫、旅游富民。

4. 加强惠民便民服务。文化中心、博物馆、图书馆、科技馆、纪念馆、城市公园、红色旅游景区和爱国主义教育基地等公共场所对市民和游客免费开放。设立公益性旅游休闲区。

5. 切实保障游客、居民、员工合法权益；全面落实带薪休假制度。

（六）实施整体营销，凸显“诗画梅江”旅游品牌形象。

1. 制定全域旅游整体营销规划和方案，把营销工作纳入全域旅游发展大局，设立旅游营销专项资金，鼓励制定相应的客源市场开发奖励办法。

2. 制作梅江旅游宣传片、旅游指南、旅游地图等宣传资料，每周更新旅游官方微信、微博账户。运用旅游大数据，制定精准营销方案。

3. 打造梅江区特色节庆品牌。支持办好梅江区第三届、第四届客家风情文化旅游节，婚庆文化旅游节等品牌节庆活动。

五、实施步骤

第一阶段：动员部署阶段（2017年6月—2017年9月）

成立工作领导小组，对创建工作进行全面安排部署，制定创建工作方案，将具体工作落实到相关责任单位；召开动员部署会议，组织各镇、街，各部门认真学习“广东省全域旅游示范区”创建工作的有关要求和标准，部署各项工作；充分利用电视、报纸、网络等新闻媒体，开展形式多样的宣传动员，大力宣传创建“广东省全域旅游示范区”的目的意义，大力营造全民共创的良好氛围。

第二阶段：组织实施阶段（2017年9月—2018年6月）

各镇、街，各相关部门按照创建工作要求，制定切实可行的创建实施方案，并对各项考核指标进行细化分解，将具体工作落实到人；对照标准认真组织开展自查、自检工作；区创建工作领导小组适时召开专题会议，研究解决创建过程中存在的困难和问题。并定期对各镇、街，各部门创建工作开展情况进行抽查。

第三阶段：检查验收阶段（2018年6月—2018年12月）

按照《广东省全域旅游示范区工作指引》，开展全面自查，发现问题及时整改。各镇、街，区直各部门充分做好各项创建申报和迎检准备工作，如期通过广东省旅游局评定验收。

六、保障措施

（一）**加强领导，明确任务**。为切实做好创建“广东省全域旅游示范区”创建工作，经区政府同意，决定成立梅江区创建“广东省全域旅游示范区”工作领导小组，由区长任组长，分管副区长任常务副组长。各镇（街）和相关部门为成员单位。领导小组下设办公室，办公室设在区旅游局，抽调专门人员，与梅江区梅江韩江绿色健康文化旅游特色产业带规划建设领导小组办公室合署办公。创建工作领导小组要加强对创建工作的组织协调、调查研究、跟踪指导、典型示范引领和评估考核工作，及时解决创建过程中的重大问题。

（二）**落实责任，强化保障**。为配合市创建国家全域旅游示范市和全面完成我区创建省全域旅游示范区各项工作任务，制定《梅江区创建“广东省全域旅游示范区”及推进市创建“国家级全域旅游示范区”两年行动计划任务分解表》，各责任单位要认真对照工作任务和要求，将市、区创建工作细化到人到岗，切实抓好落实；区财政部门要结合我区实际，落实资金保障，推动创建各项工作顺利开展；区委组织部要将全域旅游工作纳入各镇、街道，区直各部门绩效考核。

（三）**强化督查，突出整改**。建立联席会议制度，每季度召开一次旅游联席会议，研究推进创建工作；各责任单位每月将各项任务进展情况报区牵头单位，各牵头单位负责每月24日前向区创建办报送当月工作进展情况；区创建办定期通报各责任单位工作进展情况，年度集中考核各部门成果，确保各项工作取得实效。

（四）**开展培训，提高认识**。区委组织部牵头组织各重点旅游镇镇长及分管领导、重点旅游企业负责人等进行全域旅游专题培训，培养树立全局谋划、全方位推进、全要素配套、全产业联动、全社会参与的大旅游发展观。

（五）**加强宣传，营造氛围**。加大宣传力度，区委宣传部要组织梅江直播、新梅江等媒体主动开展系列宣传报道活动，提高广大干部群众的创建知晓率，积极营造人人关心、人人支持创建工作的浓厚氛围。以镇、街为单位，要面向辖区居民开展形式多样的宣传活动，在干部群众中牢固树立“处处都是旅游环境、人人都是旅游形象”的理念，强化干部群众旅游参与意识、旅游形象意识、旅游责任意识。

附　　录

2017年梅江区先进单位名表

国家级先进单位

单　　位	授予单位	荣誉名称
梅江区人民政府	教育部	全国青少年校园足球试点区
梅江区人民政府	广东省人民政府	广东省推进教育现代化先进区
乐育中学	教育部	全国校园足球示范学校
乐育小学	教育部	全国校园足球示范学校
城北中学	教育部	全国校园足球示范学校
光远小学	教育部	全国校园足球示范学校
梅州市梅江区人民检察院	中华全国妇女联合会	2016年度广东省“巾帼文明岗”
梅州市梅江区人民检察院	中华全国妇女联合会	全国维护妇女儿童权益先进集体
梅江区江南社区卫生服务中心	国家卫生和计划生育委员会	优质服务示范区卫生服务中心 抢险救援英雄中队
“泡沫桶组合乐队”	中国乐器协会打击乐器专业委员会	“2017津宝第三届国际音乐节暨第三届打击乐大奖赛”特别金奖和一等奖
西阳镇莆蔚村	国务院防范和处理邪教问题办公室	创建无邪教示范村

省级先进单位

单　　位	授予单位	荣誉名称
西阳镇龙岗村	省侨联	“广东侨界人文社区示范点”
梅江区教育局	广东省教育厅	促进义务教育均衡发展先进集体
鸿都小学	广东省总工会	广东省首届文明校园、广东省五一劳动奖状
水白中学	广东省教育厅	广东省中小学心理健康教育特色学校
嘉应中学	广东省环保厅	广东省绿色学校
联合中学	广东省教育厅	第三批广东省学雷锋活动示范点
梅师附小	广东省科技厅	广东省少年科技特色学校
梅州市公安消防支队梅江区大队	广东省公安消防总队	基层建设先进大队
梅州市公安消防支队梅江区大队一中队	广东省公安消防总队	基层建设先进中队
梅江区西阳镇专职消防队	广东省公安消防总队	政府专职消防队“先进单位”
梅州市公安消防支队梅江区大队一中队	共青团广东省委	共青团员先锋岗（队）
梅州市公安消防支队梅江区大队一中队	共青团广东省委	五四红旗团支部
梅州市公安消防支队梅江区大队	广东省委宣传部、省文明办	文明单位
梅江区鸿都小学	广东省总工会	广东省五一劳动奖状
梅江区军休所	广东省民政厅	四星级军休服务管理机构
梅江区食品药品监督管理局	广东省食品药品监督管理局 广东省公安厅	2016 年打击食品药品违法犯罪“三个专项”行动先进集体
金山街道办事处	广东省林业厅	广东省森林小镇

续上表

单　　位	授予单位	荣誉名称
梅江区经济和信息化局	广东省人力资源和社会保障厅 广东省经济和信息化委员会	2015 年度广东省节能先进集体
市环卫局江北所中华街清扫组	广东省妇女联合会	2017 年度广东省“巾帼文明岗”
西阳镇移民新村社区	广东省地震局	广东省地震安全示范社区
西阳镇龙岗村	广东省归国华侨联合会	广东侨界人文社区

市级先进单位

单　　位	授予单位	荣誉名称
梅州市工商行政管理局梅江分局	中共梅州市委组织部	基层党建“书记项目”全市示范性项目
梅州市工商行政管理局梅江分局直属机关党委	中共梅州市纪律检查委员会	梅州市第三届“廉洁火炬杯”党规党纪知识竞赛组织奖
梅州市梅江区地方税务局高新科技开发区税务分局办税服务厅	共青团梅州市委员会	2015—2016 年度梅州市青年文明号集体
西郊街道人口与计划生育办公室	梅州市人民政府	先进单位

2017年梅江区先进个人名表

国家级先进个人

姓　名	单　　位	授予单位	荣誉名称
曾繁伟	梅江区纪委	中央综治委、 中共中央组织部	嘉奖全国平安建设先进县（市、区、旗）有关领导干部
钟炎枢	梅州市公安局梅江分局	公安部	全国200名公安监管成绩突出个人
刘明珠	梅州市福利院	中华全国总工会	全国五一巾帼标兵
罗艳山	梅州市梅江区司法局	司法部	全国模范 人民调解员
王　导	梅州市梅江区人民检察院	最高人民检察院	全国检察机关万名侦防能手人才
郑志勇	梅州市梅江区人民检察院	最高人民检察院	2016年度全国羁押必要性审查优秀案件
黄敬元	梅州市梅江区人民检察院	最高人民检察院	2016年度全国羁押必要性审查优秀案件
胡学渊	梅江区安全生产监督管理局	国家安全监管总局、国家煤矿安全监察局	全国“安全生产监管监察先进个人”
邓　立	梅江区基层治理指导中心	中共中央组织部	组织系统 2016年度“优秀网宣员”

省级先进个人

姓　名	单　　位	授予单位	荣誉名称
蒋向华	梅江区文联民间文艺家协会	广东省委宣传部	2017年广东省基层宣传文化能人
熊　超	梅州市公安消防支队梅江区大队	广东省公安消防总队	优秀警官
陈全英	梅州市公安消防支队梅江区大队	广东省公安消防总队	优秀警官
罗　超	梅州市公安消防支队梅江区大队一中队	广东省公安消防总队	优秀共青团干部
杨振军	梅州市公安消防支队梅江区大队一中队	广东省公安消防总队	优秀共产党员
彭志昉	梅州市公安消防支队梅江区大队一中队	广东省公安消防总队	优秀中队指挥员
刘迅通	梅州市公安消防支队梅江区大队一中队	广东省公安消防总队	优秀共青团员
蓝文湘	梅州市公安消防支队梅江区大队一中队	广东省公安消防总队	执勤岗位练兵 先进个人
陈剑波	梅州市公安消防支队梅江区大队二中队	广东省公安消防总队	特勤实战化比武优秀教练员
曾宪泉	梅州市公安局梅江分局	广东省公安厅	个人二等功
刘明珠	梅州市福利院	广东省总工会	广东省五一劳动奖章
张　明	梅州市梅江区司法局	广东省司法厅	个人二等功
梁志权	梅州市梅江区人民检察院	广东省人民检察院	2017年全省检察机关个人嘉奖

续上表

姓　名	单　　位	授予单位	荣誉名称
张玉权	梅州市殡仪馆	广东省民政厅	2016 年度全国殡葬工作
刘明珠	梅州市福利院	广东省总工会女职工委员会	全国五一巾帼标兵
邓育强	梅江区食品药品监督管理局	广东省食品药品监督管理局 广东省公安厅	2016 年打击食品药品违法犯罪“三个专项”行动先进个人
黄学全	梅江区纪委	省纪委	纪检监察工作中取得优异成绩，特此嘉奖
廖传宝	梅江区委区府办公室	广东省消防安全委员会	2016 年度全省“热心消防公益事业先进个人”

索　引

主题索引

说　明

一、本索引采用主题分析方法，款目按第一字汉语拼音字母（同声字按声调）顺序排列。

二、索引款目后的数字表示内容所在的页码，数字后面的拉丁字母（a、b）表示栏别（即版面的左右栏）。

三、同一主题的内容在文中多次出现的，在款目后用不同的页码标明。

四、本索引对特载、大事记、文献辑存及附录等章不作内容主题分析。

D

E

F

G

H

J

K

L

M

N

P

Q

R

S

T

W

X

Y

Z